●高等职业教育人才培养创新教材出版工程

高职高专财经类教材系列

国 际 贸 易 理 论

主　编　闫红珍　童西琳

副主编　张桂芝　张玉芳

科 学 出 版 社

北　京

内 容 简 介

本书系统阐述了现代国际贸易的基本理论、基本方法、基本政策和国际贸易实践的最新发展。全书共分 14 章,大致分为三个部分:国际贸易基本理论、对外贸易政策与措施以及当代国际贸易实践问题。

本书可作为普通高等院校和高职高专院校国际贸易、国际经济、市场营销、电子商务、经济管理、商务英语等专业的教学用书;也可作为贸易、商务、营销等从业人员及各类成人教育参考用书和培训教材。

图书在版编目(CIP)数据

国际贸易理论/闫红珍,童西琳主编.—北京:科学出版社,2005
(高等职业教育人才培养创新教材出版工程·高职高专财经类教材系列)
ISBN 978-7-03-014995-4

Ⅰ.国… Ⅱ.①闫…②童… Ⅲ.国际贸易-经济理论-高等学校:技术学校-教材 Ⅳ.F740

中国版本图书馆 CIP 数据核字(2005)第 014685 号

责任编辑:沈力匀/责任校对:李奕萱
责任印制:徐晓晨/封面设计:陈 敬

科 学 出 版 社 出版
北京东黄城根北街 16 号
邮政编码:100717
http://www.sciencep.com

北京厚诚则铭印刷科技有限公司 印刷
科学出版社发行 各地新华书店经销
*
2005 年 3 月第 一 版 开本:B5(720×1000)
2018 年 1 月第十四次印刷 印张:19 1/4
字数:363 000
定价:**49.00 元**
(如有印装质量问题,我社负责调换)

《高等职业教育人才培养创新教材》出版工程说明

一、特色与创新

随着高等教育改革的进一步深化，我国高等职业教育事业迅速发展，办学规模不断扩大，办学思路日益明确，办学形式日趋多样化，取得了显著的办学效益和社会效益。

毋庸置疑，目前已经出版的一批高等职业教育教材在主导教学方向、稳定教学秩序、提高教学质量方面起到了很好的作用。但是，有关专家也诚恳地指出，目前高等职业教育教材出版中还存在一些问题，主要是：教材建设仍然是以学校的选择为依据、以方便教师授课为标准、以理论知识为主体、以单一纸质材料为教学内容的承载方式，没有从根本上体现以应用性职业岗位需求为中心，以素质教育、创新教育为基础，以学生能力培养为本位的教育观念。

经过细致的调研，科学出版社和中国高等职业技术教育研究会共同启动了"高等职业教育人才培养创新教材"出版工程。在教材出版过程中，力求突出以下特色：

（1）理念创新：秉承"教学改革与学科创新引路，科技进步与教材创新同步"的理念，根据新时代对高等职业教育人才的需求，策划出版一系列体现教学改革最新理念，内容领先、思路创新、突出实训、成系配套的高职高专教材。

（2）方法创新：摒弃"借用教材、压缩内容"的滞后方法，专门开发符合高职特点的"对口教材"。在对职业岗位（群）所需的专业知识和专项能力进行科学分析的基础上，引进国外先进的课程开发方法，以确保符合职业教育的特色。

（3）特色创新：加大实训教材的开发力度，填补空白，突出热点，积极开发紧缺专业、热门专业的教材。对于部分教材，提供"课件"、"教学资源支持库"等立体化的教学支持，方便教师教学与学生学习。对于部分专业，组织编写"双证教材"，注意将教材内容与职业资格、技能证书进行衔接。

（4）内容创新：在教材的编写过程中，力求反映知识更新和科技发展的最新动态。将新知识、新技术、新内容、新工艺、新案例及时反映到教材中来，更能体现高职教育专业设置紧密联系生产、建设、服务、管理一线的实际要求。

二、精品与奉献

　　"高等职业教育人才培养创新教材"出版工程的启动，得到了教育部高等教育司高职高专处领导同志的认可，吸引了一批职业教育和高等教育领域的权威专家积极参与，共同打造精品教材。其实施的过程可以总结为：教育部门支持、权威专家指导、一流学校参与、学术研究推动。

　　国内的高等职业教育院校特别是北京联合大学、天津职业大学以及中国高等职业技术教育研究会的其他副会长、常务理事、理事单位等积极参加本教材出版工程，提供了先进的教学经验，在此基础上出版一大批特色教材。

　　在教材的编写过程中，得到了相关行业部委、行业协会的支持，对教材的推广起到促进作用。

　　先进的理念、科学的方法、有力的支持，必然导致精品的诞生。"高等职业教育人才培养创新教材"出版工程主要包括高职高专层次的基础课、公共课教材；各类紧缺专业、热门专业教材；实训教材、引进教材等特色教材；还包含部分应用型本科层次的教材。根据我们的规划，下列教材即将与读者见面：

　　(一)　高职高专基础课、公共课教材

　　　　（1）基础课教材系列

　　　　（2）公共选修课教材系列

　　(二)　高职高专专业课教材

　　　　（1）紧缺专业教材

　　　　——软件类专业系列教材

　　　　——数控技术类专业教材

　　　　——汽车类专业教材

　　　　……

　　　　（2）热门专业教材

　　　　——电子信息类专业教材

　　　　——交通运输类专业教材

　　　　——财经类专业教材

　　　　——旅游类专业教材

　　　　——生物技术类专业教材

　　　　——食品类专业教材

　　　　——精细化工类专业教材

　　　　——广告类专业教材

　　—— 艺术设计类专业教材

　　……

（三）高职高专特色教材

　　—— 高职高专院校实训教材

　　—— 国外职业教育优秀教材

　　…………

　　欢迎广大教师、学生在使用中提出宝贵意见，以便我们改进教材出版工作、提高质量。

中国高等职业技术教育研究会

科 学 出 版 社

前　　言

国际贸易课程是为让学生掌握和理解国际贸易发展的基本规律、基本理论、基本政策和基本知识而设置的一门专业基础课。作为一门部门经济学科，其任务是在马克思主义理论指导下，分析、研究国际贸易的产生、发展和贸易利益，揭示其中的特点与运动规律，正确论述国际贸易的基本理论、基本政策和基本知识。

本书以教育部组织制定的《高职高专教育专门课程基本要求》和《高职高专人才培养目标及规格》为指导，在编写构思上突出以下特点：

（1）内容丰富新颖，突出高职特色。本书紧扣时代经济发展的新特点，广泛吸收国内外国际贸易理论教材的优点，结合多年教学经验，在内容上进行重新整合，体现高职教育特色。

（2）重点突出，结构合理。本书紧密结合当今世界经济发展出现的焦点、难点问题进行阐述，重点突出，详略得当。

（3）体例安排独特，便于学生学习。为帮助学生理解和掌握国际贸易基本理论，每章的结构由学习目标、基本理论、本章要点、关键术语、思考题和阅读材料及案例分析组成，方便学生学习。

（4）案例选择贴近实际、针对性强。本书阅读材料及案例分析的选择，大多是当今国际贸易发展的热点问题，贴近实际。使学生对全球经济发展的实践有一定的了解和把握。

本书由开封大学管理学院闫红珍副教授担任第一主编，对全书总体构思并负责各章修改。江苏经贸职业技术学院童西琳副教授担任第二主编，天津滨海职业学院张桂芝讲师和青岛职业技术学院张玉芳讲师担任副主编。各章具体撰写分工如下：第6、9~11章由闫红珍编写；第12~14章由童西琳编写；第2、7章由张桂芝编写；第3、8章由张玉芳编写；第4、5章由高虹编写；第1章由于丽艳编写。

如果书中所述观点和提供的资料值得参考，那是集体努力的成果。当然，由于时间仓促，编者水平有限，书中难免有错漏之处，敬请读者不吝指正。

目　　录

国际贸易概述

学习目标

1. 理解和掌握国际贸易的基本概念。
2. 理解和掌握国际贸易的主要分类。
3. 了解当代国际贸易发展的趋势及特征。
4. 了解国际贸易与经济发展的相互关系。

1.1　国际贸易的基本概念

1.1.1　国际贸易与对外贸易

1. 国际贸易（international trade）

国际贸易亦称"世界贸易"，泛指不同国家（或地区）之间商品和劳务的交换活动。狭义的国际贸易是指不同国家（或地区）之间交换的商品是具体的、有形的。也就是说交换的是看得见、摸得着的商品，如汽车、服装、机械设备、各种农副产品等。因此，狭义的国际贸易又称为有形贸易。广义的国际贸易是指不同国家（或地区）之间交换的商品既包括具体的商品又包括无形的服务，是有形贸易和无形贸易的综合。

2. 对外贸易（foreign trade）

对外贸易亦称"进出口贸易"，是指一个国家（或地区）与另一个国家（或地区）之间商品和劳务的交换活动。在一定时期某国的对外贸易由出口贸易和进口贸易两部分组成。对运进商品或劳务的国家（或地区）来说，即进口贸易；对运出商品或劳务的国家（或地区）来说，即出口贸易。此外，输入本国的外国货物未经任何加工改制再输出时，称为"复出口"（re-export trade）；反之，输出国外的本国货物未经任何加工改制又重新输入本国，称为"复进口"（re-import trade）。一国在一定时期往往在同类产品上既有出口也有进口，如出口量大于进口量，即此类商品为净出口（net export）；反之，出口量小于进口量时，称为净进口（net import）。

国际贸易和对外贸易的区别是看待问题的角度不同。如果从一个国家（或地区）的角度来看这种商品和劳务的交换活动即为某国的对外贸易；如果从整个世界范围来看这种商品和劳务的交换活动就是国际贸易。另外，有一些海岛国家，如英国、日本等也常用"海外贸易"来表示对外贸易。

1.1.2 对外贸易额与对外贸易量

1. 对外贸易额（value of foreign trade）

对外贸易额是指用货币金额表示的一个国家在一定时期的对外贸易发展规模。对外贸易额包括进口总额和出口总额。一定时期内一国从国外进口货物的总值称为进口总额；一定时期内一国向国外出口货物的总值称为出口总额。进口总额与出口总额之和为一国的对外贸易额。它是反映一国对外贸易发展规模的重要指标。一般用国际上习惯使用的货币表示，联合国编制和发表的世界各国对外贸易额的统计资料，是以美元表示的。

从全球角度分析，一定时期的国际贸易额是否等于各国对外贸易额的总和。答案是否定的。因为世界各国互为进出口方，一国的进口正是另一国的出口，如果这样简单相加的话，会形成重复计算。

从理论上讲，世界范围内的出口总额与进口总额是相等的。但是由于各国在统计出口总额时往往使用 FOB 价格，而在统计进口总额时，往往使用包括运费和保险费在内的 CIF 价格，所以，世界出口总额总是小于进口总额。

在实际统计时，我们将世界上所有国家的出口总额换算成以同一种货币表示，再将其一一相加即得到一定时期内世界范围内的国际贸易额。它是反映世界贸易发展规模的重要指标。

2. 对外贸易量（quantum of foreign trade）

以货币金额表示的对外贸易额往往受价格变化的影响，不能真正反映一国对外贸易发展的实际规模。因此，不同时期的对外贸易额没有可比性。譬如：某国 2000 年实现的对外贸易额为 2 000 亿美元，1998 年为 1 000 亿美元，从量上来看该国的对外贸易发展规模增加了一倍，但事实不一定如此。如果该国这两年的物价水平没有变化，美元价值没变，这时才说明该国的贸易发展规模增加了一倍；若 2000 年与 1998 年相比该国物价水平上涨了一倍或美元贬值了一倍，则说明该国的贸易发展规模并没有变化。正因为如此，人们在计算对外贸易额时，往往剔除价格变动的影响，只反映对外贸易的量，称为对外贸易量。具体做法是：用以固定年份为基期计算的进口或出口价格指数去除当年的进口额或出口额，这样就剔除了价格的影响。它是反映一国对外贸易实际规模的重要指标。

1.1.3　贸易差额（balance of trade）

贸易差额是指一个国家在一定时期内出口总额与进口总额之间的差额。它反映了一个国家贸易收支情况。一般来说，一个国家不同时期的贸易差额有三种情况：

（1）出口额大于进口额，称为贸易顺差或出超。

（2）出口额小于进口额，称为贸易逆差或入超。

（3）出口额等于进口额，称为贸易平衡。

一个国家的贸易收支是其国际收支中经常项目的主要部分，所以，贸易差额对一国的国际收支有重大的影响。另外，长期的贸易不平衡对一个国家经济发展会产生一定的影响。一般来说，一国的贸易收支长期处于顺差会使该国国内积累大量的外汇，增加该国的外汇储备，在货币自由兑换条件下，可能促使本币升值，导致本国的出口商品以外币表示的价格上升，降低本国出口商品的价格竞争力，不利于出口；相反，本币升值会导致进口商品以本币表示的价格下降，提高进口商品在进口国国内市场的竞争力，有利于进口。贸易逆差对进出口的影响与贸易顺差相反。

1.1.4　国际贸易商品结构（international trade by commodities）

国际贸易商品结构是指一个国家在一定时期内各类商品或某种商品在国际贸易中所占比例与地位的指标。也就是说明一国的进口和出口是由哪些商品组成的，如：制成品、初级产品、劳动密集型产品、技术密集型产品、知识密集型产品等，以及这些产品各自在其进出口总额中所占的比重。例如：一个国家的年出口额为 1 000 亿美元，其中初级产品 400 亿美元，制成品 600 亿美元。则该国的出口商品结构为初级产品占 40%，制成品占 60%。我国 2001 年 7 月，工业制成品出口额所占出口总额的比重为 89%，初级产品为 11%。

为便于分析和统计，联合国秘书处的专门小组于 1950 年起草了联合国《国际贸易商品标准分类》（SITC）并于 1960 年和 1974 年分别进行了修订。现已为世界绝大多数国家遵循。该分类按照商品的加工程序和加工深度不同，把国际贸易中涉及的商品分为 10 大类（0～9 类）、63 章、233 组、786 个分组和 1 924 个基本项目。在国别一般贸易统计中，将上述 10 大类商品下的 0～4 类归入初级产品之列，而将 5～9 类归入工业制成品之列。国际贸易商品标准分类见表 1-1。

表 1-1　国际贸易商品标准分类

商品构成分类	商品构成分类
一、初级产品	二、工业制品
0 类：食品及主要供食用的活动物	5 类：化学品及有关产品
1 类：饮料及烟类	6 类：主要按原料分类的制成品
2 类：燃料以外的非食用原材料	7 类：机械及运输设备
3 类：矿物燃料、润滑油及有关原料	8 类：杂项制品
4 类：动植物油脂及油脂	9 类：没有分类的其他产品（未列品）

初级产品多为农副产品和动植物产品，没经过深加工，其本身的物理和化学性质没有发生变化。工业制成品一般都经过深加工，本身的物理和化学性质往往发生较大的变化。按照《国际贸易商品标准分类》统计的一国对外贸易商品结构可以反映该国的经济发展水平、产业结构状况和科技发展水平等；国际贸易商品结构在很大程度上反映了整个世界的经济发展水平、产业结构状况和科技发展水平。

1.1.5　对外贸易地理方向（geographical orientation of foreign trade）

我们知道全球有 200 多个国家，每个国家都在一定程度上与其他国家进行着对外贸易，但是，这些国家不是同所有的国家都发生对外贸易，当然其同各国的贸易额也不可能是完全一样的。也就是说在各国与其他国家发生对外贸易时，它同有些国家的贸易额较多，而同另一些国家的贸易额较少，这就涉及到对外贸易地理方向的问题。

对外贸易地理方向是指一个国家或贸易集团的进口和出口贸易的主要对象，通常用它们在该国进出口总额或进口额、出口额中所占比重来表示。对外贸易地理方向可分为出口方向和进口方向，出口方向即一国对某国或某贸易集团的出口额占该国出口总额的比重；进口方向即一国对某国或某贸易集团的进口额占该国进口总额的比重。

一个国家的对外贸易地理方向受多种因素的影响，也就是说，一个国家与这些国家贸易关系密切而与另一些国家的贸易关系不密切是有多种原因的。其中主要有经济因素和政治因素两方面。经济因素主要指两国经济的互补性，政治因素主要指社会制度、国家关系好坏、民族、种族问题等等。

1.1.6　对外贸易依存度（ratio of dependence on foreign trade）

为了分析一国对外贸易与本国经济发展之间的关系，我国一般用对外贸易依存度指标来表示。

对外贸易依存度，也称为"对外贸易系数"，是反映一国对外贸易在本国经济发展中的地位的指标，是表示一国的国民生产总值（或国内生产总值）中有多少份额是由于从事国际贸易而创造的。这一指标反映了一国国民经济的发展对国际贸易的依赖程度。从数值上反映为一国的对外贸易额占该国国民生产总值或国内生产总值的比重。包括出口依存度（一国出口额占该国国民生产总值或国内生产总值的比重）和进口依存度（一国进口额占该国国民生产总值或国内生产总值的比重）。

世界各国的对外贸易依存度是不同的，这主要是由于一个国家的对外贸易依存度往往受到该国的地域、人口、自然资源和经济结构等多种因素制约。一般来说，大国在自然资源等方面能自给自足，它们的对外贸易依存度相对较小，而一些资源相当缺乏的港口国家或地区，对外贸易依存度相对较大，如：新加坡和中国的香港地区。

2002 年中国的外贸依存度为 50%，其中出口依存度为 26.4%，进口依存度为 23.9%。从上述数字看，中国对外贸易额占国内生产总值的比例相当大，同时也说明，改革开放后，特别是近 10 年来中国对外贸易的增长和发展成绩斐然，中国经济与国际经济的融合、依存关系加深。

1.1.7 贸易条件（terms of trade）

贸易条件又称交换比价或贸易比价，即出口价格与进口价格之间的比率，也就是说一个单位的出口商品可以换回多少个进口商品。这一概念说明两国在进行商品交换时，两种商品的交换比率问题。它是用出口价格指数与进口价格指数来计算的。计算的公式为

贸易条件=（出口价格指数/进口价格指数）×100

计算结果如大于 100，表明贸易条件比基期好转；如小于 100，则表明贸易条件比基期恶化。

1.2 国际贸易的基本分类

国际贸易的内容十分广泛，性质也非常复杂，为更好的把握国际贸易的内涵，我们有必要对国际贸易进行分类。根据不同的标准，国际贸易可以分为不同的类别。

（1）按商品的形式不同，可分为有形贸易与无形贸易。

① 有形贸易（visible trade）。

有形贸易是指具体商品的进出口，即有具体形状的，看得见的商品。用于有形贸易的商品反映在联合国《国际贸易商品标准分类》表中，它包括国际贸易进行交易的所有有形商品。

② 无形贸易（invisible trade）。

无形贸易是指非实物形态的服务和技术的进出口，如运输、保险、金融、旅

游、技术等。无形贸易是随着有形贸易的发展而不断发展的。一般来说，无形贸易包括两个方面，一是与有形贸易相关的无形贸易，或者说这类无形贸易是为有形贸易服务的，如运输、保险、银行、咨询、信息等有偿劳动服务；另一方面是与有形贸易没有直接关系的其他国际经济活动，如旅游、劳务输出、侨汇、红利、利息、其他非商业性汇款及政府领导人之间的馈赠等。随着世界经济的发展，无形贸易正以高于有形贸易的速度发展。

（2）根据统计进出口的标准不同，可分为总贸易与专门贸易。

① 总贸易（general trade）。

总贸易是指以货物通过国境作为统计进出口的标准，也就是说，所有进入本国国境的货物一律列为进口，称为总进口；所有离开本国国境的货物一律列为出口，称为总出口。总进口额加总出口额就是一国的总贸易额。采用这种标准的国家有美国、日本、英国、加拿大、澳大利亚、中国、独联体国家及东欧国家。

② 专门贸易（special trade）。

专门贸易是指以货物经过关境作为统计进出口的标准。凡进入关境的商品一律列为进口，凡离开关境的商品一律列为出口。因此，当外国商品进入国境后，暂时存放在保税仓库，尚未进入关境，一律不列入进口。只有从国外进入关境的商品以及从保税仓库提出，进入关境的商品，才列为进口。专门进口额加专门出口额即为专门贸易额。在主要发达市场经济国家中，采用这种划分标准的有德国、意大利、瑞士等。

联合国所公布的各国对外贸易额一般都注明是总贸易额或专门贸易额。

在这里，需要对国境和关境的概念进行阐释说明。国境是一个国家的边境，以界河、界江、界桥、界山等来划分；关境又称税境，是指一部海关法规可以全面实施的领域。通常情况下，两者是一致的。但是，有时又会出现不一致的情况，包括关境小于国境和关境大于国境的情况。譬如：一国在其国境之内设立自由贸易区、保税区和自由加工区，这些自由贸易区、保税区和自由加工区在该国的国境范围内，但是它们不属于该国的关境范围，此时，关境小于国境。又如，有些国家成立贸易集团，实行统一的关税制度，如欧盟，则参加关税同盟的所有国家的关境统一为一个大的关境，此时，关境大于国境。

（3）按货物移动方向不同，可分为进口贸易、出口贸易与过境贸易。

① 进口贸易（import trade）。

进口贸易是从货物的移动方向看一国将他国生产或加工的商品运进本国的国内市场进行销售的贸易形式，也就是说，进口贸易是货物从国外流入国内。

② 出口贸易（export trade）。

出口贸易是从货物的移动方向看一国将自己生产或加工的商品运出本国的市场，到他国的市场进行销售的贸易形式，也就是说，出口贸易是货物从国内流出到国外。

③ 过境贸易（transit trade）。

过境贸易是指两个国家进行进出口贸易，由于地理位置的原因，在货物运送的过程中经过第三国的国境，对第三国来说此种贸易为过境贸易。过境贸易对第三国市场来说没有产生影响。因为，过境贸易只是在货物运输时经过第三国的国境，并没有在第三国的市场上进行销售，也就没有对第三国商品生产和市场产生任何影响，往往第三国对过境贸易也只是收取少量的手续费和印花税。

（4）按贸易是否有第三国参加，可分为直接贸易、间接贸易与转口贸易。

① 直接贸易（direct trade）。

直接贸易是指商品生产国和商品消费国直接进行商品的买卖，也就是进出口两国直接进行贸易，不通过其他第三国。其中商品生产国是直接出口，商品消费国是直接进口。

② 间接贸易（indirect trade）。

间接贸易是指商品生产国通过第三国与商品消费国进行商品的买卖，也就是说商品的进口国和出口国通过第三国的商人达成交易。其中商品生产国是间接出口，商品消费国是间接进口。

③ 转口贸易（entreport trade）。

随着国际经济和贸易的发展，国际贸易形式也有相应的发展，商品的买卖行为有时并不是直接在商品生产国与商品消费国之间进行，而是由商品的生产者将其生产的商品卖给第三国，再由第三国将商品卖给消费国，这种贸易方式为转口贸易。

如果第三国将商品直接从生产国运到消费国，只要生产国和消费国没有直接发生交易关系，而是由第三国转口商分别与生产国和消费国发生交易关系，此种情况仍属转口贸易范畴。

在转口贸易中，第三国通过买进卖出，从中获得利益。从事转口贸易的大多是运输便利，贸易限制较少的国家和地区，如中国香港，新加坡等，这些国家和地区由于地理位置优越，便于货物集散，转口贸易很发达。

（5）按参加国的情况，可分为双边贸易与多边贸易。

① 双边贸易（bilateral trade）。

双边贸易泛指两国之间的贸易往来，具体指两个国家之间通过协议在双边结算的基础上进行的贸易。这种贸易方式多在外汇管制严格的国家实行。

② 多边贸易（multilateral trade）。

多边贸易是指三个或三个以上的国家通过协议在多边结算的基础上进行的贸易。通过多边贸易体系，可以使参加国之间的贸易收支相互冲销，有利于实现各国的贸易平衡。

（6）按不同的贸易方式，可分为补偿贸易、易货贸易、寄售贸易与自由结汇贸易。

① 补偿贸易（compensation trade）。

补偿贸易是建立在信贷基础上的贸易形式，进口方从国外进口机械设备，器材或技术时，不以现汇形式付款，而是在一定时期内以返销的产品或劳务分期偿还进口的贷款和利息，是一种进出口贸易与信贷紧密结合的贸易形式。对于外汇资金缺乏又急需进口先进技术和设备的发展中国家是一种不错的选择。补偿贸易有直接补偿和间接补偿等形式。

② 易货贸易（barter trade）。

易货贸易是把进口和出口直接联系起来的贸易形式，是指两国之间不使用货币而是以货物作为偿付工具的商品交换活动，也就是我们常说的"以货换货"。易货贸易是一种非常古老的贸易方式，在货币没有出现以前人们就使用"以货换货"这种方式进行交易，直到现在易货贸易还是存在的。易货贸易有其自身的优点：首先，有利于扩大进出口，促进贸易平衡；其次，在实行贸易保护时期，特别是在对付外汇管制方面有相当的优势。

③ 寄售贸易（consignment trade）。

寄售贸易是指出口商（委托人）先将商品运往国外市场，委托国外的代理人或国外专营寄售业务的经纪人（受托人），按照双方签订的寄售合同规定的条件，由受托人在当地市场进行销售的贸易方式。商品售出后，所得款项由受托人扣除佣金和其他费用后，寄交出口方。寄售贸易对于进口方来说有一定的好处：可以看货成交，付款后可以立即提货，避免资金占压，有利于资金周转，减少进口风险。但是，寄售贸易要求出口方承担很大的风险和责任：运输、储运及价格波动的风险，长期的资金占压和过多的费用。

④ 自由结汇贸易（trade by free settlement）。

自由结汇贸易是以货币作为清偿支付工具的贸易形式，是现在国际贸易中广泛使用的结算形式。在国际贸易中，能作为支付工具的货币往往是那些自由兑换的货币，如美元、日元和欧元等。

（7）按货物运输方式，可分为陆运贸易、海运贸易、空运贸易与邮购贸易。

① 陆运贸易（trade by road）。

陆运贸易发生在陆地相临的国家之间，运输的主要工具有火车、汽车，陆运贸易的贸易量小于海运贸易，但是陆运贸易尤其是铁路运输也有其自身的优点：一般不受气候条件的影响，可保证全年的正常运输，有高度的连续性，运输全程可能遭受的风险较小。

② 海运贸易（trade by seaway）。

海洋运输是国际贸易的主要运输形式，其运量在国际货物运输总量中占

80％以上。它之所以在国际贸易运输中占有如此重要的地位，是与世界地理条件和海洋运输特点相联系的。我们知道，全球 71％的面积是被海洋覆盖的，大多数国家被海洋相隔，这就要求他们在进行货物运输时要跨越海洋；另外，海运本身具备通过能力大，运量大，运费低的特点，尤其适合大宗商品的运输。

③ 空运贸易（trade by airway）。

空运贸易是通过飞机实现货物的运送，空运的最大特点是运输速度快，但运费高。选择空运的商品往往是一些鲜活类商品和一些急需的物资，如药品等，另外还有价值高的贵重物品及电子器件等。

④ 邮购贸易（trade by mail order）。

邮购贸易是指采用邮政包裹寄送商品的贸易方式。邮购的货物往往数量不大，一般是急需物品。邮购贸易相对于空运贸易的运费低，速度也稍慢些。

1.3　当代国际贸易发展的趋势与特征

随着国际经济的发展，特别是第二次世界大战（简称二战）后世界经济的快速增长，给国际贸易的发展带来了良好的动力。尽管在 20 世纪 70 年代后期出现了保护贸易抬头的趋势，但是，随着国际分工更广泛深入的发展，各国经济相互依存，相互联系，相互影响和渗透的趋势不可逆转，世界经济一体化的趋势进一步加强。在这样的时代环境下，当代国际贸易发展呈现出新的趋势与特征。

1.3.1　国际贸易的发展速度很快

当代国际贸易发展的最突出特点是国际贸易的发展速度很快，在 20 世纪 60～70 年代之后，服务贸易和技术贸易的发展尤为突出。

我们之所以说当代国际贸易的发展速度快，是与当代世界经济总体的发展速度相比而言。我们知道，当代世界各国经济的增长率往往是百分之几，也就是说是单位数的增长，而国际贸易的发展速度从二战后一直保持着每年百分之十几的增长率，对外贸易正日益成为影响各国经济发展的重要因素。其中，服务贸易和技术贸易的发展尤为突出。根据有关资料记载，在 1970 年，国际服务贸易的出口额为 710 亿美元，而 1996 年增长到 12 600 亿美元。在 26 年间增长了 16.8 倍，平均每年增长 11.7％，高于同期世界贸易出口总额的增长。服务贸易在整个国际贸易中所占的比重，在 20 世纪 70 年代和 80 年代约占 1/5，到了 90 年代增为 1/4。我们有理由相信，随着信息技术、国际金融和国际保险这些服务产品的进一步发展，国际服务贸易将会越来越受到世人的瞩目。国际技术贸易也是一样，国际技术贸易总额的增长率是高于国际贸易的增长率的，而且其在世界贸易总额中所占的比重也在不断上升。

1.3.2　国际贸易集团化

第二次世界大战后，世界经济贸易中区域经济一体化和贸易集团化趋势加强。它已经成为各国维护自己经济贸易利益的重要手段。尤其是 20 世纪 90 年代以后世界经济区域化，贸易集团化已成为不可抗拒的力量，集团之间的相互竞争，相互合作以及集团之间的融合将成为今后国际经贸发展的潮流与方向。

目前，世界上最具影响力的区域贸易集团主要有欧盟（European Union，EU）、北美自由贸易区（North American Free Trade Area，NAFTA）和亚太经济合作组织（Asia-Pacific Economic Cooperation，APEC）。其中，欧盟是全球地区联盟中发展最快、集团化程度最高的经贸集团。欧盟 25 个成员国在遵循欧盟各项原则的同时，为获得更多的利益在内部进行积极的谈判。

随着世界经济的发展，世界上其他国家为了维护自身的利益，加强相互合作与相互支持，也相继成立了一些区域性经济贸易集团，如南锥体共同市场、中美洲自由贸易区和非洲经济共同体。

1.3.3　自由贸易是世界贸易发展的主流

自从世界贸易产生，各个国家也就有了管理对外贸易的相应政策，总体来说，不论这些政策如何变化，大体有两种类型，即自由贸易政策和保护贸易政策。各个国家在不同的历史时期，根据自己的情况采取不同的贸易政策，第二次世界大战后，自由贸易成为世界贸易发展的主流。

1947 年 10 月成立的关税与贸易总协定要求其成员国做出互惠互利的贸易安排，以便大幅度的削减关税和其他贸易壁垒，取消国际贸易中的歧视待遇。关税与贸易总协定为实现其目的与宗旨，从 1947 年开始到 1994 年底，共举行了八个回合的谈判，八个回合的谈判都是围绕着削减关税和非关税壁垒而展开的。经过谈判，全球的关税水平有了大幅度的下降，大量的非关税壁垒也得到了有效的限制，从而极大的促进了国际贸易的发展和自由化。在 1995 年 1 月 1 日，世界贸易组织取代了关贸总协定，世界贸易组织仍然为协调各成员的贸易关系，解决贸易纠纷，为国际贸易创造一个自由、平等的环境而努力。

另外，发展自由贸易是跨国公司实行全球战略的客观要求。虽然在 20 世纪70 年代后期出现了一些新的贸易保护主义政策，但是，各国经济发展的相互依赖，相互渗透，共同发展是不可辩驳的事实，因此，自由贸易是世界经济发展的必然趋势。

1.3.4　科学技术在国际贸易中的地位日益重要

随着科技的发展，人类通过学科学，用科学，实现了我们祖先想都不敢想的事情，而且，科学技术也正在被所有的国家用于国际贸易。科学技术用于国际贸易一方面是各个国家都致力于发展高科技含量的产品用于出口，只有这样才能获得更多的贸易利益。国际市场上同一类商品的售价相差很多，但售价高的商品很旺销，这就是产品的技术含量问题了。比较明显的例子是一些电子产品，它们在世界市场上售价之所以很高是因为其他国家没有掌握它的生产技术，不能生产。科学技术用于国际贸易的另一方面是国际技术贸易，即科学技术直接以商品的形式用于国际贸易交易的对象。20 世纪 60～70 年代后期，国际技术贸易得到了蓬勃的发展，国际技术贸易的发展速度是快于国际贸易的。

1.3.5　"绿色环保"日益受到重视

当前世界生态和环境污染的程度越来越严重，这个问题也日益受到全世界的注目，消费者对"绿色产品"备加青睐。所谓"绿色产品"是指那些在生产和使用过程中都不破坏生态和污染环境的产品。比如超市里的无公害蔬菜等。面对越来越多的能源危机和环境污染，很多国家已经开始着手规划自己的产品结构，使之向环保、节约能源方面发展，甚至有些国家已经着手实现能源替代，如日本已经研制成功用太阳能为动力的汽车。

关于绿色、无污染，目前已经成为各国进口的基本要求，比如，很多国家在进口农产品时要检验农药残留量等。今后，随着科学技术的不断进步及检测手段的不断提高，各国对产品的环保标准要求将进一步提高，特别是发展中国家面临技术性贸易壁垒的挑战尤为严重。

1.4　国际贸易与经济发展

历史发展到今天，任何国家甚至是任何个人都明白这样一个道理：只有交流才能发展。从事国际贸易与其他国家互通有无是各国发展经济的必然要求。

1.4.1　促进一国经济的增长

（1）通过进口，可降低成本，提高利润率，增加资本积累。这里所说的进口主要指从国外进口价格低廉的原材料和先进的机械设备。当国内市场上企业用于生产的原材料或机械设备的价格高于国外售价时，我们就可以考虑从国外进口来降低生产成本。大多数的发达国家在国内的原材料价格高于国外市场上的价格时，为降低成本往往从国外进口，甚至为了获得国外廉价的资源而到国外去投资建厂。这样与以较高的价格从国内市场购进原材料相比降低了生产成本，提高了利润率，有利于资本的积累。

（2）通过进口，可引进大量的先进技术，节省研究费用。技术贸易或者说许可证贸易的发展速度非常快，这是因为更多的国家认识到从国外购买技术一方面可以节省大量的科研费用，更重要的是可以节省宝贵的时间。试想，我们自己从完全不了解某项技术到把它研究出来投入生产是需要花大量的时间的，而我们从国外购进技术，在国外专家的指导下进行应用就可以节省大量的时间。在这方面日本是做得很成功。日本在第二次世界大战后，引进技术花了近60亿美元，而要自己研制这些技术，就要花去1 060亿美元，日本通过引进技术，节省了科研费用进1 000亿美元。

（3）利用出口，带动国民经济相关部门的发展。"奖励出口，限制进口"是当代各国政府的对外贸易政策，为此，各国不惜使用贸易制裁甚至是禁运等手段来达到目的。当然，出口能为一国带来外汇收入，为出口企业带来好的收益，更重要的是出口能带动国民经济相关部门的发展，进而带动整个国民经济的发展。

利用出口带动国民经济发展的过程是这样的：一方面，某国出口迅速发展，在国际市场上的份额不断扩大，生产出口产品的部门就要进一步扩大规模，这就带动与其相关的产业部门向其提供原材料和零部件，进而带动国民经济其他部门的发展。另一方面，出口扩大可以增加资金储备，为其他行业进口先进技术和设备创造基础，从而带动整个国民经济全面的发展，保持较高的就业。

1.4.2　提高各国的劳动生产率

在世界市场上，作为出口企业要想占领市场，扩大出口必须有质量优良价格适中的产品，作到这一点的最基本的要求是企业要有较高的劳动生产率。因为产品在国际市场上进行竞争，要受到国际价值规律的约束，在国际价值规律的作用下，劳动生产率高于世界平均水平的企业就会获得更多的收益，与此相反，劳动生产率低于世界平均水平的国家将会无利可图，渐渐被市场所淘汰。这就促使各个国家千方百计的提高各自的劳动生产率。各国可以通过引进先进的生产技术和先进的管理方法来提高本国的劳动生产率。

1.4.3　调节各国市场的供求关系

互通有无，调节各国市场的供求关系是国际贸易的重要功能。世界各国由于受生产水平、科学技术和地理因素的影响，生产能力和市场供求状况是存在较大差异的。各个国家的国内市场上既有供过于求的商品，又有供不应求的商品，通过国际贸易不但可以满足国内供不应求的商品的供应，而且，可以向国外市场销售本国供大于求的商品，从而调节了各国的市场供求关系。

1.4.4　促进生产要素的充分利用

如前所述，世界各国由于受生产水平、科学技术和地理因素的影响，其生产要素的分布也是不一样的，有的国家地广人稀，土地资源丰富；有的国家人口众多，劳动力资源丰富；而有的国家科学技术发达，有的国家资金丰富等等。劳动力众多，但缺少资金和技术，拥有技术和资金，但又找不到合适土地建厂等这些都是制约各国经济发展的因素。通过国际贸易，进行原材料的进出口，通过对外投资和技术贸易等形式实现资源的互通有无，促进生产要素的充分利用。

1.4.5　优化国内产业结构

通过国际贸易引进国外先进生产技术和管理经验，通过技术合作迅速吸收国外的先进经验，可以提高国内的生产技术水平。利用国际贸易，增强与世界各国的经济合作与往来，有助于优化国内的产业结构。

1.4.6　加强各国经济联系

现代经济社会，世界各国广泛开展国际贸易活动，这不仅把生产力发展水平较高的发达国家相互联系起来，而且也把生产力发展水平较低的广大发展中国家带进了世界市场。这些国家在世界市场上的竞争在很大程度上促进了世界生产力的发展。不论是发达国家还是发展中国家，在参与国际分工进行国际贸易时的相互联系大大促进了世界经济的发展。

本 章 要 点

◆ 国际贸易和对外贸易的区别是看待问题的角度不同。如果从一个国家（或地区）的角度来看商品和劳务的交换活动即为对外贸易；从整个世界范围来看商品和劳务的交换活动就是国际贸易。

◆ 对外贸易量是反映一国一定时期对外贸易实际规模的重要指标。

◆ 国际贸易可以从不同的角度分为七大类别。

◆ 随着世界经济的发展，特别是第二次世界大战后世界经济的快速增长，国际贸易也呈现出服务贸易和技术贸易发展速度很快，国际经贸集团化，区域化现象日益加深等新的发展趋势与特征。

◆ 国际贸易对一国的经济发展发挥着非常重要的作用。

关 键 术 语

1. 国际贸易（international trade）
2. 对外贸易（foreign trade）
3. 对外贸易额（value of foreign trade）
4. 对外贸易量（quantum of foreign trade）
5. 国际贸易商品结构（international trade by commodities）

6. 对外贸易地理方向（geographical orientation of foreign trade）

7. 对外贸易依存度（ratio of dependence on foreign trade）

8. 贸易条件（terms of trade）

9. 有形贸易（visible trade）

10. 无形贸易（invisible trade）

11. 总贸易（general trade）

12. 专门贸易（special trade）

13. 过境贸易（transit trade）

14. 转口贸易（entreport trade）

思　考　题

1. 如何理解国际贸易和对外贸易的区别？

2. 什么是国际贸易额？什么是对外贸易量？什么是贸易差额？

3. 说明一国对外贸易商品结构指标的作用。

4. 简要说明我国国际贸易地理方向的概况及原因。

5. 对外贸易依存度指标说明什么问题？

6. 如何理解转口贸易和间接贸易的差异？

7. 分析当代国际贸易的发展趋势与特点。

8. 试述国际贸易对一国经济发展的作用？

阅读材料及案例分析

【阅读材料】　2003 年中国对外贸易情况

依据中国商务部统计，2003 年，我国对外贸易延续了 2002 年下半年以来快速增长的势头，全年增长速度大大高于预期。据中国海关统计，2003 年全国进出口总值达到 8 512.1 亿美元，增长 37.1%。其中出口 4 383.7 亿美元，增长 34.6%；进口 4 128.4 亿美元，增长 39.9%。中国进出口额和出口额在世界贸易中的排名从 2002 年的第五位上升到第四位，进口额从世界第六位跃升至第三位，进、出口额占世界进、出口总额的比重分别达到 5.3% 和 5.9%，贸易大国地位进一步巩固，对国民经济发展的贡献进一步增强。

在规模扩大的同时，贸易结构继续优化，效益和质量有所提高，为国民经济发展做出了新的贡献。从进出口商品结构上来看，2003 年机电和高新技术产品进出口比重进一步上升，投资类、资源性商品进口快速增长。机电产品进口和出口规模均首次突破 2 000 亿美元，分别达 2 249.9 亿美元和 2 274.6 亿美元，增长 44.6% 和 44.8%，占总进口和总出口的比重分别达到 54.5% 和 51.9%，分别比上年提高了 1.8 个百分点和 3.7 个百分点；高新技术产品进口和出口规模也首次突破千亿美元大关,分别达 1 191.8 亿美元和 1 101.6 亿美元,增长 44.1% 和 62.7%,占总进口和总出口的比重分别达到 28.9% 和 25.1%,分别比上年提高了 0.8 个百分点和 4.3 个百分点。2003 年出口占 GDP 的比重接近 33%,比上年提高了约 6 个百分点;关税和进口环节税 3 712 亿元,增长 43%;年末国家外汇储备达到 4 032.5 亿美元,比上年底增加 1 168.4 亿美元。

从对外贸易地理方向上来看,欧盟成为中国第三大出口市场,中国自美欧进口明显加快。2003 年,中国与美国和欧盟的双边贸易额均首次突破 1 000 亿美元,分别达到 1 263.3 亿美元和 1 252.2 亿美元。中国对欧盟出口 721.5 亿美元,导致欧盟超过日本成为中国第三大出口市场。中国自美国和欧盟进口分别增长 24.3% 和 37.7%,增幅分别比上年加快 20.4 和 29.8 个百分点。

在 2003 年的基础上,预计 2004 年全年中国进出口总额将接近或突破 1 万亿美元,增长约 17%。其中出口将达到 5 050 亿美元左右,增长约 15%;进口将达到 4 950 亿美元左右,增长约 20%。进口增幅将比出口增幅高 5 个百分点以上。

问题:结合资料谈谈当今我国对外贸易发展的概况及特点。

第 2 章

国际分工与世界市场

学习目标

1. 了解国际分工的形成与发展。
2. 掌握国际分工的概念和类型。
3. 理解影响国际分工发展的因素。
4. 理解运用西方主要国际分工理论。
5. 掌握当代世界市场的特征及中国在世界市场中的地位。

2.1 国际分工

2.1.1 国际分工的概念

国际分工是指世界各国之间的劳动分工，它是社会分工发展到一定阶段，国民经济内部分工超越国家界限发展的结果。国际分工是国际贸易和世界市场的基础。国际贸易、世界市场是国际分工的具体表现形式。国际分工与国内分工在本质上是相同的，但受国家政治疆界的影响，国际分工的形成与发展并不如国内分工发展顺利。

2.1.2 国际分工的形成与发展

国际分工是生产力发展到一定阶段，生产社会化向国际化发展的必然趋势。国际分工的发展经历了以下几个阶段。

1. 国际分工萌芽阶段

随着 11 世纪欧洲城市兴起、手工业与农业进一步分离，商品经济有了较快发展。15 世纪末至 16 世纪上中期的地理大发现，16 世纪、17 世纪手工业向工场手工业的过渡，资本进入原始积累时期，西欧国家推行殖民政策，使国际分工进入萌芽阶段。

2. 国际分工发展阶段

从 18 世纪 60 年代到 19 世纪 60 年代的产业革命使国际分工进入形成与发展

阶段。这个阶段发生的第一次工业革命，使国际分工进入形成与发展的新阶段。工业革命首先发生在英国，接着迅速扩展到其他国家。随着工业革命出现的是资本主义的现代化工厂制度。工业革命的完成，标志着资本主义经济体系的建立，它加快了商品经济的发展，促进了国际分工的形成。这个时期国际分工有如下特点：

（1）工业的建立为国际分工的发展奠定了物质基础。①大机器生产使生产不断增强、规模迅速扩大，源源不断地生产出来大批商品使国内市场饱和，需要寻求新的市场。同时，生产力革命带来生产的急剧扩大，引起原料供应的紧张，要求开辟大量而稳定的原料来源。而这些要求都是依靠本国生产和市场无法满足的。因此，机器大工业日益脱离了本国的基地，完全依赖于世界市场、国际贸易和国际分工。由于当时工业革命在英国最早发生并完成，其经济实力大大增强，成为"世界工厂"，而其他落后国家则成为英国的销售市场和原料供应地。②大机器工业改革了运输方式，提供了电报等现代化的通讯工具，使国际分工成为可能。他们把原料生产国和工业品生产国联系在一起。

（2）国际分工基本上是以英国为中心而形成的。由于英国首先完成了工业革命，它的生产力和经济迅速发展，竞争力大大加强，在国际经济中处于绝对优势的地位。英国的资产阶级放弃了长期推行的重商主义政策，开始转向自由贸易政策。通过其经济力量、贸易实力，将亚、非、拉美国家落后的农业经济逐步拉入国际分工和世界市场的旋涡中。对英国当时在国际分工中的地位，马克思写道："英国是农业世界伟大的中心，是工业太阳，日益增多的生产谷物和棉花的卫星都围着它运转。"

（3）随着国际分工的发展，世界市场上交换的商品种类发生了变化，那些满足地方贵族阶级和商人阶级需要的奢侈品，已被国际贸易中的大宗商品所代替。这些商品有小麦、棉花、羊毛、咖啡、铜和木材等。在 19 世纪中期以后，这些大宗商品在世界生产上的流转额迅速增长。

3．国际分工发展阶段

从 19 世纪中叶到第二次世界大战是国际分工的发展阶段。这个时期，资本主义世界爆发了第二次产业革命，机械、电气工业发展迅速，石油、汽车、电力、电器工业的建立，交通运输工具的发展，特别是苏伊士运河（1869 年）和巴拿马运河（1913 年）的建成，电报和海底电缆的出现，都大大促进了资本主义生产的迅速发展，促进了新的国际分工体系的迅速发展。在这个时期，垄断代替了自由竞争，资本输出成为主要的经济特征之一。过去，亚、非、拉美国家只被卷入国际商品流通，而现在则被拉入世界资本主义生产，从而使宗主国同殖民地、工业品生产国同初级产品生产国之间的分工日益加深，形成了国际分工的新体系。这个阶段国际分工的特点主要有：

（1）亚、非、拉美国家变为畸形的片面的单一经济的国家，其主要作物和出口商品只限于一两种或两三种产品，而这些产品绝大部分被销售到工业发达国家市场上去。因此，造成了这些国家的两种依赖性：一是经济生活对少数几种产品的依赖性；二是对世界市场，特别是对工业发达国家市场的高度依赖。

（2）分工的中心从英国变为一组国家，他们之间也形成了互为市场、相互依存的国际分工关系。随着国际分工体系的形成，参加国际分工的每个国家都有许多生产部门首先是为世界市场生产的，而每个国家所消费的生产资料和生活资料，都全部或部分的包括着许多国家的劳动者的劳动。其结果，加强了世界各国间的相互依赖关系，加强了对国际分工的依存性。

（3）国际贸易在各国中的经济地位越来越重要了，不管是工业国还是农业国，都依赖于国际贸易和国际分工。

4. 国际分工深化阶段

第二次世界大战后，兴起了第三次科技革命和产业革命，出现了电子信息、服务、软件、宇航、生物工程和原子能等新兴产业，渗透到经济生活的各个方面，对国际分工产生了重大影响。同时，各殖民地纷纷开始独立，他们不甘心做发达国家的附庸，而以发展本国民族经济为主要任务，这使他们在国际分工的地位发生了变化。这一阶段，跨国公司发展迅速，资本输出和经济一体化使国际分工深入发展。该时期主要表现为以下特点：

（1）从分工的格局上看，工业国与工业国的分工居于主导地位。第二次世界大战前的 100～200 年间，以经济结构不同、技术水平不同的工业国与农业国的分工居于主导地位，其次才是经济结构相似、技术水平相近的工业国之间的分工。但是，战后科学技术和经济的迅速进步和发展，改变了战前的国际分工格局，国际分工在工业国家之间得到了迅速发展。传统的以自然资源为基础的分工逐步发展为以现代化技术、工艺为基础的分工，形成了以工业国之间的分工占主导地位的国际分工格局。

（2）从工业部门分工上看，各国间工业部门内部分工有逐步增强的趋势，第二次世界大战前，在工业国之间的分工中，占主导地位的是各国之间不同工业部门之间的分工。第二次世界大战后，随着科学技术的进步和社会分工的发展，原来的生产部门逐步划分为更多更细的部门，在越来越多的生产领域中以国内市场为界限的生产已经不符合规模经济的要求，因此，一国国内部门之间的分工向部门内部分工的同时，越来越多的跨越国界，形成为国际间工业间工业部门内部的分工。

（3）从发达国家与发展中国家或地区之间分工上看，不同层次的工业部门分工在逐步形成发展，而以工业国与农业国、矿业国的分工在逐步削弱。从国际分工产生到第二次大战前，殖民主义宗主国主要从事工业制成品的生产，而殖民地、附属国和落后国家则主要从事于以自然条件为基础的农业或矿业的生产。战后的科技革命和跨国公司的经营活动，某些工业产品的生产从发达国家向发展中国家或地区转移，加上许多发展中国家或地区扶植民族工业的发展，从而导致了发达国家与发展中国家或地区之间工业部门分工的发展。其主要表现为：①高、新、尖的复杂加工工业与简单加工工业的分工；②资本技术密集型制成品生产与劳动密集型制成品生产的分工；③资本技术密集型零部件生产或工艺与劳动密集型零部件生产或工艺的分工。

（4）从国家的经济所有制上看，不仅有资本主义国家而且有一批社会主义国家参加国际分工。

（5）从经济一体化上看，区域性经济集团内部分工趋势加强。战后世界性经济一体化和区域经济一体化的趋势同时并存，在世界性经济一体化进展的同时，区域性经济集团化的进程也明显加快。一般说来，这些经济集团不同程度地存在着内向性和排他性。对内逐步削减和取消关税和非关税壁垒措施，促进集团内成员之间商品贸易、服务贸易与投资的自由化，对外继续采取高关税与非关税等排他性措施，在不同程度上阻碍着经济集团与非成员国之间的分工与贸易的发展，其结果导致了经济集团内成员国之间分工与贸易发展趋势的加强。

（6）从分工类型上看，垂直型分工日益向水平型分工过渡。

（7）从商品形式上看，国际分工从有形商品领域向服务业领域发展，并出现了相互结合相互渗透的趋势。战后随着科技进步和各国经济相互依赖加强，国际服务贸易也迅速发展，推动着服务业国际分工的发展，国际分工从有形商品生产分工向服务业分工扩展。由于各国经济发展不平衡，不仅在商品生产上表现出差异，也在服务业上表现出差异。发达国家知识技术密集型服务业发展迅速，而以高技术、资本密集型服务参加服务业国际分工。发展中国家劳动密集型服务业发展较快，而以建筑工程承包，劳务输出等的劳动密集型服务参加服务业国际分工。随着科技发展和各国产业结构的调整，服务几乎渗透到社会在生产过程的各个领域，促进了生产国际化和服务国际化交织发展，出现了商品生产的国际分工和服务业国际分工相互结合、相互渗透的趋势。这个趋势又推进了国际分工进一步深化发展。

（8）从分工的性质上看，发达国家与发展中国家之间的分工性质开始有所改变，但在总体上，国际分工仍然是资本主义性质。

总之，战后国际分工发生了重大变化。从以自然资源为基础的分工已逐步让位给以现代化工艺、科技为基础的分工；以工业部门之间的分工逐步让位于工业内部的分工，以非经济集团国家间生产的分工开始转向以经济集团内部的分工；以工业国与农、矿业之间的分工逐步转向不同层次工业部门的分工；以纵向的垂直型国际分工逐步过渡到横向的水平型分工等。这一切都说明国际分工的发展已进入一个新阶段,生产力已大大超过了国家界限,在世界范围内更加灵活的发展,并进一步影响着世界市场和国际贸易的发展。

2.1.3　国际分工的类型

由于参加国际分工的国家在自然资源、原材料供应、生产技术水平和工业发展情况等方面存在差异,形成了三种不同类型的国际分工形式,即"垂直型国际分工"、"水平型国际分工"和"混合型国际分工"。

1. 垂直型国际分工

垂直型国际分工是指经济发展水平相差悬殊的国家之间的分工。这种分工主要表现为国际间农、矿业和制造业的分工。工业先进国和工业落后国之间的贸易关系主要就是以这种分工关系为基础的。例如,日本是个资源贫乏国,原料占进口额的 80%,而工业制成品占出口额的 90%。日本的经济是用进口原料来大批生产制成品出口。中东一些产油国,他们大量出口原料,而进口制成品,日本和中东国家之间参加国际分工的形式就属于垂直型。从历史上看,19 世纪建立起来的国际分工就是一种垂直型国际分工。当时英国等少数国家是工业国,绝大多数不发达国家作为殖民地、半殖民地成为农业国,整个世界形成了工业国支配农业国、农业国依附工业国的国际分工格局。垂直型国际分工是发达市场经济国家与发展中国家部门之间的一种重要分工形式。

2. 水平型国际分工

水平型国际分工是指经济发展水平大体相同的国家之间的生产专业化与协作。发达国家之间的贸易关系主要以这种分工为基础。由于发达国家的工业发展有先有后,各国的技术水平有差异,因此产生了工业生产方面的水平分工。第二次世界大战后,随着科技革命的兴起,国际分工由部门间国际分工向部门内专业化方向发展。发达国家如美国、英国和日本等大公司在一些部门的生产都逐步实现了国际的生产专业化,欧盟内发达国家分工就属于这一类。部门内专业化分工,把发达国家工业生产的主要部分紧密地联系成为一个有机整体。水平型国际分工是发达市场经济国家之间的一种重要分工形式。

3. 混合型国际分工

把垂直型和水平型混合起来的国际分工方式。原民主德国是最典型的混合型国际分工的代表。它对发展中国家是垂直型,而对发达国家是水平型。

2.1.4　国际分工对世界经济和国际贸易的影响

国际分工是国际贸易的基础，国际分工的发展必然对各国的对外经济贸易产生重大的影响。具体说，国际分工从以下几个方面影响着国际贸易：

1. 国际分工的发展速度与国际贸易的发展速度成同方向变化

国际分工的发展速度决定了国际贸易的发展速度。从 1720～1840 年，国际分工处于形成时期，当时的国际分工由于受到社会生产力水平相对低下的制约，尽管世界工业生产速度相对增长，世界贸易的发展速度仍低于工业生产增长的速度。但是从 1840～1900 年，世界生产增长率低于世界贸易增长速度。国际贸易发展速度随着国际分工的发展而加速发展，国际分工在社会生产力及产业革命的推动下得以迅速发展，因此推动了国际贸易的发展。1900～1948 年，由于战争的爆发，社会分工、社会生产力受到严重的阻碍，国际分工受到严重的挫折，导致全球贸易低速发展，不仅落后于生产速度，甚至在一些年份还呈现出负增长。1948～1973 年，战后贸易自由化及新技术革命加速了生产力的发展，国际分工的广度和深度都有了深刻的变化，极大的推动了国际分工的发展，也加速了国际贸易的发展。1973～1982 年间经济衰退、各国普遍实施新贸易保护主义政策，使国际分工的发展缓慢，国际贸易的增长速度也相应的减缓。而 20 世纪 80 年代中期以来，各国加快了经济贸易的合作与交流，国际分工的发展在产业内、服务业内部得到加快，国际货物贸易与服务贸易发展速度也相应加快。为此，我们认为国际分工与国际贸易发展成同方向变化。

2. 国际分工导致国际贸易商品结构发生了较大的变化

由于国际分工的发展变化，使国际贸易商品结构及各国的进出口商品结构均发生了较大的变化。这主要表现在：①国际货物贸易发展规模扩大，国际服务贸易发展速度加快，货物贸易在世界贸易中的比重下降，服务贸易比重相对上升。②在国际货物贸易中，工业制成品贸易比重上升，初级产品贸易比重下降，工业制成品在国际贸易中的比重超过了初级产品所占的比重。③发展中国家，尤其是新兴工业化国家出口中的工业制成品贸易增长较快，工业制成品占发展中国家出口中的比重上升。④在工业制成品贸易中，中间性机械产品的贸易比重提高。由于产业分工日益增强，水平型国际分工发展较快，发达国家间的分工居于主导地位，在工业制成品中，中间性机械产品、零部件产品的贸易比重提高。特别是西方发达国家，其出口贸易中中间性机械产品的比值提高。

3. 国际分工极大地影响着国际贸易的地区分布和地理流向

在国际分工中处于中心地位的国家，在国际贸易的地区分布中也必然处于中心地位。国际分工的变化，也使国际贸易的地理方向发生了与国际分工方向大致相同的变化。19世纪到第二次世界大战前，国际分工的主要形式是宗主国与殖民地等落后的发展中国家、最不发达国家间的分工，在国际贸易中表现为发达国家出口工业制成品，发展中国家出口农矿产品、原材料及自然资源产品。第二次世界大战后，国际分工从垂直型向水平型、混合型过渡和发展，从而国际贸易地理流向也发生了相应的变化，发达国家间及与发达国家和发展中国家之间的工业制成品贸易居于国际贸易的主导地位。特别是发达国家之间的双向贸易发展迅速，发达国家与发展中国家间的贸易居于次要地位。

4. 国际分工使各国对外贸易依存度不同程度地提高

第二次世界大战后，由于国际分工迅速发展，加强了各国对外经济贸易关系，使经济生活的国际化发展加快，国际贸易在世界经济、各国国民经济中的重要性不断提高。国际贸易方式多样化，改变了过去单纯的货物贸易的贸易形式。国际贸易、国际投资及经济合作方式呈多样化的特点。

2.2　西方国际分工理论

国际分工理论是国际贸易理论的重要组成部分，早在16世纪，西欧重商主义者就开始对国际分工、国际贸易问题进行了探讨。随着社会生产力的发展，国际分工的理论探讨在16～18世纪取得了巨大发展，古典经济学派的代表人物亚当·斯密、大卫·李嘉图为国际分工理论提供了重要的理论基础。在他们之后，许多经济学家从不同的角度发展了国际贸易理论。

2.2.1　贸易差额论

作为经济思想的重商主义其基本主张有三：其一，金银或货币是财富的唯一形式，一国掌握货币的多少代表着该国的富裕程度；其二，对外贸易是获取额外贵金属或货币的主要源泉，因而是增加一国财富的重要途径；其三，增加国民财富的贸易政策是多卖少买乃至不买。在具体贸易政策重心上，不同时代的重商主义者的主张则是不同的，这使重商主义的发展呈现出早期和晚期两个阶段。

贸易差额论是晚期重商主义的中心思想。其鲜明特征是：强调鼓励出口甚于限制进口，为了扩大出口的目的，赞成适当输出金银。这种理论认为，既然对外贸易是增加国民财富的主要源泉，一国政府就应该大力鼓励对外贸易，而增加国家财富的外贸政策不仅应该鼓励出口，而且应该鼓励那些可以增强本国未来出口能力的进口；只要出于扩大贸易的目的，适当的金银输出是有利的；只要在贸易中始终保持顺差，即出口大于进口，就会增加一国货币存量，因而增加一国的财富。这些思想在英国最著名的重商主义者托马斯·孟的论著中表现得淋漓尽致。托马斯·孟在 1641 年出版的小册子中写道："对外贸易是增加我们的财富和现金的通常手段，在这一点上，我们必须时时谨守这一原则：在价值上，每年卖给外国人的货物，必须比我们消费他们的为多。"对于出于扩大贸易的金银输出，孟打了个形象的比喻：这就像农民把玉米撒在土地上，初看起来有点疯，但到收获季节，则可以看到他们的远见和智慧。由于晚期重商主义强调贸易差额甚于货币差额，因此晚期重商主义又被称作贸易差额论。

　　与货币差额论者不同的是早期重商主义者，他们主张在对外贸易中必须遵守这样一个原则：限制进口甚于鼓励出口，禁止金银输出。即增加国民财富的贸易政策应该是尽可能少地输入，尽可能多地输出，最好的政策是只输出不输入。对于这一时期欧洲主要国家的政策，恩格斯在《政治经济学批判大纲》中曾经这样来形象地予以描述："各国彼此对立着，就像守财奴一样，双手抱住他心爱的钱袋，用嫉妒和猜忌的目光打量着自己的邻居。"由于早期重商主义者特别强调金属货币余额，因此又被称为重金主义或货币差额论。

2.2.2　亚当·斯密的绝对利益论

　　亚当·斯密（Adam Smith，1723～1790 年）是英国古典政治经济学总体系的创立者和国际贸易理论的开拓者。其主要著作有：《道德情操论》（1759 年）和《国民财富的性质和原因的研究》（又译《国富论》1776 年）。18 世纪后半期，英国资本主义工场手工业有了长足的发展，然而工业革命所需要的廉价原料和海外市场却受到重商主义制度的限制。代表资产阶级利益的斯密在其重要著作《国富论》中对重商主义经济学进行了猛烈抨击的同时，提出了对内自由放任、对外自由贸易的主张，建立起自己的国际贸易学说。其理论核心是以地域分工论为主要内容的绝对利益论和自由贸易论。斯密认为一国各个地区拥有缘于地域的"自然优势"。按地域分工可以提高劳动生产力，促进国民财富的增长。这一分工原则也适用于国家之间，并成为国际贸易的基础。即斯密认为国际贸易发生的原因在于各个国家缘于地域的自然优势的差别。如果各国根据其自然优势进行专业化生产，出口本国生产有效率的商品，进口国外生产有效率的商品，这种交易使进行贸易的双方国家较之各自在闭关自守时得到更多的商品量，亦即贸易双方都得到贸易利益。为了说明这个理论，斯密还举例说明。

　　假定英国、葡萄牙两国都生产葡萄酒和毛呢两种产品，生产情况如表 2-1，

表 2-2，表 2-3 所示。

表 2-1　绝对利益理论（分工前）

国　家	酒产量/单位	所需劳动人数/（人/年）	毛呢产量/单位	所需劳动人数/（人/年）
英　国	1	120	1	70
葡萄牙	1	80	1	110

表 2-2　绝对利益理论（分工后）

国　家	酒产量/单位	所需劳动人数/（人/年）	毛呢产量/单位	所需劳动人数/（人/年）
英　国	—	—	2.7	190
葡萄牙	2.375	190		

表 2-3　毛呢与葡萄酒交换结果

国　家	酒产量/单位	毛呢产量/单位
英　国	1	1.7
葡萄牙	1.375	1

斯密认为在这种情况下进行国际分工和国际交换对两国都有利。假定分工后，英国以 1 单位毛呢交换葡萄牙 1 单位酒，则两国拥有产品情况如表2-3。

从表 2-3 中可见，英、葡两国在分工的情况下，产量比分工前都提高了。通过国际贸易，两国人民的消费都增加了。由于这个理论是按各国绝对有利的生产条件进行国际分工，所以，后人把亚当·斯密的这一理论称作绝对利益论。这一缘于地域分工的绝对利益必须在自由贸易条件下才能实现，因而斯密主张自由贸易。

2.2.3　大卫·李嘉图的比较成本论

英国经济学家大卫·李嘉图（David Ricardo 1772～1823 年）提出以比较成本说为核心的关于国际分工和国际交换的古典经济理论。该理论以劳动价值论为基础，认为任何商品的价值都由劳动力成本来决定。正是由于国际间比较成本差异，国际上生产要素的不流动性，国际贸易得以发生。李嘉图认为各国按生产力比较差异和生产成本比较差异进行分工与交换，可使各国专门生产并出口具有比较成本有利的商品，结果使贸易双方都可获利。大卫·李嘉图的比较利益学说的主要假设条件是：只考虑两个国家，两种货物，劳动是唯一的生产要素，生产货物所花费的劳动量决定了货物的价值量，坚持劳动价值论，所有的劳动力都是同质的，对一切劳动力都支付相同的报酬；在一国内部，劳动力和资本是可以完全自由移动的，但在国与国之间是不能自由移动的；每单位产品生产成本是不变的；不存在运输费用；生产要素市场和货物要素市场是完全竞争市场；收入分配不发生变化；贸易是按货物与货物交换的方式进行的，没有考虑货币与汇率的因素；不存在技术进步。

当一国在生产两种货物方面都处于绝对有利的地位，而另一国都处于绝对劣势地位时，按照斯密的观点，两国间不能进行国际分工和进行国际贸易。而李嘉图认为，由于自然条件和各方面的限制，每个国家不一定生产各种货物，而应集中力量生产那些利益较大或不利较小的货物，然后通过国际贸易，在资本和劳动力不变的情况下，生产总量将增加，这样形成的国际分工对参加分工和贸易的各国都能获得利益。为了说明这个理论，李嘉图沿用了英国和葡萄牙的例子，但对条件做了一些变化，如表 2-4。

表 2-4　国际分工的比较利益

国　　　家		酒产量/单位	所需劳动人数/（人/年）	毛呢产量/单位	所需劳动人数/（人/年）
英　国	分工前	1	120	1	100
葡萄牙		1	80	1	90
	合　计	2	200	2	190
英　国	分工后			2.2	220
葡萄牙		2.125	170		
	合　计	2.125	170	2.2	220
英　国	国际交换	1		1.2	
葡萄牙	（1∶1）	1.125		1	

从表 2-4 中看出，葡萄牙生产酒和毛呢，所需劳动人数均少于英国，从而英国在这两种产品的生产上都处于不利地位。根据斯密的绝对成本论，两国之间不会进行国际分工。而李嘉图认为，葡萄牙生产酒所需劳动人数比英国少 40 人，生产毛呢只少 10 人，即分别少 1/3 和 1/10；显然，葡萄牙在生产酒上的优势更大一些。英国在两种产品生产上都处于劣势，但在毛呢生产上劣势小一些。根据李嘉图"两权相遇择其重，两害相遇择其轻"的比较成本理论，英国虽都处于绝对不利地位，但应取其不利较小的毛呢生产，葡萄牙虽处于绝对有利的地位，但应取其有利较大的酒生产。按这种原则进行国际分工，两国产量都会增加，进行国际贸易，两国都会得利。从表中可见，分工投入的劳动人数虽没有变，但酒的产量却从 2 单位增加到 2.125 单位，毛呢从 2 单位增加到 2.2 单位。如果英国以 1 单位毛呢交换葡萄牙 1 单位酒，则两国都从这种国际分工和国际贸易中得利了。因此，这种国际分工和国际贸易对两国都是有利的。

比较成本理论在历史上曾起过进步作用。它为自由贸易政策提供了理论基础，推动了当时英国资本积累和生产力的发展。在这个理论影响下，"谷物法"被废除了。但是，比较成本说只提出国际分工的一个依据，未能揭示出国际分工形成和发展的主要原因。成本、自然条件等因素对国际分工的形成有一定的影响，但不是唯一的和根本的因素。实际上，生产力、科学技术、社会条件等都对国际分工有重要影响。

2.2.4　约翰·穆勒的相互需求论

约翰·穆勒（John Stuart Mill，1806～1873 年）是李嘉图的学生，是 19 世

纪中叶英国最著名的经济学家。他的代表作为《政治经济学原理》，在该书中他提出了相互需求论，对比较利益学说作了重要的说明和补充。

相互需求论又称国际需求方程式。英国古典经济学家穆勒提出将需求导入国际贸易理论，用以说明贸易条件决定的法则。该法则认为，国际供求关系决定商品的国际价值，在国际贸易发生以前，本国商品的交换比例由本国两种商品的生产成本比例决定。国际贸易发生以后，从国外输入商品的价值不决定于输出国的生产成本，而决定于输入国为输入一定量商品而输出商品的数量。因而国际价值的内涵是国际商品交换的比例。由于资本和劳动力在国际间不能自由流动，国际商品交换的比例则由各国对参加交换商品的相互需求决定。相互需求是指一国对它国商品的需求，即是它国对该国的供给。由于两国彼此对对方出口商品的需求程度有别，国际商品交换比例必然在交易国双方各自国内交换比例所形成的界限内波动。贸易条件是否有利，应视贸易双方彼此对另一国出口品的需求程度的强弱而定。如果甲国对乙国出口品的需求程度强，乙国对甲国出口品的需求程度弱，则所决定的贸易条件对乙国有利，乙国的贸易利益就大。反之如果甲国对乙国出口品的需求弱，则贸易条件对甲国有利，甲国的贸易利益就大。只有在相互需求均衡，输出数量恰足以支付输入数量时，所形成的交换比例决定了各国出口商品的国际价值。

2.2.5　赫克歇尔—俄林的要素禀赋论

赫克歇尔、俄林都是瑞典著名的经济学家，赫克歇尔是俄林的老师。1919年赫克歇尔在纪念经济学家戴维的文集中发表了一篇名为《对外贸易对收入分配的影响》的文章。在该文中他提出：如果两个国家的生产要素拥有和分布是相同的，各生产部门和技术水平不一样，当不存在运输成本的时候，国际贸易既不会给一个国家带来利益，也不会为另一个国家造成损失。这些论点为俄林所接受。1929～1933年，由于资本主义世界经历了历史上最严重的经济危机，贸易保护主义抬头，各国都力图加强对外倾销商品，同时提高进口关税，限制商品进口。对此，瑞典人民深感不安，因为瑞典国内市场狭小，一向对国外市场依赖很大。在此背景下，俄林继承了其老师赫克歇尔的观点，于1933年出版了《域际贸易和国际贸易》一书，深入探讨了国际贸易产生的深层原因，创立了要素禀赋论。

要素禀赋论的论述是基于一系列简单的假设前提，主要包括以下九个方面：

（1）假定只有两个区域或两个国家、两种商品、两种生产要素（劳动和资本）。

（2）假定两国的技术水平相同，即同种产品的生产函数相同。

（3）假定 X 产品是劳动密集型产品，Y 产品是资本密集型产品。

（4）假定生产诸要素是可以分割的，单位生产成本不随着生产的增减而变化，因而没有规模经济的利益。

（5）假定两国进行的是不完全专业化生产，即尽管是自由贸易，两国仍然继续生产两种产品。

（6）假定两国的消费偏好相同。

（7）假定在各国内部，生产诸要素是完全自由流动的；但在区域或国家之间是不能自由流动的。

（8）假定没有运输费用，没有关税或其他贸易限制。

（9）假定在两国的两种商品、两种生产要素市场上，竞争是完全的。

要素禀赋论学说的主要内容是：各国所生产的同样产品的价格绝对差是国际贸易的直接原因或基础，即国际贸易之所以产生是由于价格的不同。当两国间的价格差别大于商品的各项运输费用时，则从价格较低的国家输出商品到价格较高的国家是有利的。价格的绝对国际差来自于成本的国际绝对差。国际贸易发生的第二个原因是在两国国内各种商品的成本比例不同。成本比例的差异是因为生产要素的不同价格比例造成的。在每一国，商品的成本比例反应了它的生产诸要素的价格比例关系，也就是工资、地租、利息、利润之间的比例关系。由于各国的生产要素价格不同，就产生了成本比例的不同。各国在生产要素的供给方面是不同的，即各国所拥有的各种生产要素的数量、种类和质量是不同的。国际贸易就是建立在各个国家各种生产要素的多寡不同和价格高低不同的基础上的。另外即使生产要素的供给比例是相同的，对这些生产要素不同的需求也会产生生产诸要素的不同的价格比例，从而为国际贸易提供一个基础。国际分工和国际贸易最重要的利益是各国能更有效地利用各种生产要素。在国际分工的条件下，各种生产要素的最有效的利用将会比在闭关自守的情况下得到更多的社会总产品。俄林还认为国际生产要素不能充分流动使生产达到理想结果，但是商品的流动在一定程度上可以弥补国际间生产要素缺少流动性的不足，即通过国际贸易可以部分解决国际间要素分配不均的缺陷。

要素禀赋学说的三个主要结论：①每个区域或国家利用它的相对丰富的生产诸要素从事商品生产，就处于比较有利的地位；而利用它的相对稀少的生产诸要素从事商品生产，就处于比较不利的地位。因此，每个国家在国际分工和国际贸易体系中生产和输出前面那些种类的商品，输入后面那些种类的商品。②区域贸易或国际贸易的直接原因是价格差别，即各个地区间或国家间商品价格不同。③商品贸易一般趋向于消除工资、地租、利润等生产要素收入的国际差别，导致国际间商品价格和要素价格趋于均等化。

赫克歇尔—俄林的学说正确指出生产要素在各国对外贸易中的重要地位，但是忽视了科学技术的作用。在当代国际分工和国际贸易中，科学技术起着越来越重要的作用。技术革新、技术进步可以改变要素成本和比例，从而改变比较成本。这一理论与当代发达国家间贸易迅速发展的实际情况不符。按照他们的理论，国际贸易应发生在要素禀赋不同和需求格局相异的工业国与初级产品生产国之间。但当代国际贸易的一个特点却是，大量贸易发生在要素禀赋相似、需求格局相近的工业国家之间，而发达国家与发展中国家间贸易发展却比较缓慢。

2.2.6　里昂惕夫反论与要素禀赋理论的扩展

二战后，在第三次科技革命的推动下，世界经济迅速发展，国际分工和国际贸易都发生了巨大变化，传统的国际分工和国际贸易理论更显得脱离实际。在这种形式下，一些西方经济学家力图用新的学说来解释国际分工和国际贸易中存在的某些问题，这个转折点就是里昂惕夫反论或叫里昂惕夫之"谜"。美国经济学家里昂惕夫（Wassily W. Leontief）在接受要素禀赋理论的基础上，利用投入—产出分析方法对美国的对外贸易商品结构进行具体计算，其目的是对赫克歇尔—俄林原理进行验证。他把生产要素分为资本和劳动两种，对 1947 年美国 200 个行业进行分析，计算出每百万美元的出口商品和每百万美元的进口替代商品所使用的资本和劳动量及其比例，从而得出美国出口商品和进口替代商品中所含的资本和劳动的密集程度。计算结果表明，美国出口商品具有劳动密集型特征，而进口替代品更具有资本密集型特征。这个验证结论正好与赫克歇尔—俄林原理相反。这一结论西方经济学家大为震惊，因而将这个不解之谜成为里昂惕夫之"谜"。里昂惕夫之"谜"又进一步推动了国际分工理论和国际贸易理论的新发展。

2.3　世　界　市　场

2.3.1　世界市场的概念

世界市场是世界各国交换产品、服务、科技的场所，是由世界范围内通过国际分工联系起来的各个国家内部及各国之间的市场综合组成。在世界市场上流通的内容包括有形的商品和资金、科技、服务等。它的发达程度取决于参加国际交流国家的数目、交换商品的数量、规模及运销信息网络的机制等。

2.3.2　世界市场的形成与发展

世界市场并非自古就有，而是后来形成的。世界市场的形成和发展有一个过程，一般认为，世界市场的形成大体经历了三个阶段：

1. 世界市场的萌芽和初步形成时期

从 15 世纪末地理大发现至 18 世纪中期，是世界市场的萌芽和初步形成时期。15 世纪末和 16 世纪初期的地理大发现促进了西欧各国的经济发展。地理大发现主要有三大发现：①新大陆——美洲大陆的发现。时在 1492 年，由受西班牙国王资助的意大利探险家哥伦布完成。②新航线的开辟。代表性的是绕过非洲好望角到达印度的新航路，由葡萄牙航海家瓦斯科·达·伽马完成，时在 1501～1502 年。③环球航行。由另一位葡萄牙航海家麦哲伦完成，时在 1521～1522 年。由于以上地理大发现，人类视野第一次有了"全球"的概念，使洲际贸易带有明显的世界贸易的特征，世界市场由此而发端。该时期的世界贸易和世界市场具有发端时期的鲜明特征，它以大西洋东岸之欧洲西北部为中心，以殖民开拓为动力，贸易是无序的、强权式的。

2. 世界市场的迅速扩大时期

从 18 世纪 60 年代至 19 世纪 70 年代，是世界市场的迅速扩大的时期。在这个时期人类社会经济史上最大的事件，莫过于英国工业革命。由于工业革命，无论地理上还是人口上都可以划归为小国的英国，迅速发展了支配全球的工业，成了所谓的"世界工厂"和全球第一大经济实体，在全球贸易中占据了垄断地位并由此改变了世界市场和国际贸易的格局。国际贸易由原来的农产品、手工制品贸易交换，变为机器工业制成品和农产品、初级产品之间的贸易。

3. 世界市场最终形成时期

从 19 世纪 80 年代至 20 世纪初叶，是世界市场最终形成的时期。19 世纪结束之前的最后一次殖民开拓高潮，把非洲最落后的地区也纳入了世界贸易体系之下，使世界市场进一步扩大。到 20 世纪初叶，已形成统一的、无所不包的世界市场。与此同时，世界市场也完成了由无序向有序的过渡。其标志如下：

（1）多边贸易多边支付体系的形成。由于国际分工的发展，世界城市和农村的出现，西欧大陆和北美有些经济发达的国家，从经济不发达的初级产品生产国，购买了越来越多的原料和食品，出现了大量的贸易逆差。与此同时，英国继续推行自由贸易政策，从西欧大陆和北美的新兴工业国输入的工业品持续增长，贸易呈现大量的逆差。但英国又是经济不发达国家工业品的主要供应国，存在大量的贸易顺差。这样，英国就用它对经济不发达国家的贸易顺差所取得的收入来支付对其他经济发达国家的贸易逆差。而经济不发达国家，又用对西欧大陆和北美的贸易顺差来弥补对英国的贸易逆差。英国此时成为多边支付体系的中心。这个体系为所有贸易参加国提供购买货物的支付手段；同时使国际间的债权债务关系的清偿、利息与红利的支付能够顺利完成，有助于资本输出和国际间短期资本的流动。

（2）国际金本位制度的建立与世界货币的形成。世界市场的发展与世界货币的发展是紧密联系在一起的。只是在世界市场充分发展以后，作为世界货币的黄金的职能才能充分的展开。在这一时期建立了国际金本位制度，它也是世界多边贸易多边支付体系发挥作用的货币制度。这个制度的主要作用有两个：它给世界市场上各种货物的价值提供了一个相互比较的尺度，并能使各国间的比价保持稳定；给世界市场上各国的商品价格提供一个互相比较的尺度，从而使各国的同一种商品的价格保持一致，把各国的价格结构联系在一起。

（3）经济规律制约着世界市场的发展。

（4）形成了健全固定的销售渠道。大型固定的商品交易所、国际拍卖市场、博览会形成了；航运保险银行和各种专业机构健全的建立了；比较稳固的航线、港口、码头建立了。这一切都使得世界市场有机的结合在一起。

（5）价值规律作用加强，形成了国际价值规律。

2.3.3　当代世界市场的主要特征

与二战前相比，世界市场由于国际分工、社会生产力的新发展而出现了较多的新变化，主要体现在以下几个方面。

1. 参与世界市场竞争的国家和地区增多，世界市场在动荡中不断扩大

二战前，世界市场基本上是以资本主义国际分工为主体的货物和服务交换的场所。二战后，随着殖民统治的崩溃，一些社会主义国家也出现在世界市场上，100 多个发展中国家也参加到世界市场中来，到 1997 年参加国际贸易的国家已经有 230 多个。发达国家、发展中国家、社会主义国家都需要通过世界市场、通过国际分工发展本国经济。但世界性经济危机使世界市场不能平稳发展。在战后的四次世界经济危机期间（1951～1952 年、1957～1958 年、1974～1975 年和1980～1983 年），世界市场呈现萎缩。而世界经济大国一旦经济出现问题，整个国际市场也就会出现动荡。另外，由于经济政治密不可分，世界性政治事件和军事行动引起世界市场的动荡。如美国攻打伊拉克，引起国际石油市场的价格发生很大的波动。尽管世界市场上存在着各种动荡，但世界市场仍在扩大，国际贸易在不断发展，世界货物贸易量年增长率一直高于世界商品生产和世界国内生产总值量的增长率。其主要原因是战后第三次科技革命，国际分工的深化，资本国际化进程的加快，交通通讯工具的进步和各种新的贸易方式的出现。世界市场的波动性给世界各国企业进入市场带来风险；世界市场在波动中发展又给各国企业进入市场增加了可能性。

2. 世界市场在全方位开放的同时，集团化趋势在发展

世界市场全方位开放有三层含义：

（1）指市场大门对每一个国家都是开放的，任何国家都可以进入市场。

（2）指市场对于任何从事制造服务业和其他行业生产的厂商都可以在这个市场找到自己合适的地位。

（3）指世界市场对任何商品和劳务都不怀有偏见，它们都可以进入市场进行交换。但是，世界市场也有对后来者不利的因素，集团化趋势即是其中之一。集团化趋势在世界市场中有两种表现：一是国家的集团化，如欧盟、美加自由贸易协定等；二是企业跨国结成集团的趋势。国家集团化的特点是内部实行贸易自由化，对外统一排斥、限制外国商品的进入，并与某些集团外的国家结成特殊伙伴关系，如欧盟和非洲、加勒比、太平洋发展中国家集团的关系。企业集团化的特点是交易市场内部化、技术转让内部化等。这种集团化使后来者被排斥于平等交易之外，企业集团化使后来者要么被挤出市场，要么作为集团的附庸而进入市场。

3. 国际经济贸易、合作方式的多样化

二战后，由于新的科技革命的影响，经济全球化进一步向深度和广度发展，导致各国企业间的经济、科技合作日趋频繁，相互间的投资、科研、服务的多边经济合作增多，从而使世界市场上交换的内容不仅限于货物，而且也越来越多的延伸到服务、知识产权等。国际经济合作方式的多样化也促进了国际贸易方式的多样化，出现了许多新的贸易方式，如对销贸易寄售贸易、补偿贸易、加工贸易、租赁贸易等。

4. 世界市场以价格竞争为主转向以非价格竞争为主

非价格竞争的手段主要有：提高企业产品质量、增加产品性能、增加产品品种及差异、改进包装装潢、改进售前与售后服务、加强广告、营销树立企业形象等。

5. 世界市场上商品的相对性过剩和结构性的供给不足并存

世界市场上大多数商品在多数时间里总处于相对过剩状态，尤其是那些垄断性较低、多数发展中国家都能生产的某些初级产品和劳动密集型产品更是如此。于是如何拥有更多的消费者，最大限度的占有市场份额驱使各国企业采取各种方式进行角逐，使经营的方式、销售手段、获利方法多样化。在世界市场上存在着商品过剩的同时，却又存在着结构性的商品供给不足，使一些产品在世界上供不应求，这种情况促成了国际投机的加剧和价格的波动。国际市场的相对过剩使竞争加剧，尤其是那些经济发展水平相近、生产结构相似的国家间竞争更加紧张。世界市场结构性的供应不足为各国企业进入市场提供了机遇。

2.3.4　当代世界市场的构成与国际市场价格

1. 世界市场的构成

（1）各种类型的国家。按照联合国统计局的分类，参加世界市场活动的国家和地区分四组：发达的市场经济国家，包括欧美日等国家；亚洲社会主义国家；发展中国家和地区；原东欧的国家等。

（2）订约人。在世界市场的订约人，按照活动的目的和性质可分为三类：公司、企业主联合会、国家机关和机构。公司是指那些追求商业利益的订约人，它们是在工业、贸易、建筑运输、农业、服务等方面以盈利为目的进行经济活动的企业。企业主联合会是企业家集团的联合组织，它们和公司的不同之处是其活动的目的不是获取利润，而是在政府机构里代表参加联合会的企业家集团的利益，促进私营企业扩大出口，并以协会、联盟、代表会议等形式建立起来。国家机关和机构是世界市场的第三类签约人，他们只有在得到政府授权后才能进入世界市场，进行外贸业务活动。

（3）商品和劳务。

（4）国际商品市场与销售渠道。包括有固定组织形态的国际商品市场，是指在固定场所按照事先规定好的原则和规章进行商品交易的市场。这种市场主要包括商品交易所、拍卖、集市、博览会和展销会等。

第一，商品交易所是一种典型的具有固定组织形式的市场。它是在指定的固定地点、规定的时间内，按照规定的方式，由特定的交易人员进行大宗商品交易的专业市场。这种交易市场 17 世纪最先出现在荷兰的阿姆斯特丹，后随着资本主义方式的确立和国际分工的深化，得到了长足的发展。在商品交易所交易的商品，往往具有同质性，如有色金属、谷物、纺织原料、食品油料、橡胶等等。目前主要通过交易所进行交易的商品大约有 50 多种，占世界商品流通额的 15％～20％。世界性的大商品交易所，每天开市后第一笔交易的成交价格（即所谓的开盘价格）和最后一笔交易的成交价格（即所谓的收盘价格），以及全天交易的最高和最低价格，均被刊载在重要的报纸上，作为市场价格动态的重要资料。因此，世界性商品交易所价格，即交易所牌价，一般被公认为是世界价格的重要参考数据。在交易所中进行商品买卖，必须严格遵守交易所的规章制度，其一般方法是在大厅里口头喊价，公开交易。能够进场搞买卖交易活动的，应是交易所的会员。会员除自己进行商品交易外，往往还充当经纪人，替非会员进行交易，以获得佣金收入。

在交易所中进行的商品买卖，基本可以分为实物和期货交易两种。实物交易可以是现货交易也可以是未来交货。期货交易是指对正处于运输途中，或者需经过一定时间后才能装运的货物进行的交易。实物交易的特点是进行实际商品的买卖活动,合同的执行是以卖方交货,买方收货付款来进行的。期货交易是一种按照期货合同达成交易后,远期进行交割的交易。这种交易,合同的执行可以是交付实物,但更多的情况是一种买空卖空的投机性业务,或套期保值业务。目前,商品交易所进行的交易中约有 80％是期货交易。

期货交易的主要特点是:①在交易所中商品只按照交易所规定的标准进行交易,这种标准在交易所中被称为基本品质。例如,在美国芝加哥谷物交易所中,小麦期货共有七个基本品级,在进行期货交易时,无需对其品质规格反复磋商,只要选择其中一个品级成交即可。②交付品级。期货成交需按交易所已经规定的基本品级进行,但交货却可交出其他质量规定的商品,当交货商品符合基本品级时则合同价格不变,若交货商品不符合基本品级,则要按照与基本品级的质量差来加价或减价。③交易所规定了每个期货交易合同的交易数量(即交易单位)。成交的数量只能是交易单位的倍数,如伦敦金属交易所铜的期货合同的交易单位为 25 吨,芝加哥谷物交易所的小麦每份期货合同的交易单位为 5 000 蒲式耳。④交易所对每种商品都规定有一年内的若干个交货月份,多数商品只能在每年的特定月份交货,如芝加哥谷物交易所小麦的交货月份为 3、5、7、9、12 月,其余时间不办理交货。⑤一旦成交,买卖双方需交纳保证金,以防毁约。⑥标准合同制。交易所大多制作有标准合同,合同对于品级、交货品级、交易单位、保证金等都作了统一规定。交易时买卖双方只需洽商好价格、交货月份、合同批数,即可成交。⑦交货时卖方只须交付货物所有权证件,如栈单,以及品质证明文件,买方凭证件去指定仓库提取货物。目前,随着国际生产专业化的提高,交易所的交易也日趋专业化,每类商品都有自己专门的交易中心。

第二,拍卖。拍卖至今已有几百年的历史,它是一种在规定的时间和场所,按照一定的规章和程序,通过公开叫价竞购,把事先经买主看过的货物逐批地卖给出价最高者的交易过程。以拍卖方式进入国际市场的商品,大多数为品质不易标准化、易腐烂不耐储存、生产厂家众多、产地分散或需要经过较多环节才能逐渐集中到中心市场上进行交易的商品,如羊毛、毛皮、茶叶、烟草、蔬菜、水果、古玩工艺品、石油黄金等。一些外国政府在处理库存物资或海关及其他机构处理罚没货物时也采用这种交易方式。在实际交易中,拍卖具有以下特点:①在拍卖中买卖双方并不直接洽商,而是通过专营拍卖业务的拍卖行来进行。拍卖行设有专门的拍卖场所、专业人员和设备。②拍卖是一种单批实物的现货交易,具有当场公开竞购,一次确定成交的性质。拍卖物须事先运至拍卖地,并由参加竞购者验看,拍卖后卖方或拍卖举办人一般不负责赔偿责任。拍卖对于买主的要求较高,买方要对货物的情况做详细的了解,否则容易吃亏。③拍卖所须费用一般较其他交易费用要高。

第三，博览会和展览会。博览会是一种定期的在同一地点、在规定的期限内举办的有众多国家、厂商参加展销结合的国际市场。举办博览会的目的是使参加者展示科技成就商品样品，以便进行宣传，发展业务联系，促成贸易。展览会一般是不定期举办的，它与博览会的区别在于只展不销，通过展览会促成会后的交易。目前，国际博览会、展销会的发展趋势是专业化程度不断提高，反映时代发展的高精类产品、设备的比重加大。除了有固定组织形式的国际市场外，通过其他方式进行的国际商品交易，都可以纳入没有固定组织形式的国际市场。这种市场大致可以分为两大类：一类是单纯的商品购销；另一类是与其他因素结合的商品购销形式，如三来一补、易货贸易和租赁贸易。

（5）国际市场运输与信息网络。运输网络是由铁路运输、公路运输、水上运输、航空运输、管道运输、集装箱运输等组成。信息网络由电话、电视、广播、报刊通信卫星、计算机连网组成，成为世界市场的中枢。

（6）各种市场组织机构，国际贸易规章、条约、契约与惯例有助于市场的运行。

2. 国际市场价格的种类

国际市场价格按其形成条件、变化特征可分为下列几种：

（1）世界"自由市场"价格。世界自由市场价格是指在国际间不受垄断或国家垄断力量干扰的条件下，由独立经营的买者和卖者之间进行交易的价格，国际供求关系是这种价格形成的客观基础。自由市场是由较多的买主和卖主集中在固定的地点，按一定的规则，在规定的时间进行交易。尽管这种市场也会受到国际垄断和国家干预的影响，但是，由于商品价格在这里是通过买卖双方公开竞争而形成的，所以，它常常较客观地反映了商品供求关系的变化。联合国贸易发展会议所发表的统计中，把美国谷物交易所的小麦价格、玉米（阿根廷）的英国到岸价格，大米的曼谷离岸价格，咖啡的纽约港交货价格等36种初级产品的价格列为世界"自由市场"价格。

（2）世界"封闭市场"价格。"封闭市场"价格是买卖双方在一定的约束条件下形成的价格。封闭市场价格一般不受国际市场上供求关系规律的制约，买卖双方中的其中一方具有市场垄断力量，从而影响了价值规律的作用。

世界封闭市场的价格主要包括以下几种：①跨国公司内部转移价格。转移价格又称调拨价格，是跨国公司在国际化经营过程中，为了最大限度地减轻税赋、逃避东道国的外汇管制，扶持幼小的子公司或分公司而在跨国公司内部采购货物和服务时所确定的价格。比如一个总部在美国的跨国公司在中国设有一个分公司，由于中国对于外商投资企业在税收方面实行优惠政策，于是，美国公司为了合理避税，便从中国的分公司购买产品，用于满足美国市场的销售，而在价格方面，美国公司向其分公司支付的价格一般要比正常的市场价格高。通过这种高价从而实现利润的转移，进而达到合理避税的目的。②垄断价格。垄断价格是在世界市场上有买方或卖方垄断力量存在的情况下，垄断组织利用其经济力量和市场控制力量决定的价格。垄断力量有两种：一种是买方垄断价格，一种是卖方垄断价格。前者是低于货物的国际价值的价格，后者是高于货物的国际价值的价格。两者均可取得超额垄断利润。由于垄断并不意味着寡头垄断，垄断中也存在着竞争，因而垄断价格存在着一个客观的界限。③经济贸易集团内部价格。区域化经济一体化的发展，使区域经济贸易集团内部价格逐渐形成。如欧洲联盟所实行的共同农业政策、通过对内、对外征收差价税的方式实行农产品的共同价格。④国际货物协定或综合方案确定的价格。国际货物协定或综合方案通常采用最低价格和最高价格，并确定一个价格干预的上限和下限，当国际市场上某协定下的货物价格高于上限价格或低于下限价格时，执行机构将利用协定成员国提供的货物或货币干预价格，以使其稳定在一定的范围之内。因而，国际货物协定或综合方案下的价格是相对稳定的，受国际市场上的冲击相对较小。

本 章 要 点

◆ 国际分工是国际贸易和世界市场的基础。国际分工是指世界各国之间的劳动分工，是社会分工向国外的延伸。国际分工是社会生产力和社会分工发展到一定阶段的结果。由于参加国际分工的国家的自然资源和原材料供应、生产技术水平和工业发展情况的差异，国际分工有三种不同的类型，即垂直型分工、水平型分工和混合型分工。

◆ 西方经济学家对国际分工与国际贸易的关系进行分析，提出了著名的国际分工理论，如斯密的绝对成本论；李嘉图的比较成本学说等。这些主要的国际分工理论对世界经济和国际贸易的发展产生了深远的影响，极大的推动了国际经济和国际贸易的发展。

◆ 当代世界市场的主要特征是：参与世界市场竞争的国家和地区增多，世界市场在动荡中不断扩大；世界市场在全方位开放的同时，集团化趋势在发展；国际经济贸易、合作方式的多样化；世界市场以价格竞争为主转向以非价格竞争为主；世界市场上商品的相对性过剩和结构性的供给不足并存。

◆ 世界市场的价格是世界市场价值的货币表现。世界市场的价格除了受国际市场的供求影响外，还受到很多人为因素的影响。

关 键 术 语

1. 国际分工（international division of labour）
2. 世界市场（international market）

3．国际市场价格（international market price）

4．比较成本理论（theory of comparative cost）

5．绝对成本理论（theory of absolute cost）

6．要素禀赋论（theory of factor endowment）

思 考 题

1．国际分工的主要类型是什么？

2．简述西方主要的国际分工理论的内容。

3．当代国际市场的主要特征是什么？

4．简述国际市场的构成？

5．简述国际市场价格的种类。

阅读材料及案例分析

【阅读材料】 中国已经成为"世界工厂"了吗？

2000 年日本通产省发表的白皮书，第一次将中国称为"世界工厂"。因为彩电、洗衣机、冰箱、空调、微波炉、摩托车等产品中，中国制造的产品已占世界市场份额的第一名。1999 年世界彩电市场销售了 11 787 万台，其中四成是中国制造的。世界上顶尖的彩电大企业中的松下电器、东芝、三洋电机、三菱电机四个公司，都已将彩电生产的主要基地移师中国。世界市场上的复印机，中国生产的约占六成。

除彩电以外，录像机主要由东芝在中国的工厂生产；CD、单放机等主要由三洋电机和夏普公司在中国的工厂生产；DVD 主要由三洋电机在中国的工厂生产，据说在日本市场上很难看到 DVD，若有机会也会很贵，故很多日本人从中国买了带回日本去，颇像 20 世纪 80 年代中国人出国回来带大件。还有微波炉，主要由松下、三洋在中国工厂生产；空调主要由夏普在中国工厂制造；复印机由夏普和美能达在中国工厂生产；手机主要由松下通信工业公司在中国的工厂生产。

除家电外，日本公司的各种纺织面料，包括加工成服装、领带、袜子等也在中国大量生产。如日本的一大面料公司和中国 60 多家服装加工厂都有合约。这不仅是由于中国的人工费用仅是日本的 1/20，成本低，而更重要的是使用中国的原料。

目前，在全球一般消费类产品中，从小工艺品到冰箱、电视等家电产品，大量中国制造的商品出现在世界各地的超市、商场里面。2003 年中国商品进出口总额为 8 512 亿美元，世界排名第 4 位。沃尔玛、家乐福、麦德龙等世界著名跨国零售集团近几年来在中国的采购数量和金额不断上升。这么多看得见摸得着的成绩，令一些外国新闻人士惊叹：中国成了"世界工厂"！国内不少媒体、专家和一些政府官员也表现激动，随声附和的认为：中国从只能生产小熊维尼玩具和乔丹气垫运动鞋，到成为全球高科技产业的加工厂，已经是世界制造业基地，中国将作为高利润的先进科技产品制造者的身份而崛起，并在很大程度上改变中国的制造业格局。面对"中国是世界工厂的喧嚣"，我们更需要的是冷静理智的思考。

问题：

1. 什么是"世界工厂"？

2. 分析中国成为"世界工厂"的优势和劣势及在国际分工中的地位。

第 3 章

对外贸易政策

学习目标

1. 理解一国对外贸易政策实施的目的。
2. 理解制定对外贸易政策应考虑的因素。
3. 掌握保护与超保护贸易政策的实施背景与政策主张。
4. 掌握自由贸易政策的实施背景与政策主张。
5. 了解二战后贸易自由化与新贸易保护主义的表现形式。

西方主要资本主义国家在不同历史阶段上实行了不同的贸易政策。这些贸易政策可以被分为自由贸易政策与保护贸易政策两大类别。各种贸易政策的制定与实施都与各国当时的经济发展状况紧密相连。中国在改革开放的过程中，既借鉴了西方发达国家的经验，又充分考虑了本国的具体国情，制定了中国的对外贸易政策。

3.1 对外贸易政策概述

3.1.1 对外贸易政策的含义与内容

对外贸易政策是指一国政府在一定时期内为实现一定的发展目标而对进出口贸易制定并实施的政策。一个国家的对外贸易政策一般都从总体上规定了该国对外贸易活动的指导方针和原则，并且各国贸易政策的制定均以本国的国情为基础，并为本国的政治经济服务。

综观世界各国的对外贸易政策，我们不难发现，不同历史时期，同一个国家实行不同的对外贸易政策；在同一时期的不同国家，也往往实行不同的对外贸易政策。这说明一国的对外贸易政策总是随着世界政治、经济与国际关系的变化，本国在国际分工体系中地位的变化，以及本国产品在国际市场上竞争能力的变化而不断变化。

尽管不同历史时期各国国情不同，实行的外贸政策也不相同，但各国制定对外贸易政策仍存在一般的规律，即一般都是为了达到保护本国市场，扩大本国产品的出口，促进本国产业结构的改善，积累资本资金，维护本国对外政治经济关系等目的。

　　各国对外贸易政策的内容一般包括总政策、进出口政策和国别政策。对外贸易总政策是从整个国民经济的角度出发，在一个较长时期内实行的基本政策；进出口商品政策是根据对外贸易总政策，结合本国经济结构和国内外市场状况而制定的商品结构政策；国别对外贸易政策是根据对外贸易总政策，结合对外政治、经济关系而制定的有关地理方向性的国别和地区政策。

3.1.2　对外贸易政策的制定和执行

　　对外贸易政策属于上层建筑，它既反映本国的经济基础，又维护和促进经济基础的发展。各国对外贸易政策的制定受以下因素的影响：

　　其一，本国的经济结构和竞争优势以及本国产品在国际市场上的竞争能力；

　　其二，本国的就业和物价状况；

　　其三，本国与他国在经济、投资方面的合作情况；

　　其四，本国与他国的政治经济关系；

　　其五，本国在世界经济、贸易组织或协定中的权利和义务；

　　其六，本国领导人的经济思想和贸易理论。

　　各国对外贸易政策的制定与修改由最高立法机关进行。立法机关在制定和修改对外贸易政策时，要事先征询各个经济集团的意见，如发达国家一般都要征询大垄断集团的意见。各垄断集团通过企业联合会、商会等各种机构的领导人经常协调、确定共同立场，向政府提出各项建议，直至派人参与制定或修改有关对外贸易政策的法律草案。

　　各国通常按以下方式执行对外贸易政策：

　　其一，通过海关对进出口贸易进行管理。海关是国家的行政管理机关，它通过货运监管、稽征关税、查禁走私等职能来贯彻落实对外贸易政策。

　　其二，国家设立的其他各种机构，负责促进出口和管理进口。各国都设立各种机构负责促进出口和管理进口贸易工作，如美的的商务部、扩大出口全国委员会、出口委员会、跨部门的出口扩张委员会等，其他国家都有类似的组织。

　　其三，国家政府出面参与各种国际经济贸易等国际机构与组织，进行国际贸易有关方面的谈判，使本国的对外贸易政策得以落实。

3.1.3　对外贸易政策的类型与演变

　　外贸易政策基本上有两种类型，即自由贸易政策和保护贸易政策。自由贸易政策是指国家对进出口贸易一般不加干预，减少和取消关税及其他贸易壁垒，允许商品自由进出口，并在国内外市场自由竞争的贸易政策。自由贸易政策的主要内容是：国家取消对进出口的限制和障碍，取消对本国进出口商品的各种特权和优待，使商品自由进出口，在国内外市场上自由竞争。保护贸易政策是指国家通过对进出口贸易的干预，设置关税及其他贸易壁垒，限制商品自由进出口以保护本国国内市场的贸易政策，是一系列干预贸易行为和各种政策措施的组合。保护贸易政策的主要内容是：国家广泛利用各种限制进口的措施保护本国商品免受外国商品的竞争，并对本国出口商品给予优待和补贴以鼓励出口。

与世界经济的发展相对应，不同国家的对外贸易政策也发生了一个由保护贸易主义到自由贸易主义、保护主义重新抬头的演变过程。

在资本主义生产准备时期，为了促进资本原始积累，西欧各国实行重商主义下强制性的保护贸易政策，通过限制货币（贵重金属）出口和扩大贸易顺差的办法扩大货币的积累，其中以英国实行的最为彻底。

在资本主义自由竞争时期，资本主义生产方式占据统治地位。产业革命在世界范围内的进展伴随着世界市场上的商品大量增加，世界经济进入了商品资本国际化阶段。这个时期对外贸易政策的基调是自由贸易。英国是带头实行自由贸易政策的国家，但由于各国工业发展水平不同，一些经济起步较晚的国家如美国、德国则采取了保护贸易政策。

在资本主义垄断时期（19世纪70年代到二战前），垄断的加强使资本输出占统治地位。1929～1933年世界经济大危机，使市场状况急剧恶化，出现了超保护贸易政策。

二战后，随着生产和资本国际化的发展，出现了世界范围内的贸易自由化。获得独立的发展中国家实行贸易保护主义，社会主义国家实行了国家统一制度下的贸易保护主义政策。20世纪70年代中后期，在世界贸易自由化存在的同时，又兴起了以新贸易保护主义为基调的管理贸易政策。其主要内容是：国家对内制定各种对外经济贸易法规和文件，加强对本国进出口贸易有秩序地管理；对外通过协商，签订各种对外经济贸易协定，以协调和发展缔约国之间的经济贸易关系。

3.2　保护贸易政策

3.2.1　资本主义生产方式准备时期的重商主义保护贸易政策

重商主义是15～17世纪西欧资本主义生产方式准备时期代表商业资本利益的经济思想和政策体系。随着新大陆和新航线的发现，商业活动的范围空前扩大，西欧对美洲、非洲、亚洲的殖民掠夺，使大量黄金流入西欧各国，巨额货币财富的积累加速了商品货币经济的发展和封建自然经济的瓦解。社会财富的重心由土地转向金银货币，社会各阶层的经济生活对商业资本都有很大依赖，因此重商主义的对外贸易政策成了资本主义生产方式准备时期欧洲国家普遍实行的一种保护贸易政策，是当时欧洲各国旨在实现国家富强的一系列重商主义政策的一个重要组成部分。重商主义经历了两个发展时期，即早期重金主义和贸易差额论或称为早期重商主义和晚期重商主义。早期重商主义流行于 15、16 世纪，防止货币外流是重金主义对外贸易政策总的指导原则。晚期重商主义流行于 16 世纪上半叶至 17 世纪中叶，追求贸易顺差是晚期重商主义对外贸易政策总的指导原则。

早期重金主义的政策主张是：

第一，追求金银流入。重金主义主张应通过一切手段追求金银流入，绝对禁止贵金属（黄金）外流，为此国家对货币出境严加防范，由国家垄断全部货币占有。

第二，限制进口。外国与本国进行贸易时，必须将销售货物所得全部用于购买本国的货物，反对一切进口交易。重金主义学说以英国人威廉·斯塔福（W. Stafford，1554～1612 年）的观点为代表。他认为一切进口都会减少本国的货币，而货币的减少是不利于本国的，因此对外国的产品是少买或根本不买。

第三，鼓励出口。早期重金主义保护贸易政策鼓励出口，认为向外国销售本国产品越多越好。

晚期重商主义的政策主张是：

第一，货币政策。晚期重商主义的货币政策不是主张严禁金银出口，想方设法吸收外国金银，而是通过追求贸易顺差达到追求金银流入的目的。

第二，对外贸易垄断政策。通过贸易垄断，西欧国家在其殖民地取得廉价的原料，运回本国加工成制成品，高价向殖民地或其他国家出售。

第三，奖出限入政策。如果本国货在外国或国内不能和外国货竞争时，可以退还原来对其征收的税金，必要时国家给予补贴。阻止原料或半制成品的出口；奖励制成品的出口。另外，国家还用现金奖励在国外市场上出售本国产品的商人。

第四，保护关税政策。继续实行早期重商主义保护关税政策，并把它作为扩大出口、限制进口的一种重要手段。对进口货几乎都要征收重税，其税负往往高到使人不能购买的程度，对原料则免税进口。同时，对出口的制成品则减免关税，或退还进口原料时征收的关税。

第五，发展本国航运业的政策。晚期重商主义主张，建立一支强大的商船队和渔船队是一个国家经济力量的重要组成部分，因此应禁止外国船只从事本国沿海航运和殖民地之间的航运。

第六，发展本国工业政策。为了实现贸易顺差，必须扩大出口，而要想扩大出口，必须发展本国工业，使本国产品在世界市场上有竞争能力，保持出口优势。为此，各国都制定了鼓励本国工业发展的政策。鼓励外国技工移入，限制本国技工外流；鼓励人口出生，以增加劳动力。

早期重商主义把货币与商品完全对立进来，孤立地看待货币，千方百计地把货币保存在国内，而晚期重商主义则把货币和商品结合起来，把货币投入到对外贸易中，努力获得贸易顺差，换回更多的货币，因此晚期重商主义比早期重商主义在认识上前进了一步。

重商主义对外贸易理论和政策，在历史上曾起过进步作用。它促进了当时西欧资本主义国家的原始资本积累，推动了资本主义生产方式的发展，但是，重商主义认为财富和利润都是在流通过程中产生的，认为对外贸易是财富和价值增殖的源泉，把货币（黄金、白银）当作唯一的财富。特别是只研究如何从国外得到金银，而没有进一步探讨国际贸易产生的原因，以及为参加国带来的贸易利益。随着资本主义的进一步发展，它与资本主义的经济基础发生了深刻的矛盾，从促进资本主义发展变为资本主义发展的障碍。

当前，重商主义的部分政策主张仍有实践意义。重商主义主张国家干预对外贸易，实行保护贸易的政策；通过贸易顺差从国外取得货币收入；禁止奢侈品进口和对一般制成品奖出限入；积极发展出口工业，提高产品质量；保护关税措施等政策，对广大发展中国家根据本国国情制定对外贸易政策仍有一定的借鉴意义。

3.2.2　与自由贸易政策并行的保护贸易政策

19 世纪资本主义自由竞争时期，资本主义在西欧有了迅速发展。当产业革命在英、法两国深入发展时，欧洲、北美其他国家的经济还很不发达，资本主义工业还处于萌芽状态或正在成长时期。这些国家根据当时所在国的实际经济发展阶段提出了与自由贸易政策相对立的保护贸易政策，由此出现了历史上同一时期，不同的国家推行不同的贸易政策的情形。这一时期主张实行保护贸易政策的代表人物是美国的汉密尔顿和德国的李斯特。

汉密尔顿（Hamilton，1757～1804 年）是美国政府第一任财政部长。他根据美国经济的发展要求，于 1791 年 12 月提出"制造业报告"阐明了他的保护贸易政策主张。汉密尔顿认为：

第一，自由贸易理论不适合美国。因为美国的经济情况与英国、法国不同，不能在平等基础上进行贸易。美国如果实行自由贸易政策会严重影响其经济发展。

第二，实行保护关税政策。

第三，限制进口，禁止工业原料出口，实行出口补贴或奖励制度，对以进养出实行退税制度。

第四，鼓励新的工业发明，引进外国专利。

汉密尔顿的保护贸易政策主张把法律手段、行政手段与经济手段结合起来，以法律手段为主推行其保护贸易政策。一切以本国利益为转移。其政策主张对美国经济发展以及美国的产业革命都起到过积极的作用，对美国后来的贸易政策也产生了很大的影响。

李斯特（F. List，1789～1846 年）是德国经济学家和社会活动家，德国保护关税政策的首创者。他在 1841 年出版的主要代表作《政治经济学的国民体系》一书中，系统地阐述了保护幼稚工业理论。李斯特的保护贸易政策主张主要分为以下几个方面：

第一，保护政策的目的与对象。李斯特要通过实行保护关税政策促进生产力的发展。经过比较，他认为使用动力和大规模机器的制造业的生产力远远大于农业，所以，特别应该重视发展工业生产力。要想发展生产力必须借助国家的力量，而不能听任经济自发地实现其转变和增长。要保护幼稚工业，同时也主张并不是所有的工业都需要保护。提出要保护那些确实有前途的幼稚工业，等到他们生产出来的产品价格低于进口同种产品并能与外国产品竞争时，就无须继续保护了。他认为通过保护使工业发达起来后，农业就会跟着兴起。

第二，关税是保护国内工业的重要手段。李斯特认为，关税是保护国内工业的主要手段，但必须随着工业发展水平而相应地逐步进行。保护不能雷厉风行，否则，就会割断原来存在的商业联系，而对国家不利。

第三，对不同的工业实行不同程度的保护。李斯特认为，对某些工业品，可以实行禁止输入或规定税率，事实上等于全部或至少部分禁止输入或税率较前者略低，从而对输入发生限制作用，但是，对生产高档奢侈品的工业，只需要最低限度的保护。

李斯特保护贸易学说在德国工业资本主义发展过程中起过积极的作用，它促进了德国资本主义的发展。在李斯特保护贸易政策的影响下，1879 年俾斯麦改革关税制度，对钢铁、纺织品、化学品征收高额进口关税。1898 年又一次修正税法，使德国成为欧洲的高度保护贸易国家之一。这些保护手段使德国用机器生产代替了手工劳动。李斯特的保护贸易学说的保护对象是将来有前途的幼稚工业，对国际分工和自由贸易利益也予以承认，而且，他主张保护贸易是过渡手段，自由贸易是最终目的。这种观点对于今天一些发展中国家发展民族经济仍有重要的参考价值。

李斯特的保护贸易学说也存在一些缺陷。首先，他对生产力这个概念理解不深，对影响生产力发展的各因素分析也很混乱，以至于提出"工业的生产力比农业的生产力高得多"的错误说法。其次，他以经济部门作为划分经济发展阶段的基础也是不科学的，因为这不符合社会经济发展的真实过程。

3.2.3　超保护主义贸易政策

19 世纪末 20 世纪初，资本主义经济发生了巨大的变化，垄断代替了竞争，垄断成为一切社会经济生活的基础。由于第二次科技革命的推动，各国工业迅速发展，一些后起的资本主义国家完成了产业革命，世界市场的竞争空前激烈。两次严重的世界性经济危机使资本主义的商品销路发生严重困难，市场矛盾尖锐化。各国为了垄断国内市场和争夺国外市场先后走上了贸易保护主义道路。1929～1933 年经济大危机爆发后，包括英国在内的所有经济强国都卷入到保护贸易浪潮之中，新重商主义开始盛行。这一阶段的保护贸易政策与以往不同，被称为超保护主义贸易政策。在两次世界大战之间，超保护主义贸易政策空前发展，突出表现为：许多国家都通过提高关税、实行外汇管制、数量限制等措施限制外国产品进入本国市场。两次世界大战期间发展起来的超保护贸易政策，被各国经济学家用各种理论加以粉饰，其中有重大影响的是凯恩斯主义的对外贸易乘数理论。

凯恩斯（John Mayard Keynes，1883～1946 年）是英国经济学家，凯恩斯主义的创始人。他的代表作是 1936 年出版的《就业、利息和货币通论》。凯恩斯并没有一套完整的国际贸易理论，也没有一本系统地论述国际贸易的专门著作，但是他和他的弟子们有关国际贸易的观点和论述却为超保护贸易政策提供了重要的理论依据。

超保护贸易政策者提出如下主张：

第一，反对自由贸易。凯恩斯主义反对古典学派自由放任的贸易政策，主张国家干预对外贸易活动，运用各种保护措施，扩大出口，减少进口。

第二，鼓吹贸易顺差有益，贸易逆差有害。凯恩斯主义认为，总投资包括国内投资和国外投资。国内投资额由资本边际效益和利息率来决定，国外投资量则由贸易顺差大小来决定。贸易顺差可为一国带来黄金，可以扩大支付手段，压低利息率，刺激物价上涨，扩大投资。这有利于国内危机的缓和与扩大就业量。贸易逆差会造成黄金外流，使物价下降，招致国内经济萧条和失业人数增加。

第三，扩大有效需求的目的在于救治危机和失业。凯恩斯认为：在一个比较富裕的资本主义社会中，由于受某些心理因素的影响，造成消费和投资方面的社会有效需求不足，因此，便产生经济危机和失业。他提出缓解危机、提高就业的办法是提高"资本边际效率"，提高"消费倾向"，以扩大对资本货物和对消费品的有效需求。他还认为，实现上述目的的最好办法是国家干预经济生活，制定一系列的政策，刺激有效需求，而贸易顺差可以提高国内的有效需求，缓和危机和增加就业。

超保护贸易政策具有以下特点：

第一，保护的出发点和目的不同。一般性保护贸易政策是为了保护本国的幼稚工业，发展民族工业培养自由竞争能力，而超保护贸易政策的目的不再是培养自由竞争的能力，而是加紧对外经济扩张，巩固和加强对国外市场的垄断。

第二，保护的对象不同。由于目的不同，保护的对象就不同。一般性保护贸易政策保护的对象主要是本国的幼稚工业，而超保护贸易政策保护的对象不但是幼稚工业，而且更多的是保护国内高度发展或出现衰落的垄断工业。

第三，采用的手段和策略不同。一般性保护贸易政策是限制进口，防止外国商品侵入本国市场，而超保护贸易政策是要在垄断国内市场的基础上，对国外市场采取进攻性扩张，其手段是限制进口，用垄断高价取得高额利润来贴补国外的垄断低价，用倾销来抢占国外市场。

第四，保护的利益不同。一般性保护贸易政策保护的是一般工业资产阶级利益，超保护贸易政策保护的是大垄断资产阶级的经济利益。

第五，保护的措施多样化。一般性保护贸易政策主要用关税措施，而超保护贸易政策的保护措施不仅有关税，还有其他各种奖出限入的措施。

第六，组成货币集团，瓜分世界市场。1931 年英国放弃了金本位制，统一的世界货币体系瓦解。主要资本主义国家各自组成了排它性的相互对立的货币集团，如英镑集团、美元集团、法郎集团、德国马克集团等等。

第七，保护的后果不同。一般性保护贸易政策有助于提高本国的劳动生产率和出口商品的竞争能力，而超保护贸易政策则是妨碍社会生产力的发展。

第八，掩饰发达国家危机和失业的真正原因。凯恩斯用几个基本的心理因素或心理规律解释发达国家的危机、失业的根本原因只能是一种掩饰。他的政策主张虽然当时在一定程度上缓解了危机和失业，但是没有从根本上解决危机和失业问题。

第九，合理成分值得重视。超保护贸易理论中的合理成分在一定程度上反映了对外贸易与国民经济发展之间的内在规律性。

3.3　自由贸易政策

3.3.1　自由贸易政策的历史背景

进入 17 世纪后，资本主义在西欧有了迅速的发展，特别是英国，经济增长尤为显著。资本的原始积累正在逐渐完成其历史使命而让位于资本主义的积累。此时，虽然产业资本在社会经济中不断扩大自己的阵地，但旧的封建生产关系仍然束缚生产力的发展。为了扫除资本主义前进道路上的障碍，1648 年，英国爆发了资产阶级革命。1789 年，法国也爆发了资产阶级革命。这些历史性的变革，必然要反映到经济思想上来，这就是重商主义的衰落和自由贸易理论的兴起。自由贸易理论为自由贸易政策奠定了理论基础。

3.3.2　自由贸易理论的要点

其一，自由贸易政策可以形成互相有利的国际分工。在自由贸易下，各国可以按照自然条件、比较利益和要素丰缺状况，专心生产其最有利和有利较大或不利较小的产品，促进各国的专业化。分工范围越广、市场越大、生产要素配置越合理，获取的利润越多。

其二，扩大国民真实收入。自由贸易理论认为，在自由贸易环境下，每个国家都根据自己的条件发展最擅长的生产部门，劳动和资本就会得到正确的分配和运用。再通过贸易以较少的花费换回较多的东西，就能增加国民财富。

其三，在自由贸易条件下，可以进口廉价商品，减少国民消费开支。

其四，自由贸易可以阻止垄断，加强竞争，提高经济效益。

其五，自由贸易有利于提高利润率，促进资本积累。

3.3.3　自由贸易政策的实施

1833 年，英国棉纺织业资产阶级组成"反谷物法同盟"，然后又成立全国性的反谷物法同盟，展开了声势浩大的反谷物法运动。经过斗争，终于使国会于 1846 年通过废除谷物法的议案，并于 1849 年生效。

在 19 世纪初，经过几百年的重商主义实践，英国有关关税的法令达一千件以上。1825 年，英国开始简化税法，废除旧税率，建立新税率。进口纳税的商品项目从 1841 年的 1 163 种减少到 1853 年的 466 种，1862 年减至 44 种，1882 年再减至 20 种。所征收的关税全部是财政关税，税率大大降低。禁止出口的法令被完全废除。

航海法是英国限制外国航运业竞争和垄断殖民地航运事业的政策。从 1824 年逐步废除，到 1849 年和 1854 年，英国的沿海贸易和殖民地全部开放给其他国家。至此，重商主义时代制定的航海法全部废除。

在 1813 年和 1814 年东印度公司对印度和中国贸易的垄断权分别被废止，从此对印度和中国的贸易开放给所有的英国人。

在 18 世纪，英国对殖民地的航运享有特权，殖民地的货物输入英国享受特惠关税的待遇。在英国大机器工业建立以后，英国不怕任何国家的竞争，所以对殖民地的贸易逐步采取自由放任的态度。1849 年航海法被废除后，殖民地已可以对任何国家输出商品，也可以从任何国家输入商品。通过关税法的改革，废止了对殖民地商品的特惠税率，同时准许殖民地与外国签订贸易协定，殖民地可以与任何外国建立直接的贸易关系，英国不再加以干涉。

1860 年签订了英法条约，即"科伯登"条约。根据这项条约，英国对法国的葡萄酒和烧酒的进口税予以减低，并承诺不禁止煤炭的出口，法国则保证对从英国进口的一些制成品征收不超过价 30％的关税。"科伯登"条约是以自由贸易精神签订的一系列条约的第一项列有最惠国待遇条款的条约。在 19 世纪 60 年代，英国就缔结了八项这种形式的条约。

自由贸易政策促进了英国经济和对外贸易的迅速发展，使英国经济跃居世界首位。1870 年英国在世界工业生产中所占的比重为 32％。在煤、铁产量和棉花消费量中，都各占世界总量的一半左右。英国在世界贸易总额中的比重上升到近 1/4，几乎相当于法、德、美各国的总和，它拥有的商船吨位居世界第一位，约为荷兰、美国、法国、德国、俄国各国商船总吨位的总和。伦敦成了国际金融中心，世界各国的公债和公司证券都送到这里来推销。

3.4 贸易自由化与新贸易保护主义

3.4.1 历史背景

第二次世界大战后，世界政治经济形势发生了深刻变化，这种变化也引起发达国家对外贸易政策的重大变化，先后出现两种主要倾向。二战后，从 20 世纪 50 年代到 70 年代初，随着世界各国经济的普遍恢复和迅速发展出现了贸易自由化倾向。从 20 世纪 70 年代中期开始的世界性通货膨胀曾一度促进了各经济发达国家贸易自由化的发展，但 1974～1975 年的世界经济危机使之又趋于停顿，从 1977 年起保护主义再度兴起。

3.4.2 贸易自由化

从 20 世纪 50～70 年代初的贸易自由化表现如下：

第一，关税大幅度削减。在关税与贸易总协定成员国范围内，大幅度地降低关税。从 1947 年到 1986 年以来的七次多边贸易谈判中，各缔约国的平均进口最惠国待遇税率已从 50％左右下降到 5％左右。当时的欧洲经济共同体实行关税同盟，对内取消关税，对外通过达成关税减让的协议，使关税大幅度下降。通过普遍优惠制的实施，发达国家对来自发展中国家和地区的制成品和半制成品的进口给予普遍的、非歧视和非互惠的关税优惠。

第二，关税壁垒的降低或撤销。战后初期，各经济发达国家对许多商品进口实行严格的进口限制、进口许可证和外汇管制等措施，以限制商品进口。随着经济的恢复和发展，这些国家都在不同程度上放宽进口数量限制，扩大进口自由化，增加"自由进口"的商品；放宽或取消外汇管制，实行货币自由兑换，促进贸易自由化的发展。

第三,战后贸易自由化带有一种非均衡的趋势。战后贸易自由化与各经济发达国家的经济发展,特别是美国、西欧和日本的经济发展,跨国公司的迅猛增加与对外扩张的加强有着密切的联系。美国是其倡导者和积极推进者。战后贸易自由化是在国家垄断资本主义日益加强的条件下发展进来的,与自由竞争时期的自由贸易不同,它不代表资本主义上升时期的工业资产阶级利益,而反映了垄断资本的利益。一般情况下,由于各垄断集团实力不同,对贸易自由化的实施所持的态度也不尽相同,因此这种自由化的发展是不平衡的。它在一定程度上与贸易保护措施相结合,是一种有选择的贸易自由化,其中工业制成品的贸易自由化超过了农产品的贸易自由化;机器设备的贸易自由化超过了工业消费品的贸易自由化;区域性经济集团内部的贸易自由化超过了集团对外的贸易自由化;各个经济发达国家之间的贸易自由化超过了它们对广大发展中国家的贸易自由化。

在战后贸易自由化浪潮中,美国是其倡导者。第二次世界大战后,美国成为资本主义世界最强大的经济贸易国家。为了对外经济扩张,美国积极主张削减关税,取消数量限制,成为贸易自由化的积极推行者。

战后贸易自由化适应了全球经济一体化的发展。战后贸易自由化席卷全球,除去美国对外扩张,还有更重要的原因,例如生产的国际化,资本的国际化,国际分工向纵深发展,西欧和日本经济的迅速发展,跨国公司的大量出现。它们反映了世界经济和生产力发展的内在要求,而历史上的自由贸易则仅仅反映英国一国工业资产阶级自由扩张的利益与要求。战后贸易自由化主要反映了垄断资本的利益。

战后贸易自由化是在国家垄断资本主义日益加强的条件下发展起来的,主要反映了垄断资本的利益,特别是垄断资本与国家政权相结合建立区域性贸易集团,对内取消关税,实行自由贸易政策。

关贸总协定和世贸组织起了重要作用。战后贸易自由化主要是通过 1947 年关税与贸易总协定和 1995 年成立的世界贸易组织范围内进行的。世界贸易组织的建立,关税的进一步下降,非关税壁垒的不断取消,将加速贸易自由化的进程。

此外,区域性关税同盟、自由贸易区、共同市场等地区性经济合作,也都促进了国际商品的自由流通。

3.4.3　20 世纪 70 年代中期以来的新贸易保护主义浪潮的主要特点

随着世界经济全球化和世界贸易组织达成的各项协议的实施,世界各国纷纷大幅度降低关税和逐步取消配额、许可证等数量限制,技术性贸易壁垒已成为新贸易保护主义的重要手段。所谓技术性贸易壁垒是指在国际贸易中,一国为保护国家安全、生态环境、消费者权益、防止欺诈行为，在对本国市场上的商品进行管理时，采取一些与其他国家不一致的技术法规、标准、包装、标签、认可和检疫制度等手段，从而成为其他国家商品进入该国市场的障碍。20 世纪 70 年代以来兴起的新贸易保护主义浪潮具有以下特点：

（1）非关税壁垒措施的利用范围日益扩大。其利用范围包括从手套到针织内衣，从钢材到汽车等大量商品。

（2）非关税壁垒措施的歧视性增长。许多经济发达国家往往根据与不同国家的政治经济关系，采取不同的非关税措施。当时的欧洲经济共同体竭力主张所谓"有选择的限制"，即进口国有权对个别出口国的商品实行进口限制。

（3）加强了征收反补贴税和反倾销行动。

近年来，在全球贸易领域里的反倾销诉讼案越来越多。WTO 的报告显示，自 1995 年以来，运用贸易保护措施的数量显著增加，以至于不少人认为，过分使用保护措施是一种变相的非关税壁垒。

在经济方面，各经济发达国家加强出口信贷、出口信贷国家担保制、出口补贴、外汇倾销等措施，向出口厂商提供各种财政上的优惠待遇，以鼓励出口。为了扩大成套设备、船舶等商品出口，各经济发达国家一般都采取出口信贷方式。这些国家大都设立专门的银行办理出口信贷业务，实行放宽信贷条件，增加信贷金额，延长信贷期限，降低信贷利息等措施。

在组织方面，发达国家广泛设立或改组各种促进出口的行政机构，协助本国出口厂商对国外市场扩张。1979 年，美国对出口机构进行改组，成立了总统贸易委员会，加强美国总统对外贸易的领导工作。

在精神奖励方面，许多经济发达国家制定了各种评奖制度，对扩大出口成绩卓著的出口厂商给予奖励。

欧洲经济共同体作为一个排它性的经济集团，在推行经济一体化方面，对内实行商品自由流通，对外共同建立贸易壁垒以排挤集团以外的商品输入，从而加强了这些成员国垄断资本的实力地位，排挤和打击集团外的竞争者，在对抗美国、前苏联的强权政治和霸权主义上起到了重要作用。关税同盟是欧共体实行经济一体化和建立区域性贸易壁垒的一个重要对外贸易措施。

20 世纪 80 年代以来，管理贸易进一步加强，主要表现以下两个方面：

（1）合法化。许多发达资本主义国家重新修订和补充原有的贸易法规，使对外贸易管理更加有法可依。

（2）系统化。对各种对外贸易制度和法规，如海关、商检、进口配额制、进口许可证制、出口管制、反倾销法等，制定更为详细、系统、具体的细则，并与国内法进一步结合，以便各种管理制度和行政部门更好地配合与协调，加强对进出口贸易更为系统的管理。

在新贸易保护主义浪潮中，发展中国家受到非关税壁垒的影响程度超过发达国家。发展中国家的出口受到影响，债务负担加重。新贸易保护主义不仅使发达国家国内生产总值下降而且也使发展中国家国内生产总值下降。

新贸易保护主义的出现与加强有着深厚的经济和政治根源：

（1）20 世纪 80 年代以来，主要工业国家经济处于低速发展状态，失业率一直较高。整个工业发达国家国民生产总值的年平均增长率，1968～1977 年为 3.5%；而同期失业率为 3.7%。

（2）主要工业发达国家的对外贸易发展不平衡，美国贸易逆差急剧上升使美国成为新贸易保护主义的重要发源地。20 世纪 70 年代中期以后，美国对外贸易逆差不断增加，特别是对日本、德国的对外贸易逆差不断加重。为了减少贸易逆差，美国一方面迫使对它有贸易顺差的日本等国开放市场，另一方面加强设置限制进口的措施。

（3）国际货币关系的失调。汇率长期失调影响了国际贸易的正常发展，带来了巨大的贸易保护压力。首先，浮动汇率迫使贸易商购买期货或套期保值，增加了交易成本，又引起价格、投资效益和竞争地位的变化。其次，汇率的过高与过低均易产生贸易保护主义的压力。

（4）政治上的需要。高失业率、工会力量的强大、党派的斗争和维护政府形象，大大加强了贸易保护主义的压力。

（5）贸易政策的相互影响。随着相互依存的加强，贸易政策的连锁反应也更加敏感。美国采取了许多贸易保护措施，它反过来又遭到其他国家明的与暗的限制措施的报复，使得新贸易保护主义蔓延与扩张。

3.5　中国对外贸易政策

3.5.1　中国对外贸易政策的演变

1949 年以来，我国的对外贸易政策可分为两个阶段：一是改革开放前的高度管制政策阶段，二是改革开放后的相对自由政策阶段。

第一阶段，新中国成立后，根据经济建设的需要，借鉴前苏联的经验，我国制定了对外贸易国家管制政策。《中国人民政治协商会议共同纲领》规定："我国实行对外贸易的管制，并采用保护贸易的政策"。在上述思想指导下，中华人民共和国建国之初，国家就迅速实行了对外贸易的统制体制。

第二阶段，由于原来的贸易政策已不能适应国内外变化了的形势，改革开放后，我国调整了外贸政策，将国家统制下的内向型保护贸易政策转变为开放型的适度保护贸易政策。在这种政策下，对外贸易活动由国家实行宏观调控，将扩大出口与开放国内市场相结合，积极参与国际分工和国际交换。

3.5.2　改革开放前，高度管制对外贸易政策的特点

第一，国家实行对外贸易管制。国家成立了专门的组织机构，对对外贸易进行集中管理；对对外贸易实行统一计划，国家对于外贸活动的各个环节，从宏观到微观都实行统一管理；建立国营专业贸易公司，垄断对外贸易。

第二，实行高度保护的贸易政策。为了保护国内工业尤其是重工业免受国外企业的冲击，中国奉行高度保护性的贸易政策。主要包括两个方面：一是实行严格的进口计划和许可证制度，对进口实行数量控制；二是实行保护性关税政策，对进口商品征收高额关税。

第三，强调自力更生的基本指导思想。改革开放前中国一直把自力更生作为贸易的基本指导思想，实行封闭性的经济体制。主要表现在：排斥国际经济体系，认为要想避免帝国主义国家的剥削和掠夺就必须走自力更生之路；排斥进口，除了工业化所需的产品之外，外国商品很难进入中国市场；歧视出口。

直到 1979 年前，我国一直执行的是国家管制的内向型保护贸易政策。这种内向型的保护贸易政策对当时粉碎帝国主义的"禁运"和封锁，顶住外国的经济压力，密切配合外交斗争，促进社会主义经济建设起到过积极作用，同时也有一些副作用，如国内企业的保护过渡造成的国际竞争能力低下等。

3.5.3　改革开放后，逐步走向贸易自由化

1979 年，中国开始对外贸管理体制进行改革，逐步放松了对外贸易权的管制，表现在以下三个方面：

第一，下放外贸经营权，允许生产企业和其他有经营条件的企业和单位经营对外贸易，打破了由外经贸部所属的外贸公司垄断外贸经营权的局面。

第二，外贸计划体制逐步由指令性计划向指导性计划体制转变。目前只有少数产品实行指令性计划，其他大多数产品都已经放开由市场调节。

第三，外汇管理体制逐步自由化。1979 年，开始实行外汇留成制度；1980 年，建立外汇调剂市场；1985 年，实行人民币单一汇价和有管理的浮动；1994 年，实行人民币汇率并轨，建立了中国外汇交易中心；1996 年 12 月 1 日，开始实行人民币经常项目下的可兑换。

第四，出口鼓励政策。从 1979 年起政府先后采取的出口鼓励政策主要有：外汇留成制度、出口补贴、人民币对外贬值、出口退税、优惠信贷等。上述出口鼓励政策对于调动出口企业的积极性从而扩大出口起到了重要作用。由于其中一些制度带有贸易保护主义性质，因此像外汇留成制度、出口亏损补贴已经被取消。1994 年，人民币汇率并轨后，利用汇率贬值来鼓励出口的办法也中止了。

目前，影响最大的是出口退税政策。

3.5.4　中国外贸政策取向的变化

中国在加入 WTO 以前，主要利用 APEC 以及双边机制展开对外经济和贸易合作。加入 WTO 使中国能够在全球多边贸易体系中发挥积极的作用，参与谈判和规则的制定。近年来，特别是加入 WTO 以后，中国的对外贸易政策取向也顺应了这种变化趋势，在积极参与 WTO 事务的同时，更加积极地参与区域性的金融、贸易和经济合作。

在东南亚金融危机发生以后，中国坚持了人民币不贬值，稳定了亚洲的金融局势。同时，中国积极参与区域金融合作，包括马尼拉框架小组、亚洲增长与复苏倡议等，其中最重要、也最有实质性成果的一个合作项目可能就是 2000 年 5 月在泰国清迈达成的《清迈协定》。中国与日本、韩国一起，积极参与了这个协定，提供了资金，使受到危机冲击国家的经济和贸易能够较快地恢复。

中国积极参与了东盟与中国、日本、韩国（10＋3）的合作机制。目前虽然还处于领导人会谈的阶段，不是一个正式的组织，但它为东亚各国之间的沟通，以及一些具体合作项目的落实提供了一个有效的机制。比如《清迈协定》就是其结果之一。在"10＋3"之后，中国又加强了与东盟的合作，形成了"10＋1"的合作机制，并在此基础上于 2002 年 11 月与东盟签订了建立中国—东盟自由贸易区的框架协议，使中国与东盟之间在 10 年内建立一个包括 17 亿消费者、约 2 万亿美元国内生产总值，以及 1.23 万亿美元贸易的大自由贸易区。协议中的"早期收获"计划已经启动，它主要是中国首先单方面降低从东盟国家进口农产品的关税，促进区域内贸易自由化的发展。这一"早期收获"计划体现了中国政府推动与东盟国家进行贸易经济合作的诚意。

2003 年，中国内地先后与香港和澳门特区签订了建立更紧密经贸关系的安排。由于香港和澳门都是自由港，这种安排也就表明了中国政府进一步开放内地的决心与诚意。

2003 年，中国新一届领导人还在不同场合表示了与日本、韩国等国家组成东北亚自由贸易区的积极意向，并努力争取最终实现东亚地区的自由贸易安排。

中国还努力在上海合作组织范围内推进经济和贸易合作。这一组织范围内的经济部长级会议机制已经建立。此外，中国与澳大利亚、俄罗斯、印度等国的合作关系也在不断发展。

本 章 要 点

◆ 对外贸易政策是指一国政府在一定时期内为实现一定的发展目标而对进

出口贸易制定并实施的政策。

◆ 对外贸易政策基本上有两种类型，即自由贸易政策和保护贸易政策。

◆ 一国的对外贸易政策总是与其特定的历史背景相联系的，总是为其特定历史时期的政治、经济服务的，是根据特定时期的国情制定的。尽管不同历史时期各国国情不同，实行的外贸政策也不相同，但各国制定对外贸易政策一般都是为达到如下目的：保护本国市场；扩大本国产品的出口；促进本国产业结构的改善；积累资本资金；维护本国对外政治经济关系。

◆ 自由贸易政策的主要内容是：国家取消对进出口的限制和障碍，取消对本国进出口商品的各种特权和优待，使商品自由进出口，在国内外市场上自由竞争。

◆ 保护贸易政策的主要内容是：国家广泛利用各种限制进口的措施保护本国商品免受外国商品的竞争，并对本国出口商品给予优待和补贴以鼓励出口。

◆ 第二次大战结束到 20 世纪 70 年代中期，主要资本主义国家的外贸政策倾向于贸易自由化。表现为关税大幅度削减、关税壁垒的降低或撤销和自由化的非均衡趋势。

◆ 20 世纪 70 年代中后期，在世界贸易自由化存在的同时，又兴起了以新贸易保护主义为基调的管理贸易政策。其主要内容是：国家对内制定各种对外经济贸易法规和文件，加强对本国进出口贸易有秩序地管理；对外通过协商，签订各种对外经济贸易协定，以协调和发展缔约国之间的经济贸易关系。

思　考　题

1. 各国制定对外贸易政策的依据是什么？
2. 简述自由贸易政策的政策主张。
3. 简述保护贸易政策的政策主张。
4. 超保护贸易政策的特征有哪些？
5. 20 世纪 70 年代，为什么会出现新贸易保护主义浪潮？
6. 论美国对外贸易政策的特点。
7. 欧盟技术壁垒对中国出口企业有什么影响？
8. 论中国当前对外贸易政策的新变化。

阅读材料及案例分析

【阅读材料】　中国对外贸易政策取向的变化

2003 年，中国的对外贸易出现了一些新的迹象，可能预示着中国未来的对外贸易格局会形成一个大三角关系，其中中国与欧美有顺差，但与东亚其他国家和地区有逆差。这与中国加入世界贸易组织（WTO）后落实入世的承诺，不断扩大开放并修改国内有关法律法规有关，也与中国政府的对外贸易政策取向的变化有关。一方面，中国在国际经济舞台上发挥着日益重要的作用，推动了多边经济贸易合作和区域经济贸易合作的发展；另一方面，中国吸引越来越多的外商直接投资，不仅成为国际生产转移的目的地，而且成为这种转移的推动力量。中国对外贸易政策取向的变化影响着贸易格局的变动趋势。

中国入世以来外贸政策取向的变化：

第一，在东亚金融危机发生以后，中国坚持了人民币不贬值，稳定了亚洲的金融局势。同时，中国积极参与区域金融合作，包括马尼拉框架小组、亚洲增长与复苏倡议等，其中最重要、也最有实质性成果的一个合作项目可能就是2000年5月在泰国清迈达成的《清迈协定》。中国与日本、韩国一起，积极参与了这个协定，提供了资金，使受到危机冲击国家的经济和贸易能够较快地恢复。

第二，中国积极参与了东盟与中国、日本、韩国（10＋3）的合作机制。目前虽然还处于领导人会谈的阶段，不是一个正式的组织，但它为东亚各国之间的沟通，以及一些具体合作项目的落实提供了一个有效的机制。比如《清迈协定》就是其结果之一。在"10＋3"之后，中国又加强了与东盟的合作，形成了"10＋1"的合作机制，并在此基础上于2002年11月与东盟签订了建立中国——东盟自由贸易区的框架协议，使中国与东盟之间在10年内建立一个包括17亿消费者、约2万亿美元国内生产总值，以及1.23万亿美元贸易的大自由贸易区（Huang，2002）。协议中的"早期收获"计划已经启动，它主要是中国首先单方面降低从东盟国家进口农产品的关税，促进区域内贸易自由化的发展。这一"早期收获"计划体现了中国政府推动与东盟国家进行贸易经济合作的诚意。

第三，2003年，中国内地先后与香港和澳门特区签订了建立更紧密经贸关系的安排。由于香港和澳门都是自由港，这种安排也就表明了中国政府进一步开放内地的决心与诚意。

第四，2003年，中国新一届领导人还在不同场合表示了与日本、韩国等国家组成东北亚自由贸易区的积极意向，并努力争取最终实现东亚地区的自由贸易安排。

第五，中国还努力在上海合作组织范围内推进经济和贸易合作。这一组织范围内的经济部长级会议机制已经建立。此外，中国与澳大利亚、俄罗斯、印度等国的合作关系也在不断发展。

中国政府调整政策取向，积极推动与周边国家区域内的贸易经济合作是有着十分重要意义的。

一方面，随着中国的崛起，中国与东亚其他国家和地区的贸易经济联系越来越紧密，东亚与中国之间的相互依赖性变得越来越强烈了。就中国来说，根据2003年前10个月的统计，东亚区域内的贸易占中国对外贸易的比重已达到

49.4%，其中出口为 44.5%，进口为 54.4%。日本、中国香港、东盟、中国台湾以及韩国都已经成了中国最主要的出口目的地和进口来源地，它们分别是中国的第一和第四、五、六、七大贸易对象。就东亚其他国家和地区来说，中国也已经是这些国家和地区最重要的出口目的地和进口来源地了。

　　另一方面，东亚在世界贸易中的地位不断提升，其内部的贸易也变得日益重要。1980～2000 年，东盟在世界出口中的比重从 0.7% 提高到了 1.6%；东盟加上中国、日本和韩国则从 3.7% 提高到了 7.0%；所有东亚经济体平均从 4.6% 提高到了 12.7%。在各自的出口中，东亚占东盟出口的比重从 1980 年的 18.6% 提高到了 2000 年的 23.1%；东盟加上中国、日本和韩国则从 29.5% 提高到了 32.0%；所有东亚经济体从 33.8% 提高到了 46.3%。

　　此外，东亚各国家和地区经济发展已经到了一个较高的水平，相互间的贸易产品主要是工业制成品。由于相当一部分的制成品是差异性产品，因此产业内贸易的比重在不断提高，使得各国家和地区不仅可以利用比较优势，进行互补性的产业间贸易，也可以利用规模经济进行相似产品的产业内贸易。这使得中国加强区域内的合作有了更广阔的基础。

　　问题：根据中国对外贸易政策取向的变化，分析我国贸易格局变动趋势。

第 4 章

关税与非关税措施

学习目标

1. 熟练掌握政府用于限制进口的各种措施。
2. 理解非关税措施的特点。
3. 掌握海关税则与通关手续。
4. 了解关税与非关税措施对国际贸易的影响。

4.1 关 税 措 施

4.1.1 关税概述

1. 关税的概念

关税（customs duties；tariff）是进出口货物经过一国关境（customs frontier）时，由政府所设置的海关（customs house）向进出口商所征收的一种税。关税是国家凭借政治权力在市场经济条件下政府调节对外经济关系的有效手段。

关税是通过海关征收的，海关是国家进出境监督管理机关，是国家主权的象征。从 1949 年 10 月 25 日中国设立海关总署统一管理全国海关以来，中国海关就担负起维护国家主权和利益的重任。根据设关原则，我国在对外开放的口岸和进出口业务比较集中的地点设立海关。海关的基本职责是：对进出境的货物、邮递物品、旅客行李和运输工具等进行监督管理，征收关税，查禁走私，办理其他海关业务等。

2. 关税的特点

关税与其他税赋一样，具有强制性、无偿性和固定性税收的一般特点。强制性是指关税由海关凭借国家权力依法征收，纳税人必须无条件服从；无偿性是指海关代表国家单方面从纳税人方面征收，而国家无须给予补偿；固定性是指关税是按海关预先规定的法律与规章加以征收，海关与纳税人双方都不得随意变动。

（1）关税是一种间接税。关税属于间接税，因为关税主要是对进出口商品征税，其税负可以由进出口商垫付税款，然后把它作为成本的一部分加在货价上，在货物出售给买方时收回这笔垫款。这样关税负担最后转嫁给买方或消费者承担。

（2）关税的税收主体和客体是进出口商和进出口货物。按纳税人与课税货物的标准，税收可分为税收主体和税收客体。税收主体（subject of taxation）也称课税主体，是指根据税法规定，负担纳税的自然人或法人，也称课税人（tax-payer）。税收客体（object of taxation）也称课税客体或课税对象，如消费品等。关税与一些国内税不同，关税的税收主体是本国进出口商。当商品进出关境时，进出口商根据海关法规定向当地海关交纳关税，他们是税收主体，关税的纳税人。关税的税收客体是进出口货物。根据海关法与有关规定，对各种进出口商品制定不同税目和税率，征收不同的税收。

（3）关税是实施对外贸易政策的重要手段。进出口商品，不仅与国内的经济和生产有着直接关系，而且与世界其他国家或地区政治、外交、经济、生产和流通等方面也有密切关系。关税措施体现一国对外贸易政策。关税税率高低，影响着一国经济和对外贸易的发展。

3．关税的作用

关税的作用是指关税固有的、内在的、可以对社会经济发生作用和影响的功能。其积极作用主要表现在：

1）增加国家财政收入

关税在各国财政历史上曾占有重要的地位，在各国财政收入中也占有较大的比重。在 1870 年以前，各国关税的财政功能是十分明显的。在 17 世纪末，很多欧美国家关税收入占全部财政收入的比重都在 80％以上。1805 年美国联邦政府收入甚至有 95％来源于关税。20 世纪 70 年代以前，仍有许多发展中国家 40％以上的财政收入依靠进出口关税。据统计，1986 年进出口关税占其税收入 20％以上的国家还有 41 个，主要分布地中东和非洲，例如，1985 年乌干达财政收入为 1 669 亿先令，占全部财政收入的 67％。那时，关税的职能作用主要是财政作用。

随着近代资本主义的迅速发展国际贸易成为各国经济生活的重要组成部分，而关税成为国际贸易发展的障碍，各国政府逐步通过本国法令以及国家间的双边或多边贸易谈判降低关税，关税作为增加国家财政收入的作用日益下降。同时，由于各国经济的不断发展，人民生活水平的提高，国家税源的扩大，也使关税在国家财政收入中的比重下降。目前，美国关税收入仅占财政收入的 1.2％，我国关税收入占国家总税收入的 5.7％。

在关贸总协定和世贸组织精神的倡导下，当前的国际经济合作和全球贸易自由化已是不可逆转的潮流，关税被认为是阻碍世界经济一体化和贸易自由化的主要障碍，所以关税的财政性功能下降是历史的必然趋势。

2）保护本国生产和市场

在激烈的市场竞争中，关税具有保护本国经济发展的作用。对进口货物征收保护性关税是为了限制国外商品的进口，保护本国新兴产业、朝阳产业、有发展前景的高科技产业，使其免遭先进国家工业制成品竞争，以达到扶植和促进本国产业生存与发展的目的，保护本国同类商品的市场。

在出口方面征收保护性关税，主要是限制紧缺性原材料出口，防止本国的自然资源或能源的外流，严格控制其出口量，保护国内的正常生产。

现代经济社会，随着各国关税税率的逐步下降，关税的保护作用正逐步削弱。

3）关税的调节作用

关税的调节作用是通过一定的关税政策和制度，影响企业经济活动，从而使整个社会经济资源得以重新组合。其调节作用主要表现在：

（1）调节供求关系。价格是资源配置的基本方式，在市场经济的条件下，商品价格的高低变动趋势对商品的供求关系会产生重要的影响。关税作为进口商品价格的主要组成部分，其税额增减变化直接影响到商品价格的大幅度波动，进而影响市场商品的供求关系。

（2）调节经济结构。一国经济结构是由不同产品、不同行业、不同经济部门、不同组织形式企业的合理组合。关税不可能也无法决定经济结构，但通过运用关税征收与减免的政策性差别待遇、运用税目税率中的差别比例税率，影响产品、企业或行业的成本、利润和价格，从而影响经济结构，提升经济运行的质量。例如，政府可以运用低关税，适时引进国内市场暂时没有的但又是价廉物美的商品，促进本国产品升级换代，提升本国产品的，改善本国的产品结构。又如，政府可以运用关税减免，适时引进国内暂时无法生产的但又是必需的生产资料、技术及设备，促进本国新兴产业、高科技企业、有潜力的朝阳产业的发展，以提升本国相关产业的竞争能力，改善本国的产业结构。

（3）调节资源配置。市场经济条件下，政府可以通过运用进出口关税调节市场价格，使自然资源和经济资源得到有效和最佳配置。例如，政府可以运用关税减免，鼓励进口国内稀缺的原材料和矿产资源，以促进本国相关企业生产的发展；还可以运用出口关税严格控制本国稀缺资源的出口，支持以稀缺资源为主要原材料的本国生产企业的发展。

（4）调整贸易格局。贸易格局即指一国进出口商品的结构及其比例关系。进出口商品包括农产品、初级产品、工业制成品、高科技产品以及过渡性产品/替代产品。发展中国家一般是以农产品或初级产品出口，换回工业制成品的进口，其目标是发展本国经济；发达国家则以出口工业制成品，换回农产品或初级产品的进口，其目标是追逐利润最大化。贸易格局为强者更强，弱者永弱，因为工业制成品与农产品或初级产品交换比价差距太大，农产品和初级产品的市场价格远低于工业制成品，因此，通过进出口关税，适当限制工业制成品进口，增加本国替代工业品的生产，鼓励本国企业产品升级换代，扶植本国工业制成品出口，以达到调整贸易格局发展本国经济的目标。

（5）调节收入分配。关税具有通过影响商品价格，调节社会成员收入分配格局的功能。世界各国一般都对进口非生活必需品特别是奢侈品课以较高的关税，以调节社会贫富不均现象；反之，为满足人们的基本生活需求，对进口有关国计民生物品和生活必需品则采取低的关税，直至免征关税。通过关税调节高收入者的可支配的收入，有利于改变个人分配结构，缩小高收入者与低收入者之间的收入差距，充分发挥关税的再分配作用。

另外，用关税的调节功能也有效地限制了对奢侈品的无度消费，有利于引导全社会的理性消费，提高全民族的综合消费水平。

关税对社会经济发展发挥积极作用的同时，也产生消极作用。

关税是在进出口商品价格上额外增加的费用，它使得物价升高，消费者负担加重；关税又是国际贸易发展的障碍，高关税被称为关税壁垒，不利于国际贸易的自由竞争，也容易恶化贸易伙伴关系，导致贸易摩擦；长期使用贸易保护，易导致国内企业没有竞争压力，不思进取，造成保护落后。

总之，关税在国家经济活动中有一定的积极作用，但应该尽量限制和减少其消极作用。

4.1.2　关税的种类

关税的种类繁多，根据不同的标准，主要可以分为以下几类。

1. 按征税商品的流向分类

1）进口税（import duties）

进口税指进口国海关在外国商品输入时，对本国进口商所征收的关税。进口税是关税中最主要的税种，一般是在外国商品（包括从自由港、自由贸易区或海关保税仓库等地提出运往进口国国内市场的外国商品）进入关境，办理海关手续时征收。

进口税税率根据征税国与贸易伙伴的贸易关系性质的差异而不同。

进口税在限制外国商品进口，保护国内生产和市场方面具有很明显的作用。

因为关税的征收提高了进口商品的价格，从而降低其与本国同类产品相竞争的能力，达到保护本国产品的目的。同时进口税也是国家财政收入的来源之一。一般而言，税率越高，其保护程度越强。

2）出口税（export duties）

出口税指出口国海关在本国商品输出时，对本国出口商所征收的关税。它通常是在本国出口商品运离关境时征收。为了鼓励出口追求贸易顺差和获取最大限度的外汇收入，许多国家，特别是西方发达国家已不再征收出口税。征收出口税的主要是发展中国家，多数以燃料、原料或农产品为对象。

出口税的作用是通过增加出口商品负担实现的。为保护资源，一般将出口税税率定得较高，这样才能起到限制出口的目的，具体税率水平视这类商品的重要程度和稀缺状况而定。

3）过境税（transit duties）

过境税也称通过税，即一国对于通过其领土（或关境）运往另一国的外国货物所征收的关税。过境税最早产生于中世纪并流行于欧洲各国，但是作为一种制度，则是在重商主义时期确定起来的，征收过境税条件是征税方拥有特殊的交通地理位置，征税方可以凭借这种得天独厚的条件获取一定的收入。

但是，较高的过境税可能使过境货物减少甚至消失，使优越的地理位置不能发挥作用，政府也不能从中获得好处，另外，它也会招致对方报复，对本国出口不利。由于运输业的发展及运输竞争的加剧，货物过境对增加运输收入，促进运输业发展的作用日益增强，加上各国财政来源收入增加，从 19 世纪后半期开始，各国相继废止了过境税，代之以签证费、准许费、登记费、统计费、印花税形式，鼓励货物过境，增加运费收入、保税仓库内加工费和仓储收入等。

2. 按征收关税的目的分类

1）财政关税（revenue tariff）

财政关税又称收入关税，是指以增加国家的财政收入为主要目的而征收的关税。为了达到财政收入的目的，对于进口商品征收财政关税时，必须具备以下三个条件：①征税的进口货物必须是国内不能生产或无代用产品而必须从国外输入的商品；②征税的进口物，在国内必须有大量消费；③关税税率要适中或较低，如税率过高，将阻碍进口，达不到增加财政收入的目的。

关税的征收，最初的目的多为获取财政收入，随着资本主义的发展，财政关税在财政收入中的重要性已相对减低，这一方面由于其他税源增加，关税收入在国家的财政收入中所占的比重相对下降；更主要的是资本主义国家广泛地利用高关税限制外国商品进口，保护国内生产和国内市场，于是财政关税就为保护关税所代替。

2）保护关税（protective tariff）

保护关税是指以保护本国工业或者农业发展为主要目的而征收的关税，保护关税税率越高越能达到保护之目的。有时税率高达 100％以上，等于禁止进口，成了禁止关税（prohibited duty）。

保护关税又可分为工业保护关税和农业保护关税。工业保护关税是以保护国内工业发展所征收的关税。工业保护关税原以保护本国幼稚工业为其主要目的，一些经济较落后的国家，往往采用保护关税，以保护和促进本国幼稚工业的发展。到了帝国主义时期，帝国主义国家有垄断资本，为了垄断国内市场，往往对高度发展的垄断工业或处于衰退难以与国外竞争的垄断工业征收保护关税，这种关税称为超保护关税。农业保护关税是以保持国内农业发展所征收的关税。自 19 世纪中叶以来，美国粮食输出日益增加，引起剧烈的竞争，欧洲国家不能与之竞争，因而欧洲一些国家先后征收关税保护本国。二战后，一些国家如欧洲经济共同体国家等通过农业保护关税保护其农业的发展。

3．按差别待遇和特定的实施情况分类

1）普通关税

普通关税是指不附带任何优惠条件的关税，适用于该国没有签订最惠国待遇条款贸易协定并且该国又没有给予优惠承诺的国家或地区的进口商品。在当今的关税中，对同类商品的征税，普通关税的税率是最高的，被称为歧视性关税。

2）最惠国税

最惠国税是指一个国家为了发展与特定国家的贸易关系，缔结最惠国待遇条款的贸易协定，给予对方比普通关税低的关税待遇。最惠国税率比普通税率要低，且税率差幅较大。

如美国对进口绸缎征税，最惠国税率为 11％，普通税率高达 60％；对银首饰进口，最惠国税率为 27.5％，普通关税税率更是高达 110％。我国 2002 年对进口排气量 3 升以下的小汽车，最惠国税率为 43.8％，普通关税税率却高达 230％。

最惠国待遇是双向的，当一国停止或取消给对方的最惠国待遇时，自己所享受的最惠国待遇也随之取消的。

3）特惠税（preferential duties）

特惠税又称优惠关税，指一国对来自某个国家和地区进口的全部商品或部分商品给予特殊优惠的减免税待遇。其税率低于最惠国税。特惠税只适用于特定国家和地区的商品。特惠税有互惠和非互惠两种。

特惠税最早始于宗主国与殖民地附属国之间的贸易交往中。凡拥有殖民地附属国的各资本主义国家，如英国、法国、葡萄牙、荷兰、比利时、美国等都实行过这种关税，其目的在于保证宗主国在殖民地附属国市场上占有优势。其中最典型的特惠税是英联邦特惠税（1932年英联邦国家在渥太华会议上建立），它是英国确保获取廉价原料、食品和销售其工业品并垄断其殖民地附属国市场的有力工具。

目前，比较著名的是"洛美协定"国家之间的特惠税。该协定于1975年签订，成员国是非洲、加勒比海和太平洋地区的46个发展中国家和欧共体各国，"洛美协定"是欧洲共同市场同意向46国提供单方面的特惠税。内容包括：①46国的全部工业品和96%以外的农产品进入欧共体市场时，可享受免税和不限量的特别优惠，而欧共体成员国不要求反向优惠，只享受不低于最惠国税的待遇。②对来自46个国家的96%以外的农产品，如牛肉、香蕉和甜酒等产品的进口，每年规定一定数量的免税配额，超过配额部分的征进口关税。③在原产地规定中确定"充分累积"制度，即来源于这些国家或共同市场国家的产品，享有优惠税待遇。④保留条款，如果大量进口引进共同市场的某个经济区域或成员国国内市场严重混乱时，西欧共同市场保留采取保护措施的权利。

"洛美协定"经多次修订，最近一次是在2002年，修订内容即欧盟对非洲、加勒比海及太平洋地区76个国家实施的贸易新战略。

4）普遍优惠制（generalized system of preferences，GSP）

普遍优惠制简称普惠制，是发达国家单方面给予发展中国家出口制成品和半制成品的一种关税优惠待遇，其主要内容是：在一定数量范围内（主要指关税配额或限额），发达国家对从发展中国家进口的工业品减免关税，部分免除加工过的农产品的进口关税。对于超过限额的进口则一律征收进口关税。普惠制的基本原则是普遍性、非歧视性和非互惠性，即这种优惠是由大多数发达国家提供的，而不是某一发达国家提供给少数几个发展中国家的。普惠制适用于所有的发展中国家，并不要求发展中国家提供同样的关税优惠。

普惠制是发展中国家经过长期斗争后获得的胜利成果。1968年第二届联合国贸易与发展会议上通过了建立普惠制的决议，1971年7月1日普惠制开始实行。至今已有31个给惠国实施17个普惠制方案（欧盟原15个成员国1个方案），享受普惠制的发展中国家有170多个。欧盟于1971年7月1日第一个执行普惠制方案，美国于1976年1月1日执行。但在执行中，出现一些偏差。如美国公布的受惠国名单中，从来不包括发展中的社会主义国家和石油输出组织国家，对这些国家实施歧视性政策。新西兰和澳大利亚政府分别于1978年10月13日和1978年10月17日率先给予我国实施普惠制待遇。目前世界上共有31个给惠国，除美国、保加利亚、匈牙利、欧盟（2004年5月1日起对中国实施国家毕业）外，给予我国普惠制待遇的14个国家是挪威、瑞士、波兰、捷克、斯洛伐克、俄罗斯、白俄罗斯、乌克兰、哈撒克斯坦、加拿大、澳大利亚、新西兰、日本、土耳其。

普惠税比最惠国税降低 1/3～1/2。

各普惠制方案由各给惠国和国家集团单独制订，虽各有特点，但都具有以下共同内容：

（1）受惠国或地区名单。给惠国主要是根据发展中国家的经济发展状况及政治态度选择受惠国，受惠国或地区名单由各给惠国单方面决定。

（2）给惠产品范围。各个普惠制方案都规定了给惠产品及排除产品清单。该清单不是固定不变的，随着给惠国经济贸易的政策需要与受惠国的要求而变动。

（3）减税幅度。普惠制的关税削减幅度取决于最惠国税率与普惠税率之间的差额；最惠国税越高，普惠税率越低，差额越大。

（4）保护措施。各给惠国为保护本国经济，在普惠制方案中都制订了保护措施。保护措施可分为三大类：其一，例外条款，即当从受惠国优惠进口某项产品的数量增加到给惠国相同产品或直接竞争性产品的生产者造成即将造成严重损害时，给惠国保留对该项产品完全取消或部分取消关税优惠待遇的权利。其二，预定限额，这是给惠国根据本国和受惠国的经济贸易情况，预先规定一定时期内某项产品的关税优惠进口限额，超过限额的部分进口按规定征收最惠国待遇关税。其三，竞争需要标准（competitive need criteria），对来自受惠国的某种进口货物，如超过当年所规定的进口额度，则取消下一年度该种货物的关税优惠待遇，如果下一年度没有超过规定的进口额度，则恢复下下一年度该种货物的关税优惠待遇。

（5）对原产地的规定。按照原定标准的规定，产品必须全部产自受惠国或地区，或者规定产品中所包含的原料或零件经过高度加工后，发生了实质性变化，才能享受关税优惠待遇。

所谓实质性变化有两个标准：其一，加工标准。欧盟、日本、挪威、瑞士等采用这项标准，规定进口原料或零件的税目和利用这些原料或零件加工后的货物税目发生了变化，就可以认为已经高度加工，发生实质性的变化，该商品就可享受关税优惠待遇。其二，增值标准（value-added creterion），又称百分率标准。澳大利亚、加拿大、美国等采用这项标准。它规定，只有进口原料或零件的价值没有超过出口货物价值的规定的百分比，这种变化才能作为实质性的变化和享有关税优惠待遇。例如，加拿大规定，进口原料或零件价格不得超出出口货物价值的 40% 才能视作已发生实质性的变化，才能享受关税优惠待遇。

在原产地规定中，除了原产地标准外，还有直接运输规则（rule of direct consignment），即受惠货物必须由受惠国直接运到给惠国。由于地理上的原因或运输上的需要，受惠产品也可通过邻国过境，但必须置于海关的监管之下。

此外，最惠国必须向给惠国提交如原产地和托运的书面证明，才能享受优惠关税待遇。一般来说，为了获得普惠制待遇，受惠产品必须获得普惠制原产地证书，国际上运用比较广泛的是 FORMA 原产地证书。目前，新的 FORMA 证书从 1996 年 1 月 1 日开始生效，原有的证书在 1997 年底后作废。从 1994 年 5 月开始，美国已经不再要求 FORMA 证书，只要求出口商应在海关税务人员要求提交加工说明即可。

（6）毕业规定。20 世纪 80 年代后期，一些给惠国家按照自己的定义和标准，取消了一些已经获得较强出口竞争力的发展中国家的普惠制待遇，并将这种做法称为"毕业制度"，或者"取消制度"，"毕业制度"一般可以分为部分毕业或全部毕业两种。

部分毕业也称为部分取消、国家-产品取消或国家-部门取消。它规定，如果一个受惠国的某种产品或某一部门的出口达到一定的水平，这些产品将被从给惠方案中排除，但受惠国的其他产品仍然能够享受普惠制待遇。美国在其部分毕业制度中规定，如果一个受惠国家出口的一种超过了一定的价值，或者超过了所有受惠国家某一产品的普惠制出口总额的一定百分比（50%），那么下一年度这种产品就不再享有普惠制。但是，如果在以后，该受惠国的产品的出口量大量下降，并不排除恢复其优惠待遇的可能。欧洲联盟的部分毕业制度是以出口专门化指数结合发展指数为依据来实施的。出口专门化指数是根据受惠国在欧洲联盟某一特定部门的进口总额中所占的份额，相当于其在欧洲联盟各部门进口总额中所占有份额的比率来计算的。发展指数是将受惠国的人均收入和制成出口按照欧洲联盟相同指标的百分比计算的。当发展指数和出口专门化指数的搭配达到欧洲联盟的标准时，某部门就可能被取消普惠制资格。

全部毕业，也称为国家毕业，是指取消某一受惠国的全部优惠。取消国家优惠的标准主要是根据国民收入指标来制订的。保加利亚和波兰把人均国民生产总值超过其本国的受惠国列入国家毕业名单。新西兰规定，取消其人均国民生产总值达到新西兰 70% 以上的受惠国的优惠待遇。美国取消国家优惠的标准目前是人均国民生产总值 11 400 美元。

（7）附加条件。根据普惠制的非互惠制原则，普惠制应该是不附加条件的。但是，一些发达国家在其普惠制方案中往往规定一些附加条件，以达到其在多边领域中达不到的目的。

5）进口附加税（import surtaxes）

一些国家对进口商品除了征收一般进口税外，还往往根据某种目的再加征进口税，这就叫进口附加税。进口附加税通常是一种特定的临时性措施。征收附加税的主要目的有应付国际收支危机、维持进出口平衡、防止外国商品低价倾销、保护本国市场、对某个国家实行贸易歧视性或报复等。因此，进口附加税又称为特别关税。

进口附加税主要有以下几类：

（1）反倾销税（anti-dumping duty）。反倾销税是对进行倾销的进口商品所征收的一种进口附加税，其目的在于抵制外国商品的倾销，保护本国产品的国内市场。关税与贸易总协定第六条有关倾销与反倾销税的规定主要有以下几点：

第一，用倾销手段将一国产品以低于正常价格的办法挤入另一国市场时，如因此对另一国内领土内已建立的某项工业造成重大损害或产生重大威胁，或者对另一国工业的新建产生严重阻碍，这种倾销应该受到谴责。

第二，抵销或防止倾销，可以对倾销的产品征收数量不超过这一产品的倾销差额的反倾销税。

第三，"正常价格"是指相同产品在出口国用于国内消费时在正常情况下的可比价格。如果没有这种国内价格，则是相同产品在正常贸易情况下向第三国出口的最高可比价格；或产品在原产国的生产成本加合理的推销费用和利润。

第四，不得因抵制倾销或出口贴补，而同时对倾销产品既征收反倾销税又征收反补贴税。

第五，为了稳定初级产品价格而建立的制度，即使它有时会使出口商品的售价低于相同产品在国内市场销售的可比价格，也不应认为造成了重大损害。

第六，反倾销调查。WTO《反倾销协议》规定：一成员在采取反倾销措施之前必须先进行反倾销调查，其目的是查实是否存在倾销、产业损害及两者的直接因果关系。反倾销调查由进口国政府执行，但反倾销调查的发起必须由进口国境内受损害产业或其代表所提交的书面申请而开始。调查期限应在一年内结束，最长不超过 18 个月。

国外对我产品进行反倾销调查立案，我国首先公布在《国际商报》上。例如《国际商报》1999 年 9 月 19 日报道，欧盟对我国焦炭立案进行反倾销调查，凡在调查期内（1998 年下半年及 2004 年 1～7 月）对欧盟出口过上述产品的公司及这些产品的生产企业都是涉诉企业。根据欧盟发出的立案通知，欧委会所有涉诉企业在 10 月 1 日前提供本企业简单情况，以便其进行抽样调查。

第七，反倾销调查应诉。进口商将调查内容及有关信息资料通知出口方当事人，出口商在收到反倾销调查的调查表后，在 30 天内予以答复，必要时可以再延长 30 天。

第八，裁定倾销、损害存在后的反倾销措施。经调查裁定进口货物存在倾销和损害后，可采取以下措施：

其一，临时反倾销措施。在反倾销调查中认定存在倾销、产业损害及因果关系后，进口方可采取临时反倾销措施，以防止在调查期间有关产业可能会受到更严重的损害。临时反倾销措施可以征收临时税或担保方式，担保方式可支付现金或保证金，其数额相当于临时预计的反倾销税。采取的时间只能在开始调查日后

60 天进行，并且实施期一般不超过四个月，最长不超过九个月。

其二，价格承诺。如果出口商主动承诺提高货物出口价格或停止以倾销价格向投诉方市场出口，使进口方感到满意后，反倾销调查程序可以暂时中止或终止，而不采取临时性措施或征收反倾销税。

其三，征收反倾销税。可以等于或小于倾销幅度，不能大于倾销幅度。自开征之日起五年内一直有效，直到能消除倾销所造成的损害为止。

（2）反补贴税（counter-vailing duty）。反补贴税又称抵销税或补偿税，它是对直接或间接地接受任何奖金或补贴的外国货物进口所征收的一种进口附加税。凡进口货物在生产、制造、加工、买卖、输出过程中接受直接或间接的奖金或补贴，都构成征收反补贴的条件。不管给予这种奖金补贴是来自政府还是同业公会，反补贴税的税额一般奖金或补贴数额征收。征收的目的在于增加进口货物的价格，抵销其享受的补贴金额，削弱其竞争能力，使它不能在进口国的国内市场上进行抵价竞争或倾销。

关税与贸易总协定第六条和第十六条对反补贴税做了规定，主要有以下几点：①反补贴是为了抵销进口货物在制造、生产或输出时所直接或间接接受的任何奖金或补贴而征收的一种特别关税；②补贴的后果会对进口国国内某项已建的工业造成重大损害或产生重大威胁，或正在严重阻碍国内某一工业的新建，进口国才能征收反补贴税；③反补贴税征收额不得超过"补贴税额"；④对于受到补贴的倾销货物，进口国不得同时对它既征收反倾销又征收反补贴税；⑤在某些例外情况下，如果延迟征收反补贴将会造成难以补救的损害，进口国可在未经成员全体事前批准的情况下征收反补贴税，但应立即向成员全体报告，如未获批准，这种反补贴税应立即予以撤销；⑥对产品在原产国或输出国所征的捐税，在出口时退还或因出口而免税，进口国内对这种退税或免税不得征收反补贴税；⑦对初级产品给予补贴以维持或稳定其价格而建立的制度，如符合该项条件，不应作为造成了重大损害来处理。

反补贴措施主要有三类：①临时措施。如果反补贴调查当局初步肯定存在补贴，且对进口方国内产业已造成实质性损害或严重威胁，为防止在调查期间继续造成损害，可采取临时措施。临时措施可采用临时反补贴税形式。临时反补贴税由根据初步确定的补贴税的形式。实施临时措施不得早于自发起调查之日以后的60 天，并应限定在尽量短的时期内，不得超过四个月。②补救承诺。如果在反补贴调查期间出现下述情况，反补贴调查可停止或中止：第一，出口方政府同意取消补贴，或采取其他措施；第二，出口商同意修正其价格，使调查当局满意地认为补贴所造成的损害性影响已消除。这样就算达成了"补救承诺"。补救承诺达成后，反补贴调查应停止或中止。如果以后的情况表明不存在产业损害或损害威胁，补救承诺应自动取消。补救承诺可以由出口方提出要求，也可以由反补贴调查当局提出建议，但不能强迫出口商承担这一承诺。补救承诺的期限不得长于反补贴税所执行的期限。③反补贴税。如果反补贴调查最终裁定存在补贴和产业损害，进口方当局便可决定对受补贴进口产品征收反补贴税，但它不得超过经确认而存在的补贴额，且应无歧视地征收。但对方撤回或做出补救承诺的进口商例外。反补贴税的执行期限只能以抵销补贴所造成的损害所必需的时间为准，但执行期限不得长于五年。如调查当局通过确认有"充分理由"继续执行，可适当延长期限。

（3）报复关税（retaliatory duties）。报复关税是指一国对特定国家的不公平贸易行为采取行动，而临时加征的进口附加税。加征报复关税大致有几种情况：对本国输入的物品课以不合理的高关税或差别税率，对本国物品输入设置的障碍，对贸易伙伴违反某种协定等所采取的措施。20 世纪 80 年代中期，美国曾因日本将高级电子计算机输出原苏联，而对日本输美的电子产品加征 100％的关税。美国是 90 年代以来运用"报复性关税"最频繁的国家。1999 年 3 月因"香蕉贸易战"，美国对欧盟的部分产品加征报复关税。美国《1988 年综合贸易和竞争力法案》的"超级 301"条款，就是对"不公平"贸易伙伴实施报复的条款，其报复手段之一就是加征临时性报复关税。

（4）科技关税（scientific tariff）。科技关税是对技术先进、竞争能力特别强劲的产品所征收的进口附加费用。科技关税是一种进出口价格控制。由于各国经济发展的不平衡，技术发展相对迅速的国家出口技术密集产品，对发展相对慢的国家市场形成了巨大冲击力。进口国为了保护本国高新技术的发展，就通过征收这种进口附加费用，来提高这类进口产品的销售价，削弱其竞争力。

4. 按征税计算方法不同分类

1）从量税（specific duties）
从量税以商品的重量、数量、长度、容积、面积等计量单位为标准计征的关税。从量税的税额是商品数量与单位从量税的乘积。各国征收从量税大都以商品的重量为单位。但各国应征税的商品重量计算方法不同，一般按法定重量计算。

从量税的优点是手续简便，无须审查货物的规格、价格和品质，可以节约征收成本费用；进口品价格跌落时，仍有适度保护；可以防止进口商谎报价格。对数量多、体积大、价格低的产品征税简便易行。

从量税的缺点是对等级、品质及价格差异的货物，按同一税率征收，税负不合理；税率固定，没有弹性，税额不能随物价涨落而增减，失去市场的价格机能，当物价下跌时，保护作用增多；当物价上涨时，保护作用减小；对部分不能以数量计算的商品不能适用，如古董、字画、钟表、钻石等。

目前，单纯采用从量税的国家很少，发达国家只有瑞士一国。

我国 1951 年曾采用从量税，从 1997 年 7 月 1 日起，对部分商品如啤酒、原油、胶卷征收从量税。

2）从价税（ad-value duties）

从价税是以进口商品的价格为标准计征的关税，其税率表现为货物价格的百分率。

从价税的优点是税负合理，按货物的品质、价值等级比率课税，品质佳、价值高者，纳税较多，反之则较少；税负明确，且便于各国关税税率比较；税负公平，税额随物价的涨落而增减，纳税人的负担可以按比例增减；物价上涨而进口数量不变时，财政收入增加。

从价税的缺点是估价较难，需有专人才能胜任，因此费用成本高；通关不易，在估定货物价格时，海关与业者容易引起争议；调节作用弱，保护性不强，税额是随物价涨落而增减，对物价能产生调节作用；从价税的保护作用也略显不足，当国外市场价格上涨时，国内产业所需的保护要求降低，但实际上进口税额是随物价上涨而增加，而在国外市场价格跌落时，国内生产所需的保护增强，但关税却随之减少。

从价税的一个关键问题是如何核定完税价格（duty paid value）。完税价格是经海关审定作为计征税依据的货物价格。由于完税价格标准的选择直接关系到本国的保护程序，各国对此均十分重视。各国所采用的完税价格的依据各不相同，大体有三种：①以运、保费在内（CIF）作为完税价格的基础；②以装运港船上交货价（FOB）为征税价格标准；③以法定价格或称进口国官定价格为征税价格标准。

世界上大多数国家以运、保费在内价为基础计征关税。也有的国家使用进口地市场价格。完税价格的认定也即海关估价（customs value），是指出口货物价格经货主（或申报人）向海关申报后，海关按本国关税法令规定的内容审查，估定其完税价格。由于各国海关估价规定的内容不一，有些国家可以利用估价提高进口关税，形成税率以外的一种限制进口的非关税壁垒措施。

3）混合税（mixed or compound duties）

混合税又称复合税，是对同一种商品，同时采用从量、从价两种标准征收关税的一种方法。按从量税和从价税在混合税中的主次关系不同，混合税有的以从价税为主，另加征从量税；有的是以从量税为主，加征从价税。混合税率应用于耗用原材料较多的工业制成品。美国采用混合税较多，如它对提琴除征收每把 21 美元的从量税外，加征 6.7％的从价税。

混合税的优点在于，其兼有从价税和从量税的优点，使税赋适度。当物价高涨时，所征税额比单一从量税多；当物价下跌时，其所征税额又比单一从价税要多，增强了关税的保护程度。混合税的缺点在于，从价税与从量税之间的比例难以确定，且征收手续复杂，成本费用高，不易实行。

4）选择税（alternative duties）

选择税是指对同一物品，同时有从价税和从量税两种税率，征税时由海关选择，通常按税额较高的税率征收的一种关税。当高价品市价上涨时，选择从价税率；而廉价品物价低落时，选择从量税。选择税具有灵活性的特点，可以根据不同时期经济条件的变化、政府关税目的以及国别政策进行选择。如为了增加财政收入或加强保护可以选择税额高的税率。若为了鼓励进口或给予某特定国家进口的优惠，可以选择税额低的一种征税。但选择税的缺点是征税标准经常变化，令出口国难以预知，容易引起争议。

4.1.3　海关税则与通关手续

1. 海关税则

海关税则（customs tariff）又称关税税则，是一国对进出口货物计征关税的规章和对进、出口的应税与免税货物加以系统分类的一览表，是海关对进出口商品征税的基本文件或征税的依据。

海关税则一般包括两个部分：一部分是海关课征税的规章条件及说明；另一部分是关税税率表。关税税率表主要包括：包括税号（tariff No.）、货物分类目录（description of goods）和税率（rate of duty）三部分。

（1）海关税则的货物分类方法。海关税则的货物分类方法，主要是根据进出口货物的构成情况，对不同货物使用不同税率以及便于对进出口货物统计需要而进行系统的分类。各国海关税则的货物分类方法不尽相同，大体上有以下几种：①按照货物的自然属性分类，例如动物、植物、矿物等；②按货物的加工程度或制造阶段分类，例如原料、半制成品和制成品等；③按货物的成分分类或按同一工业部门的产品分类，例如钢铁制品、塑料制品、化工产品等；④按货物的用途分类，例如食品、药品、染料、仪器、乐器等；⑤按货物的自然属性分成大类、再按加工程度分为小类。

（2）税则分类的国际协调。①《海关合作理事会税则目录》是多年来各国一直沿用的税则目录，其划分原则是以货物性质为主，并结合加工程度。全部货物共 21 类、99 章、1 097 项税目号。根据税则分类的规定，税则目录中的类、章、号这三级的税则号排列不得改动，从而保证该税则目录使用的一致性和应用范围。②《国际贸易货物名称和编码协调制度》（以下简称"协调制度"）是《海关合作理事会分类目录》和《国际贸易标准分类》这两个国际贸易体系的最新发展，是国际贸易不断发展的客观要求，"协调制度"将货物描述和分类在全球范围内统一，这是海关合作理事会召集各国专家在上述两个国际贸易货物分类体系基础上经过 10 多年研究的成果，它是一种新型的、系统的、多用途的商品分类体系。该协调制度于 1988 年 1 月 1 日开始正式实施目前已被越来越多的国家的海关所采用。这标志着一个国际公认的统一的海关"语言"的产生，它有助于消除各国海关之间的分歧，使国际贸易统计数据更具有可比性，并能更加准确和科学地对世界贸易情况进行分析比较。

该协调制度将货物分为 21 类、96 章、1 241 个税目、5 019 个子目。编码的税目和子目是按货物的原料来源，结合加工程度和用途以及工业部门来划分和编排的。

（3）海关税则的种类。

①单式税则（single tariff）。单式税则又称一栏税则。这种税则，一个税目只有一个税率，适用于来自任何国家的货物，没有差别待遇。战后，为了在关税上搞差别与歧视待遇，或争取关税上的互惠，各国都放弃单式税则改行复式税则。现在只有少数发展中国家如委内瑞拉、巴拿马、冈比亚等仍实行单式税则。

②复式税则（complex tariff）。复式税则又称多栏税则。这种税则，在一税目下订有两个或两个以上的税率。对来自不同国家的进口货物，适用不同的税率。发达资本主义国家规定差别税率的目的在于实行差别待遇和贸易歧视性政策。现在绝大多数国家都采用这种税则。这种税则有二栏、三栏、四栏不等。

目前，我国实行新的进口税则税率栏目。

进口税则分设最惠国税率、协定税率、特惠税率和普通税率四个栏目。取消原来的普通税率和优惠税率栏目。

最惠国税率。适用原产于与我国共同适用最惠国待遇条款的世贸组织成员国或地区的进口货物；或原产于与我国签订有相互给予最惠国待遇条款的双边贸易协定的国家或地区的进口货物。

协定税率。适用原产于我国参加的含有关税优惠条款的区域性贸易协定的有关缔约方的进口货物。对原产于韩国、斯里兰卡和孟加拉三个曼谷协定成员的 739 个税目的进口商品实行曼谷协定税率。

特惠税率。适用原产于与我国签订有特殊优惠关税协定的国家或地区的进口货物。对原产于孟加拉的 18 个税目的进口商品实行曼谷协定特惠税率。

普通税率。适用原产于上述国家或地区以外的国家和地区的进口货物。

③自主税则（autonomous tariff）。自主税则又称国定税则，是指一国立法机构根据关税自主原则单独制定而不受对外签订的贸易条约或协定约束的一种税率。

自主税则可以分为自主单式税则和自主复式税则。前者为一国对一种货物自主地制定一个税率，这个税率适用于来自任何国家或地区的同一种货物；后者为一个国对一种货物自主地制定两个或两个以上的税率，分别适用于来自不同国家或地区的同一种货物。

④协定税则（conventional tariff）。协定税则是指一国与其他国家或地区通过贸易与关税谈判，以贸易条约或协定的方式确定的关税率。这种税则是在本国原有的国家税则以外，另行规定的一种税率。它是两国通过关税减让谈判的结果，因此要比固定税率低。协定税则不仅适用于该条约或协定的签字国，而且某些协定税率也适用于享有最惠国待遇的国家，但对于没有减让关税的货物或不能享受最惠国待遇的国家的货物，仍采用自主税则，这样形成的复式税则，叫做自主-协定税则或国定-协定税则。

2. 通关手续

通关手续是指进出口货物进出关境时，进出口货物的收发货人或其代理人向海关办理进出口手续的过程，又称报关手续。各国海关规定，进出口货物通过海关关境时必须接受海关的监督管理，进出口货物必须向海关申报，办完手续后，海关予以放行，进口商才能提货，投放国内市场，出口商才能装运出口。从通关的全过程看，通关手续一般分为申报、查验、征税和放行四个环节。

1）申报

申报又称报关，它是指进出口商或其代理人在货物运抵港口、车站、机场时，在海关规定的期限内，如实齐全正确地填写进（出）口货物报关单，要求各项内容必须与实际货物及交验的其他单证相一致，做到单、货、证三者相符，随附有关法定单证及有关商业单证，如进出口许可证、商业发票、海关发票、装箱单、提单、原产地证明书，除上述单证外并规定提交有关商品检验、动（植）物检疫、药物检疫、文物鉴定证明书等。需要办理转关运输的货物可向海关提出申请，向海关审定。

进出口货物向海关申报有时限要求。根据我国《海关法》规定，进口货物自运输工具申报进境之日起 14 天内，向海关申报。进口货物收货人超过 14 天未向海关申报，由海关按日征收进口货物到岸价 0.05％滞报金。进口货物超过三个月未向海关申报进口的，由海关提取变卖，所得价款扣除运输、装卸、储存等费用和关税后，余款自货物变卖之日起一年内，经收货人申请予以发还，超期无人申请，上缴国库。出口货物在装运前 24 小时完成报关。

2）查验

查验又称验关，是决定报关人员向海关申报人货物经海关检查核对能否合法地进出口的实质性的一步。在海关查验货物阶段，进（出）口商或代理人（报关人员），要配合海关查验货物，并解答海关提出的有关问题或补办有关。查验地点为海关指定的仓库，以核实货物与单证是否相符，在特定的情况下，经货主申请，也可以到有关公司或生产单位的仓库查验，但需收取一定规费。

　　3）征税

　　海关在审核单证查验货物后，照章征收关税和收缴由海关代征的进出口环节的其他税费。进口税额用本国货币缴纳，如使用外币，则应按本国当时汇率折算缴纳。

　　4）放行

　　海关在审核单证、查验货物及照章征收关税和其他税费后，在提单、运单、装货单上加盖海关放行章以示放行，对于一般进（出）口货物的报关手续，到此已办完，货物可交付进口提货或出口装运。

　　另外，进出口报关需注意以下事项：第一，报关时，只有在海关进行登记注册的单位和经海关培训合格的该单位报关员才能向海关办理报关手续。若代理报关，代理费 50 元。第二，报关单位和报关员的行为是法律行为。第三，若属于出口退税产品，出口货物经过海关查验放行后，由海关在申报人交验的"出口货物退税专用报关单"签章，凭此向税务局要求退还增值税和消费税。

4.2　非关税壁垒

4.2.1　非关税壁垒的含义

　　非关税措施是相对于关税而言的，它是指一国或地区在限制进口贸易方面采取的除关税以外的所有措施。

　　关税壁垒作为一种贸易保护手段，早已为世界各国所广泛使用，但并不是唯一的保护手段。特别是从 20 世纪 30 年代资本主义经危机以来，关税壁垒显现出它固有的局限性，不能完全、有效地阻止外国商品的倾销。20 世纪 30 年代的经济危机使商品价格暴跌，资本主义集团不惜蚀本对外倾销商品，这时仅用提高关税的办法已难以有效地限制商品的进口。尽管从理论上说可以把关税率提得很高，但实际上全面、长期的过高关税会使本国经济受到严重损害。因此，资本主义各国开始采用了进口配额、进口许可证和外汇管制等非关税壁垒的措施，以期有效地抑制外国商品的大量输入。

　　二战以后，随着经济的恢复和发展，通过关贸总协定的多轮谈判，资本主义各国普遍削减了关税，使得关税壁垒作为一种贸易保护手段的作用比过去大大下降。于是资本主义各国转而普遍采用各种非关税壁垒的措施，用作限制外国商品进口、保护国内工业和市场的重要手段。广大发展中国家为了反对帝国主义和一些发达国家的经济控制、剥削和掠夺，限制非必需品以及与本国产品相竞争的外国产品进口，保护本国民族经济的发展，也广泛采用各种非关税壁垒作为保护手段。

20 世纪 70 年代中期以来同，由于受到又一次资本主义经济危机的影响，非关税壁垒的措施又一次扩张：①非关税壁垒的数量迅速、大量地增长且日益复杂化。20 世纪 70 年代初世界各国契在的非关税壁垒约有 530 种，20 世纪 70 年代末增加到 850 种，而到 20 世纪 80 年代末已达 2 500 多种。其中具体的措施增加得更多，而且各国对各种措施的规定和实施程序往往各不相同，十分复杂，增强了限制进口的作用。②非关税壁垒的应用范围日益扩大，受到非关税壁垒保护的商品已从传统工业品、农产品扩大到高技术产品和劳务。目前在发达国家，纺织品、服装、鞋类、钢铁、汽车。家用电器、电子产品、数控机床、计算机等的进口都受到数量的限制。据有关资料统计，1986 年，在发达国家的进口贸易中，受几种主要的非关税壁垒措施控制的商品进口额占进口总额的比重已达 17% 左右，而在整个世界贸易中，受发达国家非关税壁垒影响的商品比率更高。③非关税壁垒的歧视性有所增强。发达资本主义国家常常根据不同国家、不同商品，采取不同的非关税壁垒措施。如美国对于不同的国家给予不同的纺织品进口配额。欧盟则主张所谓"有选择的限制"，即进口国有权对个别出口国的产品进口进行限制。这些做法主要针对发展中国家商品的进口，广大发展中国家受到非关税壁垒限制和损害也最为严重。

所以，尽管世界贸易组织重申合理的关税是世界贸易所允许的唯一的合法保护措施，但非关税壁垒仍然是当今影响国际贸易发展的重要障碍。

4.2.2　非关税壁垒的特点

与关税壁垒相比，非关税壁垒具有以下特点。

1. 非关税壁垒具有较大的灵活性和较强的针对性

一般来说，各国关税税率的制定，必须通过立法程序，并像其他立法一样，要求具有一定延续性。如果要调整或更改税率，须适用较为烦琐的法律程序和手续，这种立法程序与手续，往往迂回迟缓，在需紧急限制进口时往往难以适用。同时，关税在同等条件下，还受到最惠国待遇条款的约束，从有协定的国家进口的同种商品适用同样的税率，因而较难在税率上做灵活性调整。但在制定和实施非关税壁垒措施上，通常采用行政程序，制定手续比较迅速，其制定的程序也较简便，能随时针对某国的某种商品采取或更换相应的限制进口措施，较快地达到限制进口的目的。由于非关税措施种类繁多，因此在实施时可以任意选择其中的一种，譬如进口国既可以单方面地实施"进口配额制"，又可以通过谈判，迫使出口国实行"自动出口限制"或"有秩序的市场安排"或者采取苛刻的技术、卫生标准，或繁琐的海关估价制度等。就是同一种措施，在实施时也有一定的伸缩性，可以灵活运用。

2. 非关税壁垒更能直接达到限制进口的目的

关税壁垒是通过征收高额关税，提高进口商品成本和价格，削弱其竞争能力，间接地达到限制进口的目的。如果出口国采用出口补贴、商品倾销等办法降低出口商品成本和价格，关税往往较难以起到限制商品进口的作用。但一些非关税措施如进口配额等预先规定进口的数量和金额，超过限额就直接禁止进口，这样就可把超额的商品拒之门外，起到关税未能达到的目的。

3. 非关税壁垒更具隐蔽性和歧视性

一般来说，关税税率确定后，往往以法律形式公布于众，依法执行。出口商通常比较容易获得有关税率，但是，一些非关税壁垒措施往往不公平，或者规定极为繁琐复杂的标准和手续，使出口商难以对付和适应。以技术标准而论，一些国家对某些商品质量、规格、性能和安全等制定极为严格、繁琐和特殊的标准，检验手续复杂，而且经常变化，使外国商品难于对付和适应，因而往往由于某一个规定不符，使商品不能进入对方的市场销售。同时，一些国家往往针对某个国家采取相应的差别性和歧视性。一般而言，由于受国际贸易协定的约束，进口国是无法通过关税来对出口实行歧视待遇的。但这种歧视待遇，通过非关税措施便能够实现。例如，美国、欧共体、加拿大、澳大利亚等国都规定，在反倾销调查时，对非市场经济国家所采取的"替代国"或"类比国"做法，就是对社会主义国家的歧视。再比如进口国在实行国别进行配额时，往往就更带有歧视性。

4.2.3　种类

非关税壁垒种类繁多，这里仅将主要的非关税壁垒分为数量限制、价格限制、经营及采购限制、金融限制、技术性贸易壁垒等五大类介绍如下。

1. 数量限制

在现代贸易中，数量限制（quantitative restrictions）是指进出口国通过行政和法律手段，对特定商品的进出口量实行实物或金额数量限制，从而达到贸易管制和市场保护目的的一种措施。

1）进口配额制（import quotas system）

进口配额又称进口限额，是进口国政府在一定时期（如一季度、半年或一年）以内，对于某些进口商品的数量或金额加以直接限制。在规定的时期内，配额以内的货物可以进口。它是资本主义国家实行数量限制的最主要手段之一。进口配额制，主要有以下两种：

（1）绝对配额（absolute quotas）。绝对配额是指在一定时期内，对某些商品的进口数量或金额规定一个最高限额，达到这个数额后便不准进口。这种配额在实施中，又有以下两种方式。

全球配额（global quotas，unallocated quotas），这是世界范围的绝对配额，适用于来自任何国家或地区的同类商品。政府主管部门通常是按进口商申请的先后顺序或过去某一时期的进口实绩批给一定的数量，直至总配额发放完为止，超过总配额就不准进口。由于全球配额不限定进口国别或地区，有利于进口商在世界范围内选择从条件最有利的地区进口。在情况下，邻近国家或地区处于有利地位，相距较远的国家往往不利。对于政府来讲，这种全球配额则不利于贯彻国别政策。为避免或减少全球配额的这种不足，一些国家的政府往往更倾向于实行国别配额。

国别配额（country quotas），是在绝对配额的总额内，按国别和地区加以分配，只允许从某一国家或地区在分配到的配额限度以内进口某类商品，超过配额便不准进口。在实践中为了区分来自不同国家或地区的商品，进口商在进口商品时必须提供原产地证明书。实行国别配额可以使进口国家政府贯彻国别政策。根据国别配额的确定方式不同，国别配额还可以分为自主配额和协议配额。

自主配额（autonomous quotas）又称单方面配额。这种配额是完全由进口国家自主地单方面强制制定的，不需征求输出国的同意。自主配额数量的确定，往往是参照各国以往进口实绩，按一定比例确定的，所以各国所占有的配额数量一般是不均等的。进口国可以通过增加或减少特定国家或地区配额的数量实行国别政策。

自主配额的实行，常引起出口国的不满，甚至做出激烈的反应，导致不良后果。所以许多情况下，进口国首先要求与某类商品的主要出口国进行谈判，就实行配额及配额的数量达成协议，在协议基础上实行配额控制，以避免矛盾的激化。这就是协议配额。

协议配额（agreement quotas）又称为双边配额（bilateral quotas），是由进口国和出口国政府或民间团体之间协商确定的配额。如果是民间团体的协议确定的配额，应先获得政府的许可，然后才能够实行。

协议配额是双方达成妥协和谅解之后的产物，所在在实行中通常不会招致出口国的报复，调和了双方的矛盾。但在确定协议配额的双边谈判中，矛盾则体现得十分尖锐，进出口国双方往往会发生十分激烈的争执，从而使这种谈判成为一个困难、曲折的过程。

一般来说，绝对配额用完之后，就不准进口，但有时由于特殊需要，进口国也可能增加特殊配额或补充配额，如展览会配额、博览会配额、用于加工后再出口的半制成品配额等。

（2）关税配额（tariff quotas）。关税配额是对进口商品的绝对数额不予限制，而对在一定时期内，在规定配额以内的进口商品给予减免税的待遇。超过配额的进口商品则征收较高的关税或罚款。

关税配额按商品进口的来源可以分为全球性关税配额和国别关税配额。优惠性关税配额是对配额以内的进口商品给予较大幅度的关税减让甚至免税，对超过配额的进口商品才征收正常的进口税（一般为最惠国税）。非优惠性关税配额则是在配额以内征收正常进口税（一般为最惠国税），对超过配额的进口商品则征收极高的附加税或罚款。

进口配额最初是为了保护本国市场而设立的。在实行的过程中，配额的提供、扩大、缩小往往被进口国政府用来向出口国施加压力。在国际贸易的谈判中，进口配额已成为迫使他国做出让步的一种手段。所以进口配额制已发展成为具有扩张性的保护贸易措施。

进口配额也可以由政府在进口商中进行分配，从而增强政府对本国经济活动的控制能力。

目前大多数发展中国家也都实行程度不同的进口配额制。其目的是限制非必需品及与本国产品相竞争的工业品的输入，保护本国市场，节约外汇开支，发展民族经济。

2）"自动"出口配额（voluntary restriction of export）

"自动"出口配额又称自愿出口限制，是出口国或地区在进口国的要求或压力下，自动规定某一时期内某些货物对该国的出口数额限制。在限定的数额内自行控制出口，超过限额即禁止出口。自动出口配额带有明显的强制性。进口国往往以货物大量进口使其有关工业部门受到严重损害，造成所谓"市场混乱"为理由，要求有关的出口国自动限制货物出口，否则就单方面强制限制进口。在这种情况下，一些出口国家不得不被迫实行自动出口配额。

"自动"出口配额是二战后国际贸易领域中出现的一种新的非关税措施，而且随着贸易竞争的日趋激烈和进口国进口限制的日益增强，出口国被迫越来越多地采取"自动"出口配额的做法，启动出口配额商品的范围也越来越广。

"自动"出口配额制属于世界贸易组织（关贸总协定）在调整世界贸易关系、制订多边贸易协定时未涉及到的或规定不甚明确的"灰色区域"措施，它被进口国直接用来代替总协定第十九条保障条款的规定，并构成违反总协定基本法律原则的行为。但这种非关税措施具有很大的隐蔽性，它以出口国"自动"限制其商品出口的面目出现，而且往往具有双边协定的形式，从而逃避了世界贸易组织（关贸总协定）的监督和检查。

3）进口许可证制（import licence system）

进口许可证制是一种凭证进口的制度。为了限制商品进口，国家规定某些商品进口必须领取许可证，没有许可证一律不准进口。许可证制与进口配额制一样，也是一种进口数量限制，是运用行政管理措施直接干预贸易行为的手段，进口商必须向有关部门申请进口许可证，政府发放进口配额许可证，进口商凭证进口。许可证规定有效期，一般规定一年、半年或三个月，超过有效期则不得进口。有的国家许可证规定展期，可延长一月或数月不等，但须缴纳一定的展期手续费。实行进口许可证制，不仅可以在数量和金额以及商品性质上进行限制，而且可以控制来源于国国别和地区，也可以对国内企业实施区别对待。有些国家在发放许可证时，往往对垄断大公司予以照顾；有的国家将进口许可证的发放与出口联系起来，以达到促进出口的目的。如法国那些经营出口业务的商人或企业家就较容易获得进口绸缎及绸缎服装的许可证。获得进口许可证的商人可以将其转让给服装的专业进口商，而获取 5%～15% 的佣金。

进口许可证根据其是否有配额可以分为：

（1）有定额的进口许可证（即与配额结合的许可证）。管理当局预先规定有关商品的进口配额，然后在配额的限度内，根据进口商申请，逐笔发放具有一定数量或金额的许可证，配额用完即停止发放。

（2）无定额的进口许可证。政府管理当局发放有关商品的进口许可证只是个别考虑的基础上进行，而没有公开的配额数量依据。由于此种许可证没有公开的标准，在执行上具有很大的灵活性，起到的限制作用更大。

进口许可证根据来源国有无限制，可以分为：

（1）公开一般进口许可证（open general licence，OGL）。又称公开进口许可证、一般进口许可证或自动进口许可证，是指对国别或地区没有限制的许可证。凡属公开一般许可证项下所列商品，进口商只要填写此许可证，即可获准进口。此类商品实际上是"自由进口"的商品，填写许可证只是履行报关手续，供海关统计和监督需要。

（2）特种许可证（special licence，SL）。又称自动进口许可证，即进口商必须向有关当局提出申请，获准后才能进口。这种许可证适用于特殊商品以及特定目的的申请，如烟、酒、麻醉物品、军事武器或某些禁止进口物品。进口许可直接管理当局控制，并用以贯彻国别地区政策。进口国定期公布须领取不同性质进口许可证的商品项目，并根据需要加以调整。

2. 价格限制

1）最低限价（minimum price）

最低限价是指一国政府规定某种进口商品的最低价格，若进口商品低于最低价，则禁止进口或征收进口附加税。有些国家采用所谓最低限价的办法来限制进口。

例如，1985 年，智利对绸坯布进口规定每千克的最低限价为 52 美元，低于此限价，将征收进口附加税。又如 20 世纪 70 年代，美国曾实行所谓"启动价格制"来抑制欧洲国家和日本的低价钢材和钢制品的进口，启动价格制的实质也是进口最低价制。

2）海关估价（customs valuation）

海关估价是以海关所确定的进口货物的价格为依据，计算出应付进口关税额。根据世贸组织的规定，海关对进口货物的估价，应以进口货物或相同货物的实际价格作为计算关税的依据，而不能采用武断的或虚构的估价以提高计征价值。然而，一些进口国利用海关估价变相地提高进口商品价格，达到征收高关税、限制进口的目的。为此，世贸组织新达成的"海关估价协议"规定对进口货物的估价主要有以下几种方法：

（1）进口商品的成交价格。

（2）相同商品的成交价格。是指以与被估货物同时或几乎同时出口到同一进口国销售的相同货物的成交价格。相同货物是指在所有方面都相同的货物，包括相同的性质、质量和信誉。表面上的微小差别可不予考虑。

（3）类似商品的成交价格。是指与被估货物同时或几乎同时出口到同一进口国销售的类似货物的成交价格。类似货物是指与被估货物比较，各方面不完全相同，但它有相似的特征，使用同样的材料制造，具备同样的效用，在商业上可以互换的货物。

（4）扣除法。即以进口货物或相同或类似货物在进口国国内市场的售价为基础，扣除销售佣金、利润、进口国国内发生的运费、保险费以及关税和其他国内税收作为完税价格。

（5）估算价格。它包括生产进口货物的原材料、制造加工费、利润和一般费用，以及影响估价的其他费用，即估算价格是重新计算出来的生产成本和产品费用的最终价格。

（6）回顾法。即海关估价应使用合理的方法并据进口国现有的资料来确定。

3．经营及采购限制

1）进出口国家垄断

进出口贸易的国家垄断，也称国营贸易，指的是国家规定某些商品的进出口必须由政府机构直接经营，或者把这些商品进出口的垄断权给予公营企业或国有企业。

按照 WTO 的有关规定，国有贸易不仅包括计划经济国家国有企业对进出口贸易的垄断，也包括市场经济国家对某些产品（烟酒以及某些关键产品，有时也包括农产品）的专营（专卖）制度。

2004 年我国实行国营贸易管理的商品是豆油、棕榈油、菜子油和化肥。

国有外贸的根本弊端是人为地扭曲了资源的配置，垄断还会导致过度保护和低效率等后果。从国有贸易向自由贸易转变的关键是外贸经营权制度的改革，即从审批制向登记制转变。

2）歧视性的政府采购政策（discriminatory government procurement policy）

政府采购，也称公共采购，是指各级政府为了开展日常政务活动或为提供公共服务需要，以法定的方式、方法和程序，从市场上购买商品或服务的行为。

所谓歧视性政府采购，就是指一国政府根据本国有关法律规定，给予国内供应商优先获得政府采购定单的待遇，从而造成对外国产品极其销售商的歧视。

政府采购的方式有招标、谈判以及招标与谈判相结合三种。招标是最主要的方式，形式有：公开招标，即所有有兴趣的供应商均可进行投标；选择性招标，即只有符合资格认可的供应商才能被邀请参加投票；限制性招标，指与个别供应商在具体条件下直接接触。采用何种招标方式往往要根据政府采购的有关法规、采购物的价值和产品技术特征以及需求的迫切性和保密要求等条件而定。

由于政府是各国经济中最大的货物与服务采购者，因而政府采购在各国经济发展中起着很重要的作用。据欧盟估算，政府采购的金额占其成员国国内生产总值的 15％，发展中国家的比例更高。在原先的关贸总协定条文中，政府采购不受国民待遇和最惠国待遇义务的限制，因而在 1979 年以前各国的政府采购市场基本上是封闭的，各国在采购时往往倾向于本国的货物与服务提供者。

例如，日本有几个省（部）规定，政府机构需要的办公设备、汽车、计算机、电缆、导线、机床等不得采购外国产品。美国的"购买美国货法案"等规定，凡美国联邦政府所要采购的货物，应该是美国制造的，或是用美国材料制造的，只有在美国自己生产的数量不够，或者国内价格过高，或者在不购买外国货就会损害美国利益的情况下，才可以购买外国货。美国国防部和财政部往往采购比外国货贵 50％的美国货。这种状况引起国际上越来越大的关注，在乌拉圭回合谈判后期达成了"政府采购协议"，为全球的政府采购明确了方向。

4．金融及税收控制

1）外汇管制（foreign exchange control）

外汇管制是一国政府通过法令对国际结算和外汇买卖进行限制来平衡国际收支和维持本国货币汇价的一种制度。

在外汇管制下，出口商必须把他们出口所得到的外汇收入按官定汇价卖给外汇管制机关，进口商也必须在外汇管制机关按官定汇价申请购买外汇。携带本国出入国境也受到严格限制。在这种管制下，政府可以通过确定汇价、集中汇价收入、控制外汇供应量的办法来起到限制商品进口的作用。通过对不同地区、不同商品用汇申请区别对待，还可以达到对进口商品品种、数量及进口国别的控制。

1929～1933 年世界性经济危机期间，许多国家曾实行过外汇管制。战后初期，西方多数国家由于国际收支失衡、外汇短缺，仍然实行外汇管制。20 世纪50 年代中期以后，由于西方主要国家经济开始繁荣，它们相继放宽了外汇管制，最后实行了货币自由兑换。近年来，由于一些国家出现外汇不足的情况，对进口外汇的控制有增强的趋势，但基本上还是限于间接控制，如限制商业银行对进口商贷款等。

2）进口押金制度（advanced deposit）

进口押金制又称进口存款制。在这种制度下进口商在进口商品时，必须预先按进口金额的一定比率和规定的时间，在指定的银行无息存放一笔现金才能进口。这无疑加重了进口商的资金负担，影响了资金的流动，从而可以起到限制进口的作用。例如，意大利曾从 1974 年 5 月 7 日到 1975 年 3 月 24 日对 400 多种进口商品实行这种制度，要求进口商向中央银行预交相当于货款半数的押金，无息冻结 6 个月，这实际相当于加征 5％以上的进口附加税。

显而易见，进口押金制之所以成为一种限制进口的手段，主要原因有两个：①进口押金降低了进口商资金的流动性；②由于是无息存款，进口商蒙受了利息损失，从而提高了进口成本。

然而，进口押金制要发挥限制进口的作用，有两个前提条件：①外国出口商不愿融通资金；②利率水平较高。如果出口商愿意融通资金，尤其愿意无息或低息融通资金，则进口押金制无法限制进口。

3）各种国内税（internal taxes）

在一些国家，特别是西欧国家，广泛地采用国内课税制度来限制进口。这是一种比关税更灵活和更易于伪装的贸易保护措施。国内税的制定和执行是属于本国政府机构，有时甚至是地方政府机构的权限，不受贸易条约或多边协定的限制。因此，许多国家利用征收国内税的办法来限制进口。许多商品的税率，在国内货物和进口货物之间是有差异是很大的。

一些国家利用征收国内税的办法来抵制国外商品。例如，法国曾对引擎为 5匹马力（3 675 瓦）的汽车每年征收养路税 12.15 美元，对于引擎为 16 匹马力（11 760 瓦）的汽车每年征收养路税高达 30 美元。当时法国生产的最大型汽车为12 匹马力（8 820 瓦）因此，实行这种税率的目的在于抵制进口汽车。

一些资本主义国家的国内消费税，对本国商品和进口商品也有区别。例如。美国、瑞士和日本进口酒精饮料的消费税都高于本国制品。

目前，西欧共同市场国家采用增值税（value added tax），即按销货值大于进货值的"增值"部分，对国内产品征收一定比例的税收。它适应于生产销售的每一个环节，增值税对出口商品实行免税或退税，而对进口商品则如数征收。

4）歧视性反倾销和反补贴税

倾销和补贴在国际贸易中一般被视作不公平的竞争手段，为了避免外国商品倾销和得到补贴的进口商品采取反倾销税和反补贴税等附加税，实行正当的保护措施。但是，反倾销和反补贴措施被进口国滥用的现象自 20 世纪 70 年代以来日益严重。有时即使最终裁决倾销或补贴不成立，但反倾销和反补贴的立案和审理过程就足以对进口商品形成障碍。为此，关贸总协定及世界贸易组织就有关反倾销和反补贴达成协定，试图制止这种变相的保护主义措施。但是这些协定的约束力是有限的，并且协定本身也仍然存在某些概念界定不明确的缺陷。

5. 技术性贸易壁垒（technical barriers to trade，TBT）

技术性贸易壁垒是指商品进口国家制定并执行具有强制性或非强制性的标准、法规以及商品检验的合格性评定要求，从而对贸易形成的障碍。

近年来，随着关税水平的普遍降低以及配额、补贴等非关税措施使用受到限制，各国保护贸易的手段逐步转向隐蔽性更强的技术性贸易壁垒，技术性壁垒措施已经成为当前国际贸易中一类重要的非关税壁垒。例如，目前欧盟拥有的技术标准就有 10 万多个，其中德国的工业标准约有 1.5 万种，技术标准、法规名目繁多，如果进口商品达不到相关要求便不允许进口。

技术性贸易壁垒是一个体系，主要由技术法规和标准、卫生检疫标准、包装和标签规定、信息技术壁垒四个方面构成。

1）技术法规和标准

技术法规和标准是进口国为保证各种商品的进口质量符合一般的技术要求而做出的规定。

技术标准主要适用于工业制成品。但是一些国家为限制某些商品的进口，常常规定一些外国出口商难以掌握和达到的技术标准或技术要求，以便找到阻止外国商品进入本国市场的理由。技术标准是一项比较严厉的非关税壁垒措施，意味着进口商品可能仅仅因为技术标准而被拒之门外。发达国家普遍对制成品的进口规定极为严格、繁琐的技术标准，而且涉及的范围越来越广，进口商品必须这些标准才能进口。

如发达国家对我国中药出口一般要求中药的种植和生产应达到国际公认的 GAP 和 GMP 标准，而我国的 GAP 标准尚未实施，GMP 标准刚刚实施，很多中药尚未达到规范化种植和生产，被迫中断出口。

2）卫生检疫标准

卫生检疫标准主要适用于农副产品、食品、药品、化妆品等。现在各国要求卫生检疫的商品越来越多，规定也越来越严。

如美国规定，进口的食品、饮料、药品及化妆品，必须符合美国《联邦食品、药品及化妆品法》的规定；进口货物通关时，均须经食品药物管理署检验，如发现与规定不符，海关将予以扣留，有权进行销毁，或按规定日期装运再出口。又如一些发达国家针对我国中药出口出台了有效成分鉴定标准，而中药理论及研究方法与西药存在较大差异，中药无法像西药那样提供准确的分子结构式进行成分分析，这影响了国外对中药科学性和有效性的判断，也阻碍了我国中药的出口。

从非关税措施发展趋势来看，各国特别是发达国家正越来越多的使用卫生检疫标准来限制进口。从社会整体利益看，制定卫生检疫标准是有必要的，问题在于，许多发达国家的卫生检疫标准往往包含其他国家特别是发展中国家难以达到的要求，以此来限制进口。

3）商品包装和标签规定

很多国家对在本国市场上销售的商品规定了各种包装和标签条例，内容复杂，手续麻烦，对商品的包装材料、包装方式甚至罐头、瓶型都有具体的规定。进口商品必须符合这些规定才能进口。许多外国产品为了符合这些规定，不得不重新包装和改换商品标签，因而费时费工，商品成本增加，竞争力削弱，影响了商品的销路。例如，有的国家规定进口食品和用做食品的消费品必须用法文和英文标明名称，并在明显地方标明商品重量、名称和外国生产者或进口商的名称、地址等。

4）信息技术壁垒

发达国家在信息技术上处于领先地位，在信息技术标准的制定上处于主导地位。发展中国家则由于信息技术落后，以致在国际贸易中处于被动地位。发达国家还有目的、有意识地联合起来，试图控制和垄断世界信息资源，以达到继续主导国际贸易的目的。

近年来，一个新的国际贸易标准——SA8000 社会责任标准摆在我国出口厂商面前，企业社会责任已经越来越多地出现在许多跨国公司订单的附加条件中。专家们认为，SA8000 可能成为我国产品出口新的技术性贸易壁垒。

SA8000 是继 ISO9000、ISO14000 之后出现的又一个重要的国际性标准。虽然目前它只涉及人身权益以及与健康、安全、机会平等等与核心要素有关的初始审核，但随着对其不断修订和完善，该标准最终可能发展成为一个覆盖道德、社会和环境等范围很广的标准，并有可能会转化为像 ISO 标准一样的真正国际性标准。

据介绍，我国出口到欧美国家的服装、玩具、鞋类、家具、运动器材及日用五金等产品，都已遇到 SA8000 的要求。2003 年 9 月，广东中山市一家 500 人左右的鞋厂因没有达到当地法律规定的最低工资标准，曾被客户停单两个月进行整顿。2003 年 7 月，因发生女工中毒事件，一家台资鞋厂曾一度陷入全部撤单的困境。地处内地的出口企业，同样受到了企业社会责任标准的影响。重庆一家化工公司为了向一家全球最大精细化工企业出口化工中间体产品，先后接受了该公司两次严格的社会责任检查。更多的企业则是因为达不到 SA8000 要求，而痛失产品出口订单。据估计，从 1995 年以来，我国沿海地区至少已有 8 000 多家工厂接受过跨国公司的社会责任审核，有的企业因为表现良好获得了更多的订单，部分工厂则因为没有改善诚意而被取消了供应商资格。

据悉，德国进口商协会已制订了《社会行为准则》，规定德国进口商应经过 SA8000 协会授权，对其供应商（出口商）的社会行为进行审查。该准则有可能被法国和荷兰的进口商协会所采用。由于德、法、荷三国均是欧盟的主要纺织品服装进口市场，进口份额约占整个欧盟的 50% 以上，这项要求将会给我国出口企业带来巨大压力。美国、法国、意大利等采购中国轻工业产品的传统贸易组织，也正在讨论一项协议，要求将中国纺织服装、玩具、鞋类生产企业通过 SA8000 认证，作为选择供应商的依据。

6. 绿色壁垒

绿色壁垒又称环境壁垒，是近几年兴起的一种新的技术性贸易壁垒措施。它以保护生态环境、自然资源和人类健康为理由，通过国内立法的方式要求进口商品不但要符合质量标准，而且从设计、制造、包装到消费均要符合环境保护的要求。这种措施可以有效地阻止外国特别是环保技术落后的发展中国家的产品进口。

它产生于 20 世纪 80 年代后期，90 年代开始兴起。有一个很著名的案例是 1991 年美国禁止墨西哥的金枪鱼及其制品，其理由称是为了保护海豚的生存。日本、欧洲纷纷效仿，通过绿色壁垒对进口产品进行种种限制。其后，绿色贸易保护主义开始流行。

近年来，环境壁垒涉及的范围越来越广，从初级产品到工业制成品，从生产、包装、贮运到使用的全过程，都有不同程度的环境限制。按产品生产及流通的不同阶段，大致为生产方法、加工过程的限制，包装贮运的限制和有关产品成分、性能及使用的限制。

4.2.4　出口国家应付非关税壁垒措施

自 20 世纪 70 年代中期以来，非关税壁垒在关税措施作用减弱的情况下，适应世界市场问题尖锐化的形势逐步增强。今天已成为世界发达国家限制外国商品输入的主要措施。非关税壁垒和关税壁垒一样，从总体和长远的观点考察，是有碍于国际贸易和世界经济的发展的,尤其是有损于发展中国家经济的发展。对于发达资本主义国家来说,在他们以非关税壁垒限制别国商品进口的同时,本国出口商品在进入他国市场时也受到了他国非关税壁垒的阻碍。所以世界各国包括发达国家和发展中国家都针对别国的非关税壁垒采取了一些对应措施,以期尽可能地减弱他国非关税壁垒对本国出口商品的阻碍和限制。尽管效果是有限的,但在当前非关税壁垒已成为阻碍各国出口的越来越严重的障碍的形势下,考虑我国需要不断扩大对外贸易的前景,探讨出口国应付进口国非关税壁垒的措施,还是具有一定现实意义的。

1. 分清非关税壁垒各种措施的性质

进口国家采取的非关税壁垒的种种措施中有的是合理的,如技术、卫生、安全方面的许我要求与规定,包装、商标方面的要求等。在多数情况下,这一类的要求与规定是为了维护消费者的正当权益或是维护正常的商品销售秩序而订立的。对于这一类性质的非报关壁垒措施,出口方不应持狭隘的偏见态度,而应以公正客观的态度积极对待。应努力提高本国出口产品的品质质量,认真按照对方的要求搞好出口各环节的工作。这种积极的应付方法往往要比消极抵制取得更好的效果,也有利于自身的提高与发展。例如,我国出口商品的包装曾经相当落后和简陋,往往与进口国关于商品包装的规定相抵触,影响了我国商品进入他国市场。面对这种情况,我国大力发展了产品包装行业,逐步提高了包装质量。随着我商品包装质量的改进和提高,不但减少了进入他国市场的困难,还减少了商品破损,提高了商品价格。一些优质产品配以精美的包装,加入了国际名牌商品的行列。又如,许多发达国家对于儿童玩具的安全性标准要求比较严格,这在一时曾给我国的玩具出口造成困难。后来,我国玩具生产厂家努力按进口国的标准生产,不但解决了向他国出口受阻的问题,这种较高的安全标准也逐步得到我国大量生产内销儿童玩具厂家的赞同,使内销儿童玩具的安全性也得到了提高,保护了我国儿童的安全。所以,对于合理的、有进步意义的非关税壁垒措施,不应抱偏见,应以积极进取的态度来对待。这样,不但能够最终解决他国非关税壁垒阻挡问题,而且能够提高本国生产以及促进外贸工作。

除了合理的非关税壁垒措施以外,也同样存在大量不合理的歧视性的非关税壁垒措施。对此,必须以适当的方式加以反对和应付。尤其是对于针对我国或其他发展中国家而实施的歧视性措施,必须据理力争,反对歧视,争取对方国家撤消这种歧视政策,而不能听之任之。在不得已的情况下,根据对等原则,以消除歧视政策为目的,要采取程度大致相等的报复措施。如不具备报复的条件,至少也应通过适当的途径明确地向对方国家表明不容忍无理歧视的态度。对于个别的具体出口企业来说,应付已实施的,不合理的以至歧视性的非关税壁垒措施则相对缺乏有效手段。一般说来只能在其法令条文中寻找存在的漏洞或不完备之处，采取灵活的应变措施，争取能够或绕过进口国家非关税壁垒。

2. 应付进口配额的办法

进口配额是发达国家最常使用的非关税壁垒措施之一。它对于国际贸易的发展影响很大，包括我国在内的世界大部分国家都受到进口配额的影响。为了扩大出口，各国对于进口国的进口配额制采取了许多应付措施，以期尽可能地减弱进口配额的约束。主要的做法有：

（1）加速产品的更新换代，提高商品的档次和价格。这种做法主要是当进口配额以商品件数进行计算时所采用的方法。在配额限定的数量以内，单位商品的价格提高，自然可以增加总的销售金额。例如，服装的进口配额往往是以件数计算的，那么出口高档的服装就比出口低档的服装交易额要大。

（2）对未受配额限制的地区输出资本，就地设厂出口，或者向进口国直接投资设厂，就地生产、就地销售。这种方法可以绕过进口国配额限制，达到占领对方市场、获取利润的目的。例如，在日美关于日本向美国输出彩电问题尖锐化的情况下，日本开始在美国设厂生产彩电，就地销售。这样就淡化了美国限制日本彩电进口的问题，而日本彩电仍然充斥于美国市场。当然，这种做法也有它的局限性，需要有较多的外汇资金和先进的技术。如果一国缺乏资金和技术，国内又存在亟待解决的就业问题，那么将资本输往国外对国内也有不利的影响。

（3）实行出口商品的多样化，扩大配额以外的商品的出口。

（4）使海外市场多元化，向无配额国家或地区出口。

3. 提高科技水平

非关税壁垒所阻止的往往是进口国国内也能大量生产的产品，而对于其本国需要却又不能生产的产品，则往往减少非关税壁垒的限制。出口国如果能在这方面拥有优势，则较容易在对外贸易中居于主动地位。一些拥有丰富的进口国急需的自然资源的国家的情况已证明了这一点。但自然资源的分布是不能人为改变的，资源缺乏的国家不可能指望以此来振兴出口。如果出口国能逐步提高科技水平，不断开发出进口国尚不能生产而又急需的新产品，这些产品输出到进口国市场将会较为顺利。

4. 增强与贸易伙伴国家的经济联系

在两个贸易伙伴国之间，如果一方对另一方市场的依赖程度较小，那么就比较容易应付非关税壁垒；反之，则不然。例如，美国和日本是两个有密切贸易关系的国家，但相比之下，日本经济对于美国市场的依赖程度要比美国对日本市场的依赖程度高。由于日美间贸易常年保持日方大量顺差引起美方不满，所以多年来美国针对日本商品设置了种种非关税壁垒，阻挡日本商品的进口。面对美国咄咄逼人的非关税壁垒措施，日本难以找到比较有效的应对措施向美国施加压力。其原因就是美国对日本市场的依赖程度比日本对美国市场的依赖要小，日美贸易关系如果严重恶化，日本受到的损害要比美国更为严重。因此，为了缓和日美矛盾，日本面对美国的非关税壁垒问题上的软弱地位。由以上的情况可以看出，如果贸易关系对两国至关重要，并且双方从贸易获利大致均等的话，就可能减少非关税壁垒的设置。如果一个进口国对出口国也同时存在大量的商品输出，非关税壁垒的设立或增强就要受到约束。

5. 完善外贸管理制度

在一些情况下，由于一国外贸管理不完善，往往出现本国商品无节制地超量输往进口国的情况。这终究会招致进口国的不满，造成非关税壁垒的增强。要避免这种情况的发生，就必须建立较为完善的外贸制度以利于政府根据宏观经济形势的变化进行调控。此外，国家还可以通过政府的调研机构搜集有关对方国家外贸政策、市场状况、社会舆论、领导层态度等方面的信息，并加以分析和判断，从而有可能在一定程度上掌握进口国非关税壁垒的特点及变化规律，进而提出对应措施。而应对措施的实施，也必须以完善和高效的外贸管理制度为前提。所以，完善一国的外贸制度，通过政府宏观的指导和调控，往往会对减弱进口国非关税壁垒起到一定的作用。

以上列举了部分出口国家应付关税壁垒的一些措施。从总体上看，当前出口国的非关税壁垒面前是处于被动地位的。关于国际贸易中的非关税壁垒问题，应有一个清楚的认识。非关税壁垒的出现和存在是有其深刻的国际经济根源的。和关税壁垒一样，它产生于各国间经济利益的矛盾性。只有这种矛盾性存在，贸易保护主义就会以各种可能的方式表现出来。非关税壁垒就是这种矛盾性的反映。所以，消除非关税壁垒的各种努力，都必然要遇到各国的顽强抵抗，将是一个十分困难的过程。因此，不能期望在较短的历史时期内完全消除非关税壁垒对于国际贸易的影响。包括非关税壁垒在内的贸易保护主义的经济发展的久远未来的前景。

尽管如此，纵观战后国际贸易发展的历史，可以看到，虽然从根本上解决各国对外贸易政策中的保护主义问题是长期久远才可能实现的，但在一个较短的历史时期内，通过世界各国坚持不懈的努力，经过谈判、协商和相互妥协，终于促成全球普遍降低关税的局面出现。由此可以设想，在世界经济和国际贸易顺利发展，在各国普遍能够较为公正地获得贸易利益的情况下，经过国际社会的努力协调，还是有可能在较短的时期内，在一定程度上实现非关税壁垒的削弱。

4.3　关税与非关税壁垒对国际贸易的影响

4.3.1　影响国际贸易的发展

1. 关税对国际贸易发展的影响

一般说来，在其他条件不变的情况下，世界市场上主要国家的关税税率的增减程度与国际贸易发展的速度成反比关系。当世界市场的主要国家普遍提高关税、加强关税壁垒时，国际贸易的发展速度将趋向下降。反之，当这些国家普遍地大幅度降低关税时，国际贸易的发展速度将趋向加快。

第二次世界大战后，特别是 20 世纪 50～70 年代初，发达资本主义国家推行贸易自由化，大幅度降低关税，结果促进了国际贸易的展。1950～1973 年间，国际贸易额处于平均增长率为 10.3%，国际贸易量年平均增长率为 7.2%，均高于战前。

2. 非关税壁垒对国际贸易发展的影响

一般说来，非关税壁垒对国际贸易发展起着重大的障碍作用。在其他条件不变的情况下，世界性的非关税壁垒加强的程度与国际贸易增长的速度成反比关系。非关税壁垒趋向加强时，国际贸易的增长将趋向下降。反之，非关税壁垒趋向缓和或逐渐拆除时，国际贸易的增长速度将趋于加强。

二战后的 20 世纪 50～70 年代初，在关税大幅度下降的同时，发达资本主义国家还大幅度放宽和取消进口数量限制等非关税措施，促进了同际贸易的发展。自那以后，非关税壁垒进一步加强，形形色色的非关税壁垒措施层出不穷，形成了一个以直接进口数量限制为主干的非关税壁垒网，严重地阻碍了国际贸易的发展。1973～1979 年，国际贸易量年平均增长率仅为 4.5%，1980～1985 年降为 3%左右。

从 1986 年 9 月开始，在关贸易总协定的推动下进行了第八轮多边贸易谈判，在 100 多个国家和地区的范围内开始进行自由化运动，大幅度降低关税和非关税措施，无论是发达国家还是发展中国家，其关税和非关税措施均大幅度降低或免除。再加上经济一体化、自由化及全球化的共同推动，2000 年发达国家关税降为 3.8%，发展中国家平均关税降到 12.3%，转型经济国家降为 6.1%。从 20

世纪 90 年代开始推动大类工业制成品的零关税，如信息技术产品、药品、农业机械、建筑设备、医疗器械、家具、纸张、玩具等，并分阶段取消纺织品、服装配额和许可证限制，大幅度削减对农产品的补贴与价格支持，进一步规范非关税措施。这一切均大大地推动了 20 世纪 90 年代国际贸易的发展，1990～1997 年，国际货物贸易平均增长速度达 70%，国际货物贸易规模 1997 年达 53 700 亿美元，2000 年更是高达 64 000 亿美元。

4.3.2　影响国际贸易商品结构与商品流向

关税在一定程度上影响国际贸易商品结构和某些国家或地区对外贸易地理方向变化。在 20 世纪 50～70 年代初，发达工业制成品进口关税下降的幅度超过农产品，发达工业国家之间的关税下降幅度超过它们对发展中国家和社会主义国家的下降幅度，经济一体化组织内部关税下降幅度超过其对集团外的下降幅度。这种关税下降幅度的差异，不仅使工业制成品贸易的增长超过农产品贸易，使一体化组织国家之间的贸易增长超过了它们与发展中国家之间的贸易，而且也使集团内部贸易的增长超过了其对集团外部的贸易增长。

非关税壁垒也在一定程度上影响国际商品贸易结构和地理方向的变化。20 世纪 70 年代中期以来，农产品贸易受到非关税壁垒的影响程度超过工业制成品，劳动密集型产品贸易受到非关税壁垒的影响程度超过技术密集型产品；同时，发展中国家或地区对外贸易受到发达工业国家非关税壁垒影响的程度超过发达工业国家本身。这种情况在一定程度上影响了国际商品贸易结构与地理方向的变化，阻碍和损害着发展中国家对外贸易的发展。

与此同时，发达资本主义国家之间以及不同的经济集团之间相互限制彼此的某些货物进口，加强非关税壁垒，加剧了它们之间的贸易摩擦和冲突，如美日、美欧之间的贸易战。

4.3.3　影响国际贸易的商品价格

1. 关税对进口商品价格的影响

关税与商品价格也有着密切的关系。一般说来，进口商品课征关税后，会导致进口国的国内价格上涨，进口数量下降，起到了保护和促进本国产品的生产和销售作用。通常，进口关税税率越高，进口商品在国内市场价格也越高，限制进口的作用将越大。在征收关税的条件下，国内外价格变化对商品进口也有不同的影响，在进口国征收关税以后，会使国内价格和国外价格发生差异。如果这种价格差异大于关税税额，则输入该种商品仍有利可图，进口商将继续增加该商品的进口；反之。如价格差异小于关税税额，则输入该商品时进口商将蒙受损失，他将减少商品进口甚至不进口。这种价格差异是由国内价格上涨与国外价格下跌所造成的；在某种特定的情况下，也可能是单方面的，即由国内价格上涨或国外价格下跌所造成。

关税对国内外价格涨落的影响，在一定条件下，还由于国内外各自的需求和供给情况的差别而有所不同。

关税虽然在一定程度上引起促进进口国同类产品的生产和销售的作用，但是如果关税税率长期偏高、保护期限过长，不仅严重损害消费者利益，而且往往会阻碍这些产品的技术改进和成本降低，削弱产品的竞争能力，最终反而影响其生产和销售的发展。

2. 非关税壁垒对进口国的影响

非关税壁垒和关税壁垒一样，具有限制进口、引起进口国国内市场价格上涨和保护本国市场与生产的作用。例如，美国通过"自限协定"限制日本汽车进口，结果在美国市场上每辆日本汽车价格在 1981~1983 年间分别提高 185 美元、359 美元和 831 美元，同时美国国内生产的汽车价格也上涨了。

在保护关税的情况下，国内外价格维持着较为密切的关系，进口数量将随着国内外价格的涨落而有所不同；但是如果进口国采取直接的进口数量限制措施，情况这不同了。如实行进口数量限制，固定了进口数量，超过绝对进口配额的该种商品不准进口，国外该种商品价格的下降对进口国这种商品的进口数量的增长并无影响，在限制进口引起进口国国内价格上涨时，也不增加进口，以减缓价格的上涨，因而两国之间的价格差距将会扩大。非关税壁垒的加强使各国的人民付出了巨大的代价。由于国内价格上涨，进口国的消费者必须以更高价格构买所需的商品，使有关厂商从中获得更高的利润。同时，随着国内市场价格的上涨，其出口商成本与价格也将相应提高，削弱出口商品竞争能力。

4.3.4　影响贸易差额和国际收支

一国采取提高进口关税和非关税壁垒等限制进口措施，可能会暂时抑制进口，缩小贸易逆差和改善国际收支。但从长远来看，提高进口关税是否确实可起到这种作用，则难作定论。比如，征收高额进口税以后，限制国外商品进口，引起国内价格上涨，造成某些产品的生产成本提高，削弱出口产品的竞争能力，因而将会产生相反的后果。

例如对钢铁进口征收高关税，则一切使用钢铁加工的工业品将增加成本。再如对机器设备进口征收高关税，则将提高使用这种机器设备部门的生产成本。这些产品将因征收关税而削弱出口竞争能力，减少出口，贸易入超将可能重新产生或扩大。

此外，由于一国提高关税，将可能引起有关国家连锁反应，竞相提高关税，高筑关税壁垒，限制对方的商品进口，结果相互抵销了关税对于缩小贸易入超和改善国际收支的作用。

4.3.5　影响国际经贸环境

各国实施关税和非关税措施会助长贸易保护主义，使国际贸易环境受到破坏，严重影响公平贸易的秩序，对各国经济贸易发展均造成不良影响，并易导致贸易摩擦，发生贸易战，严重阻碍国际贸易的发展。

本 章 要 点

◆ 关税是进出口货物经过一国关境时，由政府所设置的海关向进出口商所征收的一种税。关税具有三个特点：①关税是一种间接税；②关税的税收主体和客体是进出口商和进出口货物；③关税是实施对外贸易政策的重要手段。关税的积极作用主要表现在：①增加国家财政收入。②保护本国生产和市场。关税的消极作用表现在：使得物价升高，消费者负担加重；关税又是国际贸易发展的障碍，高关税被称为关税壁垒，不利于国际贸易的自由竞争，也容易恶化贸易伙伴关系，导致贸易摩擦；长期使用贸易保护，易导致国内企业没有竞争压力，不思进取，造成保护落后。

◆ 普遍优惠制简称普惠制，是发达国家单方面给予发展中国家出口制成品和半制成品的一种关税优惠待遇，其主要内容是发达国家对从发展中国家进口的工业品减免关税。普惠制的基本原则是普遍性、非歧视性和非互惠性。普惠制适用于所有的发展中国家，并不要求发展中国家提供同样的关税优惠。

◆ 反倾销税是对进行倾销的进口商品所征收的一种进口附加税，其目的在于抵制外国商品的倾销，保护本国产品的国内市场。反补贴税又称抵销税或补偿税，它是对直接或间接地接受任何奖金或补贴的外国货物进口所征收的一种进口附加税。

◆ 进口配额又称进口限额，是进口国政府在一定时期（如一季度、半年或一年）以内，对于某些进口商品的数量或金额加以直接限制。在规定的时期内，配额以内的货物可以进口。它是资本主义国家实行数量限制的最主要手段之一。进口配额制，主要有绝对配额和关税配额两种。

◆ 技术性贸易壁垒是指商品进口国家制定并执行具有强制性或非强制性的标准、法规以及商品检验的合格性评定要求，从而对贸易形成的障碍。它是一个体系，主要由技术法规和标准、卫生检疫标准、包装和标签规定、信息技术壁垒四个方面构成。

关 键 术 语

1. 关税（tariff）
2. 进口附加税（import surtaxes）
3. 反倾销税（anti-dumping duty）
4. 反补贴税（counter-vailing duty）
5. 差价税（variable levy）
6. 普惠税（generalized system of preferences，GSP）
7. 特惠税（preferential duties）
8. 从价税（ad-value duties）
9. 从量税（specific duties）
10. 混合税（mixed or compound duties）
11. 选择税（alternative duties）
12. "自动"出口配额（voluntary restriction of export）
13. 进口配额（import auotas）
14. 进口许可证（import licensing system）
15. 外汇管制（foreign exchange control）
16. 歧视性政府采购（discriminatory government procurement policy）
17. 技术性贸易壁垒（technical barriers to trade）

思 考 题

1. 关税的主要种类有哪些？
2. 什么是进口附加税？
3. 反倾销税的主要内容是什么？
4. 什么是普遍优惠制？一般来说，普遍优惠制方案主要有哪些规定？
5. 海关税则分为哪几类？
6. 什么是非关税壁垒？非关税壁垒的特点是什么？
7. 进口配额与"自动"出口配额有何异同？
8. 什么是技术性贸易壁垒？什么是绿色壁垒？
9. 技术性贸易壁垒对中国外贸的影响及原因分析。

阅读材料与案例分析

【阅读材料】　　谈绿色贸易壁垒对我国出口贸易影响及对策

中国正式加入世界贸易组织后，对我国出口贸易领域说，随着关税和配额的逐步取消，我国具有优势的轻纺产品和机电产品等有望扩大出口；但发达国家建立的绿色贸易壁垒仍将限制我国的许多产品出口。可以说，我国几乎所有的出口产品均已经或即将受到绿色贸易壁垒的影响，绿色贸易壁垒正成为 21 世纪我国出口贸易发展的巨大障碍。因此，我们应认真总结国内外的经验与教训，积极寻求对策，打破壁垒，扩大出口，努力实现我国对外贸易的可持续发展。

1. 绿色贸易壁垒的本质

多年来，西方发达国家为在国际贸易中占据有利条件，利用自己的经济、技术优势，借环保之名，行贸易保护之实，设置了许多新的市场准入壁垒，使原来有利国际贸易的公约、技术和环境标准成为阻挠国际贸易的隐形杀手。目前，国际市场上最多的绿色贸易壁垒主要有绿色技术标准、绿色包装制度、绿色卫生检疫制度、绿色补贴等形式。无论表现形式如何，其实质都是制定一些以发达国家的技术水平很容易达到，而发展中国家因技术、资金等落后无法达到或要付出极大代价才能达到的绿色技术标准、标志认证要求和一些国家利用这些貌似平等的绿色制度来发展中国家设置较高的门槛，从而达到限制发展中国家产品出口的目的，根据联合国 20 世纪 80 年代初的一项调查显示，发展中国家出口到欧共体的商品 1/2 以上会受到这种壁垒的限制，而发达国家的同类产品只有约 1/4 可能会受到这种影响。在这场没有硝烟的战争中，发展中国家损失惨重。

2. 绿色贸易壁垒对我国出口贸易的影响

中国出口贸易大多以初级产品为主，出口贸易的主要市场是日本、美国、欧盟、韩国、东南亚等发达国家或较发达国家，这些国家的产品进口标准，大都是我国产品在短期内难以达到的环境技术标准，如防污标准、噪声标准、电磁辐射标准、包装标准等。问题是，发达国家凭借其经济和技术的垄断优势，对发展中国家出口贸易设置非正常的绿色贸易壁垒，也使我国遭受了许多不合适的损失，如在机电产品方面，欧盟近年制定"技术协调和标准新方案"，实行 CE 标志认证制度，规定 1996 年 1 月 1 日始其成员国有权拒绝未贴 CE 标准的产品入关，美、加、日、韩等国先后仿效，这对我国电视机、收音机、灯具等出口贸易造成了极大影响，在农产品和食品方面，由于我国海洋环境不断恶化，欧盟已不再进口我国贝类产品。1994 年以来，中国的牛肉猪肉几乎不能出口美国，欧盟也完全禁止中国的牛肉及冻鸡肉进入。在服装和纺织品方面，西方国家通过立法禁止含有某些化学成分的纺织品进口，如 1994 年 4 月 1 日起德国含偶氮染料的纺织品进口，这使我国使用 104 种偶氮染料的纺织品出口中断。

有时发达国家虽不对产品和服务的市场准入直接设限，但通过绿色技术标准的设置使我国出口产品成本大为增加，削弱该类产品国际竞争力。我国外贸企业为了获得国外绿色标志，一方面要支付大量的检验、测试、评估、购买仪器设备等间接费用，另外还要支付不菲的认证申请费和标志使用年费等直接费用。在包装材料及包装废弃物的处理方面，美、欧、日等也从自身的资源禀赋、包装技术、消费者偏好、现有设施等因素着手，制定了许多歧视性规定，使我国出口贸易困难重重，如在中国输美商品木质包装案后，欧盟效仿美国，于 1999 年 6 月 1 日公布了欧盟委员会的决议，要求成员国采取紧急措施，对所有来自中国（不包括香港）的货物的木质包装实施新的检疫标准。紧急措施适用于 1999 年 6 月 10 日后从中国离境的所有产品的木质包装。由于新检疫规定的实施，采用热处理、熏蒸处理或防腐剂处理的木质包装、费用将增加 10％～30％。而采用替代材料纸板、塑料等，成本也会成倍增长。据中方初步估算，欧盟的决定影响了另 70 多亿美元的对欧出口贸易。

另外，在成本内在化及补贴措施的影响下，一些发达国家通过对我国出口货物征收绿色关税，同样使这些产品在激烈的国际竞争中丧失价格优势，制约我国外向型经济发展。

3. 发展我国出口贸易的对策

（1）尽早推广实施 ISO14000 认证工作，完善我国环境标准体系建设。ISO14000 认证是一张通往国际市场的"绿色通行证"和"绿色护照"中打破绿色贸易壁垒的有效武器。我们应借鉴国外企业打破绿色贸易壁垒的成功经验，按照国际通行做法，推行 ISO14000 环境管理体系认证工作，并在实施环境认证制度的基础上，建立和完善我国环境标准的技术法规体系，积极参与国际标准互认，签订多边或双边互认协议，从制度上消除贸易摩擦。目前，美国和英国、德国等欧盟发达国家的国际标准采标率已达 80％，日本新制定的国家标准更有 90％以上是采用国际标准，而我国国家标准只有 40％左右采用了国际标准，与发达国家仍有较大差距，因此，加强我国环境标准体系建设尤为迫切。

（2）尽快适应 WTO 规则，妥善解决环境贸易纠纷。我国应加强与 WTO 贸易与环境委员会的联系，充分利用 WTO/GATT 多边贸易体系的谈判机制、合理对抗机制、报复措施、非歧视原则及对发展中国家特殊照顾的规定，报复措施、非歧视原则及对发展中国家特殊照顾的规定，维护自身合理的经济权益，要积极参与 WTO 环境贸易规则的修改与制定，为开展国际经贸活动争取主动权。

（3）追求技术创新，实施绿色高科技战略。绿色贸易壁垒实质是绿色高科技壁垒。对企业来说，提高产品科技含量是突破绿色贸易壁垒的根本途径。为此，应加强技术创新，有计划建立一批绿色产品的研究开发基地及高新技术孵化、辐射基地，研究和开发具有自主知识产权的核心技术和主导产品，走技术引进和自主开发并重的道路，彻底打破绿色贸易壁垒的封锁。

（4）调整产品出口结构，实现出口贸易的可持续发展。1993 年因受《蒙特利尔议定书》影响，中国冰箱年出口量由原来的 40 万台下降到 20 万台，经过中国冰箱行业的努力调整了产品结构，结果随着无氟冰箱的研制和投产，1997 年中国冰箱出口达到 130 万台，2000 年出口达到 180 万台，而且我国成为世界第一冰箱生产大国，我国冰箱行业的成功经验表明，我们应掌握发达国家绿色消费浪潮的基本趋势，大力发展绿色产品行业，使环境指标和其他质量指标一起构成优质产品的内涵，把绿色产业作为提升出口产业结构的重要方向。这样，才能实现我国出口贸易的可持续发展。

　　问题：面对发达国家极为严格的环境壁垒，试分析中国外贸何去何从？

第 5 章

鼓励出口和出口管制措施

学习目标

1. 掌握鼓励出口的各项措施。
2. 熟悉不同类型的经济特区。
3. 了解出口管制方面的措施以及我国对外贸易管理实施的主要措施。

5.1 鼓励出口的主要措施

各国鼓励出口的措施很多，既有宏观的，又有微观的。下面从宏观方面说明几种主要的鼓励出口措施。

5.1.1 出口信贷

出口信贷（export credit），是一个国家的银行为了鼓励本国商品出口，增强商品的国际竞争力，对本国出口厂商或外国进口厂商提供的贷款。贷款与出口具体货物挂钩。一般来说，并不是任何产品的出口都能获得这种信贷，只有金额较大、期限较长的成套设备；船舶、大型航空器械等的出口才能获得这种优惠信贷。

1. 出口信贷的种类

（1）按借贷关系或贷款对象，可以将出口信贷分为买方信贷和卖方信贷。

①买方信贷（buyer's credit）。是指出口方银行直接向外国的进口厂商（即买方）或进口方的银行提供的贷款。其附带条件是贷款必须用于购买债权国的商品，因而起到促进商品出口的作用，这就是所谓约束性贷款（tied loan）。

在采用买方信贷的条件下，当出口方供款银行直接贷款给外国进口商时，进口商先用自身的资金，以即期付款的方式向出口厂商交纳买卖合同金额的15％～20％的定金，其余货款以即期付款的方式将银行提供的贷款付给出口厂商，然后按贷款合同规定的期限，将贷款和利息还给供款银行。如果是出口方银行向进口方银行贷款时，进口方银行也以即期付款的方式代进口商支付应付的货款，并按贷款规定的期限向供款银行归还贷款和利息。至于进口商与进口方银行的债务关系则按双方商定的办法在国内结算清偿。买方信贷不仅使出口厂商可以较快地得到货款和减少风险，而且使进口厂商对货价以外的费用比较清楚，便于它与出口厂商进行讨价还价。因此，这种方式在目前较为流行。

②卖方信贷（supplier's credit）。是指出口方银行向出口商（即卖方）提供的贷款。这种贷款合同由出口商与银行签订。卖方信贷通常用于那些金额大、回收期限长的项目。如机器设备、船舶等的出口。因为这类商品的购进需用很多资金，进口商一般要求延期付款，而出口商为了加速资金周转，往往需要取得银行的贷款。卖方信贷正是银行直接资助出口商向外国进口商提供延期付款，以促进商品出口的一种方式。而出口方付给银行的利息、费用有的包括在货价内，有的在货价外另加，最终转嫁给进口商负担。

在采用卖方信贷的条件下，通常在签订买卖合同后，进口厂商先支付货款的5%～15%的定金，作为履约的一种保证金，在分批交货、验收和保证期满时，再分期支付10%～15%的货款，其余的货款全部在交货后若干年内分期摊还，并付给延期付款期间的利息。出口厂商把所得的款项与利息按贷款协议的规定偿还给本国的供款银行。所以，卖方信贷实际上是出口厂商从供款银行取得贷款后，再向进口厂商提供延期付款的一种商业信用。

（2）按照贷款期限，可以将出口信贷分为短期、中期和长期信贷。①短期信贷一般指期限在半年以内的信贷，最长不超过一年，主要用于原料、消费品以及小型机器设备等资金回收期较短的产品出口。②中期信贷一般指期限为1～5年的信贷，一般适用于中型机器设备的出口。③长期信贷通常指5～10年，甚至更长期限的信贷，一般适用于大型成套设备、航空器械和船舶等资金回收期长的商品出口。

2. 出口信贷的主要特点

（1）出口信贷必须联系出口项目，即贷款必须全部或大部分用于购买提供贷款国家的出口商品。

（2）出口信贷利率低于国际金融市场贷款的利率。

（3）出口信贷的贷款金额，通常只占买卖合同金额的85%左右，其余10%～15%由进口厂商先支付现汇。

（4）出口信贷的发放与出口信贷国家担保相结合，以减少或避免信贷风险。

为了做好出口信贷，各国一般都设立专门银行，办理此项业务。例如，美国的"进出口银行"、日本的"输出入银行"和法国的"对外贸易银行"等都对成套设备、大型交通工具等商品的出口提供国家出口信贷。此外，它们还向本国私人商业银行提供低利率或给予贷款补贴，以资助他们的出口信贷业务。我国也于1994年7月正式成立了中国进出口银行，以对我国的进出口给予必要的政策性金融支持。

5.1.2　出口信贷国家担保制

出口信贷国家担保（export credit guarantee system）是一国政府以鼓励本国出口为目的而建立的一种担保体系。在此体系下，本国出口厂商或本国商业银行向外国进口厂商或银行提供的信贷，可以得到国家设立的专门担保机构的担保，实际上是官方担保，当外国进口商拒绝付款时，该担保机构承担担保的风险。

出口信贷国家担保制的主要内容如下：

（1）担保的项目与金额。通常商业保险公司不承保的出口风险的项目，都可向国家专门担保机构投保。出口风险可分为政治风险和经济风险。所谓政治风险，即由政治方面的原因造成经济损失的风险。如发生政变、暴乱、战争以及政府实行禁运、冻结资金或限制对外支付等政治原因所造成的经济损失，可以给予补偿。这种风险的承保金额一般为合同金额的 80%～95%。所谓经济风险，即因经济方面原因所造成的损失，可予以补偿。其担保金额一般为合同金额的 70%～85%，为了鼓励厂商扩大出口，有时对于某些项目的承保金额达到 100%。

（2）担保对象。主要分为两种：第一，对出口厂商担保。在出口厂商向进口厂商赊货物引起资金周转困难时，可向担保机构投保以获得短期或中、长期贷款。国家担保机构还可以为出口厂商从本国银行得到出口信贷提供有利条件。比如，有的国家采用保险金额抵押方式，允许出口商将所获得的承保权利，以"授权书"的方式转移给供款银行而取得出口信贷。一旦作为债务人的进口厂商不能按期还本付息时，供款银行即可以从担保机构得到补偿。第二，对供款银行提供直接担保。凡本国银行所提供的出口信贷，均可申请担保。这种担保是国家担保机构直接对供款银行承担的一种责任。有些国家为了鼓励出口信贷业务的开展和提供贷款的安全保障往往给予银行更加优惠的待遇。例如，英国出口信贷担保署对商业银行向出口厂商提供的某些信贷，一旦出现逾期未能偿还的情况时，该担保署全部予以偿付，但保留对出口厂商要求偿付的追索权，如果进口厂商不付款的原因超过了它所承保的项目之外，该担保署要求出口厂商偿还。这种做法有利于银行扩大出口信贷业务，从而促进货物输出。

（3）担保期限与费用。与出口信贷的期限相对应，担保期限可分为短期、中期和长期。短期信贷担保为六个月左右，承保范围往往包括出口厂商所有海外的短期信贷交易。为了简化手续，有的国家对短期信贷采用总和担保的方式。出口厂商只要一年办理一次投保，就可承担在这期间对海外的一切短期信贷交易。一旦海外债务人拒付时，即可得到补偿，至于中、长期担保，由于金额大、时间长，因而采取逐笔审批的特殊担保方式。中、长期担保时间通常为 2～15 年，承保时间可从出口合同生效日起到最后一笔款项付清为止，也可以从货物装运出口直到最后一次付款为止。

5.1.3　出口补贴

所谓出口补贴（export subsidies）是为了降低出口商品的成本，增强出口商品在国际市场上的竞争能力，政府对某些商品的出口给予出口厂商的现金补贴或财政上的优惠待遇。

1. 出口补贴的方式

出口补贴的方式有两类：

（1）直接补贴（direct subsidies）。出口某种商品时，直接付给出口厂商的现金补贴。如美国和一些西欧国家对某些农产品的出口，就采取这种补贴。美国政府规定，为促进农产品出口，对与国外签订一定数量出口合同的企业将由农产品信贷公司提供补贴。

（2）间接补贴（indirect subsidies）。即政府对某些出口商品给予财政上的优惠，主要有以下几种：①减免或退还有关的国内税。如对出口商品所缴纳的销售税、消费税、增值税和盈利税减免或退还，以减少出口商品业务经营费用。②暂时免税进口。对进口原料或半制品免税，这样可降低成品的成本。③退还进口税。对进口原料或半制成品在加工成制成品出口时，退还已缴的进口税。如英国对进口人造纤维成品就采用了这种方法。④免征出口税。资本主义国家现在对出口一般免税，但对某些商品仍征收出口税。当世界市场商品价格下跌时，为了增强商品竞争力，往往取消某些商品的出口税。

此外，一些国家还通过降低出口商品的运费、向出口商提供低息贷款、允许出口商延期付税以及实行复汇率等措施鼓励某些商品的出口。但是，出口补贴的运用是有限度的，当进口国发现出口国滥用补贴时，常常征收反补贴税。

2. 禁止使用出口补贴的情况

长期以来，各国对出口补贴问题争论不休，为此，乌拉圭回合谈判中达成的《补贴与反补贴协议》将补贴分为禁止使用的补贴、可申诉的补贴和不可申诉的补贴，并规定除农产品外任何出口产品的下列补贴，均属于禁止使用的出口补贴。

（1）政府根据出口实绩对某一公司或生产企业提供直接补贴。

（2）外汇留成制度或任何包含有奖励出口的类似做法。

（3）政府对出口货物的国内运输和运费提供了比国内货物更为优惠的条件。

（4）政府为出口产品生产所需的产品和劳务提供优惠的条件。

（5）政府为出口企业的产品，全部或部分免除、退还或延迟缴纳直接税或社会福利税。

（6）政府对出口产品或出口经营，在征收直接税的基础上，对出口企业给予的特别减让超过对国内消费的产品所给予的减让。

（7）对出口产品生产和销售的间接税的免除和退还，超过用于国内消费的同类产品的生产和销售的间接税的免除和退还。

（8）超额退还已结合到出口产品上的进口产品的进口税。

（9）政府或由政府控制的机构提供的出口信贷担保或保险的费率水平极低，导致该机构不能弥补其长期经营费用或造成亏本。

（10）各国政府或政府控制的机构以低于国际资本市场利率提供出口信贷，或政府代为支付信贷费用。

5.1.4　商品倾销

商品倾销（dumping）是指商品以明显低于公平价格的价格，在国外市场上大量抛售，以打击竞争对手，占领或巩固国外市场。

实行商品倾销的目的在不同情况下有所不同。有时是为了打击或摧毁竞争对手，以扩大和垄断其产品销路；有时是为了建立新的销售市场；有时是为了阻碍当地同种产品或类似产品的生产和发展，以继续维持其在当地市场上的垄断地位；有时是为了推销过剩产品，转嫁经济危机；有时是为了打击发展中国家的民族经济，以达到经济和政治双重控制的目的。

按照倾销的具体目的，商品倾销可分为三种：

（1）偶然性倾销（sporadic dumping）。这种倾销通常是因为销售旺季已过，或因公司改营其他业务，将在国内市场上不能售出的"剩余货物"，以较低的价格在国外市场上抛售。

（2）间歇性或掠夺性倾销（intermittent or predatory dumping）。这种倾销是以低于国内价格甚至低于生产成本的价格在国外市场销售商品，挤垮竞争对手后再以垄断力量提高价格，以获取高额利润。

（3）持续性倾销（persistent dumping），又称长期性倾销（long-run dumping）。这种倾销是无限期地、持续地以低于国内商场的价格在国外市场销售商品。

商品倾销由于实行低价策略，必然会导致出口商利润减少甚至亏损。这一损失一般可通过以下途径得到补偿：①采用关税壁垒和非关税壁垒措施控制外国商品进口，防止对外倾销商品倒流，以维持国内市场上的垄断高价。②出口国政府对倾销商品的出口商给予出口补贴，以补偿其在对外倾销商品中的经济损失，保证外汇收入。③出口国政府设立专门机构，对内高价收购，对外低价倾销，亏损由政府负担。如美国政府设立的农产品信贷公司，在国内高价收购农产品，而按低于国内价格一半的价格长期向国外倾销。④出口商在以倾销手段挤垮竞争对手，垄断国外市场后，再抬高价格，以获得的垄断利润来弥补以前商品倾销的损失。实际上，采取上述措施，往往不仅能够弥补损失，而且还会带来较高利润。当前，世界各国对商品倾销都极其重视，不仅立法反倾销，而且有专门的机构来处理倾销问题，避免由此引发一系列的不良后果。例如，中韩"大蒜倾销与反倾销"就引起了中韩的贸易摩擦，最终因为中国大蒜并没有对韩国倾销的事实而告终，但引起的思考却没有结束。

5.1.5　外汇倾销

1. 外汇倾销的含义

外汇倾销（exchange dumping）是出口企业利用本国货币对外贬值的机会，争夺国外市场的特殊手段。当一国货币贬值后，出口商品以外国货币表示的价格降低，提高了该商品的竞争能力，从而扩大了出口。以美国为例，从1985年2月26日至1995年3月30日，美元与日元的比价由原来1美元等于264日元，跌到1美元等于106日元。假定过去一件价格为10美元的美国商品输往日本时，在日本市场售价为2 640日元，到1995年3月底这件商品价格仅折合为1 060日元。这时美国出口所得的1 060日元，按照贬值汇率计算，仍能换汇10美元，并未因美元贬值而受到损失。这对美国出口商十分有利。在这种情况下，美国出口商可以采用三种处理办法：①继续按2 640日元在日本市场上出售，按新汇率计算，每件商品可多得美元，增加了利润收入。②在1 060～2 640日元之间，适当地降低价格，促使商品出口。③把价格降低到1 060日元，加强价格竞争，增加更多的商品出口。至于采用哪一种办法，取决于出口商的销售意图和市场竞争情况。1995年以来，美元对西方主要货币的汇价涨跌频繁。从1995年初到同年4月底，美元对西方主要货币的汇率大幅度下滑、破历史最低纪录。美元对德国马克和日元的汇率分别由年初的1美元兑1.55马克和100日元跌到4月间1美元兑1.35马克和79.75日元，创下了历史最低水平。在此期间，美国力图利用美元贬值来扩大商品出口和改善巨额的贸易逆流。进入1996年以后，美元对德国马克和日元的汇率又出现涨跌频繁变化的局面。近年来，美元汇率波动更厉害。

不仅如此，在货币贬值后，货币贬值的国家进口商品的价格却上涨，从而削弱了进口商品的竞争。因此，货币贬值起到了促进出口和限制进口的双重作用。

2. 外汇倾销的条件

外汇倾销不能无限制和无条件地进行，只有具备以下两个条件才能起到扩大出口的作用：

（1）货币贬值的程度大于国内物价上涨的程度。

货币贬值必然引起一国国内物价上涨。当国内物价上涨程度赶上或超过货币贬值的程度，对外贬值与对内贬值差距也随之消失。外汇倾销的条件也不存在了。但是，国内价格与出口价格的上涨总要有一个过程，并不是本国货币一贬值，国内物价立即相应上涨。在一定时期内它总是落后于货币对外贬值的程度，因此垄断组织就可以获得外汇倾销的利益。

（2）其他国家不同时实行同等程度的货币贬值或采取其他报复性措施。

如果其他国家也实行同等幅度的贬值，那么两国货币贬值幅度就相互抵消，汇价仍处于贬值前的水平，而得不到货币对外贬值的利益。如果外国采取提高关税等其他限制进口的报复性措施，也会起到抵消的作用。

5.1.6　组织措施及其他措施

1. 组织措施

（1）设立专门研究与制订出口战略的组织机构。有些国家设立专门组织机构，研究与制订出口战略，以扩大出口。

如美国在 1960 年成立了扩大出口全国委员会，以便向美国总统和商务部长提供有关改进鼓励出口的各项措施的建议资料。1978 年又成立了出口委员会（Eexport Council）和跨部门的出口扩张委员会（Inter-Agency Committee on Export Expansion），附属于总统国际政策委员会。1975 年 5 月成立总统贸易委员会，负责加强对美国对外贸易工作的统一领导。另外还有一个贸易政策委员会对之进行补充。

（2）建立商业情报网。有些国家建立商业情报网，甚至设立专门机构，为出口企业提供商业信息和资料。

日本的贸易振兴会就是一个由政府设立的从事国际市场调查并为出口企业提供信息服务的机构，而英国则设立出口情报处，装备有计算机情报收集和传递系统。情报由英国 220 个驻外商务机构提供，由计算机进行分析，拥有包括近5 000种商品和 200 个地区或国别市场情况的资料，供有关出口厂商使用。

（3）组织国际贸易中心和贸易展览会。国际贸易中心是一个永久性的设施，能长久持续地为一个国家的经济服务。在贸易中心内可以提供陈列展览场所、办公地点和咨询服务等，贸易展览会是流动性的展出，由政府补贴费用，以求更好地向国外推销本国商品。

（4）组织贸易代表团互访。许多国家经常组织贸易代表团出访，其出国的费用绝大部分政府补贴。同时也有许多国家有专门机构接待来访的贸易团体。

例如英国海外贸易委员会设有接待处，专门接待官方代表团和协助公司，社会团体接待来访的工商界同仁，促进彼此的贸易往来。

（5）组织出口商的评优评奖活动。国家对做出优异贡献的出口商给予精神奖励，能更好地激励他们的出口行为，也推广了这些公司的成功经验。

例如美国设立总统"优良"勋章和"优良"星字勋章，获奖厂商可以把奖章样式印在自己的文件、包装和广告上。日本政府则把每年 6 月 28 日定为贸易纪念日，每年这个时候由通商产业大臣向出口贸易成绩卓著的厂商和出口商社颁发奖励。

2．其他措施

（1）外汇分红，是指政府允许出口厂商从其所得的出口外汇收入中提取一定百分比的外汇用于进口，鼓励其出口积极性。

（2）出口奖励证制，政府对出口商出口某种商品以后发给一种奖励，持有该证可以进口一定数量的外国商品，或将该证在市场上自由转让或出售，从中获利。

（3）复汇率制，政府制订不同的汇率用于不同的出口商品，以刺激某些商品的出口。

（4）进出口连锁制，有的政府规定，进出口商必须履行一定的出口义务，方可获得一定的进口权利；通过该办法的实施，以有进有出、以进促出或以出许进的方式来扩大出口。

5.2 经 济 特 区

5.2.1 经济特区含义及特点

经济特区是一个国家或地区在其国境以内、关境以外划出一定范围，修建或扩建码头、仓库、厂房等基础设施，并实行免除关税等优惠待遇，吸引外国企业从事经济贸易与出口加工等业务活动区域。建立经济特区的目的是促进对外贸易的发展，鼓励转口贸易和出口加工贸易，繁荣本地区和邻近地区的经济，增加本国的财政收入和外汇收入。

世界各国的经济特区都有自己的独特之处，但有一些共同特点：

（1）以扩大出口贸易、开发经济和提高技术水平为目的。各国建立经济特区，首要目的就是要扩大出口、增加外汇收入。在此基础上，通过发展出口加工业，吸收外资和引进先进技术、先进设备，开发本地区和邻近地区经济，提高国内生产的技术水平。

（2）有一个开放的投资环境。经济特区大多提供优惠待遇，同时还采取财政措施等对特区的生产经营进行扶持，并简化各种行政手续，为外商投资提供方便。

（3）具有一定的基础设施。各国经济特区都注意为投资者提供比较完善的基础设施，如水电设施、交通运输设施、仓储设施、邮电通信设施、生活文化设施等。

（4）具有良好的社会经济条件。一般来说，经济特区都有较丰富的劳动力资源，劳动力文化教育程度较高，技术力量和管理能力较国内其他地区较强。

（5）有良好的自然条件。各国经济特区大多设在地理位置和自然环境较好的地区，交通运输方便，资源丰富或易于获得，气候适宜，风景秀丽。

5.2.2　经济特区的基本类型

经济特区的出现，至今已有 400 多年的历史。早期的经济特区主要是以自由贸易为主，现在则已经发展成为贸易、生产、科技开发等多种类型，主要有以下几种。

1. 贸易型的经济特区

贸易型的经济特区是设在一个港口的港区或邻近港口的地区，允许外国商品豁免关税、自由进出口的自由港（free port）和自由贸易区（free trade zone）。

自由港必须是港口或港口的一部分，其开发目标和营运功能与港口本身的集散作用密切结合。完整形态的自由港是自由港市，它包括了港口及其所在的城市地区，并把这一地区都划为非关税地区，外商可以自由居留和从事有关业务，所有居民和旅客均享受关税优惠，例如新加坡和香港。但有的自由港仅包括港口或其所在城市的一部分，而且不像自由港市那样允许外商自由居留，也称为自由港区，例如汉堡。

自由贸易区从自由港发展而来，一般设在一个港口的港区或邻近港口的地区。其主要的目的是方便转口和对进口货物进行简单加工，并以转口邻近国家和地区为主要对象。它实际上是采取自由港政策的关税隔离区，可分为商业自由区和工业自由区。前者不允许货物的拆包零售和加工制造，如西班牙就禁止在区内零售；后者允许免税进口原料、元件和辅料，并指定加工作业区，但所有进口部件和运出区外的成品均须按照海关规定记账，以供查核，如意大利规定在的里雅斯特自由贸易区内使用的外国建筑器材、生产资料等也包括在应征关税的商品之内。

不过，对于一些诸如武器、毒品和其他危险品，以及烟草、酒、盐等特殊商品，各国还是采取了特殊禁止或凭特种许可证才能进口的限制政策。

2. 工业型的经济特区

工业型经济特区指的是出口加工区，出口加工区（export processing zone）是指一个国家或地区在其港口、机场附近交通便利的地方，划出一定区域范围，新建和扩建码头、车站、道路、仓库和厂房等基础设施，并提供减免关税和国内税等优惠待遇，鼓励外商在区内投资建厂，生产以出口为主的制成品。

出口加工区是 20 世纪六七十年代，在一些发展中国家和地区建立和发展起来的，主要分布在非洲和亚洲。出口加工区与自由贸易区相比，其主要特点是面向工业，以发展出口加工工业为主，而不是面向商业。出口加工区既提供了自由贸易区的某些优惠待遇，又提供了发展工业生产所必需的基础设施，是自由贸易区与工业区的一种结合体，即兼有工业生产与出口贸易两种功能的工业—贸易型经济特区。东道国设置出口加工区的主要目的是吸引外国投资，引进先进技术和设备，扩大出口加工工业和加工品的出口，增加外汇收入，促进本地区外向型经济的发展。

出口加工区有综合型和专业型两种。前者在区内可经营多种出口加工工业，如菲律宾的巴丹出口加工区即属此类；后者在区内只许经营某种特定的出口加工产品，如印度孟买的圣克鲁斯电子工业出口加工区，专门发展电子产品的生产和出口。目前世界各地的出口加工区大部分综合型出口加工区。

一国为了达到其设立出口加工区的目的，除了要提供优惠待遇以吸引外国厂商投资设厂外，还应加强对外国投资者的引导和管理，如对外国投资者进行资格审核，限制投资项目，对产品的销售市场进行规定等。这样可以从客观上保证外商投资项目的技术先进性和适用性，或保证该项目能大批吸纳劳动力，解决部分就业问题，或者能大量采用区外原料，从而带动本地区的经济发展。此外，加强投资管理还可以避免区内工厂利用其优惠待遇与区外工厂争夺市场等事件的发生。

3. 科学工业园区

世界上第一个科学工业园区（science-based industrial park）是 1951 年正式创立于美国加利福尼亚州的斯坦福科研工业区，后来发展成为著名的硅谷。它是

一种以加速新技术研制及其成果应用、服务于本国或本地区工业的现代化并便于
开拓国际市场，通过多种优惠措施和方便条件，将智力和资金高度集中，专事新
高技术研究、实验和生产的经济特区，像日本九洲的硅岛，英国的剑桥科学公
园，加拿大渥太华—卡尔顿地区的北硅谷，中国的中关村都属于这一类型。

科学工业园区的主要特点是：有充足的科技和教育设施，以及一系列企业组
成的专业性企业群为依托；区内企业设施先进，技术密集程度高，并配备了雄厚
的资金或通畅的融资渠道；园区地址一般在信息渠道通畅和交通网络发达的大城
市附近；优惠政策更加完善，更注重其创新和创业环境的培育和完善。

4. 保税区

有些国家如日本、荷兰等，没有设立自由港或自由贸易区，但实行保税区制
度。保税区（bonded area）又称保税仓库区，是海关所设置的或经海关批准注
册、受海关监督的特定地区和仓库，外国商品存入保税区内，可以暂时不缴纳进
口税；如再出口，不缴纳出口税；如果运进所在的国内市场，则需办理报关手
续，缴纳进口税。运入区的外国商品可进行储存、改装、分类、混合、展览、加
工和制造等。此外，有的保税区还允许在区内经营金融、保险、房地产、展销和
旅游业务。

因此，许多国家对保税区的规定与自由港、自由贸易区的规定基本相同，起
到了类似自由港或自由贸易区的作用。

资本主义国家设在保税区的仓库，有的是公营的，有的是私营的；有的货物
储存的期限为一个月到半年，有的期限可达三年；有的允许进行加工和制造，有
的不允许加工和制造。现仅就日本保税区的情况加以说明。

一般来说，日本规定外国货物运进或运出各种保税区，可暂时免征关税，但
应预先向日本海关呈交申报单，取得海关人员的监督，如以后运入日本国内市场
时再行纳税。保税区的外国货物如作为样品暂时运出，须经海关批准；保税区的
外国货物废弃时，应预先向海关申报；保税区的外国货物丢失时，除经海关特别
批准者外，均应缴纳关税。按照保税区的职能不同，日本保税区可分为以下
5 种：

1）指定保税区（designated bonded area）

指定保税区是为了在港口或国际机场简便、迅速地办理报关手续，为外国货
物提供的用于装卸、搬运或暂时储存的场所。指定保税区是经大藏大臣的指定而
设置的。在这个区内的土地、仓库与其他设施都属于国家所有，并由国家所设立
的机构进行管理。因此，指定保税区是公营的。

设置指定的保税区的主要目的是使外国货物简便和迅速地办理报关手续。因
此，在该区内储存的商品期限较短，不得超过一个月，限制较严。

2）保税货棚（bonded shed）

保税货棚是指经海关批准，由私营企业设置的用于装卸、搬运或暂时储存进口货物的场所。可见，保税货棚的职能与上述指定保税区相同，它是补充指定保税区的不足，作为外国货物办理报关的场所。两者的区别在于，指定保税区是公营的，而保税货棚是私营的。由于保税货棚是经海关批准的，因此必须缴纳规定的批准手续费，储存的外国货物如有丢失须缴纳关税。

3）保税仓库（bonded warehouse）

保税仓库是经海关批准，外国货物可以不办理进口手续而连续长时间储存的场所。

指定保税区和保税货棚，都是为了货物报关的方便和短期储存设置的。而保税仓库却是为了使货物能在较长时间内储存和暂时不缴纳关税而建立的。如进口货再出口则不必纳税，这就便于货主把握交易时机出售货物，有利于顺利进行和转口贸易的发展。在保税仓库内储存货物的期限为两年，如有特殊需要还可以延长。

4）保税工厂（bonded factory）

保税工厂是经海关批准，可以对外国货物进行加工、制造、分类以及检修等保税业务活动的场所。

保税工厂都可储存货物，但储存在保税工厂中的货物可作为原材料进行加工和制造。因此，许多厂商广泛的文学地利用保税工厂，对外国材料进行加工和制造，以适应市场的需要、符合进出口的规章或减少关税的负担。外国货物储存在保税工厂的期限为两年，如有特殊需要可以延长。

5）保税陈列场（bonded exhibition）

保税陈列场是经海关批准在一定期限内用于陈列外国货物进行展览的保税场所。这种保税场所通常设在本国政府或外国政府、本国企业组织或外国企业组织等直接举办或资助举办的博览会、展览会和样品陈列所中。

保税陈列场除了具有保税货棚的职能外，还可以展览商品，加强广告宣传，促进交易的开展。

我国提出保税区的设想在1984年，进入20世纪90年代，我国沿海地区逐步建立起各类保税区。1990年我国决定开发上海浦东时，确定在上海外高桥设立中国目前最开放、规定最优惠的保税区。1992年我国又批准在大连和海南省洋浦等地设立保税区。这标志着保税区在我国对外经济贸易中的地位越来越高，作用越来越大。

5．自由边境区和过境区

自由过境区，是拉丁美洲少数国家为发展边远或落后地区经济而设置的，一般设在一个省或几个省的边境区。区内使用的机器、设备、原料和消费品可以免税或减税进口，外国商品也可以在区内储存、包装、混合、加工，但加工后的产品主要用于出口。它与出口加工区的区别在于，后者加工后的产品用于出口。自由边境区的设置，一般有一定年限，当该地区经济有了一定程度发展后，原有优惠条件即逐步取消。

5.3　出口管制措施

5.3.1　出口管制的目的

1. 政治与军事目的

通过管制或禁止某些可能增强其他国家军事实力的物资，特别是战略物资的对外出口，来维护本国或国家集团的政治利益与安全。同时，也通过禁止向某国或某国集团出售产品与技术，作为推行外交政策的一种手段。总的看来，西方发达国家，特别是美国及北约盟国的出口管制，主要是针对社会主义国家的。美国也对反对美国对外政策的国家实行不同程度的武器禁止与经济制裁。

2. 经济目的

对出口商品进行管制，可以限制某些短缺及重要物资的外流，以利于减轻国内的通货膨胀压力。同时，出口管制有助于保护国内经济资源，使国内保持一定数量的物资储备，从而利用本国的资源来发展国内的加工工业。

5.3.2　出口管制的对象

出口管制的对象主要有可分为以下六类：

（1）战略物资及其有关的尖端技术和先进技术资料，如军事设备、武器、军舰、飞机、先进的电子计算机和通讯设备等。各国尤其是发达国家控制这类物资出口的措施十分严厉，主要是从所谓的"国家安全"和"军事防务"的需要出发，防止它们流入政治制度对立或政治关系紧张的国家。例如，美国对古巴实行禁运，给古巴经济造成了极为恶劣的影响。此外，从保持科技领先地位和经济优势的角度看，对一些最先进机器设备及其技术资料也必须严格控制出口。

（2）国内的紧缺物资。即国内生产紧迫需要的原材料和半制成品，以及国内供应明显不足的商品。如西方各国往往对石油、煤炭等能源实行出口管制。这些商品在国内本来就比较稀缺，倘若允许自由流往国外，只能加剧国内的供给不足和市场失衡，严重阻碍经济发展。

（3）历史文物和艺术珍品。各国出于保护本国文化艺术遗产和弘扬民族精神的需要，一般都要禁止这类商品输出，即使可以输出的，也实行较严格的管理。

（4）需要"自动"限制出口的商品，这是为了缓和与进口国的贸易摩擦，在进口国的要求下或迫于对方的压力，不得不对某些具有很强国际竞争力的商品实行出口限制。如根据纺织品"自限协定"，出口国必须自行管理本国的纺织品出口。与上述几种情况不同，一旦对方的压力有所减缓或者基本放弃，本国政府自然会相应地放松管制措施。

（5）本国在国际市场上占主导地位的重要商品和出口额大的商品。对发展中国家来讲，对这类商品实行管制尤为重要。因为发展中国家出口商品往往较单一，出口市场相对集中，出口商品的价格容易出现大起大落的波动。当国际市场价格下跌，发展中国家应控制该商品的过多出口，从而稳定这种商品在国际市场的价格，使出口效益增加，避免加剧世界市场供大于求的不利形势而使本国遭受更大的经济损失。如欧佩克（OPEC）对成员国的石油产量和出口量进行控制，以稳定石油价格。

（6）跨国公司的某些产品。跨国公司在发展中国家的大量投资，虽然会促进东道国经济的发展，但同时也可能利用国际贸易活动损害后者的对外贸易经济利益。例如，跨国公司实施转移价格策略，就是一个典型的例子。因此，发展中国家有必要利用出口管制手段来制约跨国公司的这类行为，以维护自己的正当权益。

5.3.3　出口管制的形式

出口管制的形式主要有单边出口管制和多边出口管制两种。

（1）单边出口管制是指一国根据本国的出口管制法案，设立专门的执行机构对本国某些出口管制。例如，美国政府根据国会通过有关出口管制的具体事务，美国绝大部分受出口管制的商品的出口许可证都在该局办理。单边出口管制是由一国自主决定的，不对其他国家承担义务与责任。

（2）多边出口管制是指几个国家政府，通过一定的方式建立国际性的多边出口管制机构，商讨和编制多边出口管制货单和出口管制国别，规定出口管制的办法等，以协调彼此的出口管制政策和措施，达到共同的政治和经济目的。

1949年11月在美国胁迫下成立的输出管制统筹委员会即巴黎统筹委员会，简称"巴统"，就是一个国际性的多边出口管制机构。这个委员会的决策机构由参加国政府派高级官员参加，组成咨询小组，商讨它们对当时的社会主义阵营国家的出口管制问题。1950年初这个小组下设调查小组，主管对原苏联、东欧和中国等国家的"禁运"。1952年又增设一个所谓"中国委员会"，以加强对我国的非法"禁运"，妄图通过"经济封锁"和"禁运"来扼杀我国的社会主义经济建设和发展。

巴黎统筹委员会在1949年由美国、英国、法国、意大利、加拿大、比利时、卢森堡、荷兰、丹麦、葡萄牙、挪威和原联邦德国 12 个国家参加，后来，日本在 1952 年加入，希腊和土耳其在 1953 年加入，澳大利亚在 1989 年加入，共有 16 个国家。这个委员会的主要工作是：编制和增减多边"禁运"货单，规定受禁运国别或地区，确定"禁运"审批程序，加强转口控制，讨论例外程序和交换情况等。

不仅如此，美国为了要挟其他国家实行"禁运"，1951 年 5 月操纵联合国通过了对中国与朝鲜实行的所谓"贸易禁运"的美国提案。1951 年 10 月美国国会通过了所谓"巴特尔法案"，授权美国总统随时可以对不遵守巴黎统筹委员会协议的国家停止"援助"。随着国际形势的变化，这个委员会的一些规定相应有所变化。例如，该机构的多边禁运货单项目由 20 世纪 50 年代初期的大约 300 项减至 70 年代的 150 项左右。由于国际形势的变化，巴黎统筹委员会于 1994 年 4 月 1 日宣布解散。

1996 年 7 月 12 日新"巴统"重新在维也纳召开成立大会，决定将"巴统"更名为"瓦瑟纳尔协定"。参加新"巴统"活动的有 33 个国家和地区，其中俄罗斯、波兰、韩国等作为新加入的成员国。新"巴统"的工作特点是包括限制常规武器等出口在内，对约 110 种产品出口进行管制。与原"巴统"不同的是，新"巴统"不做出口限制对象国的特别提名，只要求各成员国交换全世界范围内的贸易出口信息。同时该组织没有法律约束力，对成员国违反了原则也没有惩罚措施。新"巴统"还决定从 1996 年 11 月 1 日起正式实施出口管制。

5.3.4　出口限制的具体措施

一般说来，执行出口管制的国家机构根据出口管制的有关法案，制订管制货单和输往国别分组管制表，要求列入出口管制的商品必须办理出口申报手续，获得出口许可证方可出口。对列入出口管制的商品的具体措施一般有：

（1）国家专营。对一些敏感性商品的出口，由政府指定的专门机构和组织直接控制和管理，如澳大利亚和加拿大对小麦实行国家专营。

（2）征收出口税。政府对管制范围内的产品出口征收出口税，并使关税税率保持在一个合理的水平，以达到控制的目的。

（3）实行出口许可证制。通过许可证管理使政府能有效地控制出口商品的国别和地区、数量和价格。

（4）实行出口配额制。采用出口配额制结合出口许可证制，可以有效地控制出口规模，如美国对糖、日本对小麦都实行这种数量控制的措施。

（5）出口禁运。出口禁运是一种最严厉的控制措施，一般将国内紧缺的原材料或初级产品列为禁运之列。

5.4　我国对外贸易管理措施

为更好地扩大对外开放和深化改革，充分利用国际、国内两个市场、两种资源、优化资源配置，发挥我国经济的优势，加快现代化建设，我国建立了适应国际通行规则、符合社会主义经济体制要求的对外贸易管理体制，它主要是通过制定有关法规，运用经济杠杆和辅之以必要的行政手段来进行对外贸易管理的。

5.4.1　对外贸易管理的法制措施

我国对外贸易管理的法制措施具体体现在对进出口活动进行管理的各项法律、法规中。

1）对外贸易的基本法——中华人民共和国对外贸易法

在 1994 年 5 月 12 日，在第八届全国人大常委会第七次会议上通过了我国第一部外贸法——对外贸易法。它是我国对外贸易的基本方针、政策、主要的对外贸易管理体制框架和促进对外贸易发展的各项措施，确立了平等互利的对外贸易原则。作为我国对外贸易的基本法，它标志着我国对外贸易开始全面纳入法制管理的轨道。其主要内容包括：①国家实行统一的对外贸易制度；②实行对外贸易经营许可制度；③一般实行货物与技术自由进出口原则；④逐步发展国际服务贸易；⑤维护对外贸易秩序的规定；⑥对外贸易促进措施。

2）对外贸易的其他法规

为了保证我国对外贸易持续迅速的发展，我国还在对外贸易法的基础上增加了一系列的配套法规条例，主要有：①进出口许可制度法规；②配额管理法规；③进出口商品检验制度法规；④海关管理法规；⑤征收关税管理法规；⑥外汇管理法规。

5.4.2　对外贸易管理的经济调控措施

对外贸易管理的经济调控是指国家对进出口活动进行宏观调控的一切政策措施的总和。我国对外贸易管理的经济调控措施主要包括两个方面：①经济政策体系，如财政政策、货币政策、产业政策和收入分配政策等；②经济杠杆体系，如价格、税收、信贷、汇率等。我国目前主要以经济杠杆体系的作用来强化对外贸活动的调控。

1.　汇率

汇率是指一国货币与另一国货币的比率或比价，或者说是用一国货币表示的另一国货币的价格。它的变动对一国的进出口贸易有着直接的调节作用。在一定条件下，通过使本国货币对外币贬值，即让汇率上升，会起到促进出口、限制进口的作用，也就是我们前面所介绍的汇率倾销。

我国 1994 年开始实行汇率并轨，实行对外汇市场供求关系来决定的、单一的、有管理的浮动汇率制度。此举有利于为我国进出口企业创造平等竞争的良好环境，调动其出口积极性，也可以提高我国出口商品的竞争能力。

2. 税收

国家通过设置不同的税种、税目、税率等税收内容来调节产业结构和商品结构，调节进出口，促进国民经济的协调发展。它具体表现在关税和进出口税收政策上。

1994 年税制改革以来，我国进口关税大幅降低，特别是我国加入 WTO 后，与国际通行规则接轨，使我国的税制更加完善。"中华人民共和国进出口关税条例"对我国关税率的运用、完税价格的审定、税款的缴纳和退补、关税的减免等都做了明确的规定。

（1）税率的运用。目前，我国实行新的进口税则税率栏目。进口税则分设最惠国税率、协定税率、特惠税率和普通税率四个栏目。取消原来的普通税率和优惠税率栏目。最惠国税率适用原产于与我国共同适用最惠国待遇条款的世贸组织成员国或地区的进口货物，或原产于与我国签订有相互给予最惠国待遇条款的双边贸易协定的国家或地区的进口货物。协定税率适用原产于我国参加的含有关税优惠条款的区域性贸易协定的有关缔约方的进口货物。对原产于韩国、斯里兰卡和孟加拉三个曼谷协定成员的 739 个税目的进口商品实行曼谷协定税率。特惠税率适用原产于与我国签订有特殊优惠关税协定的国家或地区的进口货物。对原产于孟加拉的 18 个税目的进口商品实行曼谷协定特惠税率。普通税率适用原产于上述国家或地区以外的国家和地区的进口货物。

（2）完税价格的审定。关税条例制定，我国进口货物以海关审定的成交价格为基础的到岸价格为完税价格，到岸价格包括货价加上货物运抵我国关境内输入地点的运费、保险费和其他劳务费等费用。如果进口货物的到岸价格经海关审定未能确定的，可以依次以下价格为基础估定完税价格，即：从该项进口货物同一出口国或者地区购进的相同或者类似货物的成交价格；该项进口货物的相同或者类似货物在国内市场上的批发价格，减去进口关税、进口环节的其他税收以及进口后的货物、储运、营业费用及利润后的价格。我国出口货物应当以海关审定的货物售价与境外的离岸价格，扣除出口关税后，作为完税价格。离岸价格不能确定时，完税价格由海关估定。

（3）海关税则。关税规定，我国准许进出口的货物，除国家另有规定外，海关按照"中华人民共和国海关进出口税则"（"海关进出口税则"），征收进口关税或者出口关税。

（4）关税的减免。关税条例列明予以关税减免的进出口货物有：外国政府、国际组织无偿赠送的物资，我国缔结或者参加的国际条约规定的减征、免征关税的货物和物品，来料加工、补偿贸易进口的原料，经济特区等特定地区的进出口货物，"三资"企业等特定企业进出口的货物，及其他依法给予关税减免优惠的进出口货物。

3. 进出口信贷

我国进出口信贷的基本任务是按照国家发展社会主义市场经济的要求，遵循改革开放的方针，根据国家有关政策和批准的信贷计划发放贷款，支持对外贸易的发展；同时，发挥信贷的监督和服务作用，使企业合理地使用信贷资金，协助外贸企业加强经济核算，提高经济效益。我国的进出口信贷政策主要有：①银行优先安排各类经济外贸出口企业所需资金贷款；②设立了出口商品发展基金和风险基金，主要用于少数国际市场价格变动较大的商品、开发新商品、促进现有出口商品的更新换代、开拓新市场等；③设立了国家进出口银行，为资本货物出口提供信贷支持，为出口商品提供风险担保等；④发放外汇贷款，以解决企业从国外引进先进技术、购买设备和进口原材料的外汇资金的需求。

5.4.3　对外贸易管理的主要行政措施

对外贸易管理的行政措施是指各级政府凭借其职能，对对外贸易活动进行决策、组织、监督、调节的内容。它与经济措施相比，具有强制性、义务性和间接性的特点，可以弥补和修正市场自发机制的缺陷，有效地维护对外贸易的秩序并使其健康的发展。

1. 进出口配额管理

（1）出口配额管理。我国实行配额管理的出口商品主要分为三部分：①实行计划配额管理的 38 种关系国计民生或占出口重要地位的大宗出口商品；②实行主动配额管理的 54 种出口商品，它们是我国在国际市场或某一市场上占主导地位的重要出口商品，或是外国要求我国主动限制的出口商品；③实行被动配额管理的 24 种政府协议下自动控制的出口商品。

出口配额由中华人民共和国商务部根据出口企业的经营能力和历年的出口实绩以及经营效益等综合情况，并参考有关进出口商会的意见择优分配。同时，国家对某些商品的出口配额实行有偿招标分配，使配额管理制度与市场机制更吻合。

（2）进口配额管理。我国目前实行进口配额的商品有 28 种，包括实行配额管理的机电产品和一般产品。目的是为了保护、支持国内某些工业部门的发展，促进国内技术进步，提高企业出口创汇能力，节约外汇。

2. 进出口许可证管理

我国目前使用的是配额许可证管理，即规定配额管理的商品进出口必须申领许可证。

3. 对外贸经营权的管理

中国企业要直接从事对外经贸活动，需要向国家外经贸主管部门提出申请，经许可并取得进出口经营权。

商务部是管理对外经济交往和贸易活动的政府主管部门。商务部在各大城市设有特派员办事处。各地政府机关设有商务厅，负责管理本地区的对外经济交往和贸易活动。

目前，我国对外贸易经营权的管理实行登记制。

譬如，生产企业申请自营进出口权。申请资格：国有大型（特大、大一、大二）生产企业提出申请，即可办理批准手续；技术密集型的机电产品生产企业年出口供货额必须达到 50 万美元；其他行业的生产性企业年出口供货额达到 100 万美元。审批程序：生产企业向当地外经贸委和经委提出申请，经"两委"共同审查后上报对外贸易经济合作部和国家经贸委，国家经贸委向外经贸部推荐，外经贸部批复。

本 章 要 点

◆ 出口信贷是一个国家的银行为了鼓励本国商品出口，增强商品的国际竞争力，对本国出口厂商或外国进口厂商提供的贷款。它分为买方信贷和卖方信贷两种。

◆ 出口信贷国家担保制是一国政府以鼓励本国出口为目的而建立的一种担保体系。在此体系下，本国出口厂商或本国商业银行向外国进口厂商或银行提供的信贷，可以得到国家设立的专门担保机构的担保，当外国进口商拒绝付款时，该担保机构承担担保的风险。出口信贷国家担保制的主要内容包括：①担保的项目与金额；②担保对象；③担保期限与费用。

◆ 出口补贴是为了降低出口商品的成本，增强出口商品在国际市场上的竞争能力，政府对某些商品的出口给予出口厂商的现金补贴或财政上的优惠待遇。出口补贴的方式有两类：①直接补贴；②间接补贴。

◆ 外汇倾销是出口企业利用本国货币对外贬值的机会，争夺国外市场的特殊手段。当一国货币贬值后，出口商品以外国货币表示的价格降低，提高了该商品的竞争能力，从而扩大了出口。与此同时，在货币贬值后，货币贬值的国家进口商品的价格却上涨，从而削弱了进口商品的竞争。因此，货币贬值起到了促进出口和限制进口的双重作用。外汇倾销只有具备以下两个条件才能起到扩大出口的作用：①货币贬值的程度大于国内物价上涨的程度；②其他国家不同时实行同等程度的货币贬值或采取其他报复性措施。

◆ 经济特区是一个国家或地区在其国境以内、关境以外划出一定范围，修建或扩建码头、仓库、厂房等基础设施，并实行免除关税等优惠待遇，吸引外国企业从事经济贸易与出口加工等业务活动区域。其基本类型主要有贸易型的经济特区、工业型经济特区、科学工业园区等。

◆ 出口管制的对象主要可分为以下六类：①战略物资及其有关的尖端技术和先进技术资料；②国内的紧缺物资；③历史文物和艺术珍品；④需要"自动"限制出口的商品；⑤本国在国际市场上占主导地位的重要商品和出口额大的商品；⑥跨国公司的某些产品。

关 键 术 语

1. 出口信贷（export credit）
2. 出口补贴（export subsidies）
3. 商品倾销（dumping）
4. 外汇倾销（exchange dumping）
5. 经济特区（economic zone）
6. 自由贸易区（free port）
7. 出口加工区（export processing zone）
8. 保税区（bonded area）
9. 科学工业园区（science-based industrial park）

思 考 题

1. 对外贸易措施中的出口鼓励措施主要有哪些？
2. 不同类型的经济特区各有什么特点？
3. 什么是商品倾销？
4. 什么是外汇倾销？具备什么条件外汇倾销才能扩大出口？
5. 通过调查分析我国开办的经济特区在经济发展中的作用。

阅读材料与案例分析

【阅读材料】　　"彻底退税"是我国出口退税政策的最终目标

出口退税是一个国家或地区，对已报关离境的出口货物退还或免征其在出口前生产和流通各环节已经缴纳的间接税（我国目前主要包括增值税和消费税）税款的一项税收制度（措施），其目的是使本国产品出口以不含税价格进入国际市场，增强本国产品在国际市场的竞争能力，促进对外出口贸易。出口退税是国际通行的做法，也是 WTO 认可的原则。我国的出口退税制度始于 1985 年，于 1994 年开始确定对出口货物实行零税率即彻底退税的政策，但是这一政策 1995 年就开始了较大调整，调低了出口退税率，1998 年、1999 年虽然由于受到亚洲金融危机的冲击两次提高了出口退税率，平均也只有 15％左右，仍未达到彻底的退税。2003 年 10 月下发的《财政部、国家税务总局关于调整出口货物退税率的通知》进一步将出口退税率平均降低了 3 个百分点。那么，此次下调出口退税率的原因何在，将给我国经济带来什么影响，我国出口退税政策的目标应如何选择，本文将这一系列问题做进一步探讨。

1. 调低出口退税只是权宜之计

（1）调低出口退税率，对内是旨在缓解目前中央财政出口退税压力。改革开放以来，特别是我国加入 WTO 之后，我国的出口贸易高速增长，出口退税额随之逐年增加。目前实际的出口退税数量并不是按政府承诺的退税率及时退税，而是按财政预算给予的指标进行退税，应退税与实际退税之间存在很大缺口，出口欠退税已成为中央财政中一个难以化解的突出矛盾，出口退税政策已陷入困境。因此，降低出口退税率，直接减少中央财政的退税支出，借此缓解中央财政压力，是这一次出口退税率下调的根本动因。

（2）降低出口退税率，对外是为缓解人民币升值的压力。高额的外汇储备成为以美国为首的少数发达国家要求人民币升值的主要原因，国际社会要求人民币升值呼声越来越高。此时，降低出口退税率，减缓出口增速，减缓外汇储备增长，减少贸易顺差，减少与主要贸易伙伴的摩擦，用非汇率手段调解人民币升值的压力，意在打消国际上对人民币升值的预期。

2. 调低出口退税率可能产生的负面影响

（1）削弱出口产品的国际竞争力，导致部分国际市场的丢失。我国的产品之所以在国际市场上具有较强的竞争力，价格是至关重要的因素。出口退税率的下调，直接提高了出口企业的成本和定价，影响了产品的市场竞争力。据测算，平均出口退税率每下降 1 个百分点，国内企业出口成本将随之增加 4 个百分点，半数外贸企业将面临生死劫。

（2）增加就业压力，加大了改革成本。由于我国出口产品仍以劳动密集型产品为主，因此，扩大出口会提供大量的就业岗位。据有关部门测算，每出口 1 亿元的工业产品可为 1.2 万人提供就业机会。

（3）影响 GDP 的增长，降低财政收入，加剧出口欠退税问题。降低出口退税率，短期内减少了财政支出，似乎减缓了财政压力，但从长远来看，可能会抑制出口并影响 GDP 的增长，降低财政收入，加剧出口欠退税问题。

3. 实行彻底退税应是我国出口退税政策的最终目标

（1）彻底退税符合当代税收的公平原则和中性原则。理性的出口退税应是消除出口歧视的中性政策，而不是鼓励出口的优惠和补贴措施。因此，只有出口国对出口货物实行彻底退税，平等对待为内销和为外销的生产，平等对待国内贸易和国际贸易，才可以避免双重课税，才符合当代税收的公平原则和中性原则。

（2）出口退税符合发展国际贸易的需要。从发展国际贸易的角度看，不同国家的货物要在国际市场上公平竞争，必然要求税负平等；而各国税制的不同必然造成货物的含税成本相差较大，无法进行公平竞争。因此，只有实行彻底的退税，才能使出口货物具有竞争力。

（3）彻底退税符合 WTO 规则的要求。

（4）彻底退税符合国际惯例。在世界上一些国家对于某些出口产品还有出口定向补贴的情况下，我国连"征多少退多少"都做不到。因此，我国的目标应该是根据国际市场的供求变化，对需要加大力度鼓励出口的产品按渐进性的原则逐步提高退税率，直至过渡到实行彻底的零税率。

（5）降低出口退税率并非解决问题的根本之道。我国的出口退税困境——积欠的巨额应退税难以消化，究其原因在于税制结构不合理、征收管理漏洞频出等制度性缺陷，不应该将板子直接打在出口产品上。

问题：结合资料分析出口退税对我国出口贸易带来的影响及对策思考。

第 6 章

区域经济一体化

学习目标

1. 了解当今世界区域经济一体化发展的状况及特点。
2. 掌握区域经济一体化的基本含义和组织形式。
3. 熟悉掌握欧盟、北美自由贸易区和亚太经合组织的发展概况。
4. 理解区域经济集团对国际分工和国际贸易产生的影响。

区域经济一体化是 20 世纪 50 年代开始在全球经济领域出现的一种新现象，发源于西欧，60～80 年代在世界各地迅速发展，是当今世界经济发展的重要趋势之一。区域经济一体化是从贸易领域开始，并且对区域和区域外的贸易采取歧视性贸易政策，因而对国际分工和国际贸易产生了广泛而深远的影响。

6.1 地区经济一体化的含义及组织形式

6.1.1 区域经济一体化的含义

经济一体化（economic integration）是指不同经济实体之间经济整合并最终形成一个统一整体的过程。区域经济一体化（regional economic integration）则指有一定地缘关系的一组国家或地区，通过多边合作协议，在社会再生产的某些领域内实行不同程度的经济联合和共同的经济调节，逐步减少乃至消除各种贸易障碍，实现商品和生产要素在本地区的自由流动，达到内部经济整合的过程。

理解区域经济一体化的含义，应把握两个方面：一是其经济内涵，是指两个或两个以上的国家，逐步消除他们之间的各种歧视性障碍，协调有关经济政策，核心内容是建立一个商品、劳动力和资本可以自由流动的共同市场；二是其政治内涵，即为了实现区域经济一体化，必须建立能协调区域内各种经济关系的权利机构，成员国必须把有关的权力移交给该机构组织，由其负责一体化范围内的事务。

6.1.2 区域经济一体化的组织形式

区域经济一体化的组织形式表现为规模不一、形式各异的地区经贸集团，反映经济一体化的不同发展进程，以及成员国之间经济干预和联合的深度和广度。

目前国际上较常见的经济一体化组织形式，按照组织性质和贸易壁垒取消的程度不同分为以下六种。

1. 优惠贸易安排（preferential trade arrangements）

优惠贸易安排是指成员国之间通过协定或其他形式对全部或部分商品实行特别优惠的关税，成员国对非成员国仍保持原有的关税制度。这是区域经济一体化中最低级、最松散的一种形式。如：二战后初建的东南亚国家联盟就属此类。

2. 自由贸易区（free trade area）

自由贸易区是指在成员国之间废除关税和其他非关税贸易壁垒，实现商品在区域内的自由流通，但各成员国仍保留各自对非成员国的独立的贸易壁垒，如1994 年建立的北美自由贸易区。

目前，在 WTO（包含 GATT）备案的自由贸易协定已达 224 个，绝大多数是 20 世纪 90 年代的产物，仅 1995 年 WTO 成立后就增加了 100 个，且主要集中在欧美地区。

3. 关税同盟（customs union）

关税同盟是指在成员国之间废除关税和其他非关税贸易壁垒，同时对非成员国实行统一的关税和其他贸易限制措施，各成员国之间的关境取消，合并组成一个统一的关境。如欧洲经济共同体已于 1968 年达到这个层次。

4. 共同市场（common market）

共同市场是指成员国之间除实行关税同盟的各项政策（即商品的自由流通和统一对外关税）外，还允许资本、劳动力等生产要素在成员国之间自由流动，实现了要素市场一体化。如欧洲共同市场在 1970 年接近这一阶段。

5. 经济同盟（economic union）

经济同盟是指成员国之间不仅商品和生产要素可以自由流通、建立统一的对外关税制度，而且实现了各成员国之间的社会经济政策一体化。如制定并执行共同的货币政策、财政政策、农业政策、经济发展和社会福利政策等。目前，欧盟就属此类。

6. 完全经济一体化（complete economic integration）

完全经济一体化是指成员国之间完全消除商品、生产要素等自由流通的各种障碍，在对外贸易政策、货币政策、财政政策、社会政策等方面达到完全一致，并建立起一个中央管理机构对所有事务进行控制。这是最高层次的经济一体化形式，这种形式迄今尚未出现过，欧盟的最终目标就是要达到这种境界。

以上六种经济一体化的组织形式，依其一体化的深度和广度，形成一个由低到高的序列，但这并不意味着区域经济一体化必须沿着这个序列按部就班地发展，并且实际中的一体化集团由于其合作的广泛性，往往不能归于一种类型，随着各国间经济合作的加深与协作内容的拓宽，势必会出现新的地区经贸集团的组织形式（表 6-1）。

表 6-1　区域经济一体化组织形式的比较

区域经济一体化形式	优惠关税	商品自由流通	共同对外关税	生产要素自由流通	经济政策协调	超国家经济组织
优惠贸易安排	◆					
自由贸易区	◆	◆				
关税同盟	◆	◆	◆			
共同市场	◆	◆	◆	◆		
经济同盟	◆	◆	◆	◆	◆	
完全经济一体化	◆	◆	◆	◆	◆	◆

6.1.3　区域经济一体化的类型

根据参加经济一体化组织国家或地区的经济发展水平，区域经济一体化可分为两种类型。

1. 水平型经济一体化（horizontal economic integration）

水平型经济一体化是指由经济发展水平大致相同或接近的国家所组成的一体化。例如拉美自由贸易协会、欧洲自由贸易联盟、欧洲联盟等属于此类。

2. 垂直型经济一体化（vertical economic integration）

垂直型经济一体化是指由经济发展水平、发展阶段差异较大的国家所组成的一体化组织。例如北美自由贸易区中的美国、加拿大、墨西哥，其经济发展水平、阶段都存在一定的差异。

6.1.4　区域经济一体化的发展状况及特点

1. 数量不断增多

进入 20 世纪 90 年代，区域经济一体化的数量急剧增加，尤其是自 WTO 成立以来，这一变化更加突出。在 2002 年 11 月 4 日 WTO 区域贸易一体化委员会向总理事会的报告中指出，截至 2002 年 10 月，向 GATT/WTO 通知的区域贸易一体化共 255 件。

2. 区域经济一体化的主要形式是自由贸易区

据 WTO 统计，截至 2002 年 3 月 1 日，正在实施的区域贸易一体化中，绝大多数是自由贸易协议，占所有区域贸易安排的 72%，共有 175 个，关税同盟 22 个，占 9%，服务贸易协议及部分授权条款实施的区域贸易一体化共 46 个，占总区域贸易一体化的 19%，其中除货物外，还涉及服务贸易的有 17 个自由贸易协议和一个关税同盟安排。

3. 区域经济一体化所涉及的领域不断扩大

区域经济一体化所涉及的领域不断扩大，已从 GATT 时期货物贸易向服务贸易领域扩展。在 WTO 成员间的区域贸易一体化中，截至 2002 年 7 月 1 日，包含服务贸易安排的达到 21 件，占区域贸易一体化总数的 12.2%，并且这一趋势，将随着服务贸易规模的不断扩大而进一步发展。在 GATT 时期，仅欧共体和美加自由贸易协议等少数区域贸易一体化中涉及服务贸易。

另外，从货物贸易涉及的产品分析，农产品作为最敏感的贸易自由化对象，也被包含在自由贸易的产品范围之中。

4. 大部分国家或地区已介入到区域贸易一体化之中

目前，除中国的三个单独关税区香港、澳门、台湾省尚未正式签署区域贸易一体化之外，WTO 的每个成员均至少参加了一个区域贸易一体化组织，多者达 30 个以上，区域贸易一体化遍布各大洲和地区。

6.2　当代世界主要区域经济一体化组织

世界上最早出现的区域经济一体化组织是 1949 年成立的经济互助委员会，由原苏联和东欧国家组成，后来蒙古、古巴和越南先后加入，成为跨地区的经济组织。随着原苏联的解体和东欧的巨变，经互会已经解体。经过战后 50 多年的发展，世界经济区域一体化与集团化趋势不断强化，各种区域性和次区域性一体化组织层出不穷，截止目前，全球有近 200 个带有一体化特征的区域性经济组织，其中最具影响力的是欧洲联盟（EU）、北美自由贸易区（NAFTA）和亚太经济合作组织（APEC）。其中，欧洲联盟是发达国家间经济一体化组织的典型代表，也是迄今为止世界上一体化程度最高的区域一体化组织；北美自由贸易区是发达国家与发展中国家之间经济一体化的典型代表；亚太经济合作组织则是多国家、多层次的经济合作的一种尝试，属于一个松散的一体化雏形组织。

6.2.1　欧洲联盟（European Union）

1. 欧洲联盟的基本概况

欧洲联盟简称欧盟，总部设在比利时首都布鲁塞尔，成立纪念日为每年的 5 月 9 日。是当今世界经济一体化程度最高的区域政治经济集团组织。盟歌为贝多芬第九交响曲《欢乐颂》的序曲。盟旗为蓝底上 12 颗金星构成的圆环。

欧盟现有 25 个成员国，即法国、德国、意大利、荷兰、比利时、卢森堡、丹麦、爱尔兰、英国、希腊、西班牙、葡萄牙、奥地利、芬兰、瑞典、爱沙尼亚、拉托维亚、立陶宛、波兰、捷克、斯洛伐克、匈牙利、斯洛文尼亚、马耳他和塞浦路斯。欧盟 25 国总面积为 450 万平方公里，人口为 4.53 亿。

欧盟内部使用的 11 种官方语言分别为：英语、法语、德语、意大利语、西班牙语、葡萄牙语、荷兰语、丹麦语、瑞典语、芬兰语和希腊语。欧盟所有官方文件必须用上述 11 种文字印刷。

欧盟的主要官方出版物为：《官方公报》、《欧洲共同体月报》、《欧洲文献》、《欧洲新闻——对外关系》、《欧洲经济》、《欧洲共同体对外贸易统计月报》等。

2. 欧洲联盟的发展简史

欧洲联盟的前身是欧洲共同体（European Communities），简称欧共体（EC）。1950 年 9 月，法国外长罗贝尔·舒曼发表了著名的"舒曼计划"，标志着经济一体化思想的形成并开始实践。遵循"舒曼计划"，比利时、法国、联邦德国、意大利、荷兰和卢森堡六国决定集中他们的煤炭、钢铁资源以促进经济恢复和防止新的战争爆发，在巴黎签署了《欧洲煤钢共同体条约》，1952 年 5 月 9 日，欧洲煤钢共同体正式成立。至今，每年的 5 月 9 日（煤钢共同体成立之日）被作为欧洲的"生日"来庆贺。1957 年 3 月 25 日，上述六国又在意大利罗马签署了《建立欧洲经济共同体条约》和《欧洲原子能共同体条约》两个条约，统称《罗马条约》。1958 年 1 月 1 日，欧洲经济共同体和欧洲原子能共同体宣告成立。1965 年 4 月 8 日，上述六国在布鲁塞尔签订《布鲁塞尔条约》，决定将上述三个组织的所属机构合并，统称为欧洲经济共同体，简称欧共体。这个条约于 1967 年 7 月 1 日生效，欧共体随之正式成立。这就是欧盟的前身。

欧共体成立后，由于其取得的成就和显示的活力，吸引了欧洲其他国家参加。1973 年，英国、丹麦和爱尔兰加入欧共体；1981 年希腊加入；1986 年，葡萄牙和西班牙加入。至此，欧共体已成为一个拥有 12 个成员国的庞大经济一体化组织。

1991 年 12 月 11 日，经多次扩大了的欧共体在荷兰小城马斯特里赫特召开首脑会议，签署了《欧洲联盟条约》（又称《马斯特里赫特条约》，简称《马约》），决定建立集经济、货币与政治联盟于一体的区域性联盟。1993 年 11 月 1 日《马约》生效，欧洲联盟正式成立。

1995 年，奥地利、芬兰和瑞典加盟。欧盟一共拥有了 15 个成员国。1998 年 3 月，欧盟与中东欧 10 国（爱沙尼亚、拉脱维亚、立陶宛、波兰、捷克、斯洛伐克、匈牙利、斯洛文尼亚、马耳他和塞浦路斯）开始入盟谈判，谈判持续了 4.5 年，到 2002 年 10 月结束。2002 年 11 月 18 日，欧盟 15 国外长在布鲁塞尔举行会议，决定正式邀请上述 10 国入盟。2002 年 12 月 12 日，欧盟哥本哈根首脑会议确定了与上述 10 国的入盟协议签署日期。2003 年 4 月 16 日，欧盟与上述 10 国签署入盟协议。按照协议，2004 年 5 月 1 日，这 10 国将成为欧盟的正式成员国。届时欧盟成员国将扩大到 25 个。

保加利亚和罗马尼亚的入盟时间将推至 2007 年。关于土耳其的入盟问题，欧盟鼓励其继续深化改革，如果接到欧委会关于土耳其达到哥本哈根会议提出的各项政治标准的报告和推荐信，将会在 2004 年 12 月举行的欧盟首脑会议上考虑与土耳其进行入盟谈判。

迄今为止，欧盟是世界上发展进程最快、范围最广、层次最高、成就最大的区域经济一体化组织。

3. 欧盟经济一体化进程

欧盟经济一体化进程是以关税同盟为起点，进而发展为统一大市场、经济货币联盟，并正向政治联盟发展。

（1）建立关税同盟。继欧洲煤钢、原子能和欧洲经济共同体合并为欧洲共同体之后，1968 年 6 月 28 日，欧共体部长理事会以法规形式通过了共同海关法则，作为其管理和调节同非成员国贸易的依据，并于同年 7 月 1 日完成了《罗马条约》赋予的取消成员国之间的贸易限制、取消内部关税及统一各国对外关税税率的使命，比原计划提前 1.5 年建成关税同盟。虽然欧盟成员国之间取消了所有关税，建立了统一的共同海关税则，但成员国之间的海关手续和许多无形的壁垒仍阻碍商品的自由流通。欧盟于 1994 年 1 月 1 日颁布了新的海关法。新海关法简化了海关程序和手续，统一了海关规则。

（2）实施共同农业政策。实施共同农业政策是为了促进整个共同体的农业发展，保证市场供应和稳定农业部门的收入。共同农业政策的内容主要有：取消成员国相互之间农产品贸易的关税和统一农产品价格，以实现农产品在共同体内的自由流通。对输入共同体的农产品则实行差价税，建立农产品进口壁垒，以排挤共同体外农产品的进口。设立农业基金以补贴出口，增强农产品的竞争力，扩大出口。

（3）科技共同体和尤里卡计划。《罗马条约》不曾对研究和科技计划做出规定，随着科技革命的深入开展和高科技时代的来临，为了振兴欧洲经济，缩小与美、日的技术差距，1985 年 6 月欧洲理事会通过"朝着欧洲技术共同体奋斗"的备忘录，正式提出建立科技共同体。为建立一个欧洲自己的与美、苏相抗衡的空间防务体系，欧共体于 1985 年 4 月正式提出尤里卡计划，并与 7 月通过。当年尤里卡计划的参加国以欧共体 12 国为主，加上奥地利、瑞士、挪威、瑞典、芬兰、土耳其等国家。

（4）统一大市场。到 20 世纪的 80 年代初，《罗马条约》关于建立一个人员、货物、资本和服务自由流动的统一大市场的目标还远未实现，为了消除贸易壁垒，向共同市场的目标推进，1985 年 6 月，欧委会正式发布了《关于完善内部市场的白皮书》和《欧洲一体化文件》，明确提出于 1992 年 12 月 31 日前在共同体内建立"无国界"的统一大市场，真正实行人员、商品、资本、服务的自由流通。1985 年 12 月，委员会的"白皮书"得到理事会批准。

为推进"白皮书"的实施，1986 年 2 月欧洲理事会签署了法律性的《欧洲单一文件》，文件对《罗马条约》进行了第一次重要修改，以"有效多数"取代"一致同意"的决策条件，从而有助于欧共体部长理事会和委员会更有效地开展内部统一大市场的建设。

"欧洲一体化文件"于 1987 年 7 月 1 日生效。经过几年的努力，欧洲统一大市场于 1993 年 1 月 1 日如期启动，除人员自由流动没有完全实现外，欧共体内部的商品、服务、资本已实现自由流通。这标志着欧共体已实现商品自由交换向生产要素自由流动的过渡。

（5）《申根协议》的签署。为促进人员的自由流动，1990 年 6 月，法国、德国、荷兰、比利时、卢森堡五国签署了关于人员自由流通的"申根协议"，意大利、西班牙、葡萄牙、希腊、奥地利也相继签署了该协议。1995 年 7 月，"申根协议"首先在法国、德国、荷兰、比利时、卢森堡、葡萄牙和西班牙七国内生效，并于 1998 年起在奥地利、意大利、希腊三国生效。上述 10 国人员可自由来往。第三国人员只要取得一国签证，即可在 10 国间畅行。

（6）欧洲联盟。1991 年 12 月 10 日，第 46 届欧共体首脑会议在荷兰首都马斯特里赫特城召开。会议通过了《经济与货币联盟条约》，统称为《马斯特里赫特条约》（简称《马约》）。1993 年 10 月 29 日，欧共体特别首脑会议宣布《马约》1993 年 11 月 1 日起生效，从此，欧共体成为欧洲联盟，简称欧盟。条约涉及的主要内容有：①明确欧洲公民定义。联盟侨民无论居住在欧共体哪个成员国，在欧洲选举和市政选举中都享有选举权和被选举权，承认任何公民在欧洲议会请愿的权利。②统一货币。③以"共同外交和安全政策"取代"欧洲政治合作"。在欧共体最重要的领域内采取"共同行动"仍需一致通过,但也采用特定多数投票实施共同行动。欧洲联盟的武装机构——西欧联盟将执行欧洲联盟在防务方面做出的决定。④在法律事务和国内事务里的合作,赋予欧洲议会更多的权力。

(7) 建立欧洲货币体系。1969 年 12 月,在法国总统蓬皮杜的倡议下,原欧共体六国在海牙举行首脑会议,决定分阶段全面建立欧洲经济和货币联盟,计划在 1980 年建成。由于受 20 世纪 70 年代石油危机、美元危机、经济停滞和通货膨胀的影响,这一计划未能实现。1978 年,欧共体又提出建立"欧洲货币体系",即建立欧洲货币单位,作为中心汇率的计算标准、中央银行业务结算手段以及成员国国际储备资产,扩大货币联合浮动体系,建立欧洲货币基金等。因此,1979 年欧共体创立欧洲货币单位,即埃居。

1991 年《马约》又提出 1999 年前建成经济货币联盟,发行单一货币,建立欧洲中央银行。条约提出分三个阶段加以实施:第一阶段从 1990 年 7 月 1 日至 1993 年 12 月 31 日。要求成员国在欧洲货币体系的基础上加强协调,取消国家外汇管制,促进资本流通,各成员国加入欧洲货币体系的汇率运行机制,缩小汇率浮动幅度。第二阶段从 1994 年 1 月 1 日开始。目标是成立欧洲货币局,进一步协调各成员国货币政策,加强国家中央银行的独立,监控各国经济和财政政策。1995 年 12 月 16 日马德里首脑会议决定,单一货币起名为欧元。1998 年 5 月 2 日至 3 日,确定除英国、丹麦、希腊和瑞典以外的欧盟十一国(比利时、德国、西班牙、法国、爱尔兰、意大利、卢森堡、荷兰、奥地利、葡萄牙和芬兰)成为欧洲统一货币——欧元(Euro)创始国。1998 年 7 月 1 日,欧洲中央银行正式成立,总部设立在法兰克福。它是欧元区国家统一货币、发行欧元后的中央银行,其前身为欧洲货币局。第三阶段 1999 年 1 月 1 日起,将欧元作为参加国的非现金交易的"货币",即以支票、信用卡、股票和债券等方式希腊正式加入欧元区;2002 年 1 月 1 日,欧元纸币和硬币开始进入流通,与成员国货币共同流通;2002 年 3 月 1 日后,成员国货币退出流通,完全用欧元取代,欧洲经济与货币联盟基本完成。

4. 欧盟的组织机构

作为一个经济、政治实体,欧盟已经建立了一个超国家的组织,其主要官方机构有:

(1) 欧盟理事会。包括首脑会议和部长理事会。

首脑会议,是欧盟的最高决策机构,由各成员国国家元首或政府首脑及欧盟委员会主席组成,每年一般举行两次会议,主要是确定欧盟的内部建设和对外关系的政策方针。理事会主席由各成员国轮流担任,任期半年。

部长理事会是欧盟的日常决策机构,由成员国外长组成总务理事会,其他部长组成专门理事会，主席亦由成员国轮任，任期 6 个月。主要负责制订欧盟法律、法规和有关欧盟发展、机构改革的各项重大政策等。

（2）欧盟委员会。是欧盟的常设执行机构，负责起草政策、法规、报告和建议，并保证欧盟的政令在各成员国畅通。

欧委会还代表欧盟进行对外联系和贸易等方面的谈判。委员会总部设在布鲁塞尔，委员会的任期为五年。委员会由 20 个委员组成，每个委员负责一定范围的事务。在委员会的组成上，法国、德国、英国、意大利、西班牙各占二人，其他成员国各占一人。委员会设主席一名和副主席两名。

（3）欧洲议会。是欧盟最高立法机构，在欧盟内部执行法律监督和咨询。议会总秘书处设在卢森堡。法国的斯特拉斯堡为欧洲议会全体会议所在地，各委员会和各党团会议在布鲁塞尔举行。

欧洲议会共有 626 名议员，从 1979 年起，议员由普选产生，任期五年。各成员国的分配情况为：德国 99 名，法国、英国、意大利各 87 名，西班牙 64 名，荷兰 31 名，比利时、希腊、葡萄牙各 25 名，瑞典 22 名，奥地利 21 名，丹麦、芬兰各 16 名，爱尔兰 15 名，卢森堡 6 名。

此外，欧盟还有欧洲中央银行、欧洲法院、欧洲审计署、欧洲投资银行、欧洲经济社会委员会、欧洲地区委员会、欧洲统计局、欧洲农业基金会、欧洲投资基金会、欧洲发展基金等机构，对欧盟的机制运行起辅助作用。

表 6-2 为欧洲联盟各国概况一览表（1999 年）。

表 6-2　欧洲联盟各国概况一览表（1999 年）

国　家	面积/平方公里	人　口	国内生产总值/亿美元	人均 GDP/美元	贸易总额/亿美元
比利时	30 562	10 241 506	2 360	23 400	2 822
法国	574 008	59 329 691	13 200	22 600	5 440
德国	356 902	82 797 408	18 100	22 100	9 360
意大利	301 217	57 634 327	12 400	20 800	4 450
卢森堡	2 584	437 389	139	32 000	165
荷兰	41 525	15 892 237	3 486	22 000	3 020
英国	244 755	59 508 382	12 520	21 200	5 750
丹麦	43 095	5 336 394	1 240	23 300	949
爱尔兰	70 189	3 797 257	671	18 600	1 046
希腊	131 831	10 601 527	1 430	13 400	401
葡萄牙	92 390	10 048 232	1 448	14 600	599
西班牙	504 739	39 996 671	6 456	16 500	2 434
奥地利	83 859	8 131 111	1 845	22 700	1 283
芬兰	336 959	5 167 486	1 036	20 100	737
瑞典	449 965	8 873 052	1 750	19 700	1 521
15 国合计	3 264 580	377 792 670	78 081	20 533	39 977

国　　家	面积/平方公里	人　　口	国内生产总值/亿美元	人均 GDP/美元	贸易总额/亿美元
波兰	312 613	38 646 023	2 630	6 800	657
捷克	574 008	10 272 109	1 167	11 300	2 406
匈牙利	92 981	10 138 844	745	7 400	436
塞浦路斯	9 234	758 363	100	13 000	50
爱沙尼亚	45 226	1 431 471	78	5 500	65
斯洛文尼亚	20 256	1 927 593	204	10 300	191
斯洛伐克	48 844	5 407 956	445	8 300	236
立陶宛	65 268	3 620 756	176	4 900	101
拉脱维亚	63 973	2 404 296	97	4 100	50
马耳他	310	391 670	50	13 000	40
10 国合计	1 232 712	7 499 081	5 692	6 120	4 289
25 国合计	4 497 292	452 791 751	83 773	15 436	44 263

6.2.2　北美自由贸易区 (North American Free Trade Area-NAFTA)

1. 北美自由贸易区概况

北美自由贸易区现有美国、加拿大和墨西哥三国，于 1994 年 1 月 1 日成立，其人口 3.67 亿，面积 2 130.7 万平方公里，GDP 超过 10 万多亿美元，贸易额占世界的 1/5 以上，经济实力足以与欧洲经济区相抗衡，是世界上出现的第一个发达国家与发展中国家组成的贸易集团化组织。

它起步虽晚，进展却很快，从成立之日起计划在 15 年内实现货物自由流动。目前，各国总体上消除了关税和非关税壁垒，实现了商品和投资的自由流动目标。1994 年 12 月 10 日，美洲 34 个国家的领导人在美国的迈阿密签订协议，同意建立美洲自由贸易区，并将 2005 年确定为完成谈判的最后期限。如果这一目标能够实现，将在西半球出现一个世界最大的市场，其消费人口达 8.5 亿，货物和服务消费将达 13 万亿美元。

2. 北美自由贸易区组建的原因

促使北美自由贸易区成立的原因有两个：一是迫于不断扩大和深化的欧洲经济一体化的压力。欧共体提出建立统一大市场的宏伟规划后，在全球产生了重大影响，特别是引起了世界其他主要发达国家的密切关注，其中首要的就是美国。众所周知，战后几十年来，受世界经济、政治发展不平衡规律的制约，美国作为绝对超级大国一家垄断天下的局面不复存在，日本和欧洲的崛起无疑是对美国的强大挑战。欧共体的联合统一，更严重削弱了美国在当代世界经济中的地位和作用。在世界经济一体化的大势下，美国也积极寻求地区性联合。美、加、墨三国是山水相连的邻邦，语言文字、价值观念、风俗习惯相似，经济互补性强，相互贸易基础良好。所以三国具有实行经济一体化的必要性和可能性。二是美、加、墨发展成员国内部经济和贸易的需要。二战后，特别是进入 20 世纪 70 年代以来，由于西欧与日本经济的迅速发展，使美国经济在世界上的地位不断下降。美国经济增长缓慢，外贸逆差连年不断，80 年代中后期年贸易逆差高达千亿美元以上。美国经济大有被后来居上的西欧与日本赶超之势。美国要加快经济发展，扩大贸易特别是出口，就很有必要与邻近国家建立经济一体化组织。建立北美自由贸易区，实行美国、加拿大和墨西哥等三国经济一体化，对美国来说，既可以扩大商品出口和资本输出市场，有利于经济结构调整，加快经济增长，还可以为建立由其主导的美洲经济圈奠定基础；对加拿大来说，既可以简单、有效地抑制美国日益高涨的贸易保护主义，巩固和扩大其在美国的市场，又可以开发墨西哥市场，扩大对墨西哥的商品出口；对墨西哥来说，既可以获得美国和加拿大更多的投资和技术，提高经济总量和质量，又可以增加对美国和加拿大的出口，解决其长期债台高筑的问题。因此，建立北美自由贸易区不仅是美国的需要，也是加拿大和墨西哥的需要。

3. 北美自由贸易区产生的历程

北美自由贸易区酝酿于 20 世纪 80 年代中后期。

1985 年 3 月，加拿大总理马尔罗尼和美国总统里根首次正式提出建立北美自由贸易区的主张。1985 年 5 月美加开始建立北美自由贸易区的协商谈判。1987 年 10 月，两国达成"美加自由贸易协定"。1988 年 1 月 2 日，美国与加拿大签署了美加两国自由贸易协定。1989 年 1 月 1 日正式生效。该协定规定，两国在 10 年内逐步取消两国间的一切关税，并有步骤地减少制造业、能源、农业以及银行服务业等方面的其他贸易壁垒，从而扩大两国间的贸易往来。

1988 年，墨西哥总统萨里纳斯上任后，积极寻求与美国双边自由贸易协定的谈判，1988 年，美国与墨西哥签署了美墨两国自由贸易协定。

美加和美墨两个协定实施后，美、加、墨三国间的贸易迅速发展。

三国又于 1991 年 6 月开始谈判，几经曲折，1992 年 12 月，美、加、墨三国在两个协定的基础上，经过认真和充分的协商，正式签署了《北美自由贸易协定》。

墨西哥属发展中国家，经济上同美国、加拿大有很大差距，因此美、加担心墨西哥廉价劳动力会冲击北美的劳动力市场。所以，克林顿上台后，积极推动北美自由贸易协定有关劳工和环保方面的附属条款谈判。于 1993 年 8 月，三国就环保、劳动就业等问题达成协议，作为《北美自由贸易协定》的补充。

1994 年 1 月 1 日，《北美自由贸易协定》正式生效，北美自由贸易区诞生。

4. 《北美自由贸易协定》的总目标及主要内容

《北美自由贸易协定》的总目标是经过 15 年的努力，到 2008 年在成员国间取消各种关税和非关税的壁垒，实行零关税，实现商品和生产要素的完全自由流动。并具体规定了在成员国间逐步消除关税和投资限制的步骤和时间表。

《北美自由贸易协定》的主要内容有：

(1) 取消关税、非关税壁垒、许可证、配额及其他的贸易壁垒，促进商品和服务的跨国流通。由于三国的经济发展水平不同，在实现零关税的进度上有所不同，美加之间将在 1998 年 1 月 1 日实现零关税，而美墨及加墨之间将在 2008 年才能实现零关税。

(2) 美加逐步取消墨西哥制造的汽车关税，其中轻型卡车从 25% 减到 10%，然后在五年内全部取消，重型卡车，公共汽车，拖拉机则在 10 年内取消。墨将在 10 年内取消美加汽车关税及非关税壁垒，其中轻型卡车将在五年内取消关税。

(3) 美加分别取消 61% 和 85% 的墨农产品关税；墨将分别取消 36% 和 4% 的美加农产品关税。在协定下，墨将有 10～15 年的时间降低剩余农产品的关税并有权通过基础设施建设、技术援助以及科研来支持本国农业的发展。

(4) 三国间国际货物运输的开放有一个 10 年的转换期。三年后，墨的卡车允许进入美的边境各州，七年后，所有三国的国境对过境陆上运输完全开放，三年对于外国直接投资的运输公司，美将允许墨西哥人拥有 49% 的国际运输公司股份，七年后则允许墨西哥人拥有 100% 的股份，美国人可以拥有墨运输公司 51% 的股份，10 年后则可达到 100%。

(5) 金融保险业方面。协定规定实施的前 6 年中，美加的银行只能参与墨银行 8% 至 15% 的业务份额；在第 7 年至第 15 年间，如墨西哥银行市场中外国占有率超过 25%，墨西哥则有权实行一些保护性措施。墨在美加银行市场中一开始就可以享受较为自由的待遇。协定允许美加的保险公司与墨的保险公司组成合资企业，其中外国企业的控股权可逐年增加，到 2000 年，在墨的保险来到外国企业的股份可达到 100%。

(6) 在能源方面，墨保留在石油和天然气的开采，提炼及基础的石油化工业的垄断权，但非石油化工业将向外国投资开放。

(7) 争端解决的规定。北美贸易委员会成立了由五位贸易和法律专家组成的小组，解决贸易及投资的纠纷。

北美自由贸易区的成功实践，为在经济发达国家与发展中国家间建立和实行南北型的区域经济一体化提供了范例。北美自由贸易区成立后，作为发展中国家的墨西哥与发达国家的美国、加拿大资源互补，共同发展，综合经济实力和人民生活快速提高的事实，充分证明在相邻相近的发达国家与发展中国家间，是可以实行区域经济一体化的。

　　5. 北美自由贸易区与欧盟的比较

　　与欧盟相比，北美自由贸易区具有其独特的特点。

　　（1）它属于发达国家与发展中国家间的垂直型经济一体化组织。北美自由贸易区中美、加、墨三国的经济实力相差较大，美国的国民生产总值是加拿大的10倍、墨西哥的21倍，所以美国在北美自由贸易区中居于绝对的领袖地位。此外，美国并不满足于建立北美自由贸易区，它的目标是建立以它为中心的美洲自由贸易区，要与拉丁美洲联合，把整个美洲联合成一个经济区域，这个目标预计在2005年达到。

　　（2）实行开放的地区主义。北美自由贸易区是开放性的，不对外设置共同的贸易壁垒，不损害该组织的成员国与区外国家之间以往的经贸联系，其区域性经济合作是开放的地区主义。

　　（3）经济一体化范围广泛。从北美自由贸易区的目标看，它们首先是建立自由贸易区，然后建立共同关税区，到2005年实现建立共同市场的目标，最后制定共同的外交政策。总之，北美自由贸易区的一体化内容涉及经济、政治和社会等方面。

　　（4）制度化程度较高。目前，北美自由贸易区已建立起一系列一体化机制，如总统会议、外长会议、总秘书处、地区法院、地区银行、劳工标准、卫生标准等。

　　总之，与欧盟相比，北美自由贸易区还处在中期发展阶段。

6.2.3　亚太经济合作组织（Asia-Pacific Economic Cooperation，APEC)

　　1. 概况

　　亚太地区广义上所指的地理范围十分广阔的，但重点是指亚洲乃至西南太平洋区域的一系列国家和地区，亚太经合组织由亚太地区的21个国家和地区组成，人口多，面积大，发展速度快，但情况也很复杂，地理上跨越亚洲、大洋洲、美洲，参加国有发达国家，有新兴工业化国家，也有发展中国家，是一个区域性经济论坛和磋商机构。

　　20世纪80年代，国际形势因冷战结束而趋向缓和，世界经济全球化、贸易投资自由化和区域集团化的趋势渐成潮流。在欧洲经济一体化进程加快、北美自由贸易区已显雏形和亚洲地区在世界经济中的比重明显上升等背景下，澳大利亚前总理霍克1989年1月提出召开亚太地区部长级会议，讨论加强相互间经济合作的倡议。这一倡议得到美国、加拿大、日本和东盟的积极响应。1989 年 11 月 6 日至 7 日，亚太经合组织第一届部长级会议在澳大利亚首都堪培拉举行，这标志着亚太经合组织的成立。1993 年 6 月改名为亚太经济合作组织，简称亚太经合组织（APEC）。

到目前为止，亚太经合组织共有 21 个成员：澳大利亚、文莱、加拿大、智利、中国、中国香港、印度尼西亚、日本、韩国、马来西亚、墨西哥、新西兰、巴布亚新几内亚、秘鲁、菲律宾、俄罗斯、新加坡、中国台北、泰国、美国和越南。其中，澳大利亚、文莱、加拿大、印度尼西亚、日本、韩国、马来西亚、新西兰、菲律宾、新加坡、泰国、美国等 12 个成员是于 1989 年 11 月 APEC 成立时加入的；1991 年 11 月，中国以主权国家身份，中国台北和香港（1997 年 7 月 1 日起改为"中国香港"）以地区经济名义正式加入亚太经合组织；1993 年 11 月，墨西哥、巴布亚新几内亚加入；1994 年智利加入；1998 年 11 月，秘鲁、俄罗斯、越南加入。APEC 接纳新成员需全部成员的协商一致。1997 年温哥华领导人会议宣布 APEC 进入 10 年巩固期，暂不接纳新成员。亚太经合组织 21 个成员拥有 25 亿人口，占世界人口的 45%，国内生产总值占世界的 55%，贸易额占 46%。这一组织在全球经济版图上，是最具有活力的板块，在全球经济中具有举足轻重的作用。

2. 宗旨与目标

1991 年 11 月，在韩国汉城举行第三届部长级会议，签署《汉城宣言》，首次确立了亚太经合组织的宗旨和目标："相互依存，共同利益，坚持开放的多边贸易体制和减少区域贸易壁垒。"推动全球贸易投资自由化和便利化，加强成员间的经济技术合作。

3. 组织机构及运作方式

APEC 的组织机构分为五个层次：

（1）领导人非正式会议。领导人非正式会议是亚太经合组织最高级别的会议，每年下半年举行。会议就有关经济问题发表见解，交换看法，会议形成的领导人宣言是指导亚太经合组织各项工作的重要纲领性文件。首次领导人非正式会议于 1993 年 11 月在美国西雅图召开，此后每年召开一次，在各成员间轮流举行，由各成员领导人出席（中国台北只能派出主管经济事务的代表出席）。

（2）双部长会议。每年的领导人非正式会议前举行，由各成员的外交部长（中国台北与中国香港除外）和经贸部长出席。自 APEC 成立以来共举行了 15 届双部长会议。此外，APEC 每年还举行一些专业部长会议。

（3）高官会。每年举行 3～4 次会议，一般由各成员副部、司局或大使级官员组成。高官会的主要任务是负责执行领导人和部长会议的决定，并为下次领导人和部长会议做准备。

（4）委员会和工作组。高官会下设四个委员会，即贸易和投资委员会（CTI），负责贸易和投资自由化方面高官会交办的工作；经济委员会（EC），负责研究本地区经济发展趋势和问题；高官会经济技术合作分委员会（ESC），负责指导和协调经济技术合作；预算管理委员会（BMC），负责预算、行政和管理方面的问题。

此外，高官会还下设九个工作组，四个政策级专家组，开展专业活动和合作。

（5）秘书处。1993 年 1 月在新加坡设立，为 APEC 各层次的活动提供支持与服务。秘书处最高职务为执行主任，任期一年，由 APEC 当年的东道主指派。副执行主任由下届 APEC 会议东道主指派，一年之后成为执行主任。

亚太经合组织的性质为官方论坛，议事采取协商一致的做法。APEC 正式工作语言是英语。主要出版物有 APEC 经济展望报告、供各成员使用的 APEC 有关会议文件汇编、工作组活动进展情况等。

4. APEC 历次领导人非正式会议的主要内容

1993 年 11 月，在西雅图召开第五届部长会议和第一次领导人非正式会议，通过 APEC "贸易和投资框架宣言"，明确指出 APEC 的目标是实现自由化，推动亚太地区以市场为导向的经济合作，促进该地区贸易、投资自由化的发展，消除 APEC 成员间的贸易和投资障碍。

1994 年 11 月在雅加达召开的第六届部长级会议和第二次领导人非正式会议上，各成员国领导人在茂物发表了《亚太经合组织领导人共同决心宣言》，简称《茂物宣言》，决心把亚太地区实现贸易和投资自由化作为 APEC 的长远目标，确定发达国家及新兴工业化国家在 2010 年前，发展中国家在 2020 年前实现区域内贸易和投资自由化的目标。各国一致同意在人力资源、经济基础设施建设、科学技术、环境保护、中小企业发展和公共部门成员的参与等部门加强合作，宣言重申，APEC 反对成立一个同全球贸易自由化目标相偏离的、具有对外保护作用的内向型贸易集团。

1995 年 11 月，APEC 第七届部长级会议和第三次领导人非正式会议在日本大阪举行，发表了《大阪宣言》，并通过了《行动议程》，公布了贸易和投资自由化的首次行动措施。

1996 年 11 月，APEC 第八届部长级会议和第四次领导人非正式会议在菲律宾召开。会议正式公布了各成员提交的实施贸易与投资自由化的单边行动计划和具体措施。

1997 年 8 月，APEC 在加拿大温哥华举行第九届部长级会议和第五次领导人非正式会议。重申了实现贸易和投资自由化的决心，并宣布在医药等 9 个部门率先实行自由化。

1998 年 11 月，APEC 第十届部长级会议和第六次领导人非正式会议在马来西亚吉隆坡举行，通过了《走向 21 世纪的亚太经合组织科技产业合作议程》和《吉隆坡技能开发行动计划》等重要文件，突出了亚太经合组织成员间加强经济合作的努力。

1999 年 9 月，APEC 第十一届部长级会议和第七次领导人非正式会议在新西兰奥克兰举行。会议对进一步推进亚太地区经济合作、亚太经合组织如何为即将启动的新一轮全球贸易谈判做贡献以及亚太经合组织的未来走向等问题展开了讨论。会议最后通过了《亚太经合组织经济领导人宣言：奥克兰挑战》，并批准了《亚太经合组织加强竞争和法规改革的原则》和《妇女融入亚太经合组织框架》等文件。

2000 年 11 月，APEC 第十二届部长级会议和第八次领导人非正式会议在文莱首都斯里巴加湾举行。会议主要讨论了经济全球化、新经济、次区域合作、经济技术合作、人力资源开发和石油价格等问题。会议最后通过了《亚太经合组织经济领导人宣言：造福社会》和《新经济行动议程》。江泽民同志以 2001 年会议东道主的身份在会上就世界和亚太地区经济形势、经济全球化、新经济、亚太经合组织的作用、人力资源开发等问题发表了看法和主张。

2001 年 10 月，APEC 第十三届部长级会议和第九次领导人非正式会议在中国上海举行。江泽民同志主持会议并发表题为《加强合作，共同迎接新世纪的新挑战》的重要讲话，全面阐述了中国对当前世界和地区经济形势的看法，以及对推进 APEC 合作进程的主张。与会领导人以"新世纪、新挑战：参与、合作，促进共同繁荣"为主题，就当前世界经济形势以及"9·11"事件对经济发展带来的影响、人力资源能力建设和亚太经合组织未来发展方向等问题深入交换意见。会议通过并发表了《领导人宣言：迎接新世纪的新挑战》、《亚太经合组织领导人反恐声明》和《上海共识》等文件。

2002 年 10 月，APEC 第十四届部长级会议和第十次领导人非正式会议在墨西哥洛斯卡沃斯举行。会议就全球和亚太地区经济发展、加强多边贸易体制、执行上海会议成果及反恐合作等问题进行了讨论。会议发表了《领导人宣言》和《反恐声明》。

2003 年 10 月，APEC 第十五届部长级会议和第十一次领导人非正式会议在曼谷举行。会议的主题是"在多样性的世界，为未来建立伙伴关系"。中国国家主席胡锦涛出席会议。

5. APEC 的特点

与欧盟、北美自由贸易区相比，亚太经合组织具有其自身特点。

（1）参与国的广泛性。APEC 的 21 个成员均在环太平洋地区，位于美洲、亚洲和大洋洲，成员在历史、文化、宗教、政治制度及经济发展水平方面都具有广泛的代表性。其中有最富有、最发达的国家如美国、日本，也有像巴布亚、新几内亚、越南这样的发展中国家；有世界面积最大的国家如俄罗斯、加拿大，也有像新加坡、文莱这样的小国。这就决定了 APEC 不会像欧盟和北美自由贸易区那样合作紧密，而只能是一种建立在共同利益基础上的松散合作。

（2）开放性。由于 APEC 的大多数国家和地区都是实行出口导向型战略发展起来的，因此，APEC 绝大多数国家主张亚太地区的区域性经济一体化应是开放性的，不应对外设置共同的贸易壁垒，不能损害该地区的国家与区外国家之间以往的经贸联系，APEC 的区域性经济合作是开放性的地区主义。

（3）功能性整合与制度性整合并存。APEC 参与国的差异性决定了其经济一体化在逐步实行制度性整合的同时，必然更多地出现功能性整合的形式，从而形成了功能性整合与制度性整合并存的局面。APEC 以实现自由贸易区或共同市场为目标，因为这样既保持了一体化的开放性，又体现了其功能性整合的特点。

正是基于上述特点，APEC 目前还很难形成紧密度非常强、经济一体化程度较高的关税同盟、经济同盟等组织形式。

6.3　区域经济一体化对国际贸易的影响

各种类型的区域经济一体化组织无一例外的采取对内自由，对外保护的歧视性贸易政策，因而必然对国际贸易产生广泛而深远的影响。

6.3.1　区域经济一体化对集团内经济贸易的影响

1. 促进了区域内部贸易的增长

虽然区域经济一体化组织的层次不同，但贸易自由化都是其追求的目标。通过削减或消除关税及非关税壁垒，在区域内形成了一个统一市场，成员国相互提供稳定的销售渠道，推动了成员国内部贸易的增长。同时，由于要素的流动性增强，市场的扩大，为区域内的厂商实现规模经济提供了有利条件，而规模经济的实现又使成本降低，国民收入水平提高，进一步扩大了市场容量。

2. 促进了区域内部国际分工和技术合作，加速了产业结构的优化组合

区域经济一体化提高了商品、劳务、技术、资本等在区域内的流动性，从而

加深了成员国在经济上的相互依赖程度，国际分工进一步深化。在全球自由贸易难以实现的情况下，区域经济一体化为小范围内资源的合理利用和优化配置提供了可能，各成员国可以在科技研究与开发领域进行广泛的合作，也为区域内企业的重新组合提供了客观条件，有助于企业效率的提高和产业结构的升级。

　　3．有利于经济一体化组织整体地位的提高

　　区域经济一体化组织的成立，对成员国经济发展具有一定的促进作用，使集团经济实力大大增强。而且将个体的经济力量变为集团的力量出现在世界经济舞台上，其经济地位明显提高，也使其谈判力量增强，在一定程度上维护了自己的贸易利益。以欧共体为例，1958 年六个成员国工业生产不及美国的一半，出口贸易额与美国相近。但到 1979 年，欧共体九国国内生产总值已达 23 480 亿美元，出口贸易额是美国的 2 倍以上。同时在关贸总协定多边贸易谈判中，欧共体以统一的声音同其他缔约方谈判，不仅大大增强了自己的谈判实力，也敢于同其他大国或贸易集团相抗衡，达到维护自身贸易利益的目的。但区域经济一体化也使成员国经贸政策的自主权相应受到约束。在内部区域性国际协调必然渗透到各成员国经贸政策的制定中，成员国经济体制和政策的制定，都要遵守一体化组织中的法则和规范，承担相应的义务，并不断协调彼此之间的实施步伐和利益分配。随着一体化程度的不断加深，成员国的经济自主将日益缩减。

6.3.2　区域经济一体化对集团外经济贸易的影响

　　区域经济一体化对集团外的经贸活动也有一定的积极影响。首先，经济一体化组织成立后，成员国经济实力增强，对外需求扩大，从而促进了世界贸易总量的增长，也为区外国家的经济发展提供了更多的机遇；其次，经济一体化组织在科技领域出现的新成果也会随着出口的增长向区外国家扩散，使区外国家受益，世界的科技开发水平得以提高。但区域经济集团内外有别的歧视性政策，对集团外国家更多的是消极影响。

　　1．经济一体化对区外国家的排斥性增强

　　任何经济一体化组织的优惠措施都仅仅适用于区域内的各成员国，而对集团外国家仍然保持一定程度的贸易壁垒，从某种意义上讲，区域内贸易的扩大是以牺牲与区域外国家的部分贸易额为代价的，这是区域经济一体化组织的排他性和歧视性，这也使集团外国家的贸易环境恶化，尤其是发展中国家更为困难。

　　2．经济一体化改变了国际资本的地区流向

　　集团内外差别的优惠政策，使国际资本大量流入区域经济贸易集团内部，投资建厂组织生产销售，以绕过关税和非关税壁垒，寻求安全的"避风港"。这使发展中国家经济发展所亟须的资本不能引进，加剧了国内资金短缺的矛盾，阻碍了其经济贸易的发展和国际竞争力的提高，使南北经济差距进一步扩大。

3. 经济一体化不利于多边贸易体制的完善

（1）区域性经济集团的内外差别待遇违背了 WTO 的非歧视原则。对内自由，对外保护的贸易政策是区域性经济集团存在的基础，这种排他性违背了 WTO 的非歧视的基本原则。

（2）区域性经济集团加强了世界市场上的垄断力量，抑制竞争，削弱 WTO 的作用。区域性经济集团各成员国经济政策相互协调，实力强大，一致对外，往往可以左右某些商品的国际市场价格。在制定一些国际规则的多边谈判中，区域性经济集团也往往依仗强大的经济实力操纵谈判进程，对 WTO 及其他国际组织构成严峻的挑战。

（3）区域性经济集团使各国把追求自由贸易的目光转向区域性经济集团，不利于 WTO 的进一步发展。在全球范围内自由贸易难以实现的情况下，区域性贸易集团可以为成员国带来自由贸易的利益，因此各国纷纷加入或组成区域经济集团，而不愿推动区域经济集团向全球经济一体化的方向发展，这更削弱了 WTO 推动世界贸易自由化的作用。

总之，区域性经济一体化对内自由的优惠政策，促进了区域内的国际分工和自由贸易发展，同时由于对外的保护政策削弱了区域外的贸易开展，使世界经济分割成若干相对独立的区域，不利于世界经济一体化的协调发展。

本 章 要 点

◆ 区域经济一体化是指有一定地缘关系的一组国家或地区，通过多边合作协议，在社会再生产的某些领域内实行不同程度的经济联合和共同的经济调节，逐步减少乃至消除各种贸易障碍，实现商品和生产要素在本地区的自由流动，达到内部经济整合的过程。

◆ 经济一体化组织按照组织性质和贸易壁垒取消的程度，可分为优惠贸易安排、自由贸易区、关税同盟、共同市场、经济同盟和完全经济一体化。有水平型和垂直型两种经济一体化类型。

◆ 目前世界上有三个区域经济一体化组织最具影响力和典型意义，分别为欧盟、北美自由贸易区和亚太经合组织，这三个一体化组织各具特色。

◆ 各种类型的区域经济一体化组织，采取对内自由，对外保护的歧视性贸易政策，对国际分工和国际贸易产生广泛而深远的影响。

关 键 术 语

1. 经济一体化（economic integration）
2. 区域经济一体化（regional economic integration）
3. 优惠贸易安排（preferential trade arrangements）
4. 自由贸易区（free trade area）
5. 关税同盟（customs union）
6. 共同市场（common market）
7. 经济同盟（economic union）
8. 完全经济一体化（complete economic integration）
9. 水平型经济一体化（horizontal economic integration）
10. 垂直型经济一体化（vertical economic integration）

思 考 题

1. 如何理解区域经济一体化的涵义？
2. 按照经济一体化的程度划分，经济一体化有哪些组织形式？
3. 简述欧盟经济一体化发展进程。
4. 简述北美自由贸易区产生的背景及特点。
5. 简述亚太经合组织形成的背景及特点。中国与其关系如何？
6. 区域经济一体化的最新进展与前景展望。
7. 区域经济集团对集团内和集团外各产生哪些影响？

阅读材料及案例分析

【阅读材料一】　　《中国-东盟全面经济合作框架协议》简介

2002 年 11 月 4 日，朱镕基总理在柬埔寨金边举行的第 6 次中国与东盟领导人会议上正式和东盟 10 国签署了《中国-东盟全面经济合作框架协议》（简称《框架协议》），决定到 2010 年建成中国-东盟自由贸易区，这将是拥有 20 亿消费者的世界上最大的自由贸易区，这标志着中国与东盟的经贸合作进入了一个新的历史阶段，《框架协议》是来自贸易区的法律基础，共有 16 个条款，总体确定了中国-东盟自由贸易区的基本架构。

1. 中国-东盟自由贸易区包括的内容

根据《框架协议》，中国-东盟自由贸易区将包括货物贸易、服务贸易、投资和经济合作等内容，其中货物贸易是自由贸易区的核心内容，除涉及国家安全、人类健康、公共道德、文化艺术保护等 WTO 允许例外的产品以及少数敏感产品外，其他全部产品的关税和贸易限制措施都应逐步取消。

2. 相关领域的谈判时间安排

关于货物贸易的谈判从 2003 年初开始，2004 年 6 月 30 日前结束。关于服务贸易和投资的谈判将从 2003 年开始，并应尽快结束。在经济合作方面，双方商定将以农业、信息通讯技术、人力资源开发、投资促进和湄公河流域开发为重点，并逐步向其他领域拓展。

3. 中国-东盟自由贸易区的时间框架

《框架协议》规定，中国和东盟双方从 2005 年起开始正常轨道产品的降税，2010 年中国与东盟老成员，即文莱、印度尼西亚、马来西亚、菲律宾、新加坡和泰国，将建成自由贸易区，2015 年和东盟新成员，即越南、老挝、柬埔寨和缅甸，将建成自由贸易区，届时，中国与东盟的绝大多数产品将实行零关税，取消非关税措施，双方的贸易将实现自由化。

4. "早期收获"方案的主要内容

为使中国和东盟双方尽快享受到自由贸易区的好处，双方制订了"早期收获"方案，决定从 2004 年 1 月 1 日起对 500 多种产品（主要是《税则》第一章至第八章的农产品）实行降税，到 2006 年这些产品的关税将降到零。

5. 关于给予东盟非 WTO 成员多边最惠国待遇的承诺

东盟中越南、老挝、柬埔寨尚未加入 WTO，为了帮助这些国家的发展，我国同意给予东盟非 WTO 成员多边最惠国待遇，即将我国加入 WTO 时的承诺适用于这些国家。

6. 有关贸易规则的制订

《框架协议》规定，中国与东盟将制订原产地规则，反倾销、反补贴、保障措施，争端解决机制等贸易规则，以保证未来中国-东盟自由贸易区的正常运转。中国-东盟自由贸易区建成后，将形成一个拥有 20 亿消费者、近 2 万亿美元国内生产总值、1.2 万亿美元贸易总量的经济区，中国-东盟自由贸易区将是世界上人口最多的自由贸易区，也将是发展中国家组成的最大的自由贸易区。它将为中国和东盟带来互利双赢的局面。为亚洲和世界经济的稳定和发展做出积极的贡献。

问题：试比较中国-东盟自贸区与欧盟、北美自由贸易区、亚太经合组织的不同。

【阅读材料二】　　区域经济一体化模式比较

1. 欧盟与 APEC 特征比较

1）动力机制比较——制度与市场

欧洲国家的相对同一性是建立制度性一体化框架的关键因素。欧共体成员有着相似的历史和文化背景，经济结构和发展水平相近，贸易政策基本一致，相对容易就一体化目标通过谈判达成一致。它们追求的利益目标和追求利益的方式比较相似，因此能够按照共同通过的法律契约让渡自己的主权、加强经济融合。欧盟拥有紧密的制度性联合和较强的组织机构，成员国政府通过签署条约对其在一体化集团中的权利和义务做出相应的规定，并根据具体情况设置超国家机构共同决定一体化的发展。

与欧盟相比，亚太地区包括众多经济体，它们不仅社会制度不同、经济运行体制相异、发展水平悬殊、贸易政策难协调，而且还存在不少历史遗留下来的非经济障碍，难以寻求统一的"价值"或"理念"。APEC 以自发形成的密切联系的经济活动为基础而产生，这种以市场为动力的一体化，绕过了影响贸易、资本流动和其他经济交流的制度和法律障碍。APEC 成员在保留自己主权的前提下消除各种壁垒，形成市场的扩大和客观的融合，其一体化既没有法律和协定的约束，也没有超国家机构进行管理，成员之间以松散的形式进行经济合作。

2）运行机制比较——开放与封闭

如果一体化组织的运行通过谈判机制来完成，该组织往往以对内的开放和对外的封闭为特征。在谈判机制下，欧盟给各成员所带来的经济利益是以成员间彼此消除壁垒、开放市场、甚至出让一部分主权为代价的，因此具有排他性。这将减少成员国与外界的联系，更加依赖于组织内部的经济往来，从而产生了封闭性。从欧盟内部贸易和对外贸易中可以清晰地看出，1960 年到 1995 年欧盟的内部出口贸易占 GDP 的比重由 6％上升到 14％，对外出口贸易占 GDP 的比重却变化不大；而且欧盟以外的国家和地区对其出口依存度由 1987 年的 25％下降为1993 年的 23％。相反，如果允许成员通过特定的协商机制来确定经贸合作的共同目标，并在实现这些共同目标的过程中根据实际情况灵活调整，那么一体化组织在对内开放的同时也能实现对外开放。如在 APEC 单边主义协调机制下，任何一个合作事项均实行成员主动倡议、共同协商、达成一致的方式，各成员根据自身的实际情况对开放进程的调整以相应的承受能力为基础。这种单方面的自由化措施同时面向区域内外，APEC 以外国家和地区对 APEC 的出口依存度由1987 年的 19％上升到 1993 年的 22％。

3）组织机构比较——紧密与松散

以谈判机制为基础而建立的区域经济合作，客观上需要有一套紧密的制度性组织机构为各成员提供一个经常性的谈判和仲裁场所。欧洲经济一体化制度性合作色彩较浓，因而其组织化程度和规范强度在各成员国的主动认可下远远强于APEC。为保证制度性组织机构行使权力，欧盟要求各成员让渡部分经济主权，由超国家机构统一调控。从关税同盟开始，随着一体化的深化，各成员让渡的主权相应增加，欧盟已逐步建立起一套结构紧密的"超国家共同体机构"，包括欧洲理事会、部长理事会、欧盟委员会、欧洲法院和欧洲中央银行等。

在 APEC 协调的单边主义机制下，成员之间在一体化进程中产生利益矛盾与冲突的可能性相对较小。虽然这种合作模式客观上也需要有一定的组织机构作为协调合作目标、合作进程和相互利益关系的场所，但 APEC 的组织机构完全不同于欧盟的"超国家共同体机构"，它强调功能性合作，不需要让渡主权，是比较松散、约束力较弱的合作机构。APEC 既没有法律和协定的约束，也没有超国家机构进行管理，它只设有一个秘书处，除财务管理外，主要是联系和协调各方面的活动。

2. 欧盟和 APEC 推进方式比较

作为制度性一体化，欧盟在一体化的每个阶段都制定相关法律，成员国依此实施一致对内对外政策，经历了由低到高的一体化形式。《巴黎条约》建立了欧洲煤钢共同体，反映了特定经济部门的一体化。《罗马条约》建立了关税同盟，实行区域内贸易自由化。《单一欧洲法案》对商品、劳务、人员和资本的自由流动列出了约 300 项立法，并规定了完成这些立法的时间表。1993 年，欧洲统一大市场正式形成。随后，欧共体成员国签署了《马斯特里赫特条约》，并于 1999 年实现了经济货币联盟。今后，欧盟将迈向完全的经济一体化，对各种经济政策通过超国家机构进行协调和统一。

欧盟创建时就采用关税同盟对一体化升级具有决定意义。关税同盟要求成员国放弃关税制定权，并让渡给共同体所设立的超国家机构。根据"新功能主义"，超国家机构具有功能外溢的特征，即当成员国在某一经济领域实现了一体化，超国家机构将提出另一个领域出现的问题及解决办法，这将导致其他经济领域的一体化发生。随着一体化程度加深，欧盟各成员让渡的权力从关税制定权扩展到货币政策制定、管理和执行权。尽管让渡主权的范围不断扩大，但权力的实质性转移仍取决于成员政府的政治意志。为平衡成员之间的权利和义务，超国家机构加强机制化建设，采取各种有效的经济政策和措施，在协调成员国和联盟利益的矛盾中发挥了重要作用。欧盟正是在解决这两种利益矛盾的过程中不断向更高层次发展。

与欧盟不同，APEC 在推动经济合作的道路上采取了一种独特的方式。首先，APEC 最鲜明的特征就是"开放的区域主义"。为了推进全球贸易投资的自由化，防止世界贸易形成封闭状态，APEC坚持非歧视性原则，其成员任何关税减让、非关税措施的减少或取消原则上可适用于非成员。其次，APEC各成员存在很大差异，如果强求一致，只会引发不必要的矛盾。因此APEC选择了灵活的方式，承认各成员贸易投资自由化起点不同，允许成员根据自身经济发展水平、市场开放程度和承受能力，在APEC规定的时间表内对不同经济领域的自由化进程采取不同的方法，强调了灵活性。最后，APEC规定成员用15～20年完成贸易投资自由化，以循序渐进的方式推进这个长期目标。这样，各成员就有时间和机会逐步调整自己的经济政策和产业结构，适应经济发展需要。在开展具体的经济合作时，APEC成员不需要服从于超国家规章或强制力量的制约，它实行"自愿选择、组织推动"，同时采用单边行动和集体行动，依靠各成员的主动性和成员之间的协调性。APEC的这种发展模式建立在现实和实用基础上，只要亚太地区多样性这一特点不变，APEC开放、灵活、渐进的推进方式就不会发生根本变化。

3. 发展趋势分析

1）欧盟的发展趋势

欧盟以制度化和机制化作为发展框架，以统一方式和一致进度推动一体化，虽然这样组建的一体化组织容易迅速巩固和深入发展，但封闭性和排他性使一体化规模难以扩大。鉴于生产扩大与内部市场狭小的矛盾，欧盟必须从外部开拓新的市场空间，为振兴经济注入新活力。

（1）20世纪90年代以来，欧盟按照"同心圆欧洲"的构想逐步推进一体化。以原欧共体为内圆的深化和扩大已经取得了一定进展。第二圆也随欧共体与欧洲自由贸易联盟达成"欧洲经济区"协议而实现。目前，进一步扩展至中东欧构成欧洲经济圈第三圆的建设正在进行。中东欧国家在经济发展水平、经济结构和社会制度等方面与欧盟差距较大，短期内达到入盟标准的难度很大。1999年，欧盟通过《2000年议程》，对东扩的财政预算、共同农业政策和结构基金的改革达成妥协。2000年，欧盟通过了旨在改革内部机构、为东扩铺平道路的《尼斯条约》草案。随着东扩谈判的进展，由于成员国组成发生变化，欧盟必须放弃过去步调一致的一体化方式而采取更为灵活的方法。已走入经济货币联盟的欧洲国家将形成一个核心内圈，其余国家将以某种松散形式联合起来，待条件成熟时进入内圈。欧盟可能成为一个以灵活性和开放性为特征，发展层次有别、推进速度有异的新型一体化集团。

（2）欧盟在推进自身建设的同时，还加强了与区外国家和地区的联系，尤其是与第三世界的经济关系成为其对外关系的一个重要组成部分。例如，欧盟利用地缘优势推行新地中海战略，加快与地中海申请入盟国家进行谈判，期望于

2010 年建成自由贸易区。此外，欧盟与南方共同市场正式签署了《欧盟-南方共同市场地区间合作框架协议书》，于 2005 实现两大地区之间的工业和服务贸易自由化。欧盟还在《洛美协定》的基础上，与非洲-加勒比海-太平洋地区发展中国家签订了《科托努协定》，建立了稳定的联系国合作关系。为了进一步加强和亚洲的贸易合作，欧盟与亚洲以定期召开亚欧首脑会议和亚欧商务论坛的方式建立了新的合作伙伴关系。可见，欧盟开始把其经济集团的范围逐步扩大到发展中国家。发展水平较高的欧洲发达国家和发展水平较低的发展中国家相互融合，标志着欧盟传统的一体化模式在该地区正在被打破，该区域一体化组织正在由封闭走向开放或比以前有了较高程度的开放性。

2）APEC 的发展趋势

经过多年发展，随着发达成员主导 APEC 发展方向的趋势得到加强，APEC 出现了逐步向机制化方向发展的趋势，即其中的非强制性成分在减少，而强制性成分在增加。

（1）有关机构建设和高层会议制度化。1992 年，《曼谷宣言》决定在新加坡设立秘书处作为常设机构，标志着 APEC 走上了机制化道路。1993 年，APEC 决定每年定期举行首脑非正式会议，将协商的时间框架机制化。APEC 形成了从高官会到部长级会议再到领导人非正式会议的三层决策结构，并以领导人非正式会议做出的"承诺"作为实施决议的保证。这增强了 APEC 的硬性约束力，任何议程一旦达成共识或进行了承诺，就具有"隐形压力"。

（2）贸易投资自由化途径呈现出机制化倾向。APEC 在协商一致的基础上根据自身情况制定了时间表来对贸易和投资自由化构成硬约束。为使各成员国的单边行动计划具有可比性和透明性，APEC 贸易与投资委员会设计了标准化格式文件，并配备了一套以修改、审评为内容的保障机制，体现了对成员更加一致和硬性的要求。随着贸易和投资自由化的进一步深化，集体行动计划无疑将继续增加，这使"自愿灵活"的空间逐渐缩小，依靠舆论压力和形象促进的软约束将演变成集体行动的时间承诺和变相的硬约束。

（3）议事规则的硬性约束趋势。温哥华会议确定的自愿部门提前自由化（EVSL），违背了 APEC 一贯倡导的自愿和协商一致原则，体现了真正的"硬"行动。EVSL 尽管名义上是自愿的，但实际上标志着从自愿向谈判的转变，某些 APEC 专家认为这是典型的关贸谈判方式，远离了建立在自愿基础上的单边计划。此外，APEC 在协商方面也趋向于强制性，"协商一致"原则蜕变成为"灵活协商"或"实质性多数"方式，从而使多数意见形成主导势力，敦促持不同意见的少数成员调整自己的立场。

（4）争端调解机制。《大阪行动议程》对 APEC 的争端解决机制制定了目标、准则和集体行动框架，将争端解决内容分为 APEC 成员政府之间的争端、政府和私营企业之间的争端和私营企业之间的争端。1996 年，APEC 在菲律宾高官会上就 APEC 争端调解的性质和程序做了深入探讨，并通过了各成员的单边行动方案。随着 APEC 机构的不断发展，成员间经济贸易摩擦和争端日益频繁，争端调解机制的建立势在必行。

今后，欧盟和 APEC 以前所各自拥有的独特性质将逐渐变为二者的共性。欧盟正积极为实现政治一体化而努力，同时，它在发展趋势上还呈现出松散性、开放性和灵活性特征。而 APEC 在奉行开放的地区主义的同时，正致力于加强机制建设，各成员之间的经济联系将进一步的规范化和制度化，APEC 正在成为一个更加紧密的区域经济一体化组织。

问题：阅读上述材料，结合自学，思考以下问题：

1. 区域经济一体化的组织形式有哪些？

2. 欧盟与 APEC 的发展历程及其比较。

3. 欧盟在其发展的不同阶段分别属于何种形式的经济一体化组织？

第 7 章

国际资本的移动与跨国公司的发展

学习目标

1. 掌握国际资本移动的原因及其主要类型。
2. 掌握跨国公司的内涵及组织机构。
3. 理解掌握跨国公司对国际贸易发展的影响。
4. 理解掌握国际资本流动对国际贸易的影响。

李嘉图虽然在国际间资本不流动假设前提下建立了著名的比较利益理论模型,但他预言的:"如果允许资本像商品一样地自由流动,将不仅有利于资本的所有者,而且也有利于世界的消费者,人类社会将因此获得更大的福利。"

7.1 国际资本移动及其主要类型

7.1.1 国际资本移动的概念

国际资本移动是资本超越民族和国家的界限而在国际范围内运动的过程,是资本要素在不同主权国家和法律体系管辖范围之间的输出和输入。

资本的本质决定了资本跨国流动的本质,是居民的一部分储蓄或社会剩余劳动积累在不同社会再生产体系、不同社会经济分配体系、不同政府宏观决策管理体系之间的运动。生产国际化是资本流动的基础,资本国际流动又推动生产国际化的发展,二者相互结合,相互促进。

跨国公司是当代资本国际化的垄断资本,这种形式的资本国际化不仅表现在流通领域,而且表现为产业资本再生产的全过程。资本在国家之间的流动,通常是指金融债权的流动,不包括生产机器及建筑物的流动,因此不包括资本品的金融债权的流动,主要是资本所有者与自己企业之间的流动和放贷者和借贷者之间的流动。资产所有者或放贷者现在把钱交给借款者或子公司使用,换得借据或子公司所有权的股票,使他们有资格在日后得到利息或股息。

因此,资本国际移动是指货币资金或生产要素资本使用权在国际间的有偿让渡或转移。

7.1.2 国际资本移动的类型

国际资本移动可以根据不同的资本投资者、不同的投资期限、不同的投资方式等分为不同的类型。

1. 按国际资本移动期限的长短划分

(1) 短期资本移动。是指投资期限在 1 年以下的国际资本移动。

(2) 中长期资本移动。是指投资期限在 1 年以上的国际资本移动。有时将投资期限在 1～3 年的称为中期资本移动；3 年以上的称为长期资本移动。

2. 按国际资本的投资方式划分

(1) 对外直接投资。一般意义上的对外直接投资，是指一国的投资者将资本用在别国的生产或经营活动，并掌握经营控制权的投资行为。实现对外直接投资的方式和途径多种多样，其中最流行的有三种，分别为跨国创建新企业、跨国购并以及增加已有国外企业的投资。无论哪一种直接投资方式，其核心特征都是一样的。一般认为，对外直接投资的突出特征是投资者对其所投资的企业拥有有效的控制权。按照国际货币基金组织等权威国际经济组织的解释，所谓有效控制权，是指投资者持有所投资企业一定数量的股份，因而能行使表决权并在企业的经营决策和管理中享有发言权。

直接投资按投资者对投资企业拥有的股权比例的不同分类：①独资企业。是指投入企业的资本完全由一国的投资者提供，投资者对投资企业股权拥有比例在 95％以上的企业。独资企业包括设立分支机构、附属机构、子公司等，它可以采取收买现有企业或建立新的企业来进行。②合资企业。是指两国或两国以上的投资者在一国境内根据投资所在国的法律，通过签订合同，按一定比例或股权共同投资建立、共同管理、分享利润、分担亏损和风险的股权式企业。合资企业可分为股份公司、有限责任公司或企业、无限共同责任公司，并具有法人地位。

直接投资按投资者投资组建方式的不同分类：①收购方式，是指一个企业通过收购另一个现有企业的股权而接管该企业的方式。②创建方式，是指建立新企业，特别是新工厂，或对其他实际资产进行投资，并按自己所希望的规模筹建新企业，妥善安排工厂布局，对资本投入和支出实行完全的控制。③合作经营，是指国外投资者根据投资所在国家法律，与所在国企业通过协商签订合作经营合同而设立的契约式企业，也称为合作企业或契约式合营企业。签约各方可以不按出资比例，而按合同条款的规定，确定出资方式、组织形式、利润分配、风险分担和债务清偿等权利和义务。

直接投资按投资者的投资动机不同分类：①资源导向型，是指为了开发油田矿产等资自然源以及林业、水产资源，在当地投资，建立企业。②市场导向型，是指以扩大商品销售，占领市场为主要目的而建立的企业。这一类型的投资有三种情形：利用当地各种廉价的资源，低成本生产，当地销售；实现规模经济，降低单位产品成本；提高产品的竞争力；绕过对方的贸易壁垒实现对市场的占领。③生产要素导向型，是指在生产要素中，劳动力的流动受到限制，土地等自然资源则没有流动性，为利用这些资源就必须到拥有这些资源的国家去投资。④地缘导向型，这种投资以地理位置、空间距离来决定投资，建立企业。这种情况的发生往往以某个工业较发达的地区为中心，呈辐射型状态向外扩散。例如美国对墨西哥及某些拉美国家的投资，西欧国家对西欧和东欧的投资。⑤宗主导向型，是指殖民国家为了控制殖民地附属国的政治经济，对殖民地附属国投资建立工厂企业。在近代史上，一些发达国家往往采用这种方式进行投资。例如，英国在北美、澳大利亚、印度、中国香港和新加坡的投资，法国在北非的投资。第二次世界大战后，殖民时代已经结束，但历史上流下来的经济与文化纽带仍然在起作用。⑥全球战略导向型，是指企业为了实现其全球发展战略，取得最佳的经营效果进行投资，建立企业。它是跨国公司进行全球扩展的一种经营战略。

（2）对外间接投资。包括证券投资和借贷资本输出，其特点是投资者不直接参与这些资本企业的经营和管理。

①证券投资。证券投资是指投资者在国际证券市场上购买外国企业和政府的中长期债券，或在股票市场上购买上市的外国企业股票的一种投资活动。由于属于间接投资，证券投资者一般只能取得债券、股票的股息和红利，对投资的企业并无直接的管理和控制权。②借贷资本输出。借贷资本输出是以贷款或出口信贷的形式把资本供给外国的企业和政府。一般有以下形式：

政府援助贷款。政府援助贷款是各国政府或政府机构之间的借贷活动。这种贷款通常带有援助的性质，一般是发达国家对发展中国家提供的贷款。这种形式的贷款一般利息较低（3%～5%）还款期较长，可达 20～30 年，有时甚至是无息贷款。这种贷款一般又有一定的指定用途，如用于支付从贷款国进口各种货物或用于某些开发援助项目上。

国际金融机构贷款。国际金融机构一般包括"国际货币基金组织"、"世界银行"、"国际开发协会"、"国际金融公司"及各洲的开发银行和联合国的援助机构等。来自国际金融机构的贷款条件一般比较优惠，但并不是无限制的。国际货币基金组织的贷款对象是成员国政府，贷款用途只限于解决短期性国际收支不平衡问题，用于贸易和非贸易经常项目的支付。世界银行（国际复兴开发银行）只对成员国政府或经成员国政府担保的公共机构和私人企业提供贷款，主要面向发展中国家，贷款重点用于能源、农业、交通运输、教育等方面。贷款期限短则 3～5 年，长达 20 年，宽限期为 5 年。国际开发协会属于世界银行的下设机构，又称第二世界银行，专门从事对最不发达国家提供无息贷款业务。国际金融公司是世界银行的另一个附属机构，专门从事对成员国私营部门的贷款业务。向发展中国家的私营部门提供中长贷款是公司的主要业务，公司的投资活动分为两种形式：一是贷款，二是参股。

（3）对外直接投资和对外间接投资的主要区别：①对外直接投资的投资者对所投资企业具有有效控制权，而间接投资的投资者则无控制权；②国际直接投资的全过程相对于对外间接投资要复杂得多；③一般来说，对外间接投资的收益是相对固定的，而大部分对外直接投资的收益是不确定的，是变动的，随投资企业的经营状况而变化；④一般而言，对外直接投资的风险要比对外间接投资的风险大。

7.2　国际资本移动对国际贸易发展的影响

国际资本移动和国际贸易的发展，始终是世界经济发展的两个中心议题，传统贸易理论研究往往重视自由贸易政策对国际贸易发展的作用，而忽视资本自由流动对贸易的影响，或者在国际间资本不流动的非现实性假定中，构造形式完美的自由贸易理论模型，如果释放资本非流动性假定，国际贸易竞争模式必然发生相应的变化。

国际贸易中的商品移动与资本移动是不同的。但由于资本的移动对生产国际化和各国的专业化协作，从而对国际分工产生深远的影响，不可避免地也将对国际贸易的各个方面产生影响。

1. 第二次世界大战前，国际资本移动对国际贸易的影响

发达国家的资本输出主要集中在经济落后的国家和地区，资本输出的部门主要集中在采掘业、铁路交通、公用事业以及与商品进出口有关的部门，资本输出一方面带动了发达国家机器设备和工业消费品的出口，同时也促进了经济落后国家和地区的初级产品的生产和出口，促进了两大类国家的经济发展和贸易往来。

2. 第二次世界大战后国际资本移动对国际贸易的影响

二战后，国际资本移动速度的加快和规模的扩大是国际贸易迅速发展的重要原因。战后初期，美国政府便开始向西欧和日本进行国家资本输出，美国进出口银行的贷款规定，所得贷款必须全部用于购买美国商品，而且货物须由美国船只装运，由美国保险公司保险。美国1954年制定的《480号公法》规定，据此法案进行的对外援助，全部是出售美国剩余的农产品。西欧和日本在经济恢复之后对其他发展中国家进行的援助和贷款也属于这类性质。由此扩大了商品在国际间的流动，促进了国际贸易的发展。

（1）二战后发达国家给予其他国家，主要是发展中国家的巨额官方或私人出口信贷，成为扩大发达国家大型成套机器备出口的重要手段。

（2）资本输出成为确保原料进口的手段。战后，发达国家的跨国公司通过建

立独资、合资企业以及各种非股权来保证原料长期稳定的供应，促进了初级产品的生产与贸易。

（3）二战后企业海外直接投资的发展，特别是跨国公司的发展，通过在其他国家和地区设立生产基地，将国际分工从部门间、部门内部发展至公司内部，直接表现为国家间分工在深度和广度上的扩展，国家间贸易往来的发展。

（4）国际资本移动对国际贸易地理分布和商品结构的影响。

①国际资本移动对国际贸易地理分布的影响。战后国际贸易的 70％以上是在发达国家间进行的。之所以如此，一方面原因是发达国家经济发展水平相似，生产消费结构呈同步化；另一方面则与企业的直接投资行为密切相关。战后发达国家集中了企业海外直接投资的 75％以上，这种直接投资的地区格局致使发达国家间的分工与协作不断加强，促进了他们之间贸易的发展。1950～1960 年、1960～1970 年发达国家出口年均增长率分别为 7.1％和 10％。从 50 年代起，发达国家在国际贸易中的比重一直保持在 60％以上。发达国家间贸易占其出口总额的比重 50 年代为 35％，80 年代末期达到 65％左右。

②国际资本移动对国际贸易商品结构的影响。二战后，国际贸易商品结构发生了很大的变化，工业制成品的比重超过初级产品的比重，在工业制成品中中间产品比重增长很快，这些都与国际资本移动，特别是大量的直接投资资本集中于制造业有密切的关系。二战后的科技革命促进发达国家产业结构的调整，一系列新兴部门建立，企业在大举对新兴工业部门投资的同时，大量迁出夕阳产业，这些行业的企业通过对外直接投资，利用其他国家和地区的有利资源条件和政策在当地开展生产和经营活动。产品除供应东道国市场外，出口到其他国家，包括返销本国市场。此外，西方企业还借助各种合同安排实现专业化生产，把生产的不同阶段和环节根据各地的条件进行安排，产品在世界范围销售，这些都促进了国家间工业品流动。20 世纪 60 年代后发展中国家的工业化战略的实施及外资的引入加速了国内工业的发展，使发展中国家和地区的出口商品结构呈现出多样化，改变了出口商品结构中严重依赖初级产品的状况，提高了工业制成品的出口比重。

中间产品比重的持续增长在一定程度上与跨国企业的经营方式有关。跨国企业是从全球的角度依照各地的具体条件进行资源配置的。其经营方式为内部企业间分工协作，定点生产、定点装配、定向销售，这样便会出现大量零部件在国家间的往返运输，由此增加了中间产品的贸易比重。

（5）国际资本移动加强了国际贸易中的竞争和垄断。

国际资本移动，特别是对外直接投资为企业争夺国外市场的手段具有以下几个有利因素：①便于收集商业信息情报。投资企业可利用自身的优势及时、准确地搜集当地市场的商业信息，并与其他地区建成信息网络，这对企业根据市场状况适时地调整生产，生产适销对路的产品，改进产品的销售都是极其有利的。②增强产品的竞争能力。通过对外直接投资，就地生产、就地或邻近地区销售都减少了产品的运输成本和保险、保管等其他费用，并且由于在当地生产可利用当地的各种廉价的投入降低了产品成本，提高了产品的价格竞争能力。通过对外直接投资，发达国家企业通常利用技术上的优势，在国外设立企业，使用自己的专利和专有技术生产产品，在其他企业仿造或制造类似产品以前抢占当地市场，从而获得生产和销售该产品的垄断权。③避免保护主义的贸易壁垒。随着发达国家间贸易摩擦的加剧，直接投资日益成为绕开贸易壁垒、占领对方市场的主要手段。通过在东道国投资设厂，投资企业就可以与东道国企业在同样的条件下竞争，当地生产、当地销售。此外，由于地区经济一体化的发展，贸易集团内部具有许多域外非成员国不能享受的优惠，通过对外直接投资在当地设厂，企业就可以享受这些优惠。

（6）国际资本移动使国际贸易方式多样化。二战后，在国际资本移动中，跨国公司的对外投资迅速增加。跨国公司通过在海外设置自己的贸易机构或建立贸易为主的子公司，经营进出口业务；由于跨国公司内部分工的发展，使公司内部交易范围扩大。这与传统贸易相比，贸易中间商、代理商的地位相对下降。与此同时，国际贸易的方式也多样化，出现了加工装配贸易、补偿贸易和国际分包合同等形式。

（7）国际资本移动加剧了发达国家贸易发展的不平衡。发达国家贸易发展不平衡的原因是多方面的，其中对外直接投资起了重要作用，它不仅影响到各国生产结构的变革，而且还会影响到各国产品在国际市场上的竞争能力，从而导致不平衡的发展。

7.3　跨国公司对国际贸易发展的影响

7.3.1　跨国公司及基本特征

跨国公司（transnational corporations，TNCs）也称多国公司（multinational company），顾名思义是指跨越一国国境在两个或两个以上国家从事生产或营销的企业，这一点是没有争议的。但究竟什么样的企业可以界定为跨国公司呢？说法多种多样。在各种说法中，最具权威性的是 1983 年联合国跨国公司委员会对跨国公司所下的定义，认为跨国公司必须包括三个要素：①跨国公司是指在两个或两个以上的国家从事生产经营活动的经济组织。②这个组织应有一个中央决策系统，并制定共同的政策，这些政策是为全球战略目标服务的。③经济组织内部各单位共享资源和信息共担责任和风险。

跨国公司作为一种以全球生产为经营目标的企业形态，在 19 世纪 60 年代就出现了。当时，在经济比较发达的美国和欧洲国家，一些大型企业通过对外直接在海外设立分支机构和子公司，其有代表性的企业有三家，1865 年德国的费里克·拜耳化学公司在美国纽约洲的奥尔班尼开设一家制造苯胺的工厂，1866 年瑞典的阿佛列·诺贝尔公司在德国的汉堡开办了一家炸药工厂；1867 年美国的胜家缝纫机公司在英国的格拉斯哥建立了一个缝纫机装配厂进行跨国的生产和经营。这些通常被认为是早期跨国公司的雏形。

跨国公司真正加速发展，成为全球经济的主导因素是在 20 世纪 50 年代以后。据有关资料数据显示，到 20 世纪 60 年代末，跨国公司的数量突破 7 000 家，70 年代末突破 1 万家，在全球经济中初步占据支配地位；80 年代末，跨国公司在全球贸易与国际资本流动中的支配地位最终确立。1980 年世界跨国公司总数共有 1.5 万家，其海外分支机构公司约有 3.5 万；到了 1994 年，相应数据变为了 4 万家和 25 万家。按世界贸易与发展组织统计，到 1998 年，世界跨国公司总数增至近 6 万家，它们的海外分支机构公司增至 50 万家。目前由跨国公司所控制的贸易占世界贸易的 60％以上，所发起的投资占国际直接投资的 70％以上。

与一国国内的多工厂企业不同，跨国公司对投资主体的远距离管理和控制技能有更高的要求；同时跨国公司也会面临比国内经营更为复杂的跨国界经营环境以及由此产生的各种市场机遇和风险。因此，跨国公司具有自身基本特征：

其一，生产经营规模庞大；

其二，在多个国家同时从事经营活动；

其三，跨国公司着眼于全球战略目标；

其四，跨国公司以国际直接投资为纽带；

其五，实行内部一体化。

7.3.2　跨国公司的组织形式

跨国公司组织形式的演变大致经历了以下三个不同的阶段，采取了三种不同的组织形式。

1. 独立的组织机构

最初，跨国公司在国外设立的子公司规模都比较小，具有较大的独立性。总公司对子公司只保持松散的联系，一般不直接进行控制，海外的子公司拥有较大的自主权；总公司对海外子公司只起控股的作用，子公司的主要财务责任就是必须按控股额向总公司支付股东的红利。例如，福特汽车公司 20 世纪 20 年代前后在欧洲各国设立了许多子公司，大多是一些独立性较大的子公司，总公司通过派出巡回查账员和地区监督员对国外子公司进行间接的控制。

2. 外部的组织结构

随着国外子公司业务的扩大，或子公司数目的增多，公司内部各单位之间出现了不协调，因而有必要加强总公司对国外子公司的直接控制，于是采取在国内公司分部结构的基础上增设一个国外分部的组织结构。这个国外分部专管国外各子公司的业务，与国内各个分部的业务是截然分开的。它统管公司国外商品销售和投资的全部业务，监督海外企业的建立和经营，协调国外子公司的活动。虽然子公司的独立性受到总部的很大削弱，但是直接经营责任仍由国外子公司来负责。这种组织结构如图 7-1 所示。

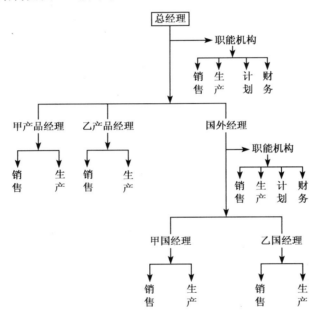

图 7-1　跨国公司的外部组织机构

外部组织结构的主要优点在于它能协调国外各子公司，比单个子公司的独立活动获得更多的利益。例如，国外部可以分别划定各个子公司的国外销售市场，避免子公司之间的竞争；由国外部来统一筹措资金，比起由各子公司自己筹集可以减少利息负担；在子公司之间有内部交易时，国外部可以调整其经营策略，来降低整个公司的税收负担；依靠国外部的联系，各子公司之间可以互通情报等等。但是，国外部的结构也有其局限性。因为国外市场不同，统一由国外部来制定销售政策，往往会限制子公司针对当地情况进行决策的灵活性；在国外业务扩大，或子公司数目增加的情况下，使国外部很难应付繁杂的国外业务，而且许多情报信息需要上下反复传递，容易产生时间上的延误，影响子公司的效率。还有，当有的跨国公司在国外制造和销售产品，与它在国内生产的产品相同的情况下，国外部通常没有自己专设的产品发展部、工程研究部和有关的技术人员，于是不得不依赖国内的各产品部，因而在跨国公司内部即国内分部与国外业务部门之间往往会产生一些不相适应的矛盾。

　　3. 全球性的组织结构

　　全球性的组织结构就是由公司总部从全球角度来协调整个公司的生产和销售，统一安排资金和利润分配。随着跨国公司在国外进一步发展到全球性的规模，需要公司总部将决策权集中到上层，从全球角度将国内和国外业务统一起来，采用全球性的组织结构。美国跨国公司在战后初期通常采取国外部的组织形式，20 世纪 60 年代中期以后，有越来越多的跨国公司改变了国外部的组织结构，而采取了全球性的组织结构。战后欧洲各国的跨国公司是在激烈的竞争中发展起来的。由于这些国家的国内市场较为狭小，对海外市场的依赖性较高，需要更快地扩大其海外的规模，因而在组织结构上往往不采取国外部的组织形式，而直接采取全球性的组织结构。

　　全球组织结构又可以分为职能、产品、地区和混合的四种分部形式。其中以产品分部的形式最为常见。

　　职能分部的组织形式比较适合于公司规模较小，产品系列不太复杂的跨国公司。许多欧洲的跨国公司常采取这种形式。例如瑞典滚珠轴承公司的产品较为单一，它的主要产品滚珠轴承的销售不受地区的限制，采取了职能的组织结构。采取这种形式的跨国公司按制造、销售、财务等职能分部来管理公司有关的全球业务。例如负责生产的副总经理直接控制其国内和国外工厂生产的产品和有关的研究发展活动；负责销售的副总经理直接控制公司在国内外的销售机构，协调其在世界各制造单位的销售活动。这种组织形式的优点是便于按职能进行控制，但是容易使各职能部门之间相互脱节。其组织结构如图 7-2 所示。

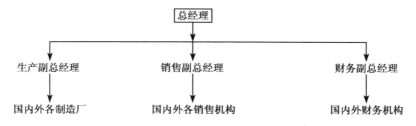

图 7-2　跨国公司全球组织结构-职能分部全球组织形式

　　产品分部的全球组织形式适用于公司规模庞大、产品系列复杂和技术要求较高的跨国公司。采用这种形式的跨国公司，由公司总部确定总目标和策略，按产品种类设立分部，以分部作为该产品在全球产销活动的基本单位。另外，在总公司一级，设立地区专职人员协调该地区内各种产品的业务活动。这种组织结构的体系如图 7-3 所示。

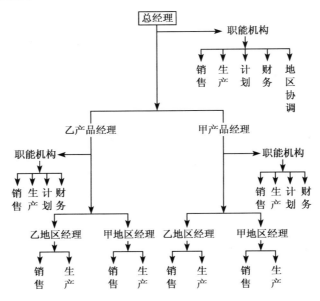

图 7-3　跨国公司全球组织结构-产品分部全球组织形式

地区分部的全球组织形式比较适用于产品种类较少、生产技术和市场销售条件较为相似的跨国公司，如石油、饮料、食品等公司较多地采用这种组织结构。采用这种形式的公司总部负责制定全球性的经营策略，并监督各地区分部的执行；地区分部负责该地区的经营责任，控制和协调该地区分支机构的一切产销活动。其组织结构如图 7-4 所示。

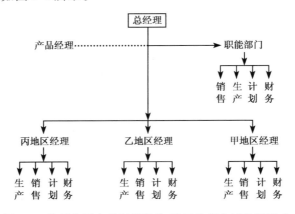

图 7-4　跨国公司全球组织结构-地区分部全球组织形式

混合分部的全球结构形式就是按产品及地区结合起来设置分部。如美国机器制造公司（AMF）就采用这种形式，其组织结构如图 7-5 所示。

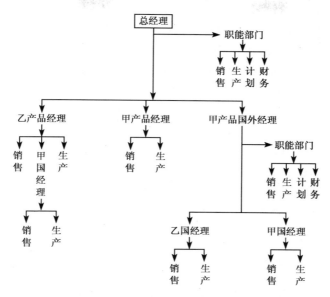

图 7-5 跨国公司全球组织结构-混合分部全球组织形式

上述各种全球性组织机构的主要优点在于公司总部实行统一集中的控制，而其缺点则在于这种一人负责一方面业务且只听命于一人的专人负责制，并没有解决协调各职能、地区和产品部门之间相互紧密联系的问题。因此，近年来，采取上述组织结构的跨国公司往往在总部中另设专门联络各部门的职能机构，或主管经理人员掌握双重的或多重的报告，从而形成一种矩阵式的交叉结构。这种新的组织结构很可能成为今后跨国公司管理组织发展的方向。

跨国公司无论采用哪一种组织结构，在体制上都涉及公司总部与分部之间的关系，按其集中与分散程度的不同，基本上可以分为三种不同的体制：一种是以母公司为中心，管理权利非常集中，称为本国中心的体制，一种是以许多分部或国外子公司为中心，管理权限非常分散，称为"多元中心"的体制；还有一种介于上述两者之间，将管理权限的集中与分散相结合起来，称为"全球中心"的体制。

7.3.3　跨国公司对国际贸易发展的影响

跨国公司的活动是一种综合了资本、管理、技术、人才等众多要素的跨国生产经营活动，它超越了传统的国际贸易、国际金融、国际资本移动模式，以及资本、劳动力和技术等单一要素的流动模式。随着跨国公司在世界经济运行中的地位日益重要，它们对国际贸易的影响也日益具有主导性。

1. 跨国公司是当今国际贸易发展的主导力量

跨国公司主导世界经济是当今国际贸易发展的一个突出现象。这可以从它们在国际贸易中的比重上显示出来。目前在世界商品和服务贸易中，跨国公司控制了其中的 2/3，在世界技术贸易中的份额达到 70% 以上。这种主导地位在国与国、产业与产业之间极不平衡，在一些国家和某些产业上表现得更为明显。联合国贸发会议有关分析揭示，一个国家以及一个国家的某个产业吸引外国投资越多，跨国公司在其贸易中所占份额就越高。就国别来看，目前跨国公司占其外贸份额最大的五个国家分别是匈牙利（约 68%）、新加坡（约 62%）、马来西亚（约 53%）、加拿大（约 45%）和中国（约 43%）。就产业来看，跨国公司贸易比重最大的产业有三个：其一，计算机、半导体、胶卷、飞机、汽车、药品等制造业；其二，石油、天然气、铜、锡等能源矿产品；其三，香蕉、可可、棕榈油、烟草、棉花等农产品。这些产业的世界贸易都受少数几家巨型跨国公司所主宰。

2. 跨国公司的投资已成为当前发展中国家获取外资的最大来源

发展中国家与发达国家打交道的经验表明，仅仅依靠贷款及贸易具有明显的缺陷，因为这将使发展中国家更加依赖发达国家的出口。自 1990 年以来，外国直接投资已成为发展中国家取得外部资金的最大来源，超过外国援助和证券投资。据世界银行估计，1995 年发展中国家吸引的外国直接投资为 900 亿美元，占流入这类国家所有资金的 39%，远远超过政府和国际金融机构提供的贡献和捐赠。发展中国家的跨国公司也迅速崛起。发展中国家在积极吸引外国投资的同时，跨上了对外投资的舞台。一些石油输出国组织成员国，如沙特阿拉伯等积累了大量"石油美元"，成为对外投资的重要资金来源。特别是新兴工业化国家和地区，他们的跨国公司正以令人震惊的速度向全球发展。如发展中国家和地区排名前五名的科麦斯公司（墨西哥）、赫奇逊瓦姆普公司（香港）、大宇公司（韩国）、三星公司（韩国）和麦迪逊公司（香港），不仅专与来自发达国家的公司竞争，而且都是世界同行业中效率最高的公司。

3. 跨国公司继续主导国际贸易结构的调整

近年来，国际贸易结构的变化表现出三个重要特点：①服务贸易的增长速度高于货物贸易的增长速度。②商品贸易中制成品，特别是高技术制成品在全球货物贸易中所占的比重持续上升。从 1955 年的 41% 上升到目前的 70% 多。③发达国家之间的产业内贸易发展迅速。目前发达国家产业内贸易占其对外贸易的60% 以上。

国际贸易结构的上述特征与近年来跨国公司对外直接投资的部门行业结构有着密切关系。服务贸易迅速扩大,主要原因在于服务业已是吸引对外直接投资最多的部门。譬如,最近 10 年来,金融服务包括银行、保险、证券等始终是吸引直接投资最多的行业。服务贸易迅速扩大的另一个原因是国际技术贸易的快速增长,而技术贸易 2/3 以上是在跨国公司内部进行的。制成品贸易,特别是发达国家之间产业内贸易的快速增长同跨国公司的发展密切相关。以规模经济为基础和动因的产业内贸易要求那些即使是要素禀赋相同或相似的国家也应进行生产的分工。跨国公司的经营活动显然为达到规模经济和实施产业内分工提供了基础。

4. 跨国公司继续改变国际贸易的地区分布和贸易流向

以往许多跨国公司对外直接投资的目的是为了避开东道国的贸易保护壁垒。近年来,随着世界多边贸易体制的完善和国际贸易自由化进程的加快,跨国公司为绕过贸易壁垒而进行对外直接投资的情况在减少。与此同时,在国际投资便利化和自由化的推动下,各国对国际投资的限制也越来越少,使得跨国公司能够在其全球战略目标下,更合理的配置资源、安排生产。国际经济环境的新变化更加有利于跨国公司根据各国和地区的比较优势来决定投资和生产,从而将使国际贸易的地区分布和流向继续发生深刻的变化。

5. 跨国公司的发展促进全球贸易开放

跨国公司对外直接投资可以促进东道国的市场开放。外国的直接投资会使东道国产生机器设备、零部件、原材料或制成品的额外进口,而东道国为了吸引外国投资,普遍实施包括贸易优惠在内的鼓励措施,也就促成东道国市场的进一步开放。同时,跨国公司进行对外直接投资,把生产基地转移到海外,海外公司的产品返销母国,同样也促进了母国市场的开放。伴随着跨国公司全球范围内的投资、生产和销售,越来越多的国家和地区不断扩大市场的开放程度,促进了全球贸易的自由化发展。

6. 跨国公司的发展推动了全球市场一体化

跨国公司在世界范围内从事生产、贸易和融资等活动,不仅推动了世界范围内生产一体化,而且也促进了全球商品市场、资本市场与其他各种要素市场的一体化发展。跨国公司从事国际化生产时,需要在考虑原材料、劳动、资金、技术等生产要素供求及交通运输成本的基础上,将各类产品的生产配置于全球最佳的区位上。这样不仅可以有效地降低成本,也能进一步提高生产效率。这种由企业内部有组织生产所带来的生产国际化程度要远远高于传统的国际分工,也将大大促进全球市场的一体化。

本 章 要 点

◆ 国际资本移动是资本超越民族和国家的界限而在国际范围内运动的过程，是资本要素在不同主权国家和法律体系管辖范围之间的输出和输入。是指货币资金或生产要素资本使用权在国际间的有偿让渡或转移。

◆ 一般意义上的对外直接投资，是指一国的投资者将资本用在别国的生产或经营活动，并掌握经营控制权的投资行为。实现对外直接投资的方式和途径多种多样，其中最流行的有三种，分别为跨国创建新企业、跨国购并以及增加已有国外企业的投资。无论哪一种直接投资方式，其核心特征都是一样的。一般认为，对外直接投资的突出特征是投资者对其所投资的企业拥有有效的控制权。按照国际货币基金组织等权威国际经济组织的解释，所谓有效控制权，是指投资者持有所投资企业一定数量的股份，因而能行使表决权并在企业的经营决策和管理中享有发言权。

◆ 跨国公司（transnational corporations，TNCs），最具权威性的解释是1983 年联合国跨国公司委员会对跨国公司所下的定义，认为跨国公司必须包括三个要素：①跨国公司是指在两个或两个以上的国家从事生产经营活动的经济组织。②这个组织应有一个中央决策系统，并制定共同的政策，这些政策是为全球战略目标服务的。③经济组织内部各单位共享资源和信息共担责任和风险。

◆ 跨国公司组织形式的演变大致经历了三个不同的阶段，采取了三种不同的组织形式。即独立的组织机构、外部的组织结构和全球性的组织机构。

◆ 跨国公司对国际贸易发展的影响表现在以下六方面，即跨国公司是当今国际贸易发展的主导力量；跨国公司的投资已成为当前发展中国家获取外资的最大来源；跨国公司继续主导国际贸易结构的调整；跨国公司继续改变国际贸易的地区分布和贸易流向；跨国公司的发展促进全球贸易开放和跨国公司的发展推动了全球市场一体化。

关 键 术 语

1. 国际资本流动（international capital movement）
2. 跨国公司（transnational corporations，TNCs ）
3. 对外直接投资（foreign direct invest，FDI）
4. 对外间接投资（foreign indirect invest，FII）

思 考 题

1. 国际资本移动的类型有哪些？
2. 对外直接投资的内涵及其发展态势如何？

3. 什么是跨国公司？跨国公司的组织结构如何？

4. 跨国公司对国际贸易发展的影响有哪些？

5. 国际资本移动对国际贸易发展的影响有哪些？

6. 跨国公司在当前国际贸易中的地位和作用是什么？

阅读材料与案例分析

【阅读材料】　跨国公司对华投资新特点

1. 跨国公司对华投资新特点

跨国公司对华投资同对其他国家一样，对投资的环境和条件要求很高。如跨国公司对我国苏、锡、常地区（沿江七市）投资的项目数和协议外资金额占到江苏省吸收外资总数的 98.8% 和 98.9%。跨国公司投资该地区，不仅是出于对区位的选择，还看重该地区投资环境的综合优势，如人才优势、物流优势、配套优势等。又如跨国公司在江苏的投资主要向开发区集聚，目前江苏 12 家开发区吸收外资占到了全省的 70%，这更加凸现了开发区投资环境较好、配套设施齐全和服务到位的优势，开发区较为先进的管理模式也适应了跨国公司经营管理的需要。跨国公司还十分关注法制环境的健全和稳定，注意遵守当地的法律法规，而不是图一时的便宜，打擦边球。

2. 跨国公司对华投资力度较大

近年来，国家近 30 个部门已清理了法规 2 300 多件。中国严格履行加入世界贸易组织的承诺，不断改善投资环境，为跨国公司来华投资创造了更多、更有利的机遇，投资力度不断加大：

（1）单项规模高。以江苏为例，2001 年跨国公司投资单项平均协议金额为 2 100 万美元，大大高于 20 世纪 80 年代的 969 万美元和 1994 年的 1 380 万美元。而且总投资在 1 亿美元以上、协议外资金额 5 000 万美元以上的项目明显增多。

（2）一揽子合作或跨行业关联性投资明显增多。荷兰飞利浦在江苏投资 10 个项目，主要集中在电子行业，累计协议外资金额达 2 亿多美元。日本伊藤忠公司在江苏投资 17 个企业，协议外资金额 1 亿多美元，投资领域涉及纺织、服装、港口、轻工等行业。

（3）投资呈系统化、多功能，具有较强的战略意图。如跨国公司在北京的投资不仅是立足北京，更是面向全国、放眼全球，其投资项目大多具备分销、研发、结算、管理等功能。目前，跨国公司在北京已设立近 20 家地区总部，还有 114 家投资性公司。这一方面反映了跨国公司经过多年的考察了解，对中国投资环境有较高的认可度，目前进入了大规模的系统化投资阶段。另一方面也说明跨国公司对华投资的目标和战略是十分明确的，表现出志在必得的姿态。

为实现其战略意图，跨国公司对华投资一般采取收购、兼并、控股、垄断等方式进入中国市场，一定时期内投资往往积聚于特定区域、特定产业。从北京的情况看，跨国公司对华投资的主要方式是并购，具体操作做法有：直接购买股权，主要针对小企业；增资扩股，提高占股比例；先设立一个外资企业，然后直接收购资产，这样可以规避政府的审批；两个已设立外资企业之间的合并；外资企业与内资企业之间的合并；通过证券市场收购。跨国公司投资大多采取独资方式，但如有法律法规的限制，或是受其他条件限制离不开中方的合作，才选择与中方合资合作。

投资方向主要集中在高新技术产业和服务产业。不断增加的新的投资方式和渠道也为跨国公司提供了一个更加广阔的投资空间。这既是跨国公司投资战略的体现，也与跨国公司拥有尖端技术和现代营销管理经验等优势有关。随着我国加入世贸组织，服务业对外开放的进一步扩大，跨国公司进入服务领域的势头将更加明显。

3. 跨国公司在华合资合作民营化趋势

近年来，我国民营经济发展引人注目，也得到了跨国公司的青睐。跨国公司开始选择民营企业作为合资合作对象。

跨国公司对华投资，在配套、用人（包括高级管理人员）、融资等方面大都采取的本土化战略。

在业务经营上，跨国公司保持竞争优势，一般将其加工生产业务剥离，通过OEM 和 ODM 方式转包给相关企业。这为我国企业承接跨国公司的订单、参与跨国公司全球营销体系提供了机遇。

问题：请谈谈目前制约跨国公司进一步在我国投资的主要问题何在？

第 8 章

国际服务贸易

学习目标

1. 了解服务贸易在世界经济贸易中的地位和作用。
2. 理解二战后服务贸易发展的原因。
3. 掌握国际服务贸易的特点及方式。
4. 掌握 WTO 国际服务贸易相关的协议与规则。

8.1 国际服务贸易的概念和分类

8.1.1 国际服务贸易的概念

关于国际服务贸易，各国统计和各种经济贸易文献并无统一、公认的确切定义。下面介绍两种有代表性的定义：

其一，世贸组织的定义。根据世贸组织《服务贸易总协定》第一条服务贸易的定义，服务贸易是指：

（1）从某一成员国境内向任何其他成员国境内提供服务；

（2）从某一成员国境内向任何其他成员国消费者提供服务；

（3）某一成员国的服务提供者以自然人的身份在任何其他成员国境内提供服务；

（4）某一成员国的服务提供者在任何其他成员国境内以商业存在提供服务。商业存在指任何形式的商业或专业机构，包括通过组建、获得或维持一个法人，或创立或维持分支机构或代表处以便在某一成员国境内提供服务。

其二，联合国贸发会议的定义：

联合国贸易与发展会议利用过境现象阐述了服务贸易，将国际服务贸易定义为：货物的加工、装配、维修以及货币、人员、信息等生产要素为非本国居民提供服务并取得收入的活动，是一国与他国进行服务交换的行为。狭义的国际服务贸易是指有形的，发生在不同国家之间，并符合严格的服务定义的直接的服务输出与输入；广义的国际服务贸易既包括有形的服务输出和输入，也包括服务提供者与使用者在没有实体接触的情况下发生的无形的国际服务交换。

8.1.2　国际服务贸易的范围

根据《服务贸易总协定》的规定，服务贸易范围包括：

第一，商业性服务。商业性服务是指在商业活动中涉及的服务交换活动，服务贸易谈判小组列出了六类这种服务，其中既包括个人消费的服务，也包括企业和政府消费的服务。

1）专业性（包括咨询）服务

专业性服务涉及的范围包括法律服务、工程设计服务、旅游机构提供的服务、城市规划与环保服务、公共关系服务、涉及上述服务项目的有关咨询服务活动、安装及装配工程服务（不包括建筑工程服务）。

2）计算机及相关服务

计算机及相关服务包括计算机硬件安装的咨询服务、软件开发与执行服务、数据处理服务、数据库服务及其他服务。

3）研究与开发服务

研究与开发服务包括自然科学、社会科学及人类学中的研究与开发服务和在纪律约束下的研究与开发服务。

4）不动产服务

不动产服务是指不动产范围内的服务交换，但不包含土地的租赁服务。

5）设备租赁服务

设备租赁服务主要包括交通运输设备，如汽车、卡车、飞机、船舶等和非交通运输设备，如计算机、娱乐设备等的租赁服务，但不包括其中有可能涉及的操作人员的雇佣或所需人员的培训服务。

6）其他服务

其他服务是指生物工艺学服务、翻译服务、展览管理服务、广告服务、市场研究及公众观点调查服务、管理咨询服务；与人类相关的咨询服务、技术监测及分析服务；与农、林、牧、采掘业及制造业相关的服务；与能源分销相关的服务；人员的安置与提供服务；调查与保安服务；与科技相关的服务；建筑物清洁服务；摄影服务；包装服务；印刷、出版服务；会议服务；其他服务等等。

第二，通讯服务。通讯服务主要指所有有关信息产品、操作、储存设备和软件功能等服务。通信服务由公共通信部门、信息部门、关系密切的企业集团和私人企业间进行信息转接和服务提供。主要包括：邮电服务、信使服务、电信服务、视听服务和其他电信服务等。

第三，建筑服务。建筑服务主要是指工程建筑从设计、选址到施工的整个服务过程。具体包括：选址服务，涉及建筑物的选址及国内工程建筑项目，如桥梁、港口、公路等的地址选择；建筑物的安装及装配工程；工程项目施工建筑；固定建筑物的维修服务和其他服务。

第四，分销服务。分销服务是指产品销售过程中的服务。主要包括：批发、零售服务；与销售有关的代理、特许经营服务和其他销售服务等。

第五，教育服务。教育服务是指各国间在高等教育、中等教育、初等教育、学前教育、继续教育、特殊教育和其他教育中的服务交往，如互派留学生、访问学者等。

第六，环境服务。环境服务是指污水处理服务、废物处理服务、卫生及相关服务等。

第七，金融服务。主要指银行、保险业及其相关的金融服务活动。包括：

（1）银行及相关的服务：银行存款、贷款服务；与金融市场运行管理有关的服务；与债券市场有关的服务，主要涉及经纪业、股票发行和注册管理、有价证券管理等；附属于金融中介的其他服务，包括贷款经纪、金融咨询、外汇兑换服务等。

（2）保险服务：货物运输保险，其中含海运、航空运输及陆路运输中的货物运输保险等；非货物运输保险，具体包括人寿保险、养老金或年金保险、伤残及医疗费用保险、财产保险服务、债务保险服务、附属于保险的服务，例如保险经纪业、保险类别咨询、保险统计和数据服务及再保险服务等。

第八，健康及社会服务。主要指医疗服务、其他与人类健康相关服务、社会服务等。

第九，旅游及相关服务。旅游及相关服务是指旅馆、饭店提供的住宿、餐饮及相关的服务、旅行社及导游服务等。

第十，文化、娱乐及体育服务。文化、娱乐及体育服务是指不包括广播、电影、电视在内的一切文化、娱乐、新闻、图书馆、体育服务，如文化交流、文艺演出等。

第十一，交通运输服务。主要包括：货物运输服务，如航空运输、海洋运输、铁路运输、管道运输、内河和沿海运输、公路运输服务、航天发射服务、船舶服务（包括船员雇佣）及附属交通运输的服务，主要指报关行、货物装卸、仓储、港口服务、起航前查验服务等。

第十二，其他服务。

8.1.3　国际服务贸易的分类

由于国际服务贸易的多样性和复杂性，目前尚未形成一个统一的分类标准。许多经济学家和国际经济组织为了分析方便和研究的需要，从各自选择的角度对国际服务贸易进行了划分，下面对有代表性和影响的分类加以简要介绍。

1. 以"移动"为标准的分类

(1) 分离式服务。这是指服务提供者与使用者在国与国之间不需要移动而实现的服务。运输服务是分离式服务的典型例子。如民用航空运输服务，一家航空公司可以为另一国家的居民提供服务，但并不需要将这家航空公司搬到国外去，也不要求顾客到这家航空公司的所在国接受服务。

(2) 需要者所在地服务。这是指服务的提供者转移后产生的服务，一般要求服务的提供者需要与服务使用者在地理上毗邻、接近。银行、金融、保险服务是这类服务的典型代表。例如，一家英国银行要想占有日本的小额银行业务市场份额，它必须在日本开设分支机构，这就要求在国与国之间存在着资本和劳动力的移动，也是一种投资形式。

(3) 提供者所在地服务。这是指服务的提供者在本国国内为外籍居民和法人提供的服务，一般要求服务消费者跨国界接受服务。国际旅游、教育、医疗属于这一类服务贸易。例如，外国游客到中国的长城、桂林等地游览接受中国旅行服务。此时，服务提供者并不跨越国界向服务消费者出口服务，对服务提供者而言，也不存在生产要素的移动。

(4) 流动的服务。这是指服务的消费者和生产者相互移动所接受和提供的服务，服务的提供者进行对外直接投资，并利用分支机构向第三国的居民或企业提供服务。如设在意大利的一家美国旅游公司在意大利为德国游客提供服务。流动式服务要求服务的消费者和提供者存在不同程度的资本和劳动力等生产要素的移动。

以上分类方法以"移动"作为划分国际服务贸易类型的核心，其本质涉及资本和劳动力等生产要素在不同国家间的移动问题。由于这种生产要素的跨国界移动往往涉及各国国内立法或地区性法律的限制，并涉及在需求者所在国的开业权问题，因此，研究此类问题用这种分类方法比较合适。不过这种服务分类存在着难以准确、彻底地将服务贸易进行划分的缺陷，如对于在各国间相互开业提供的旅游服务就很难加以划分。

2. 以行业为标准的分类

鉴于国民经济各部门的特点，一些经济学家以服务行业各部门的活动为中心，将服务贸易分为七大类：

(1) 银行和金融服务。银行和金融服务是服务贸易中较重要的部门，其范围包括：零星银行业服务，例如储蓄、贷款、银行咨询服务等；企业金融服务，如金融管理、财务、会计、审计、追加资本与投资管理等；与保险有关的金融服务；银行间服务，如货币市场交易、清算和结算业务等；国际金融服务，如外汇贸易等。

第二次世界大战后，尤其是 20 世纪 80 年代以来，随着金融服务的国际化，在金融服务贸易中发生了重大的变化。证券市场进一步发展，银行系统外部增加金融中介，国际金融市场的管制逐渐放松，金融机构扩大业务范围，权力越来越大。在金融活动中广泛应用信息技术，外汇管制也逐步放宽，所有这一切都大大推动了金融业的服务贸易。

（2）保险服务。保险服务的职能是为保险单持有者提供特定时期内对特定风险的防范及其相关的服务。如风险分析、损害预测咨询和投资程序。保险服务贸易既包括非确定的保险者，也包括常设保险公司的国际交换。目前，保险服务贸易主要体现在常设保险公司的业务。

（3）国际旅游和旅行服务。旅游服务贸易为国内外的旅行者提供旅游服务，国际旅游服务贸易主要指为国外旅行者提供旅游服务。旅游贸易包括个人的旅游活动，也包括旅游企业的活动。其范围涉及旅行社和各种旅游设施及客运、餐饮供应、食品等。它与建筑工程承包、保险和数据处理等服务有直接联系它与国际空运的联系也极其密切，在国际服务贸易中的比重较大。

（4）空运和港口运输服务。空运和港口运输服务是一种古老的服务贸易项目。一般的货物由班轮、集装箱货轮、定程或定期租船运输，特殊的商品通过航空、邮购、陆上运输。港口服务与空运服务密不可分，它包括港口货物装卸及搬运服务。

（5）建筑和工程服务。这类服务包括基础研究、工程项目建设、维修和运营过程的服务。其中还涉及包括农业工程和矿业工程的基础设施和仪器仪表的生产和服务、专业咨询服务和与劳动力移动有关的服务。这类服务贸易一般要受到各国国内开业权的限制，并与经济波动、政策和各国产业政策、投资规划等引起的波动有密切关系。政府部门是这类服务的主要雇主，这类服务一般涉及政府的基础设施与公共部门投资项目。

（6）专业（职业）服务。这类服务主要包括律师、医生、会计师、艺术家等自由职业的从业人员提供的服务，以及在工程、咨询和广告业中的专业技术服务，国际专业（职业）服务贸易的层次性较强，在不同层次交易水平不同。目前主要有以下层次：由个人承担的专业服务；由国际专业服务企业承担的专业服务；作为国际多边集团经营的一部分专业服务；发达国家雇佣发展中国家的企业承包工程项目的专业服务。

专业服务的发展较迅速，形式多种多样。它可以通过直接的面对面的服务提供者与消费者的交换进行，也可通过间接的销售渠道，如电信渠道进行交换或通过某些机构、联盟或在海外的常驻代表把这种服务提供给消费者。

（7）信息、计算机与通信服务。这类服务涉及三种主要方式：计算机信息服务，如数据搜集服务、建立数据库和数据接口服务，并通过数据接口在电信网络中进行数据信息的传输等；计算机服务，如数据处理服务，服务提供者使用自己的计算机设备满足用户的数据处理要求，并向服务消费者提供通用软件包和专用软件等；电信服务，包括基础电信服务，如电报、电话、电传等，以及综合业务数据网提供的智能化的电信服务等。电信服务的质量和水平受电信基础设施的影响，发达国家在这类服务上占有绝对优势。

上述分类方法以"行业"为核心，其本质涉及输出业务的范围和供求双方业务的深度和广度。各国生产要素在海外活动的收益和范围体现在各国出口的各种服务之中，所以，提供的服务范围越广泛，服务分工越细，供应方的收益也越大。从这种角度分析，采用这类分类方法是比较合适的。这与关税与贸易总协定乌拉圭回合服务贸易谈判小组的划分有类似之处。

3. 以生产过程为标准的分类

(1) 生产前的服务。生产前的服务主要涉及市场调研和可行性研究等。这类服务在生产过程开始前完成，对生产规模及制造过程均有重要影响。

(2) 生产中的服务。生产中的服务主要指在产品生产或制造过程中为生产过程的顺利进行提供的服务，如企业内部质量管理、软件开发、人力资源管理、生产过程之间的各种服务等。

(3) 生产后的服务。这种服务是联结生产者与消费者之间的服务，如广告、营销服务、包装与运输服务等。通过这种服务，企业与市场进行接触，便于研究产品是否适销、设计是否需要改进、包装是否满足消费者需求等。

这种以"生产"为核心划分的国际服务贸易，其本质涉及应用高新技术提高生产力的问题，并为产品的生产者进行生产前和生产后的服务协调提供重要依据。这使生产者能够对国际市场的变化迅速做出反应，以便改进生产工艺，进行新的设计或引入新的服务，最终生产出消费者满意的产品或服务。因此，从提高生产力为中心进行的这种分类是有一定意义的。

4. 以要素密集度为标准的分类

沿袭商品贸易中所密集使用某种生产要素的特点，有的经济学家按照服务贸易中对资本、技术、劳动力投入要求的密集程度，将服务贸易分为：

(1) 资本密集型服务。这类服务包括空运、通信、工程建设服务等。

(2) 技术与知识密集型服务。这类服务包括银行、金融，法律、会计、审计、信息服务等。

(3) 劳动密集型服务。这类服务包括旅游、建筑、维修、消费服务等。

以上分类以生产要素密集程度为核心，涉及产品或服务竞争中生产要素，尤其是当代高科技的发展和应用问题。发达国家资本雄厚，科技水平高，研究与开发能力强，它们主要从事资本密集型和技术、知识密集型服务贸易，如金融、银行、保险、信息、工程建设、技术咨询等。这类服务附加值高，产出大。相反，发展中国家资本短缺，技术开发能力差，技术水平低，一般只能从事劳动密集型服务贸易，如旅游、建筑业及劳务输出等附加值低、产出小的服务。这种服务贸易分类方法从生产要素的充分合理使用以及各国以生产要素为中心的竞争力角度分析问题是有一定价值的，不过，现代科技的发展与资本要素的结合更加密切，在商品和服务中对要素的密集程度的分类并不是十分严格，也很难加以准确无误地区别，更不可能制定一个严格的划分标准。

5. 以商品为标准的分类

关税与贸易总协定乌拉圭回合服务贸易谈判期间，1988 年 6 月谈判小组曾经提出依据服务在商品中的属性进行服务贸易分类，据此服务贸易分为：

（1）以商品形式存在的服务。这类服务以商品或实物形式体现，例如：电影、电视、音响、书籍、计算机及专用数据处理与传输装置等。

（2）对商品实物具有补充作用的服务。这类服务对商品价值的实现具有补充、辅助功能，例如：商品储运、财务管理、广告宣传等。

（3）对商品实物形态具有替代功能的服务。这类服务伴随有形商品的移动，但又不是一般的商品贸易，不像商品贸易实现了商品所有权的转移，只是向服务消费者提供服务，例如技术贸易中的特许经营、设备和金融租赁及设备的维修等。

（4）具有商品属性却与其他商品无关联的服务。这类服务具有商品属性，其销售并不需要其他商品补充才能实现，例如通讯、数据处理、旅游、旅馆和饭店服务等。

以上分类将服务与商品联系起来加以分析，事实上是从理论上承认"服务"与"商品"一样，既存在使用价值，也存在价值，与商品同样能为社会生产力的进步做出贡献。服务的特殊性就在于它有不同于商品的"无形性"，但是，这种"无形性"也可以在一定形式下以商品形式体现。

6. 按是否伴随有形商品贸易为标准的分类

（1）国际追加服务。国际追加服务是指服务与商品实体出口相关联。对消费者而言，商品实体本身是其购买和消费的核心效用，服务则是提供或满足了某种追加的效用。在科技革命对世界经济的影响不断加深和渗透的情况下，这种追加服务对消费者消费行为的影响，特别是所需核心效用的选择是具有深远意义的。因为，第二次世界大战后，国际市场上的竞争已经不再以商品价格为主要竞争手段，市场竞争主要是以产品的质量、优质的技术服务、良好的售后服务和多种营销策略取胜。消费者的消费满足也不仅仅限于商品实物形态的消费所能带来的效用，消费者更加重视产品的功能、技术服务、商品消费过程或消费后的荣誉感、成就感、精神需求的满足感。与此同时，科技对生产的影响也使"生产要素"的内涵不仅局限于资本、劳动力、土地等。在生产要素的范围不断扩大后，各种名目繁多的追加服务，如知识密集型服务、信息密集型服务、研究与开发型服务日益引起人们的高度重视，也被广泛应用于有形商品生产的各个阶段，例如，在有形商品开始生产之前，要求有先行的追加服务投入，包括可行性研究、风险资本筹集、市场调研、产品设计等；在产品生产过程中，要求有与产品生产过程融为一体的追加服务投入，如质量控制和检验、设备租赁、后期原材料供给、设备维修等，并要求有与生产过程同时并行的追加服务投入，如财务会计、人事管理与培训、信息和图书资料等软件的收集整理与应用、不动产管理、法律、保险、通信、卫生、安全保障及职工后勤服务、公共服务等；在产品生产后与消费者见面的环节中，也需要相应的追加服务投入，如广告、运输、商品使用指南、售后服务等。

　　追加服务有时很难与某一特定生产阶段相脱离，只能与一定比例的生产要素相结合，完全附属于有形商品价值实体之中，不能形成独立的交换对象；有时虽与有形商品贸易有关，但可以独立于某种有形商品而成为独立的交易对象。不过，各类追加服务一般都是相互依存而结合为一个一体化的服务网络。随着经济服务化的发展，生产厂商提供的追加服务越来越成为其非价格竞争的重要手段。在追加服务中，相对较为重要的是国际交通、运输和国际邮电通信。它们对于各国社会分工、改善工业布局与产业结构调整、克服静态比较劣势、促进经济发展是一个重要因素。特别是不断采用的现代科学技术，促使交通运输和邮电通信发生了巨大的变化，缩短了经济活动的时空距离，消除了许多障碍，为全球经济的增长日益发挥着重要作用，也成为国际服务贸易的重要内容。

　　（2）国际核心服务。国际核心服务是指与有形商品的生产和贸易无关，作为消费者单独所购买的、能为消费者提供核心效用的一种服务，如面对面型的国际核心服务，即服务供给者与消费者双方实际接触才能实现的服务。实际接触方式可以是供给者流向消费者，可以是消费者流向供给者，也可以是供给者与消费者双方的双向流动。远距离国际核心服务不需要服务供给者与消费者实际接触，一般需要通过一定的载体方可实现跨国界服务。

　　世贸组织对国际服务贸易的分类：乌拉圭回合服务贸易谈判小组在乌拉圭回合中期审评会议后，加快了服务贸易谈判进程，并在对以商品为中心的服务贸易分类的基础上，结合服务贸易统计和服务贸易部门开放的要求，在征求各谈判方的提案和意见的基础上，提出了以部门为中心的服务贸易分类方法，将服务贸易分为 12 大类（详见国际服务贸易的范围）。

国际货币基金组织按照国际收支统计将服务贸易分为：

（1）民间服务（或称商业性服务）。民间服务是指 1977 年国际货币基金组织编制的《国际收支手册》中的货运；其他运输、客运、港口服务等；旅游；其他民间服务和收益。

（2）投资收益。投资收益是指国与国之间因资本的借贷或投资等所产生的利息、股息、利润的汇出或汇回所产生的收入与支出。

（3）其他政府服务和收益。其他政府服务和收益是指不列入上述各项的涉及政府的服务和收益。

（4）不偿还的转移。不偿还的转移是指属于单方面的（或片面的）、无对等的收支，即意味着资金在国际间移动后，并不产生归还或偿还的问题，故又称单方面转移。一般指单方面的汇款、年金、赠与等。根据单方面转移的不同接受对象，又分为私人转移与政府转移两大类。

私人转移主要指以下几类：汇款，包括侨民汇款、慈善性质汇款、财产继承款等；年金，指从外国取得或对外国支付的养老金、奖金等；赠与，指教会、教育基金、慈善团体对国外的赠与，以及政府无偿援助等。

政府转移主要指政府间的无偿经济技术或军事援助、战争赔款、外债的自愿减免、政府对国际机构缴纳的行政费用以及赠与等收入与支出。

综上所述，无论国际服务贸易的定义与分类从何种角度出发，国际服务贸易都存在着人员、资本、信息以不同形式的跨国界移动或在一定形式下存在于商品跨国界移动之中。

8.2　国际服务贸易的发展格局

8.2.1　国际服务贸易的发展状况

从世界范围看，服务贸易是在 20 世纪 70 年代后快速发展起来的贸易领域。1970 年全球服务贸易出口额为 710 亿美元，1982 年，国际服务贸易额为 4 050 亿美元，1992 年达 10 200 亿美元，1999 年达 13 400 亿美元，2001 年在国际贸易总额中，服务贸易占 20%，2002 年在国际贸易总体增长不够理想的情况下，服务贸易出口增长仍然达到了 5%。全球服务贸易在整个国际贸易中的比重达到 1/4 强。按照目前的发展态势，只要二三十年时间，服务贸易就会赶上并超过货物贸易，成为世界贸易的主流。

8.2.2　国际服务贸易迅速发展的原因

1. 服务业在各国经济中的地位上升

服务贸易的迅速发展反映了服务业交换的扩大，这自然也是服务业在国民生产总值或国内生产总值比重上升的客观反映。20 世纪 80 年代以来，无论是发达国家还是发展中国家这一比值都有不同程度的提高。因此，随着各国国民经济服务化的加强，国际间相互提供的服务也日益活跃起来。

2. 国际分工的深化与发展

许多服务行业从制造业分离出来形成独立的服务行业，其目的是应付国内和国际市场上激烈的竞争。例如知识密集型服务日益起着把技术进步转化为生产能力和国际竞争力的作用。在生产的各阶段不断出现对专门服务的需求。在生产的"上游"阶段，要投入的专门性服务有：可行性研究、风险资本、产品概念与设计、市场研究等。在生产的"中游"阶段，有的服务与商品生产本身相结合，如质量控制、设备租赁、后勤供应、保存和维修；有的服务与生产并行出现，如公司运行需要的会计、人事管理、电信、法律、保险、金融、安全、伙食供应等专门服务。在生产的"下游"阶段，需要广告、运输、销售、人员的培训等服务。这样，一个生产企业在世界市场上保持竞争地位的关键是对"下游"、"上游"和"中游"三个阶段服务的反馈。

此外，服务已成为产品增值的主要来源之一。生产"下游"阶段的服务既有助于竞争能力的提高，又是产品增值的来源之一。在当今世界市场上，影响资本和消费品竞争地位的主要因素是服务的支持，如产品/服务一揽子协议使顾客难以离开供应者，使新的供应商进入该产品领域比较困难。高技术产品的出口刺激了知识密集型服务的出口，反之亦然。例如，资本货物的出口伴随着咨询服务的出口，而飞机的出口导致训练和维修协议的达成。

3. 世界商品贸易的增长和贸易自由化的迅速发展

整个世界商船吨位从 1970 年的 2.17 亿吨提高到 1995 年的 7.35 亿吨，1997年海上运输量达到 50 多亿吨，1996 年全球商品贸易额达 51 000 亿美元，1998年为 52 500 亿美元，2002 年全球贸易总额为 62 000 亿美元。国际商品贸易的发展带动了对保险、银行、咨询、运输等服务的需求及发展。

4. 跨国公司的迅速发展

跨国公司的迅速发展，提高了服务国际化的速度。信息技术的发展使投资者更快捷地获得外国市场的信息，实现规模经济。许多跨国公司在金融、信息和专业服务上都是重要的供应者，面向全球出售服务。

5. 国际服务合作的扩大促使服务贸易扩大

国际服务合作是指拥有工程技术人员和劳动力的国家和地区，通过签订合同，向缺乏工程技术人员和劳动力的国家和地区提供所需要的服务，并由接受服务的一方付给报酬的一种国际经济合作。

6. 旅游业的发展加速了世界服务贸易的扩大

第二次世界大战以后，旅游业的发展速度超过了世界经济中的许多部门，成为蓬勃发展的行业。1970 年以来，国际旅游业成为仅次于石油和钢铁工业的第三大产业。出国旅游人数从 1980 年的 2.85 亿人次增加到 1985 年的 3.25 亿人次。同期，旅游总收入从 925 亿美元提高到 1 048.5 亿美元。1996 年，出国旅游人数达 5.92 亿人次，旅游收入达 4 231 亿美元。

7. 发展中国家积极发展服务贸易

20 世纪 70 年代中期以来，石油输出国对各种服务项目的需求不断增加。新兴工业化国家与地区服务业发展加快。

8. 各国政府的支持是国际服务贸易发展的催化剂

越来越多的国家和地区把服务贸易的发展提到重要的战略高度，制定了一系列的政策措施促进其发展。

8.2.3 国际服务贸易的发展格局

目前国际服务贸易主要集中在发达国家和少数新兴工业化国家。从产业结构看，美、英、日等主要发达国家 20 世纪 80 年代以来，其第三产业占 GDP 的比重都超过 50% 以上，1998 年，美国第三产业的比重达到 71%，英国达到 67%。1994 年，美国、法国、英国、德国、日本、意大利、西班牙、荷兰、比利时、卢森堡、奥地利等 11 国的服务贸易出口总额占全球服务出口的 62.2%，而日本、美国、德国、法国、英国、意大利、荷兰、比利时、卢森堡、加拿大、瑞典等 11 国的服务贸易进口总额占全球服务进口的 60.6%。美国、法国、英国是主要服务贸易顺差国。对少数发达资本主义国家来说，服务业已经成为第一大产业。以美国为例，从 1990 年开始，美国服务业产值占其国内生产总值的比重超过 50%，1995 年服务业产值占国内生产总值的 66%，从业人员占就业总数的 65%，1996 年服务业产值占国内生产总值的 75%，1999 年美国的服务贸易出口总额达到 2 719 亿美金。2003 年，美国服务业从业人员占就业总数的 82%。2004

年，服务业占美国经济活动的 80％以上，对经济增长和就业具有举足轻重的影响。上述数据反映出服务业对美国经济的繁荣起到了关键的作用。在发展中国家及地区中，服务业也扮演着重要的角色，如：中国香港、新加坡、韩国、墨西哥、中国台湾、泰国、沙特阿拉伯为服务贸易较为发达的国家。1995 年新加坡服务贸易出口 293 亿美元，进口 165 亿美元，服务业贸易顺差 128 亿美元。可以毫不夸张地说，服务业将逐步取代传统的支柱产业，成为支撑一国经济的新支柱产业。一些新型服务贸易门类的迅速发展，已经成为某些国家经济发展的主要增长点。不论是对发达国家还是发展中国家和地区来说，服务贸易都有着光辉的前景。

8.2.4　国际服务贸易发展的特点

第一，服务贸易出口在世界贸易出口总额中的比重呈上升趋势，其增加速度也超过国际货物贸易出口的增长速度。

第二，发达国家在国际服务贸易中占主导地位。据 WTO 国际贸易数据统计，2002 年，美国、英国、德国、法国、日本五个发达国家的商业服务贸易出口额占世界份额的 41.1％；进口额占世界份额的 40.8％。

第三，国际服务贸易的地理分布不平衡。地理分布不平衡主要表现在工业发达国家和新兴工业化国家与地区服务贸易发展迅速并且占据明显优势，其中北美洲和亚洲是世界服务贸易最活跃的地区，非洲、拉丁美洲和中东地区由于商品价格的上涨和债务危机，在商品贸易额下降的同时，服务贸易额也下降了。这种不平衡发展主要是由于资本、知识和技术密集型服务贸易的比重加大，已进入服务社会的发达国家当然占据优势。

第四，发达国家与发展中国家国际服务贸易结构存在差异。发展中国家服务贸易仍然主要是靠旅游、运输等传统的服务业。尽管包括金融服务、通讯服务、知识产权交易等新兴服务业所占的比重有所上升，但进入 20 世纪 80 年代以来，这些项目在发展中国家服务进口中的比重增长快于在服务出口中比重的增长，这说明了发展中国家对该类服务进口的依赖程度在增加。可以说，该领域是发展中国家与发达国家在服务贸易中差距最大的领域。而这一领域包括了银行、保险、通讯服务、数据处理、技术服务、咨询、广告等服务中与现今科技和物质生产结合最紧密的部分，是国际服务市场上有广阔发展前景的行业。这些服务行业发展最快，国际化倾向最强，也最易受贸易自由化的影响，在这些领域中国际竞争力的强弱关系着一国在未来国际服务贸易格局中的地位。

第五，发展中国家在国际服务贸易中的地位不断上升。国际服务贸易虽是以发达国家为中心展开的，但近年来发展中国家的服务贸易发展的很快。

第六，世界服务市场向多元化方向发展。第二次世界大战以后，由于世界经济和技术的迅速发展，国际服务贸易市场呈多元化。近年来，劳务输入的国家越来越多，对国际劳务合作的需要和范围越来越大，地理分布也越来越广。

8.3　国际服务贸易的作用

国际服务贸易在国际贸易中占据着重要的地位。它与外交、文化、教育、科学技术、交通运输、通讯、广播、信息、金融、保险、不动产、贸易、旅游等构成了国际社会活动的错综复杂、相互依存和相互竞争的网络。

8.3.1　服务业在市场经济中的地位

在市场经济活动中，服务业具有广泛的服务特性。服务业之所以在西方发达国家得到迅速发展，很重要的一个原因是服务业是市场经济的基础产业。当物质生产达到一定水平的时候。服务业的发展关系到经济以至整个国家的正常运转。市场经济是通过需求和供给的结合来实现的，它的核心是交换，它不但包括物质产品的交换，还包括资金、人才、技术、资源、知识、信息的交换，这都需要服务业为各种交换的正常进行提供完善的服务。在农业经济时期，商品市场狭小，服务业不发达。进入工业化时期，商品生产规模逐步扩大，商品销售和流通问题越来越突出，服务业正是保证正常交换和获取更大利益的重要条件。现代市场经济的交换活动不断发展和扩大而且更加错综复杂。在这种情况下，服务业的加速发展是必然的。可以说，市场经济是在不断增强其服务业这一基础的情况下，才能维持它的生存与发展。

服务业是经济国际化的先行产业，世界上市场经济发达的国家都建立了强大的外向型经济，这种经济以健全的服务业作为对外联系的重要手段。在 18 世纪末和 19 世纪，对外扩张进一步扩大了金融、保险、运输、通讯、不动产等方面的国际活动范围，服务业得到了迅速发展。第二次世界大战以来，现代科技，特别是电子技术的迅猛发展，服务业的各部门，尤其是信息、金融和贸易等，得到了长足的发展（一些发达国家服务业产值占国内生产总值比重超过了第一和第二产业之和），推动了世界经济的发展。

服务业是一个国家科技现代化的标志。发达国家在金融、航运、教育、卫生保健、科学技术、贸易、旅游等方面都有较强的实力，一些西方国家就是凭借这些来称霸或控制世界的。人们在进行综合国力的国际比较时，给服务业确定了相当大的权数，一个国家的综合国力的强大不但要靠发达的物质生产，还要靠强大的服务业，发达国家之间的经济差距往往与服务业的发展水平有关。

8.3.2　国际服务贸易的作用

当代世界市场的竞争已从价格竞争转向非价格竞争，一个国家在世界市场竞争中能否占据优势，在很大程度上取决于能否为商品交换提供高水平的国际服务。各国越来越注重生产性服务，包括生产过程中的服务和交换过程中的服务，所以，生产性服务在服务贸易中已上升为主体，成为国际化大生产的必要条件。

国际服务贸易与商品贸易的发展是相辅相成。商品贸易的发展促进了与商品贸易相关的传统服务项目，如货物运输、港口服务、金融、保险等的发展。传统服务项目的兴起和发展反过来又促进了商品贸易。第二次世界大战后国际商品贸易的巨大发展刺激了对船舶、飞机、卡车、铁路、管道的需要。商品向世界的推销与分工生产、来料加工、电讯服务也刺激了对个人计算机、电话传播设备、电视影像和娱乐文化设备的需求。服务贸易可以带动商品贸易，如在对外承包工程时一般都同时提供建筑材料和设备，技术服务可以同时供应成套设备或专用设备。

信息技术在世界服务贸易中的广泛应用，把一系列关系国家经济命脉、主权、安全的关键领域引入国际市场，这使各国不得不把以信息流动为主的世界服务贸易作为战略问题加以处理，实行有效的监督和管理，使之为实现国家利益服务。服务贸易已经成为维护国家利益的重要手段。

国际服务贸易已不是一般意义上的服务交换，它已成为国际信息流动的渠道，并且具有世界信息、技术、要素的再分配机制。由于国际服务贸易是一种吸收、反馈信息的网络，是技术转让的重要渠道，对物质生产及整个国民经济的发展起着重大的调节作用，因此，国际服务贸易被称为国民经济发展的重要调节器。

8.4　WTO《服务贸易总协定》

8.4.1　乌拉圭回合服务贸易谈判产生的背景

20世纪70年代中后期，由于来自各方面的对服务贸易的限制，构成了对以美国为首的发达国家的服务出口，尤其是高技术性服务出口的严重威胁，成为通向世界服务贸易自由化道路的难以逾越的障碍，美国国会在其《1974年贸易法》中授权总统就服务贸易问题与其他国家进行多边谈判以寻求"更公平的贸易"。美国认为服务贸易的自由化将和商品贸易的自由化一样，对所有国家都有好处，从而对全世界都有好处。服务贸易自由化符合美国的利益，这主要表现在以下几个方面：

第一，服务贸易在美国的国际收支中占有极重要的地位。以1984年为例，美国的商品贸易有1 140亿美元的逆差，而服务贸易却有140亿美元的顺差。

第二，服务业在美国国内生产总值和就业中所占的比重均超过65%。

第三，美国的国内服务业市场已实现了对外开放，美国强烈要求其他国家也开放自己的国内市场，而美国在服务业上又具有相当大的进入别国市场的比较优势。

第四，服务贸易自由化符合美国跨国公司的利益。跨国公司是国际服务贸易的主角，而美国的跨国公司在全世界又占有领先地位。

当美国开始提出服务贸易问题时，绝大多数发展中国家都坚决反对进行服务贸易多边谈判。理由是：

第一，服务业中的许多部门，如银行、保险、通讯、信息、咨询、法律事务、数据处理等，都是资本——知识密集型行业，在发展中国家里，这些行业是非常脆弱的，不具备竞争优势；

第二，发展中国家的服务部门尚未成熟，经不起发达国家激烈竞争的冲击，过早地实行服务贸易自由化会毁坏和断送其不断增长的服务业前程。因此他们坚决主张在本国的"幼稚服务业"没有获得竞争力以前，决不会开放他们的服务市场；

第三，有些服务行业还涉及国家主权、机密和安全。随着发达国家在进行服务贸易谈判问题上的认识逐渐统一，发展中国家不愿意谈判的立场也有了改变。首先，一些新兴的发展中国家和地区因在某些服务业已经取得相当的优势，如韩国的建筑工程承包业就具有相当强的国际竞争力；新加坡的航空运输业在资本、成本和服务质量上也具有明显的优势。这些国家和地区的态度是希望通过谈判来扩大本国优势服务的出口。其次，大部分发展中国家，一方面迫于来自发达国家的压力，另一方面也认识到如果发展中国家不积极参与服务贸易的谈判，将会形成由发达国家制定服务贸易规则的局面，这是极其被动的，而且在谈判可能产生具体规则的前景下不参加谈判，也可能会损害已取得的货物贸易利益。因此，其他发展中国家也先后表示愿意参加服务贸易的谈判。在 1986 年 9 月关贸总协定缔约方部长会议上，服务贸易被正式列为新一轮多边贸易谈判议题。

8.4.2　乌拉圭回合服务贸易谈判过程简要回顾

关于服务贸易谈判在《乌拉圭回合部长宣言》的第二部分中明确写到：在这一领域进行谈判的目的是就服务贸易问题建立一个多边规则框架，包括就一些具体的部门达成协议，本着在透明度和逐步自由化的条件下扩展贸易的目的，促进所有贸易伙伴的经济增长和发展中国家的发展。此框架协议将尊重各种有关服务业的国内法规和政策，并将考虑到有关国际组织的规则。

服务贸易谈判的过程：

乌拉圭回合中，在 1988 年 12 月中期审议前，服务贸易谈判主要涉及服务贸易定义、统计；适用服务贸易的总原则、规则；服务贸易协定的范围；现行国际规则、协议的规定；服务贸易的发展及壁垒等。

1988 年 12 月在加拿大的蒙特利尔举行的中期审议会上，明确了服务贸易的定义、服务贸易协定的主要概念及原则，如国民待遇、最惠国待遇、逐步自由化、发展中国家的更多参与、保障措施及例外等。

蒙特利尔中期审议之后的工作主要集中于各具体部门的谈判，1989 年 4 月服务谈判组决定就以下部门进行谈判：通讯、建筑、交通运输、旅游、金融和专业服务。

然而绝大多数发达国家认为，决定能否成功的关键在于乌拉圭回合结束后，各缔约国能否承担相同的义务，它们明确地表示"搭便车"是不能接受的。一些发达国家认为谈判进展太慢，希望在 1990 年取得突破。在 1990 年 1月的会议上，服务谈判组提出在 1990 年 7 月之前就以下问题达成协议：总协定的框架、统计、其他国际协议和规定的作用、自由化机制、定义和发展中国家的更多参与、协议制度问题等，接下来的工作便是由各个国家提出可能的多边框架提议。

1990 年 12 月在布鲁塞尔举行的部长级会议上，由于美国与欧共体在农产品补贴问题上的重大分歧而没有能够最终结束乌拉圭回合。在这次会议上服务贸易谈判小组主席向大会提交了《服务贸易总协定》草案，其中包含有关部门的草案附件：海运、内陆水运、公路运输、空运、基础电讯、劳动力流动、视听、广播、录音和出版等。在 1993 年 12 月 15 日的乌拉圭回合最终谈判中，经各方努力，最终达成了《服务贸易总协定》，1994 年 4 月 15 日在马拉喀什正式签署。

8.4.3　《服务贸易总协定》概述

1995 年 1 月 1 日正式生效的《服务贸易总协定》由以下三部分组成：

（1）适用于所有成员的基本义务的协定，即《服务贸易总协定》条款。

（2）作为《服务贸易总协定》有机组成部分的涉及各服务部门的特定问题和供应方式的附件，以及关于最惠国待遇豁免的附件。

（3）根据《服务贸易总协定》的规定应附在《服务贸易总协定》之后，并成为其重要组成部分的具体承诺。

除上述 3 个主要部分外，还有 9 项有关决议，包括部长决定和金融服务承诺谅解书，以及 4 项组织机构决定和一项关于服务贸易与环境的决定。它们都是《服务贸易总协定》的组成部分。

《服务贸易总协定》的实质性内容包括 6 部分，29 个具体条款及 8 个附件。

"序言"确定了各成员参加及缔结《服务贸易总协定》的目标、宗旨及总原则。

第一部分（第 1 条）确定了《服务贸易总协定》的适用范围及服务贸易的定义。

第二部分（第 2 条至第 15 条）规定了各成员的普遍义务与原则。

第三部分（第 16 条至第 18 条）规定了各成员服务部门开放的具体承诺义务。

第四部分（第 19 条至第 21 条）规定各成员，尤其是发展中国家服务贸易逐步自由化的原则及权力。

第五部分（第 22 条至第 26 条）是组织机构条款。

第六部分（第 27 条至第 29 条）是最后条款。

八个附件是：

（1）关于最惠国待遇豁免的附件；

（2）关于根据本协定自然人移动提供服务的附件；

（3）关于航运服务的附件；

（4）关于金融服务的附件一；

（5）关于金融服务的附件二；

（6）关于海运服务谈判的附件；

（7）关于电讯服务的附件；

（8）关于基础电讯谈判的附件；

其他有关文件是：关于体制安排和某些争端解决程序的部长决定、关于普遍例外、关于基础电讯、金融服务和专业服务的谈判、关于人员流动和海运服务的谈判以及金融服务承诺谅解书。

8.4.4　世贸组织成员必须履行的普遍义务与原则

世贸组织《服务贸易总协定》第二部分“普遍义务与原则”共 14 条，规定了各成员必须遵守的基本义务，其中最重要的原则有：

其一，最惠国待遇。《服务贸易总协定》规定世贸组织成员“应立即、无条件地向其他成员的服务及服务提供者给予不低于它给予其他成员相同服务和服务提供者的待遇”。但是，“关于最惠国待遇豁免”的附件规定，世贸组织成员在特定情况下，经世贸组织允许可以对最惠国待遇实行暂时的例外，即暂时在某些特定服务领域，在世贸组织成员间不履行最惠国待遇义务。

其二，服务贸易政策、法规、措施的透明度义务。任何成员应立即并最迟在其生效前，公布所有有关或影响《服务贸易总协定》执行的相关措施。

其三，服务贸易一体化安排。《服务贸易总协定》允许各成员在世贸组织体系之外，参加推动服务贸易自由化的协议。对发展中国家之间的有关协议采取较为灵活的政策，允许其按发展水平达成某些协议，但是参加协议的各方对该协议外的国家不应采取提高服务壁垒的措施,任何成员决定加入某一协议或对某一协议进行重大修改时,都应迅速通知各成员,而各成员应组成工作组对其进行检查。如果某一成员认为某个协议损害了自己的利益,则按《服务贸易总协定》关于争端解决的协定可提起争端解决。

其四,垄断和专营服务提供者。某一成员国内的垄断服务提供者在有关服务市场提供垄断服务时,其行为不能损害其他成员的服务提供者按最惠国待遇、市场准入、国民待遇规定所享有的权利。

其五,服务贸易自由化中的紧急保障措施。世贸组织成员在由于没有预见到的变化或由于某一具体承诺而使某一服务进口数量太大,以致于对本国的服务提供者造成严重损害,或严重损害威胁时,可以部分或全部地中止此承诺以减缓或消除损害。

8.4.5　世贸组织成员可援引的例外

第一,确保国际收支平衡的例外措施。《服务贸易总协定》允许世贸组织成员在其国际收支或金融地位严重恶化的情况下,就其做出具体承诺开放市场的服务贸易,采取限制性措施或对与这种服务贸易有关的支付或货币转移做出限制,尤其对金融地位比较脆弱的发展中国家,为实现其发展目标而维持其外汇储备的要求给予充分的考虑。

第二,政府服务采购暂不受管辖。《服务贸易总协定》规定,政府采购服务不受最惠国待遇、具体承诺及国民待遇的义务约束。

第三,普遍例外。某一成员为了维护公共安全、公共卫生、环境、文化、资源等,为了维护国内法律和制止欺诈行为而采取的措施可以与《服务贸易总协定》的义务不一致。本条款规定《服务贸易总协定》对其成员采取的有关国家安全、军事、放射性物质、战争期间的行动,为执行联合国宪章而采取的行动,可暂时背离《服务贸易总协定》规定。

第四,政府可采取服务补贴促进服务业发展。《服务贸易总协定》第15条规定,在某些情况下,补贴会给服务贸易造成扭曲,各成员应进行多边谈判,达成必要的多边规则来避免这种扭曲,并考虑建立类似商品生产和出口方面的补贴及补贴规则。

8.4.6　逐步实现服务贸易自由化

在服务贸易的4种交易方式下,各成员应给予其他成员的服务和服务提供者以不低于其在开放服务市场的减让表中已同意提供的待遇。若在某一成员的服务贸易减让表上给出了不止一种有关服务提供的准入途径,那么别国的服务提供者可以自由选择其中一种。该规定要求,在承担市场准入义务的部门中,原则上不能采取数量限制的措施阻碍服务贸易发展。

在不违反《服务贸易总协定》有关规定，而且与其服务贸易减让表上的条件或要求相一致的条件下，某一成员应该在所有影响服务供给的措施方面，给予其他成员的服务和服务提供者以不低于其所给予本国国内服务和服务提供者的待遇。

市场准入和国民待遇是《服务贸易总协定》中最重要的条款。《服务贸易总协定》在结构上的一个重要特征就是将市场准入和国民待遇不是作为普遍义务，而是作为具体承诺与各个部门或分部门市场开放联系在一起。这样可以使分歧较小的部门早日达成协议。而发展中国家在谈判中应以更多参与这一原则作为先决条件，并且可以把互惠不局限在发达国家占优势的部门，可以谋求部门间的妥协来获取在自己较愿意开放的部门中达成有利的协议。各国在进行部门开放谈判时，应充分考虑到各国发展水平的不同和实际情况，各国竞争优势的不同，本着"利益互惠"的原则来达成市场准入方面的具体承诺。"利益互惠"不是一种绝对数量上的"对等互惠"，而应该是一种"相互优惠"，这样才符合发展水平不同国家的需要。

《服务贸易总协定》规定，本着进一步提高服务贸易自由化的目标，各成员应进行多轮的谈判，这些谈判的目的是减少和消除对服务贸易产生不良影响的措施，以实现有效的市场准入途径，从而逐步实现服务贸易自由化。

本 章 要 点

◆ 世贸组织在《服务贸易总协定》中将下列贸易列为服务贸易：

（1）从某一成员国境内向任何其他成员国境内提供服务。

（2）从某一成员国境内向任何其他成员国消费者提供服务。

（3）某一成员国的服务提供者以自然人的身份在任何其他成员国境内提供服务。

（4）某一成员国的服务提供者在任何其他成员国境内以商业存在提供服务。商业存在指任何形式的商业或专业机构，包括通过组建、获得或维持一个法人，或创立或维持分支机构或代表处以便在某一成员国境内提供服务。

◆ 服务贸易范围包括：商业性服务、通讯服务、建筑服务、分销服务、教育服务、环境服务、金融服务、健康及社会服务、旅游及相关服务、文化、娱乐及体育服务、交通运输服务和其他服务。

◆ 目前国际服务贸易主要集中在发达国家和少数新兴工业化国家。

◆ 当代世界市场的竞争已从价格竞争转向非价格竞争，一个国家在世界市场竞争中能否占据优势，在很大程度上取决于能否为商品交换提供高水平的国际服务。

◆ 服务贸易总协定由协定条款本身、部门协议和各国的市场准入承诺单三大部分组成。

关 键 术 语

1. 《服务贸易总协定》（General Agreement on Trade in Service）
2. 许可证贸易（licensing）

思 考 题

1. 简述国际服务贸易的范围。
2. 国际服务贸易的特点是什么？
3. 简述二战后国际服务贸易发展的特点。
4. 根据《服务贸易总协定》的规定，世贸组织成员应承担义务和遵循的原则有哪些？

阅读材料及案例分析

【阅读材料】　知识产权保护案

印度在独立以后的相当一段时间内，90％以上的印度制药业市场份额和所有权仍然掌握在外国公司手中。为了培育民族医药业，维护国民健康，印度政府采取了一系列促进性政策措施。1970 年的印度专利法第五节确认了程序专利（给予某一用于制造合成药物的程序以专利），但并未确认产品专利（给予产品自身以专利），即对于食品、药品的物质不授予专利，仅对制造方法授予专利。

1994 年，在世界贸易组织成员国商讨签署《知识产权协议》（TRIPS）的时候，印度医药界就对 TRIPS 的影响进行了评估。印度药品制造商协会 1994 年称 TRIPS 协定将导致药品价格上涨 5～20 倍。但印度政府还是签署了这份协议，主要是权衡考虑乌拉圭回合谈判的其他协议还是有利于印度利益。与此同时，印度也意识到 1970 年的专利法必须进行调整，由于当时议会休会，总统便颁布《1994 年专利（修订）条例》，以临时适应 TRIPS 的要求。1995 年 3 月印度临时适用的行政条例到期失效，永久条例又因议会被解散而没有建立起来，这一失效造成了印度与发达国家的矛盾。加入 TRIPS 协议后，印度政府在国内知识产权政策法规的调整上面临两难选择：一方面，印度应按照世界贸易组织的要求来重新立法；而另一方面，却面对消费者、民族工业的强烈反对。最后印度政府因为没有及时调整国内政策而被欧美告到了世界贸易组织。

裁决：

世界贸易组织判定印度没有执行 TRIPS 协议，在世界贸易组织的监督下，印度做出了调整。

问题：中国在知识产权问题上应如何应对？

第 9 章

贸易条约、协定与组织

学习目标

1. 了解关贸总协定在世界经济中的作用。
2. 了解世界贸易组织产生的背景及作用。
3. 熟悉贸易条约与协定的种类。
4. 掌握贸易条约与协定中的法律条款和种类。

9.1　贸易条约与协定的概念和内容

9.1.1　贸易条约与协定的概念

贸易条约与协定（commercial treaties and agreements）是两个或两个以上的主权国家为确定彼此的经济关系，特别是贸易关系方面的权利和义务而缔结的书面协议。

贸易条约与协定按照缔约国的多少，可分为双边贸易条约与协定和多边贸易条约与协定。前者是两个主权国家之间所缔结的贸易条约与协定，后者是两个以上主权国家共同缔结的贸易条约与协定。这些贸易条约与协定一般都反映了缔约国对外政策和对外贸易政策的要求，并为缔约国实现其对外政策和对外贸易政策的目的服务。

9.1.2　贸易条约与协定的内容结构

贸易条约与协定一般由序言、正文和结尾三个部分组成。

序言通常载明缔约双方发展经济贸易关系的愿望及缔结条约或协定所遵守的原则。

贸易条约与协定的正文，是贸易条约与协定的主要组成部分，它是有关缔约各方权利、义务的具体规定。不同种类的贸易条约与协定，其正文所包括的条款和内容有所不同。

贸易条约与协定的结尾包括条约与协定的生效、有效期、延长或废止程序、份数、文字等内容。还有签订条约和协定的地点及双方代表的签字。按惯例，如果条约是在一方首都签订的，批准书就应在对方国家的首都交换。贸易条约与协定一般以缔约各方的文字写成，并且规定两种文本具有同等效力。

9.2　贸易条约与协定中所适用的主要法律待遇条款

9.2.1　最惠国待遇条款

1. 最惠国待遇条款的含义与种类

最惠国待遇条款（most-favored nation treatment）是贸易条约和协定的一项重要条款。它的基本含义是：缔约国一方现在和将来所给予任何第三国的一切特权、优惠及豁免，也同样给予缔约对方。最惠国待遇的基本要求，是使缔约一方在缔约另一方享有不低于任何第三国享有的待遇。换言之，即要求一切外国人或外国企业处于同等地位，享有同样的待遇。不给予歧视待遇。

最惠国待遇条款分为无条件的最惠国待遇与有条件的最惠国待遇两种。无条件的最惠国待遇是指缔约国一方现在和将来给予任何第三国的一切优惠待遇，立即无条件地、无补偿地、自动地适用于对方；有条件的最惠国待遇是指如果一方给予第三国的优惠是有条件的，则另一方必须提供同样的补偿，才能享受这种优惠待遇。无条件的最惠国待遇条款首先是英国采用的，所以又叫做"欧洲式"最惠国待遇条款；有条件的最惠国待遇条款最先是美国采用的，所以又叫做"美洲式"最惠国待遇条款。目前的国际贸易条约与协定一般都采用无条件的最优惠国待遇条款。

2. 最惠国待遇条款适用的范围

最惠国待遇条款可以适用于缔约国经济贸易关系的各个方面，也可以仅在贸易关系中某几个具体问题上适用。在签订贸易条约和协定时，缔约双方往往对最惠国待遇的范围加以列举。在列举范围以内的事项适用最惠国待遇条款，在列举范围以外的，则不适用最惠国待遇条款。最惠国待遇条款的适用范围很广，通常包括以下几个方面：

（1）有关进出口、过境商品的关税及其他各种捐税。

（2）有关商品进出口、过境、存仓和转船方面的海关规则、手续和费用。

（3）进出口许可证发放的行政手续。

（4）船舶驶入、驶出和停泊时的各种税收、费用和手续。

（5）关于移民、投资、商标、专利及铁路运输方面的待遇。

在具体签订贸易条约与协定时，缔约双方可以根据两国的关系和发展贸易的需要，在最惠国待遇条款中具体确定其适用的范围。

3．最惠国待遇条款适用的限制和例外

在贸易条约与协定中，一般都规定适用最惠国待遇的限制或例外条款。

最惠国待遇条款适用的限制是指将适用范围限制于若干具体的经济和贸易方面。例如，在关税上的最惠国待遇只限于某些商品，或最惠国待遇条款只适用缔约国的某些地区等。最惠国待遇适用的限制可分为两种。

（1）直接限制。即在贸易条约或协定中明确规定最惠国待遇适用范围的限制，通常从商品范围上、地区上和商品来源上等加以限制。

（2）间接限制。即未在条约或协定中明确规定，而采用其他办法，例如将关税税则精细分类，以达到限制缔约国的某些商品适用最惠国待遇的范围。

9.2.2　国民待遇条款

国民待遇条款（national treatment）是法律待遇条款之一。它的基本含义是指缔约国一方保证缔约国另一方的公民、企业和船舶在本国境内享受与本国公民、企业和船舶同等的待遇。

国民待遇条款一般适用于外国公民或企业的经济权利。如外国产品所应缴纳的国内税，利用铁路运输和转口过境的条件，船舶在港口的待遇，商标注册、著作权及发明专利权的保护等。但是，国民待遇条款的适用是有一定范围的，并不是将本国公民或企业所享有的一切权利都包括在内。例如，沿海航行权、领海捕鱼权、购买土地权等，通常都不包括在国民待遇条款的范围之内，这些权利一般都不给予外国侨民或企业，只准本国公民和企业享有。

9.3　贸易条约与协定的种类与作用

9.3.1　通商航海条约

通商航海条约（treaty of commerce and navigation）又称通商条约，友好通商条约等。它是全面规定两国间经济和贸易关系的条约。其内容比较广泛，常涉及缔约国之间经济和贸易关系的各方面问题。

9.3.2　贸易协定和贸易议定书

贸易协定（trade agreement）是两个或几个国家之间调整它们相互贸易关系的一种书面协议。其特点是对缔约国之间的贸易关系规定得比较具体，有效期一般较短，签订的程序也较简单，一般只须经签字国的行政首脑或其代表签署即可生效。

贸易协定正文的主要内容通常包括以下几方面。

1. 最惠国待遇条款的规定

在协定中通常规定最惠国待遇条款及其适用范围和例外，以便减少和避免缔约国双方在执行过程中的分歧。

2. 进出口商品货单和进出口贸易额

在这方面，有的协定规定的比较原则，只对双方进出口商品和贸易额的增长，表示一种愿望。有的协定具体规定在协定有效期内双方进出口商品货单和贸易额。

3. 作价原则和使用货币的规定

作价原则是指确定双方所交易货物的价格原则。通常规定签订合同时以该种商品在国际市场上有代表性的价格作为基础，由双方进出口贸易公司协商确定。使用货币是指清偿进出口双方在业务中产生的债权和债务所使用的货币。

4. 支付和清算办法的规定

支付和清算办法有多种形式。有的贸易协定规定采用记账结算或双边清算办法进行结算；有的规定部分货款采用记账结算，部分采用现汇支付的办法；有的规定全部货款都用现汇支付。

5. 优惠关税的规定

在有些协定中规定了优惠关税条款。主要有两种：

（1）直接订明具体商品的优惠关税税率。即两国间通过协商确定一部分具体商品的进口优惠税率，其中包括商品税目、商品名称和优惠的税率。

（2）间接确定适用某种关税税率。即在协定中只规定某些商品能享受免税或最低税率的待遇，这些免税或最低税率的具体内容，在协定中并无规定。

6. 其他事项规定

有些协定根据需要还订有其他规定，如商品检验、仲裁、设立商务机构、举办展览、广告宣传和保障条款等。

贸易议定书（trade protocol）是指缔约国就发展贸易关系中某项具体问题所达成的书面协议。这种贸易议定书往往是作为贸易协定的补充、解释或修改而签订的。有的贸易议定书是协定的附件，有的则不作为附件。此外，在签订长期贸易协定时，关于年度贸易的具体事项，往往通过议定书的方式加以规定。贸易议定书的签订程序和内容比贸易协定更为简单，一般由签字国有关行政部门的代表签署后即可生效。

9.3.3　国际商品协定

国际商品协定是指某项商品的主要出口国和进口国之间为了稳定该项商品价格和保证供销等目的所缔结的政府间的多边协定。

第二次世界大战后，已签订了糖（1953 年）、锡（1956 年）、咖啡（1962年）、橄榄油（1958 年）、小麦（1949 年）、可可（1973 年）、天然橡胶（1979年）七种国际商品协定。

国际商品协定一般由序言、宗旨、经济条款、行政条款和最后条款等部分构成，并有一定的格式。其中经济条款和行政条款是国际商品协定主要的条款。

1. 经济条款

经济条款是确定各成员国权利和义务的依据。它关系到各成员国的具体权益，是国际商品协定中最重要的内容。由于商品不同，有关经济条款的内容也不尽相同。从现行的国际商品协定来看，经济条款主要有以下几种规定：

1) 缓冲存货的规定

缓冲存货（buffer stock）就是由该商品协定的执行机构按最高限价和最低限价的规定，运用其成员国提供的实物和资金，干预市场和稳定价格。其办法是在最高限价和最低限价之间划成三档，即高档、中档、低档三级。当市场价格涨到高档时，抛售缓冲存货的实物以维持价格在最高限价之下；在中档时，不动用缓冲存货；在低档时，利用缓冲存货的现金在市场上收购，把价格保持在最低限价以上。这种规定最主要的是对最高限价、最低限价和价格档次达成协议，并有大量资金和存货，否则往往难以起到应有的作用。主要采用缓冲存货规定的有国际锡协定和国际天然橡胶协定。

2) 出口限额的规定

这种条款规定一个基本的出口限额，每年再根据市场需求和价格变动，确定平均的年度出口限额。年度出口限额按固定部分和可变部分，分配给有基本限额的各出口成员国。固定部分占全部年度限额的 70％，可变部分占 30％。可变部分按出口成员国的库存量占全体出口成员国总存量的比例，进行分配，属于这种类型的有国际咖啡协定。

3) 多边合同规定

多边合同（multilateral contracts）条款规定，进口国在协定规定的价格幅度内，向各出口国购买一定数量的有关商品；出口国在协定规定的价格幅度内，向各进口国出售一定数量的有关商品。当进口国在完成所应进口的数量后，可在任何市场，以任何价格，购买任何数量的有关商品。出口国在完成所应出口数量后，可在任何市场，以任何价格，出售任何数量的有关商品。因此，它实际上是一种多边性的商品合同。属于这种类型的如国际小麦协定。

4）出口限额与缓冲存货相结合的规定

即同时采用这两种办法来控制市场和稳定价格。国际可可协定采用这种办法。其具体办法如下：①规定可可豆的最高限价和最低限价。②确定指示价格。指示价格是纽约可可交易所和伦敦可可集散市场 15 个连续营业日的每日价格的平均数。③当指示价格超过最高限价或低于最低限价时，可可理事会就采取出口额和缓冲存货所规定的办法调节价格，使价格恢复到最高限价与最低限价的幅度内。

2. 行政条款

该条款主要涉及权力机构和表决票的分配，商品协定的权力机构有理事会、执行委员会和监督机构。由于权力机构关系到协定的履行和管理，涉及到各方面的切身利益，因而职位和表决票的分配往往是各出口和进口成员国所关心的重要问题。各权力机构达成的协议，除采用协商一致的办法外，一般要通过表决决定。表决方式可根据情况需要，分别采用简单分配多数、三分之二分配多数、特别表决等。各成员国对重大问题进行投票表决，是参加协定成员的一项基本权利。

3. 最后条款

该条款主要规定协定的签字、批准、生效、有效期、加入、退出等具体程序和手续。

从国际商品协定的执行情况来看，这些协定对于稳定商品价格和生产国的出口收益，适当满足消费的需要起到一定的作用。

9.3.4　商品综合方案

商品综合方案是发展中国家在 1964 年 4 月第六届特别联大会议上第一次提出，于 1976 年 5 月联合国第四届贸易和发展会议上正式通过的。这项方案的主要内容有以下几方面：

其一，建立多种商品的国际储存或称"缓冲存货"，稳定商品价格，保证正常的生产和供应。国际储存的主要商品有：香蕉、咖啡、可可、茶、糖、肉类、植物油、棉花、黄麻、硬纤维、热带木材、橡胶、铝、铁、锰、磷、铜和锡。

其二，建立国际储存的共同基金。这种共同基金（common fund）是用来资助国际初级产品的缓冲存货和改善初级产品市场结构，提高初级产品的长期竞争性，如开发研究、提高生产率、改进销售等。

其三，商品贸易的多边承诺。为了稳定供应，参加方案的各国政府，承诺在特定时间内各自出口和进口某种商品的数量。

其四，扩大和改进商品贸易的补偿性资金供应。即当出口初级产品的发展中国家的出口收入剧减时，国际货币基金给予补偿性贷款。

其五，扩展初级产品的加工和出口多样化。要求发达国家降低或取消对发展中国家初级产品和加工产品的出口关税和非关税壁垒，并采取促进贸易的措施等。

9.3.5　《国际纺织品贸易协定》

《国际纺织品贸易协定》，也称《多种纤维协议》，是在关税与贸易总协定主持下，于 1973 年 12 月 23 日，由主要纺织品进出口国家和地区经过谈判达成的一项有关纺织品和服装贸易的国际多边协议。

《国际纺织品贸易协定》是进出口双方矛盾妥协的产物，因此，它具有以下主要特征：第一，它背离的关税与贸易总协定的无条件最惠国待遇、非歧视性和禁止数量限制的自由贸易原则；第二，它是一个过渡性临时安排，以便发达国家有一个"喘息的机会"，调整其丧失竞争能力的纺织工业；第三，它仅适用于棉、毛和人造纤维纺织品和服装，不包括手工织品和工艺品；第四，为了保证发展中国家和地区的纺织品出口有一个合理的增长，充分使用配额，规定了有关条款。

按照国际纺织品贸易协议第 4 条和其他条款的有关规定，主要发达进口国与大部分出口国及地区之间都根据该协议签订了双边纺织品协定。根据国内纺织业的发展情况，进口国对纺织品进口的限制程度有所不同，为了履行好双边协定，各出口国形成了一整套管理方法。

1. 发达进口纺织品国家限制的特点

（1）美国和欧盟。它们同出口国和地区签订的双边协定包括所有的多种纤维产品，所以被称为全成限制协定。欧盟的总配额，进一步分配给各成员国。根据要求还可以将一成员国未用完的配额转移到另一成员国。

（2）瑞典、挪威和加拿大。它们主要保护国内的服装工业，对纺织品进口的限制不严，其限制主要集中在服装贸易方面。

（3）奥地利和芬兰。它们仅对某些纺织品有限制，主要是服装和部分纺织品，而且其限制是对来自某一国家和地区的产品，奥地利主要对工业化国家实行限制。芬兰仅对东欧国家和我国实行限制。

（4）日本和瑞士。在国际纺织品贸易协议下没有任何限制。

（5）澳大利亚和新西兰。主要是根据关贸总协定的规定，对纺织品和服装贸易实行全球配额。

2. 出口国对双边纺织品贸易总协定的管理

为了尊重双方达成的配额水平和争取更多的外汇收入，各纺织品出口国在达成双边纺织品贸易协定后，注意对配额的管理。在配额的使用上从三个方面加强管理。

（1）做好产品的分类。即对出口纺织品进行分类，把不同产品归入不同的类别。

（2）管理好许可证。出口许可证制度是管理出口纺织品的一种重要措施。发证的形式主要有以下几种：①由出口国发放，在进口国内使用有效，并不需附带其他单证。作为一种有效证件，进口国允许货物进口。②由进口国发放许可证，进口国海关凭进口许可证放行，也称为自动许可证。③发放的出口许可证要附带签证，标明出口货物已从特定的配额下扣除。

出口国家分配配额的方式有如下几种：①拍卖。即把许可证分为若干单位，每个单位包括一定数量，由出口商向政府投标，然后按中标者分发。②按申请许可证的先后次序分发。在一般情况下，先申请的出口商先得到配额，配额发完为止。③有选择地使用许可证制度。如为已建立关系的出口商保留一部分配额，再按一定的比例留一部分给新的出口商，以使贸易结构具有灵活性；另一种方式是通过保留部分配额供高于一般价格水平的出口货物使用，以提高出口收入。

（3）统计管理。通过统计管理可清楚地知道实际出口量，了解配额产品的装运或延迟装运情况。在许多双边协定中，特别是欧盟和美国的双边协定中，要求按月和季交换统计资料，将装运情况通知进口国。此外，通过统计，出口国还可掌握配额的使用情况，及时从配额中扣除，同时还可以防止没有配额的国家占用自己的配额。

关贸总协定乌拉圭回合谈判达成的《纺织品与服装协议》取代了《国际纺织品贸易协议》。

9.4　关税与贸易总协定

关税及贸易总协定（General Agreement on Tariff and Trade），简称关贸总协定（GATT），是在美国策动下，于 1947 年 10 月 30 日由 23 个国家在日内瓦签订，并于 1948 年 1 月 1 日正式生效的关于调整缔约国对外贸易政策和国际经贸关系方面的相互权利与义务的国际多边协定，是进行多边贸易谈判和解决政府间贸易争端的重要依据。GATT 虽不是一个正式的国际组织，也不是联合国的专门机构，但是自 1948 年 1 月 1 日生效至 1995 年 1 月 1 日退出历史舞台，它和国际货币基金组织及世界银行一起构成了调节世界各国经济贸易关系的三大支柱，对全球经济产生了积极的作用。

9.4.1　关贸总协定产生的历史背景

　　关贸总协定的产生是由 20 世纪 40 年代的世界政治、经济形势所促成的。第二次世界大战临近结束，即将获取胜利的大国的政治家们开始勾画战后世界经济政治新秩序。总结此前历史经验，各方得出共识：两次世界大战发生的深层原因都与经济贸易利益有关，而国际经贸纠纷之所以最终导致战争，一个很大原因就在于国与国之间缺乏协调。于是建立一个全球性贸易协调组织的倡议便应运而生。这种倡议也是由第二次世界大战获胜一方的大国提出的。

　　1943 年，美国最先倡议成立一个旨在削减关税、促进贸易自由化的国际贸易组织。这也与美国急于想维持自己在第二次世界大战后国际经济与经贸中主导地位的目标有关。

　　1944 年 7 月 1 日，在美国的积极策划下，美国、英国、法国、前苏联等 44 个国家的代表在美国的新罕布什尔州的布雷顿森林召开了"联合国国际货币与金融会议"，即著名的"布雷顿森林"会议。会议决定成立世界银行、国际货币基金组织和国际贸易组织，作为支撑世界经济的三大支柱，以推动世界经济的复苏和发展。国际货币基金组织和世界银行均于 1945 年 12 月 27 日正式成立，而国际贸易组织却由于种种原因迟迟未能成立。

　　1945 年 12 月 6 日，美国向有关国家政府发出照会，建议召开世界贸易和就业大会，并邀请英国、原苏联、法国、中国、加拿大等 15 个国家在美国单独起草的《关于召开世界贸易和就业会议的建议》基础上进行关税谈判。

　　1946 年 2 月 18 日，在美国的建议下，联合国经济社会理事会第一届会议通过了美国提出的召开联合国贸易与就业会议的决议，并成立了 18 国筹备委员会。同年 10 月，该委员会在伦敦召开了第一次筹委会，讨论美国提出的《国际贸易组织宪章草案》，并决定成立起草委员会对草案进行修改。1947 年 4 月，在瑞士日内瓦召开了第二次筹委会，讨论通过了国际贸易组织宪章草案。同年 10 月，在古巴首都哈瓦那召开的联合国贸易与就业会议上，审议并通过了《国际贸易组织宪章》，即《哈瓦那宪章》，并将该宪章送交有关参加国批准。然而，由于发达国家和不发达国家之间在经济政策上存在较大的分歧，《哈瓦那宪章》一经公布便受到责难。其后，该宪章在签字国立法机构审议中受挫，包括美国在内的多数签字国未予批准，致使建立国际贸易组织的努力功亏一篑。

　　然而，国际社会建立全球性贸易组织的努力虽然失败了，但却促成了一个重要协定的产生，这便是《关税与贸易总协定》。时值 1947 年初还在起草《国际贸易组织宪章》的过程中，联合国贸易与就业会议筹备委员会所设的起草委员会已经就关贸总协定及多边关税问题进行了广泛磋商。同年 4～10 月，筹委会日内瓦会议在讨论审查《国际贸易组织宪章》的同时，进行了关税问题的多边谈判。由23 个国家参加的首轮关税减让谈判获得成功，达成了 123 项有关关税减让的双边协议。参加国将《国际贸易组织宪章》中的贸易政策条款抽出，与达成的 123 项关税减让多边协议合二为一，经修改后构成一个独立的协定，这就是《关税与贸易总协定》。

1947 年 10 月 30 日，包括中国在内的 23 个国家在瑞士日内瓦签署了关税与贸易总协定《临时适用议定书》，宣布将关贸总协定作为一项过渡性的临时协议，来处理第二次世界大战后急需解决的各国在关税与贸易方面的问题，待《国际贸易组织宪章》生效后，就用宪章的有关部分来代替关贸总协定。然而由于《国际贸易组织宪章》中途夭折，而关贸总协定《临时适用议定书》于 1948 年 1 月 1 日生效。由此，关贸总协定实际上成了拟议中的国际贸易组织的替代者应运而生，总部设在日内瓦。

1948 年以后，关贸总协定实际上具有双重涵义：一是带书名号的，即《GATT》，属于一份多边协议；另一重是不带书名号的，是个国际组织。作为国际协议的 GATT 经各成员国议会批准；作为国际组织的 GATT 则依据协议维系。GATT 产生初期具有临时性特征，但谁也没有料到的是，这一"临时适用议定书"从 1948 年到 1995 年竟然运转了 40 多年，作为国际贸易领域的重要多边协定，GATT 是规范市场经济国家之间贸易行为的规则，作为一个国际经济组织，GATT 行使着准国际贸易组织的权利。它在促进第二次世界大战后国际贸易自由化和多边贸易体制形成方面，发挥了积极的作用。

9.4.2　关贸总协定的宗旨和作用

关贸总协定的宗旨是"各缔约方政府，认为在处理它们的贸易和经济事务的关系方面，应以提高生活水平，保证充分就业，保证实际收入和有效需求的巨大持续增长，扩大世界资源的充分利用以及发展商品生产与交换为目的。希望达成互惠互利协议，导致大幅度地削减关税和其他贸易障碍，取消国际贸易中的歧视待遇，以对上述目的做出贡献。"

关贸总协定运作的 40 多年中，缔约方由 23 个增加到 134 个，各国间关税税率大幅度下降，国际贸易高速增长，在国际贸易领域内的作用日益加强，表现在：

（1）关贸总协定主持了八轮多边贸易谈判，促进了贸易自由化和世界经济的发展。

（2）关贸总协定形成了一套国际贸易政策和措施的规章，在一定程度上成为该协定缔约方制定和修改对外贸易政策和措施及从事对外贸易活动的依据。

（3）缓和或解决了缔约方之间在国际贸易中的某些矛盾。

（4）关贸总协定主要是维护发达国家的利益，但对发展中缔约方对外贸易的发展也起到一定的促进作用。

9.4.3　关贸总协定的机构与运作

关贸总协定顾名思义只是一项"协定"，而非一个正式的国际组织，也不是联合国的一个下属机构，但事实上却具有国际组织的特征和职能。总部设在日内瓦，总协定的最高权力机构是缔约国大会，一般每年举行一次会议，讨论处理有关重大事项。总协定的日常事务主要由缔约国常驻代表组成的理事会和设立在日内瓦的秘书处处理。理事会下面分设专业委员会来解决具体问题。这些专业委员会涉及国际贸易中的各个领域，如国际收支委员会、关税减让委员会、补贴和反补贴委员会、反倾销委员会、海关估价委员会、技术贸易壁垒委员会、政府采购委员会、民用航空交易委员会等。

总协定的每个缔约国有一票表决权，但缔约国大会一般采用协商一致的原则做出决定，很少投票。如用表决办法，在大多数情况下，以简单多数通过，只是在特殊情况下，才要求以三分之二的多数票通过。

9.4.4　关贸总协定主持下的八轮多边贸易谈判的内容及特点

从 1948 年 1 月 1 日到 1994 年 12 月 31 日的 47 年时间中，关贸总协定主持了八轮多边贸易谈判，在国际经贸领域取得了一系列重大的成果。

第一轮多边贸易谈判于 1947 年 4 月至 10 月在日内瓦举行，包括中国在内的 23 个国家参加了谈判。通过谈判达成双边减税协议 123 项，涉及应税商品 45 000项，使占资本主义国家进口额约 54% 的商品的平均关税下降 35%。本轮谈判不仅为关贸总协定的签订奠定了基础，而且为以后的多边关税谈判提供了一种模式，具有极其重要的意义。

第二轮多边贸易谈判于 1949 年 4 月至 10 月在法国小镇安纳西举行，共有 33 个国家参加。共达成双边减税协议 147 项，增加关税减让商品 5 000 多项，使占应税进口值 56% 的商品的平均关税下降 35%。此外，在第二轮谈判期间，有 9 个国家加入了关贸总协定。

第三轮多边贸易谈判于 1950 年 9 月至 1951 年 4 月在英国的托尔基举行，有 39 个国家参加。共达成双边减税协议 150 项，涉及关税减让的商品 8 700 项，使占进口值 11.7% 的商品的平均关税下降 26%。在本轮谈判期间，有四个国家加入关贸总协定。

第四轮多边贸易谈判于 1956 年 1 月至 5 月在日内瓦举行，共有 28 个国家参加。由于美国国会对其政府授权有限，这一轮谈判的成效大打折扣。谈判结果是使占进口值 16% 的商品的平均关税下降 15%，仅涉及 25 亿美元的贸易额。

第五轮多边贸易谈判于 1960 年 9 月至 1961 年 7 月在日内瓦举行，共有 45

个国家参加。本轮谈判是由美国负责经济事务的副国务卿道格拉斯·狄龙建议发起的，因而又称"狄龙回合"。主要议题是美国与欧洲经济共同体国家间的关税减让谈判。谈判结果是达成了 4 400 多项商品的关税减让，涉及 49 亿美元的贸易额，使占应税进口值 20％的商品的平均关税下降 20％。农产品及某些敏感性商品不在减税之列。

第六轮多边贸易谈判在美国总统肯尼迪的提议下，于 1964 年 5 月至 1967 年 6 月在日内瓦举行，又称为"肯尼迪回合"。起初有 54 个国家参加，而实际缔约方在谈判结束时达到 74 个。本轮谈判涉及商品的贸易额 400 亿美元，在经济合作与发展组织成员间工业品关税平均削减 35％。由于广大发展中国家的努力，关贸总协定增加了第四部分"贸易与发展"，要求发达国家给予发展中国家优惠关税待遇，最不发达国家则可以按最惠国待遇原则享受其他国家削减关税的利益，但不需要对其他国家降低关税。本轮谈判首次涉及到非关税壁垒问题，讨论了海关估价制度和反倾销问题，并达成了《反倾销协议》。

第七轮多边贸易谈判于 1973 年 9 月在日本东京召开，故称作"东京回合"。又因是美国总统尼克松提议召开的，所以又称为"尼克松回合"。本轮谈判历时六年有余，到 1979 年 11 月结束。有 99 个国家参加了包括关税和非关税问题的综合性协议的谈判，其中包括非正式成员 29 个。

"东京回合"的主要议题是削减关税和降低非关税壁垒。根据协议，从 1980 年 1 月 1 日起的八年内，全部商品的关税平均下降约 33％。减税范围从工业品扩展到部分农产品。其中美国的关税平均下降 30％～35％，欧共体关税平均下降 25％，日本关税平均下降 50％。此外，纺织品、鞋类、皮革制品、食品等劳动密集型产品仍以"敏感性"为由被排斥在减税范围之外，但这次例外处理的商品与过去相比已有所减少。通过本轮谈判，关税已处于很低的水平，其保护作用已经不大。

在降低非关税壁垒方面，本轮谈判达成这样几个协议：①关于实施关贸总协定第七条的协议（海关估价）；②关于解决和应用关税与贸易总协定第 6 条，第 16 条和第 23 条的协议；③关于实施关税与贸易总协定第 6 条的协议（反倾销与反补贴）；④进口许可程序协议；⑤政府采购协议；⑥技术贸易壁垒协议；⑦关于民用航空器械贸易协议；⑧国际奶制品协议。但是，这些协议规定只适用于协议的签字国，实质上已经背离了关贸总协定的最惠国待遇原则。

1986 年 9 月 15 日至 20 日，关贸总协定第八轮多边贸易谈判——乌拉圭回合在乌拉圭斯特角城拉开帷幕。此次缔约国部长级会议通过了《乌拉圭回合部长宣言》，决定发起第 8 轮多边贸易谈判，也就是乌拉圭回合多边贸易谈判，简称乌拉圭回合。参加本次谈判的国家和地区从最初的 103 个增加到最终的 125 个。乌拉圭回合谈判主要是在日内瓦举行的。

　　根据《乌拉圭回合部长宣言》的规定，本轮谈判分为两个部分共 15 个议题。

　　第一部分为货物贸易谈判，第二部为服务贸易谈判。货物贸易谈判共含 14 个议题：①关税；②非关税措施；③热带产品；④自然资源产品；⑤纺织品与服装；⑥农产品；⑦关贸总协定条款；⑧保障条款；⑨多边贸易谈判协议和安排；⑩补贴与反补贴协议；⑪争端解决；⑫与贸易有关的知识产权问题，包括冒牌货贸易问题；⑬与贸易有关的投资措施；⑭关贸总协定体制的作用。

　　1991 年 4 月，乌拉圭回合贸易谈判委员会将原来的 15 个议题合并为七个议题，分组进行谈判。七个谈判组分别是：农产品组、市场准入组、规则制定和投资措施组、贸易谈判组、纺织品和服装组、知识产权组、服务贸易组和组织结构组。1993 年 12 月 15 日，谈判实质性结束。1994 年 4 月 15 日，参加乌拉圭回合谈判的各方在摩洛哥的马拉喀什举行部长级会议，正式签署了《乌拉圭回合多边贸易谈判结果最后文件》，包括《建立世界贸易组织的马拉喀什协议》及其四个附件，共 21 个协定和协议。之后，各国将本文提交各自的立法机构批准。最后文本已于 1995 年 1 月 1 日正式生效。

　　乌拉圭回合谈判成果显著。在工业品贸易方面，各成员方平均减税幅度近 40％，减税涉及的贸易额高达 1.2 万亿美元，并对近 20 个产品部类实行零关税。发达国家工业品关税税目约束比例由乌拉圭回合前的 78％扩大到 97％，发展中国家由 21％剧增到 65％。在农产品贸易方面，发达国家国家承诺在 6 年内将农产品关税削减 36％，发展中国家承诺在 10 年内削减 24％。在非关税措施方面，各成员方承诺将农产品贸易中的非关税措施毫无例外地关税化；纺织品与服装贸易在 10 年内回归多边贸易体制；反倾销、反补贴、海关估价、技术性贸易壁垒等受到有关协议的严格规范。在管辖范围方面，乌拉圭回合谈判涉及到三个崭新的领域，即服务贸易、与贸易有关的知识产权和与贸易有关的投资措施，从而使多边贸易体制能更好地适应国际经济贸易的发展。在贸易争端处理方面，本轮谈判对贸易争端解决机制进行了的修改与完善，为今后国际贸易纷争提供了一条有效的解决途径。此外，本轮谈判的最大成果之一是建立了世界贸易组织，从而结束了关贸总协定作为"临时适用议定书"的历史使命。

本 章 要 点

　◆ 国际上对国际贸易的管理主要通过国际间的贸易条约与协定或国际间不成文的谅解与贸易习惯。

　◆ 贸易条约与协定有通商航海条约、贸易协定、贸易议定书、关税减让与互惠协定、国际商品协定等，通常所适用的法律待遇条款是最惠国待遇条款和国民待遇条款。

　◆ 最惠国待遇条款的基本含义是缔约国一方现在和将来给予任何第三国的

一切特权、优惠和豁免，也同样给予缔约国对方。其意义在于使缔约一方在缔约另一方享有不低于任何第三国享有或可能享有的待遇。分为无条件的最惠国待遇与有条件的最惠国待遇两种，目前的国际贸易条约与协定一般都采用无条件的最优惠国待遇条款。

◆ 国民待遇条款的基本含义是指缔约国一方保证缔约国另一方的公民、企业和船舶在本国境内享受与本国公民、企业和船舶同等的待遇。国民待遇条款一般适用于外国公民或企业的经济权利，不包括如沿海航行权、领海捕鱼权、购买土地权等权利。

◆ 关税及贸易总协定，简称关贸总协定（GATT），是在美国策动下，于1947年10月30日由23个国家在日内瓦签署，并于1948年1月1日正式生效的关于调整缔约国对外贸易政策和国际经贸关系方面的相互权利与义务的国际多边协定，是进行多边贸易谈判和解决政府间贸易争端的重要依据。它和国际货币基金组织及世界银行一起构成了调节世界各国经济贸易关系的三大支柱，对全球经济产生了积极的作用。

关 键 术 语

1. 贸易条约与协定（commercial treaties and agreements）
2. 最惠国待遇条款（most-favored nation treatment）
3. 国民待遇条款（national treatment）
4. 关税与贸易总协定（General Agreement on Tariff and Trade，CATT）

思 考 题

1. 简述最惠国待遇条款适用的范围。
2. 什么是国民待遇条款？其适用范围如何？
3. 贸易协定包括哪些主要内容？
4. 简述国际商品协定中经济条款的规定方法。
5. 简述出口国分配配额的方式。
6. 简述关贸总协定的宗旨及作用。
7. 简述乌拉圭回合谈判的议题及达成的成果。

阅读材料及案例分析

【阅读材料】　为什么发展中国家在坎昆发起"阻击战"？

世界贸易组织（WTO）坎昆部长级会议，在没有达成任何实质性效果的情况下黯然落幕。坎昆会议的失败，预示着"多哈回合"谈判的前景渺茫。事实上，"多哈回合"谈判命运不祥的种子，在8年前WTO成立时，就已经种下了。

　　WTO 的前身，是 1947 年成立的"关税及贸易总协定"（GATT），准确地说，是 GATT 的秘书处。GATT 秘书处是 1954 年至 1955 年间 GATT 缔约国举行的第 9 次会议上决定设立的。GATT 秘书处是一个特殊的机构，它是以向各缔约方提供减让关税谈判的论坛作为自己存在的前提，因而曾被人戏称为"谈判与谈判总协定"（The General Agreement On Talk And Talk-GATT）。如果不再举行新的贸易谈判，作为总协定执行机构的 GATT 秘书处，自然就失去了存在的法律依据。

　　GATT 正常运行了 40 多年，一个重要原因，是美国在西方世界中占据无可争议的盟主地位。GATT 所进行的每一轮贸易谈判都是由美国发起的，而 GATT 历史上的几次重大决定也多出自美国的战略考虑。如 20 世纪 60 年代中期接纳发展中国家，以削弱联合国贸发会议和"77 国集团"的影响，60 年代末 70 年代初放宽东欧国家"入关"标准以分裂原苏联集团。70 年代中期以后，美国难以再单方面控制 GATT。进入 80 年代，各国间贸易纠纷频频，美国自己也不顾 GATT 原则，以《1974 年贸易法案》第 301 条款为武器，采取单方面的贸易行动。进一步损害了 GATT 的信誉和法律的权威性。

　　1995 年"乌拉圭回合"谈判结束后，GATT 秘书处变成了 WTO，并成为永久性国际经济机构，其法律地位等同于国际货币基金组织和世界银行。

　　1995 年结束的"乌拉圭回合"谈判，花费了八年的时间，已经是一项了不起的成就。从理论上说，WTO 的"正经工作"是监督执行"乌拉圭回合"的最后协议。但是，这一任务对 WTO 来说，实际上已经是力不从心。于是，为维持其合法性，WTO 极力推动新一轮贸易谈判。

　　但是，同 20 世纪 80 年代相比，时代已经大变。多边贸易谈判的方式已经过时。美、欧、日等发达国家之间，发达国家同众多发展中国家之间，关注的内容和目标远不一致。试图在很短的时间内，让 140 多个国家和地区，就众多复杂的经济问题达成共同的协议，本身就是不切实际的。

　　近年来，许多发展中国家的贸易官员认识到，1994 年结束的"乌拉圭回合"谈判，对于发展中国家来说，是一个严重的失策。追根溯源，主要原因有二：一是大多数发展中国家成员，对谈判的内容并不真正了解。许多小国根本就没有懂得 WTO 规则的贸易问题专家。二是几个重要的发展中国家成员，如印度和巴西，当时都遭遇经济困难，急需获得国际经济机构的资金，从而使得发展中国家在谈判中，处在不利的地位。

　　经过仔细研究，许多贸易专家发现，WTO 规则的许多内容，其不合理性简直是令人难以置信。这是因为，WTO 基本上沿袭了 GATT 的规则，而这些规则大多是美国、西欧和日本等发达国家之间，尤其是美、欧之间讨价还价的结果。在冷战时期，出于国际政治形势的需要，GATT 增设了一些对发展中国家提供优惠的条款，以吸引广大发展中国家和东欧国家加入。但按照 WTO 的规则，发展中国家的贸易条件实际上大幅度地恶化了。

WTO 体制的特点是涵盖的范围更大，不再局限于关税的减让，而越来越关注各国的贸易政策、服务业和知识产权等领域。此外，WTO 倾向于普遍性，要求所有成员共同遵守其规则，这实际上就取消了对发展中国家的一些优惠措施，对发展中国家很不利。譬如，在农业领域，WTO 一方面允许发达国家补贴农业，另一方面却要求发展中国家降低农产品关税，向发展中国家施压，要求它们使农业进一步自由化。据世界粮农组织估计，1986～1988 年，发达国家平均每年对农产品补贴 2 750 亿美元，1999 年增加到 3 260 亿美元。WTO 农业协议把农业补贴分成了必须减少的贸易扭曲国内补贴（黄箱），和免受约束因而可以增加的非贸易扭曲补贴（蓝箱和绿箱）。这样一来，富国可以通过转换补贴种类，保持或增加其已经很高的补贴。这就好比魔术师的诡计，让补贴从一个箱子里消失，又从另一个箱子里出现。这就是为何在乌拉圭回合之后，经济合作与发展组织成员的补贴总量不降反升，尽管他们表面上承诺北方国家的补贴将减少。

而发展中国家大多无力补贴农业，却被迫降低关税。由于发达国家经历了"关税化"过程，它们就能从"特殊保护机制"（反对进口潮的特殊保护）中获益，但大多数发展中国家却无权使用它。此外，由于国际货币基金组织和世界银行的贷款限制，许多发展中国家还受到农业关税快速降低的影响。廉价的进口货涌入许多发展中国家，使贫穷农民的生活难以为继。从而使得发达国家"廉价的农产品"充斥于广大发展中国家的市场，造成当地农民收入减少，流离失所。许多案例调查已经表明了这一点，包括联合国粮农组织调查的 28 个案例。一些非政府组织和研究院也已收集了许多案例，这些案例表明，农产品进口自由化对第三世界国家农民造成的不良影响。受影响的国家有牙买加、圭亚那、斯里兰卡、印度尼西亚、菲律宾、印度、墨西哥以及许多非洲国家。受影响的农产品有水稻、马铃薯、鸡、洋葱和蔬菜。在中国，由于加入世贸组织以后进口税降低，成千上万的农民面临一个不确定的未来。其受影响的农产品有水稻、马铃薯、鸡、洋葱和蔬菜。

发展中国家的贸易专家建议 WTO 采取以下措施：①发展中国家不应该服从进一步降低粮食产品和小农产品的关税。它们需要保护自己免受廉价农产品进口的损害，应该允许他们超出最高限制提高关税；②允许发展中国家提高粮食产品和小农产品的国内补贴；③对于其他农产品，如果它们具有战略重要性，发展中国家也应该享受类似的灵活性；④应允许发展中国家使用特殊保护机制；⑤应该允许发展中国家恢复使用对粮食产品和小农产品的数量限制（现在受农业协议禁止），至少在北方国家保持高补贴的情况下，允许发展中国家这样做。这些措施应该加入当前正在进行谈判的协议中。如果那些正在保护和促进其农业部门的国家，剥夺发展中国家保卫自己的权利，这是最不道德的。

在工业方面，美国、英国和日本都曾经有过对本国的工业实施保护的阶段，现在 WTO 却要求所有的发展中国家都降低关税，开放市场。与此同时，WTO 近乎苛刻地强调知识产权的保护。外国工业品的涌入，损害了发展中国家的工业基础，高昂的专利费，近乎于切断了发展中国家发展工业的道路。许多发展中国家的贸易专家指出，目前 WTO 的"知识产权"保护，实际上变成了发达国家的一种工具，起到了使发达国家实现对技术的垄断和控制，阻止发展中国家经济崛起的作用。美国著名经济学家巴格瓦蒂曾指出，知识产权本是一个非贸易问题，是美国的制药工业把知识产权非法引入了 WTO。如果发达国家继续掌握多边贸易制度，把更多的非贸易问题塞进 WTO 并使之完全扭曲，发展中国家将何去何从？

许多发展中国家已经意识到，20 世纪 90 年代东亚和拉美许多发展中国家接连发生严重的金融危机，与贸易条件恶化有很大关系。从长远考虑，必须改革 WTO，要求在 WTO 内取得某种"特许权"或"豁免权"，以保护自己的利益。

但问题是，西方发达国家对发展中国家的困难并不理会，对发展中国家提出的改革 WTO 的建议也不感兴趣，反而试图将 WTO 引向一些更尖锐、更敏感的问题上。"多哈回合"谈判，就是把这些议题带进 WTO 体制中来。过去一年多来，许多发展中国家贸易专家就不断提醒说，这些提案有很大的欺骗性，表面上对发展中国家有利，可一旦通过，将势必会严重削弱发展中国家对国内经济、社会政策的制定权，使发展中国家更加难以有效掌控宏观经济。譬如，根据欧盟和日本提出的一项"外国投资协定"，外国投资者将享有"国民待遇"和"充分自由"的权利，可以无条件地进入各国参与商业谈判，进行投资，不受任何限制性条款的约束。根据欧盟提出的一项"竞争协议"，外国企业将享有"绝对公平"、"绝对平等"的权利，东道国的企业甚至在融资方面，都不得享有任何的优惠。最差的一项建议是关于"政府采购"，根据该项建议，凡属于政府支出的项目，哪怕只是普通办公用品，都必须通过公开招标的方式进行采购，外国企业享有同等权力进行竞标。如果发展中国家接受这些条款，将来恐怕就不会有自己的政府了。

由于西方发达国家控制着 WTO 的秘书处，尽管也有许多发展中国家反对，许多议题仍然被列入了 WTO"多哈谈判"议程。但"多哈会议"后，由于中国加入了 WTO，大大加强了发展中国家的阵营。而此次坎昆会议，又是第一次在发展中国家举行的部长级会议。这一点非常重要，因为 WTO 自己的资源有限，每年的预算只有 1.07 亿美元，只拥有 170 名雇员，必须依靠墨西哥这个东道主，组织、安排会议日程和安全措施。在坎昆部长级会议上，由巴西、马来西亚和南非等国领衔的几个发展中国家"集团",据理力争,显示出了空前的团结,极力"封杀"了发达国家提出的一些动议,从而阻止 WTO 增加新的不合理的内容。尽管西方国家贸易官员担心,如果这次会议失败,将为"多哈回合"谈判蒙上了一层阴影,但对广大发展中国家而言,这将是一次成功的、历史性的颠覆。

问题:如何理解发展中国家在坎昆发起"阻击战"的政治意义和经济意义?

第 10 章

世界贸易组织与全球多边贸易体制

学习目标

1. 理解 WTO 取代 GATT 的历史必然性及 WTO 和 GATT 的主要区别。
2. 理解 WTO 的宗旨，熟悉 WTO 的权利机构和决策机制。
3. 掌握运用 WTO 的基本原则。
4. 掌握 WTO 中争端解决的机构和程序。
5. 了解 WTO 对发展中国家的差别待遇及缺陷。

世界贸易组织的英文缩写即 WTO，成立于 1995 年 1 月 1 日，总部设在日内瓦。它是关税与贸易总协定乌拉圭回合多边谈判的重要成果之一，是处理国与国之间贸易规则的全球最大的国际组织，其核心是 WTO 协议，所有协议是由全球多数贸易国经过谈判后达成并签署，后经各成员方议会批准而予以确认。

世界贸易组织的建立不仅意味着世界贸易由多规则时代向单一规则时代过渡的开始，同时还预示着一种更加有序的基于国际贸易多赢与互利理念的贸易时代的来临。

10.1 世界贸易组织及其建立

10.1.1 WTO 取代 GATT 的必然性

WTO 的前身是 GATT。GATT 产生于 1947 年，作为国际贸易领域的重要多边协定，对规范市场经济国家之间的贸易行为，促进二战后国际贸易自由化，发挥了积极的作用。

但是，随着世界经济与贸易的不断发展，服务贸易异军突起，知识产权贸易的重要性也日益显现。GATT 缔约方逐渐发现，GATT 自身的缺陷致使其无法适应日益复杂的世界贸易发展趋势。主要缺陷表现在：

第一，关贸总协定仅是一个临时性的多边贸易协定，并不是正式生效的国际公约，它只是以"缔约方全体"的名义通过各种协议，来对每个缔约方进行约束。由于关贸总协定不是一个法人，所以它通过的决议并不具有强制性。

第二，在不能成立正式的国际贸易组织的情况下，关贸总协定各缔约方只是同意临时接受共同确定的法律义务。特别是还存在着"在不违背国内现行立法的最大限度内临时适用总协定第二部分"（即关于国民待遇、取消数量限制等规定）这样的规定，使某些国家（主要是少数大国）不需要改变其与现行国际通行规则相吻合的现有国内立法，从而时常出现不公正的现象。

第三，关贸总协定所约束的领域主要是货物贸易，农产品、纺织品和服装等偏离于关贸总协定体系之外。20 世纪 90 年代，国际服务贸易和投资迅速发展，世界产业结构已向以服务业为主的第三产业转变。同时随着经济全球化和知识经济的发展，现代国际经济活动对与贸易有关的知识产权的保护也越来越高。关贸总协定显然不能适应这种国际经贸环境的巨大变化。

第四，在解决争端的机制方面，关贸总协定存在着重大缺陷。关贸总协定在做出决策时，要求所有缔约方"完全协商一致"。也就是说，如果其中有一个缔约方不同意争端解决专家小组的仲裁结果，则该争端解决专家组的报告便不能通过。这样，就很难保证关贸总协定始终能够按其本身的规则对缔约方之间的贸易争端做出客观公正的裁决，存在着贸易大国操纵或控制争端解决结果的可能性。例如，美国就经常采取实用主义的做法，当贸易争端解决对其不利时，反对通过争端解决专家小组的裁决报告。这极大地降低了关贸总协定的权威性，削弱了关贸总协定解决贸易争端的能力。

鉴于关贸总协定的局限性，在 GATT 第八轮多边谈判中，各缔约方普遍认为有必要在关贸总协定基础上建立一个正式的国际经贸组织，来协调、监督、执行乌拉圭回合的成果。1990 年初，时任欧共体轮值主席国的意大利首先提出建立多边贸易组织（Multilateral Trade Organization，MTO）的倡议。同年 7 月，欧共体以 12 个成员国的名义向乌拉圭回合体制职能谈判小组正式提出这一倡议，随后得到美国与加拿大的支持。同年 12 月，GATT 乌拉圭回合布鲁塞尔部长级会议正式做出决定，责成体制职能小组负责新的多边贸易组织协议的谈判。为此，"建立多边贸易组织协定"成为 1992 年 12 月乌拉圭回合最终协议草案的一个有机组织部分。

经过三年谈判，1993 年 11 月乌拉圭回合谈判结束前，原则上形成了《建立多边贸易组织协定》草案。之后根据美国代表的提议，把"多边贸易组织"改名为"世界贸易组织"（World Trade Organization，WTO）。1993 年 12 月 15 日，乌拉圭回合谈判胜利结束。1994 年 4 月 15 日，包括中国在内的 130 多个国家和地区在摩洛哥马拉喀什召开关贸总协定部长会议，乌拉圭回合谈判的各项议题包括《建立世界贸易组织的马拉喀什协定》（简称《建立世界贸易组织协定》）的协议均获通过，并采取"一揽子"方式（无保留例外）加以接受，于 1995 年 1 月 1 日起正式生效。1995 年 1 月 1 日，世界贸易组织正式成立并运转。但在 WTO 成立的第一年，即 1995 年，GATT 与 WTO 共同存在，到该年年底，GATT 结束历史使命，WTO 全面担当起全球经济贸易组织的角色，发挥其积极作用。

WTO 的建立，标志着作为国际经济组织的 GATT 已退出历史舞台，不复存在；但作为国际协议的《GATT》则依然存在，并得到更新发展。由此可见，WTO 既不是 GATT 的全部替代，也不是 GATT 的简单扩大，它是 GATT 近半个世纪发展的必然结果，是在充分吸收和接纳 GATT 成果基础上的革新和完善。从完备的组织结构、强有力的管理职能、更全面的多边规则以及更广泛的协调范围来看，WTO 是一个比 GATT 更明确、更有力的崭新的多边贸易体制。

10.1.2　WTO 规则总体框架

世界贸易组织规则，简称 WTO 规则，是建立在关税与贸易总协定（GATT）规则基础上的，是对 GATT 规则的继承和发展，WTO 规则主要体现在《建立世界贸易组织协定》中，其基本框架由前言、16 条正文和 4 个附件构成。其中，4 个附件基本体现了 WTO 规则的实质性内容。

附件 I：包含多边货物贸易协定、服务贸易总协定（GATS）和与贸易相关知识产权协定三类文件。在第一类文件中，包含与货物贸易相关的如下具体协定：①《1994 年关税与贸易总协定》；②《乌拉圭回合对 1994 年关税与贸易总协定的议定书》；③《农产品协议》；④《卫生和检疫措施协议》；⑤《纺织品与服装协议》；⑥《技术性贸易壁垒协议》；⑦《与贸易相关的投资措施协议》；⑧《反倾销措施协议》；⑨《海关估价协议》；⑩《装运前检验协议》；⑪《原产地规则协议》；⑫《进口许可证程序协议》；⑬《补贴与反补贴措施协议》；⑭《保障条款协议》。

在这类文件中包含以下协议：①《GATS 第二协定书》，关于金融服务；②《GATS 第三协定书》，关于自然人流动；③《GATS 第四协定书》，关于基础电信；④《GATS 第五协定书》，关于金融服务。

附件 II：争端解决规则和程序谅解。

附件 III：贸易政策评审机制。

附件 IV：诸边贸易协定，包括以下四个协议：①国际民用航空器协议；②政府采购协议；③国际奶制品协议（1997 年被废除）；④国际牛肉协议（1997 年被废除）。

可见，WTO 规则最主要地体现在 WTO 协定的附件 I 中。除此之外，1995 年 1 月 WTO 成立以来达成的多边贸易谈判协议，如信息技术协议（ITA）、基础电信协议和金融服务贸易协议等，也构成 WTO 规则的重要组成部分。

WTO 规则是约束各个缔约方对外贸易经济活动的游戏规则，也是当今最为复杂和庞大的国际经济法律体系之一。WTO 规则中有例外，例外中又有规则，而且，在例外的规则中还有例外。WTO 缔约方可普遍援引的例外有确保国际收支平衡的例外、在公共安全和环境等领域的普遍例外、政府可以采取服务补贴促进服务业发展等的例外。

10.1.3　WTO 与 GATT 的区别

世贸组织继承了关贸总协定的基本原则和精神，但是它与关贸总协定之间存在着重要的差别，主要表现在以下几个方面：

首先，关贸总协定是临时生效的一个产物，它从来没有经过缔约方各国或地区议会的法律批准，它不是一个实质性的组织。而世界贸易组织则是一个正式的组织，其协议是永久性的。其成员国或地区都在法律上批准了世界贸易组织的协议。

其次，关贸总协定的法律规定是非强制性的，只具有规劝性，而世界贸易组织的法律规定则是强制性的。

再次，关贸总协定的功能主要在于处理国际间的货物贸易，而世界贸易组织还适用服务贸易和知识产权等其他领域。

最后，世界贸易组织的争端解决体制比关贸总协定体制更有效率，大大缩短了解决国际贸易争端的时间。

由于世贸组织代表了世界经济贸易发展的总体利益，因而大多数国家和关税独立区都愿意成为其成员。截止 2003 年 4 月 6 日，世贸组织已有 146 个正式成员，此外还有包括俄罗斯在内的 20 多个国家和地区已经提出加入申请，处在谈判阶段。包括中国在内的 146 个成员之间进行的贸易约占全球贸易总额的 97%，现全世界只有 3% 左右的国际贸易不受 WTO 规则的约束。因此，WTO 作为全球最大的多边贸易组织，自成立以来在世界经贸发展中所起的作用是非常积极的，其中较为突出的作用表现为三个方面：

第一，推动了世界贸易的自由化进程。主要是通过 GATT 乌拉圭回合成果的兑现实现的。由于兑现 GATT 有关消除贸易壁垒的协定，全世界的关税水平大幅度下降，极大地促进了世界范围的贸易自由化；由于将农业与服务贸易纳入 WTO 管辖之下，该领域的市场开放与贸易自由化已成为大势所趋；由于在安全保障措施、反倾销与反补贴等措施的运用上的规范性努力，世界贸易有望变得公正公平。

第二，规范国别贸易政策措施的实施。由于 WTO 的运作，世界贸易制度正在进入协商管理贸易时代，多边原则下的双赢贸易政策理念正得到越来越多国家的接受，单边的贸易保护与贸易制裁政策的活动空间正在缩小。

第三，规范世界市场的竞争秩序。在 WTO 的推动下，世界市场的竞争正在趋于规范化，少数大国借助其市场力量推行的片面保护主义政策受到越来越多的限制。

10.2　WTO 的宗旨与基本体制

10.2.1　WTO 的宗旨

"建立世界贸易组织协定"前言指出，世界贸易组织的宗旨为："提高生活水平，保证充分就业，大幅度和稳步地增加实际收入和有效需求，扩大货物和服务的生产与贸易，按照持续发展的目的，最优运用世界资源，保护和维护环境，并以不同经济发展水平下各自需要的方式，加强采取各种相应措施"；"需要积极努力确保发展中国家，尤其是最不发达国家在国际贸易增长中的份额，与其经济发展需要相称"。由此可见，WTO 声言，其宗旨不少于四点：其一是提高各成员方居民的生活水平，保证充分就业，保障各成员方国民实际收入和有效需求的持续增长。其二是扩大货物、服务的生产和贸易活动，为此 WTO 将不断推动成员消除贸易壁垒。其三是倡导可持续发展，要求各成员促进对世界资源的最优利用，保护和维护环境，并以符合不同经济发展水平下各成员需要的方式，采取各种相应的措施。其四是确保发展中国家，尤其是最不发达国家在国际贸易增长中获得与其经济发展水平相应的份额和利益。

在"建立世界贸易组织协定"前言中，明确指出实现其宗旨和目标的途径是"通过互惠互利的安排，导致关税和其他贸易壁垒的大量减少，取消国际贸易关系中歧视性待遇"。

WTO 的职能：其一是作为一个贸易协议监管机构，管理 WTO 协议，督促协议的实施。WTO 所管理的协议包括大约 29 个独立的法律文件，其范围从农业到纺织品与服装，从服务到政府采购，从原产地规则到知识产权的各个内容。除此之外，还有 25 个以上的附加部长宣言、决定和谅解。但最主要的是 GATT 历次多边谈判所达成的协议，尤其是乌拉圭回合达成与修订的协议。其二是作为一个贸易论坛，为成员提供双边尤其是多边贸易谈判安排，定期或不定期召开各种会议，使成员国有机会就多边贸易及发展，全球贸易制度发展交换看法。其三是作为一个贸易争端的调节与裁决机构，解决成员之间的贸易争端。WTO 成立以来，每年处理的贸易争端从几十起到几百起不等。其四是作为贸易政策、法规的审议机构，对各成员的贸易政策、法规进行定期审议。其五是作为一个国际组织，对发展中成员尤其是最不发达成员提供技术支持及培训。其六是作为世界三大经济协调机构之一，与其他国际经济组织一起，共同维持全球经济贸易的稳定，促进发展。目前全球有三大经济组织，除了

WTO 外，就是国际货币基金组织（IMF）和世界银行（WB）。WTO 与这两个机构一起，构成了当今世界经济体系中最有影响的干预系统。其中，国际货币基金组织与世界银行一起主管全球金融事务，而 WTO 主管全球贸易事务，号称世界经济贸易联合国。

10.2.2　WTO 权利机构

根据《建立世界贸易组织协议》的规定，WTO 建立了一整套组织机构，以分配与协调管理全球贸易事务的权限，这个机构由四个层次构建：

第一层次是部长会议（Ministerial Conference），由各成员方主管外经贸的部长、副部长级官员或其全权代表组成，部长会议至少每两年召开一次，是 WTO 的最高权力机构。其权力主要有：其一是立法权。从法律角度讲，只有部长会议才有权对其协定、协议做出修改和权威性解释，其他任何机构都没有这种法律权力。其二是准司法权。对其成员之间所发生的争议或其贸易政策是否与世贸组织相一致等问题做出裁决。其三是豁免某个成员在特定情况下的义务。其四是批准非世贸组织成员国所提出的取得世贸组织观察员资格申请的请示。

WTO 成立以来，迄今已经召开四次部长会议。第一次部长会议于 1996 年 12 月 9～13 日在新加坡举行；第二次于 1998 年 5 月 18～20 日在瑞士日内瓦举行；第三次于 1999 年 11 月 30 日～12 月 3 日在美国西雅图举行；第四次于 2001 年 11 月 9～13 日在卡塔尔的多哈举行。按照会议召开地点，分别称为新加坡会议、日内瓦会议、西雅图会议和多哈会议。最近一次部长会议，即第五次会议，则于 2003 年 9 月 10～13 日在墨西哥的坎昆举行。

第二层次是总理事会（General Council），它是部长休会期间的常设机构，由各成员政府委派的代表或常驻 WTO 总部大使组成。总理事会负责 WTO 的日常事务，监督和指导下设机构的各项工作，处理 WTO 的重要紧急事务，视情况需要随时召开会议。总理事会还兼任贸易政策审议机构和争端解决机构。争端解决机构下设两个分支机构，即上诉机构和争端解决专家组。

第三层次是三个并列的理事会，分别为货物贸易理事会（Council for Trade in Goods，CTG），负责《1994 年关贸总协定》及其他货物贸易协议有关事宜；服务贸易理事会（Council for Trade in Services），监督执行服务贸易总协定及分部门协议有关事宜；知识产权理事会（Council for TRIPs），监督执行与贸易有关的知识产权协定。三个理事会在总理事会的指导下开展工作，行使相应协议规定的职能以及总理事会赋予的其他职能。

第四层次是各种专门委员会，具体有贸易与发展委员会，国际收支限制委员会，贸易与环境委员会，预算、财务与行政委员会（简称预算委员会），区域贸易协议委员会等 10 多个专门委员会。这些专门委员会由总理事会直接负责。其中，贸易与发展委员会审议适用于发展中成员方的特殊条款的实施情况；国际收支限制委员会审议成员方因国际收支原因而采取的贸易限制措施；预算委员会审议 WTO 秘书处提交的年度预算草案和财政报告，并就如何在成员间分摊 WTO 开支及对欠费成员采取措施等问题，向总理事会提出建议。

除了上述常设机构外，WTO 还建立一些临时性机构，通常被称作工作组（working party）。工作组的任务是研究和报告有关事项，并最终提交理事会作出决定。有些工作组还承担贸易谈判的组织工作。

WTO 日常办事机构为秘书处，由总干事直接领导。秘书处的主要职责是给部长会议、各理事会以及各专门委员会提供专业性服务，譬如按照 WTO 原则为发展中国家提供贸易政策管理方面的技术援助，分析预测世界贸易形势，向各成员方大众和媒体解释 WTO 的活动等等。此外，秘书处还负责为贸易争端解决过程提供法律和信息服务，对 WTO 潜在成员政府给予咨询等。

总干事的遴选、权利、职责、服务条件及任期规则等事宜，均由部长会议确定。WTO 有关文件宣称，总干事至少有五重身份：一是 WTO 的捍卫者，有权向 WTO 各成员施加影响，督促其遵守 WTO 规则；二是 WTO 的领航者，要对 WTO 发展的最佳方针具有前瞻性考虑；三是 WTO 的调停人，负有帮助成员间解决贸易争端的职责；四是 WTO 的经理人，主管秘书处的日常工作，管理 WTO 财政预算以及其他行政事务；五是 WTO 谈判的主持者，负责主持多边协商与非正式谈判，避免成员间的无谓争议。

每个 WTO 成员都有以正式成员身份参加各理事会、专门委员会和理事会下设的各种委员会、工作组和工作小组，但无权自由进入贸易争端上诉机构、争端解决专家组、纺织品监督机构、信息技术协会委员会及诸边贸易协议委员会等机构，这些机构的成员是通过一套比较公正的机制或程序来遴选与组成的。

10.2.3　WTO 决策机制

WTO 的决策采用协商一致优先、诉诸表决其次的程序。具体来说，任何重大决策均须先在各成员之间磋商，力求通过协商达成一致，只有在无法协商一致时才诉诸于投票表决。

协商一致实际上是 GATT 时期形成的决策惯例，WTO 的决策程序沿用了这个惯例。所谓协商一致，就是在做出任何重大决策之前，先进行成员间的广泛协商，争取获得所有成员的支持。而 WTO 具体决策中对于协商一致的理解，则是不反对即意味着赞许。权威的表述是："在做出决定的会议上，如果任何一个与会成员方对拟议通过的决议不正式提出反对，就算达成了协商一致。"1995 年11 月，WTO 总理事会议定了一项有关决策规则的重要说明，强调在讨论有关义务豁免或加入请求时，总理事会应寻求以协商一致达成协议，只有在无法协商一致的情况下才进行投票表决。

部长会议和总理事会的表决实行一个成员一票的办法。一般情况下，部长会议和总理事会依据成员所投票数的简单多数做出决定，但在某些重大问题上，则需要按照绝对多数原则表决。其中在以下三类议题的表决上有专门规定：

第一类是关于 WTO 多边贸易协定条款的解释的投票表决。按照章程，部长会议和总理事会拥有对《建立世界贸易组织协定》和其他多边贸易协议解释的权利。在具体解释中若发生争执，并无法通过协商达成一致时，则部长会议或总理事会可就监督实施协定的相应理事会提出的建议进行表决。此类表决须获 3/4 以上多数才算通过。

第二类是关于义务豁免权的表决。根据 WTO 的有关协定，任何成员既享有一定的权利，也需要履行一定的义务。但在特殊情况下，部长会议可决定豁免某一成员方应尽的某项义务。对成员方提出的豁免要求，部长会议应确定一个不超过 90 天的期限进行审议。首先按照协商一致的原则做出决定；如果在此期限内未能达成一致，则需投票表决。此类表决，须获 3/4 多数才能通过。

第三类是关于修正案的表决。WTO 的任何成员都有权就《建立世界贸易组织协定》和其他多边协定条款提出修正建议。部长会议或总理事会应在 90 天内或在更长的期限内，本着协商一致的原则提出修正案，提请各成员方协商。若未能达成一致，则可诉诸于表决。此类表决，须获 2/3 多数通过，才能做出将修正案提请各成员接受的决议。

除此之外，WTO 对于某些重要协定条款的修正，还奉行一致赞同原则。所谓一致赞同，就是必须获得全体成员的一致同意，才能有效。要求获一致赞同才能修正的条款有：《建立世界贸易组织协定》第 9 条 "决策" 和第 10 条 "修正"；GATT 1994 年第一条 "最惠国待遇" 和第二条 "减让表"；《服务贸易总协定》第二条 "最惠国待遇" 条款，《与贸易有关的知识产权协定》第 4 条有关最惠国待遇和国民待遇的条款等。

但是，对某些协定条款的修正还采取另外两种表决方式：一种是多数赞同全部适用原则。WTO 多数协定的修正表决主要采用此种方式，即经 2/3 或 3/4 多数票通过的决议，对所有成员都具有约束力。另一种是多数赞同多数适用原则。某些关键条款或原则性条目的修改，即使获 2/3 乃至 3/4 的压倒多数赞同，但也只对那些愿意接受此类修正的成员有约束力，而对那些反对修改的成员则不具有约束力。这类修正案主要包括那些可能会从实质上改变成员国的权利与义务界定条款或项目的修正案。譬如对《服务贸易总协定》第四、第五和第六部分之外的其他部分及其附件的修改，虽经总理事会表决获 2/3 多数通过，也仅对接受修正的成员有效。其他成员可待日后考虑接受。

　　为了维持 WTO 基本原则与功能的完善，WTO 有关条款特别强调，对于那些关系到 WTO 基本原则与功能完善等具有特殊意义的修正案，所有成员都有义务予以接受。若绝大多数成员接受，那些拒绝接受的个别成员要么选择退出 WTO，要么经部长会议表决同意，保留成员资格。有关协定条款具体规定如下：

　　"部长会议可经 3/4 成员同意决定，根据上述规定生效的任何修正属于这样的性质，即任何成员如在部长会议规定的时限内不接受修正，则可退出 WTO，或经部长会议同意，仍为成员。"

10.2.4　加入 WTO 的条件

　　根据《马拉喀什建立世界贸易组织协定》第 12 条的规定，加入 WTO 必须满足以下三个条件：其一，任何国家或在处理其对外贸易关系及本协定和多边贸易协定规定的其他事项方面拥有完全自主权的单独关税区，可按其与 WTO 议定的条件加入《马拉喀什建立世界贸易组织协定》。此加入适用于《马拉喀什建立世界贸易组织协定》及所附多边贸易协定。其二，有关加入的决定由部长级会议做出。部长级会议应以 WTO 成员的 2/3 多数批准关于加入条件的协议。其三，诸边贸易协定的加入按照该协定的有关规定执行。

10.3　WTO 基本原则

　　WTO 的基本原则体现在各具体协定之中。基本原则是与 WTO 宗旨密切联系在一起的。一般认为，WTO 奉行的基本原则主要有以下几点。

10.3.1　最惠国待遇原则

　　1948 年 1 月 1 日临时生效的关贸总协定，首次在全球范围内将最惠国待遇条款纳入多边贸易体系中，并使之成为多边贸易体系赖以生存的基石。

　　最惠国待遇原则起源于中世纪欧洲，分为有条件的最惠国待遇和无条件的最惠国待遇两种形式。据认为，1713 年英法两国政府签署的《英法乌特勒支通商条约》中，就包含了明确的最惠国待遇原则条款。该条约规定：一方保证现在或将来给予第三国的通商与航运方面的好处，给予缔约对方。而 1860 年签署的《英法商务条约》则载有明确的无条件最惠国待遇条款。从此以后，国际贸易的最惠国模式——无条件最惠国待遇原则被广泛采用，并被载入 1947 年的《GATT》中。

　　WTO 所适用的无条件的最惠国待遇是指，在货物贸易、服务贸易和知识产权保护领域，一成员在现在和将来给予另一方的任何特权、优惠或豁免，都必须立即和无条件地给予所有其他 WTO 成员。假设甲、乙、丙三国，甲给予乙的各种优惠、特权和豁免，都应立即无条件地给予第三方丙。确立该原则的目的是使所有成员方在东道国市场上开展公平的、无歧视的竞争。但是，值得注意的是，在具体实施中存在若干特例，例外情形主要有五种：①给予发展中国家成员的差别待遇和特殊优惠（如普惠制）。②以自由贸易区、关税同盟等形式出现的区域经济一体化安排以及在边境贸易中给予邻国更多的贸易便利。③涉及到成员国国家安全。④涉及到知识产权保护。⑤其他如反倾销和反补贴、国际收支平衡、诸边协议等敏感问题。如在《服务贸易总协定》中允许发展中国家之间的贸易安排可以不扩展到第三方等。

互惠性、无条件性和普遍性构成最惠国待遇的三个主要特点。首先，国家主权中的平等原则和对外贸易中的权利与义务平衡原则要求最惠国待遇不是单边承担的义务，而是相互间优惠的义务。在享受其他成员方给予的在贸易、投资、关税和服务等领域的最惠国待遇权利的同时，也需要承担向其他成员方提供相应的最惠国待遇的义务，这是最惠国待遇中的互惠性。其次，如果最惠国待遇是相互之间承担一定的义务，从而享受相应的权利，或者说，受惠方希望享受给惠方给予第三方的各种优惠或特权，需要提供相应的补偿回报给惠方，否则不能享受各种优惠或特权，这种状况称为有条件的最惠国待遇。如果成员方在享受各种优惠或特权时不需要提供相应的补偿，则称为无条件的最惠国待遇。WTO 的最惠国待遇是无条件性的。最后，WTO 的规则中对某成员方提供给另一成员方的各种优惠或特权都应无条件地、立即给予所有其他任何第三方的规定，构成最惠国待遇的普遍性。

【案例分析】　　阿根廷和欧共体的农产品出口贸易纠纷

1. 案件经过

西班牙和葡萄牙加入欧共体后，由于欧共体的共同农业政策，出口农产品到这两个国家比以前困难。1987 年初，美国和欧共体通过协商达成协议：作为补救措施，欧共体向美国提供年进口 230 万吨玉米和高粱的配额，期限为 4 年。

阿根廷作为主要的农产品出口国，其出口的主要农产品也是玉米和高粱，它要求在欧共体得到与美国同样的待遇。1987 年 7 月 8 日，阿根廷向 GATT 申诉，认为欧共体违反了 GATT 第 24 条第 6 款的规定，即在加入关税同盟时寻求提高约束性关税的 GATT 成员在修改关税减让表时，应与其他成员进行关于补偿性调整的谈判。最后，欧共体和阿根廷达成协议，欧共体向阿根廷提供了和美国相同的配额，同时还增加一些肉类配额。1990 年，美欧协议延长，欧阿协议也相应延长。

2. 案件评析

西班牙和葡萄牙加入欧共体后，由于其享受欧共体的共同农业政策而影响了阿根廷的农产品出口，阿根廷则有权要求欧共体对利益受到损害的阿根廷进行补偿。而更为明显的是，情况与阿根廷相同的美国已得到了来自欧共体的贸易补偿，那么，阿根廷应享受与美国同等的待遇。

10.3.2　国民待遇原则

国民待遇原则可以追溯到法国 1804 年制定的《国民法典》，其中规定："外国人在法国享有与其本国根据条约给予法国人同样的民事权利。"此后，该原则逐渐成为国际司法中公认的原则之一。在第二次世界大战之前，这一原则大多是在双边友好通商或航海条约中出现，战后被引申到广泛的贸易领域。在 WTO 体系下，国民待遇原则既适用于货物贸易，也适用于服务贸易和知识产权领域。

WTO 国民待遇原则要求：一成员应保证另一成员的国民、企业和船舶在该国境内享有不低于其本国居民、企业和船舶的待遇；一成员的产品或服务经海关进入另一成员境内市场后，在销售、税收等各方面享有的待遇不低于进口成员本国所产同类产品或服务享有的待遇。

这里需要强调的是，国民待遇是专指民事方面的待遇，而非政治方面的待遇。那些关系到国家重大利益或主权的待遇，比如一国沿海航行权、领海捕鱼权、购买土地权和零售贸易权等，通常只给予本国国民，而不给予外国侨民。此外，与最惠国待遇一样，国民待遇原则的贯彻也有某些例外。

确立该原则的目的，是保证成员方的出口产品与服务在东道国市场上，与东道国的国产产品或服务具有同样的地位、条件和待遇，防止东道国利用国内法律、法规等作为贸易保护手段限制成员方的产品或服务出口。例如，在航空运输市场上，不能利用各种歧视性规定排挤外国航空公司，在空中管制、停泊机位、售票机会和中转时间等方面要一视同仁等。国民待遇原则与最惠国原则两者统称为非歧视原则。

【案例分析】　巴西、智利等九国同美国的烟草制品立法问题纠纷

1. 案件经过

1993 年 8 月 10 日，美国总统克林顿签署了一项法令，要求国内的卷烟制造商在生产中至少使用 75％的本国原料，违反规定的将被罚款；法令还规定了对进口征收国内税、检查费。1993 年前，美国允许烟草加工业在生产过程中使用 41％的进口原料。1992 年，巴西、智利、哥伦比亚、加拿大、萨尔瓦

多、危地马拉、泰国、津巴布韦向美国出口的烟草达到 91 000 吨，总价值为 3.53 亿美元。现在，根据新的法令，美国卷烟制造商使用进口原料的比例由 41％下降到 25％以下。因此，新法令的实施将大大影响这些国家对美国的烟草出口。1993 年 12 月，巴西、智利等八国向 GATT 提出申诉，认为美国关于烟草制品的立法违反了 GATT 第 3 条第 5 款，即"缔约方不得建立或维持某种对产品的混合、加工或使用须符合特定数量或比例的国内数量限制条例，直接或间接要求条例规定的某一产品的特定数量或比例必须由国内来源供应缔约方。也不应采用其他与本条第 1 款规定的原则有抵触的办法来实施国内数量限制条约。"

1994 年 1 月 25 日，专家组成立。1994 年 2 月，阿根廷也加入申诉。1994 年 9 月，专家组提交调查报告，认为美国政府的法令实际上是内部数量限制措施，不符合 GATT 第 3 条。1994 年 10 月 4 日，GATT 通过专家组报告，巴西、智利等九国胜诉。

2. 案件评析

在本案中，美国通过国内立法强制提出卷烟制造商使用国产原料的比例，这相当于以立法形式限制进口卷烟原料的市场准入。因此，进口卷烟原料和国产卷烟原料具有不平等的市场机会，进口卷烟原料的市场准入机会低于国产卷烟原料，这明显地违背了 WTO 的国民待遇原则。巴西、智利等九国在本案中胜诉是一个必然的结果。

王忠明 . 2002. WTO 规则实务读本 . 北京：中共中央党校出版社）

10.3.3　市场准入原则

市场准入就是一国允许外国产品或服务进入本国市场的程度，按照这一原则，WTO 所有成员均有义务开放本国市场，允许外国货物或服务进入。为此，WTO 各成员方在权利和义务对等的基础上，借助多边谈判机制，不断降低关税，消除数量限制及其他强制性限制市场准入的非关税措施，逐步开放市场，提高国际贸易的自由化程度。

市场准入原则体现在 WTO 各主要协定中。《GATT 1994》要求，各成员应承诺不得随意将关税提高到超过协定约束的水平，以保证市场准入原则得以贯彻执行。《服务贸易总协定》则要求各成员在非歧视原则基础上，通过分阶段谈判，承诺逐步开放本国服务市场。《纺织品与服装协议》要求在 2005 年 1 月 1 日之前，发达成员分阶段逐步取消纺织品和服装进口配额限制，而仅借助于关税保护国内市场。《农业协议》要求各成员将现行的对农产品贸易非关税壁垒关税化，并逐步降低关税水平。除此之外，WTO 的其他协议，如《装运前检验协议》、《原产地规则协议》、《技术性贸易壁垒协议》、《反倾销协议》、《补贴与反补贴措施协议》、《海关估价协议》、《政府采购协议》、《进口许可程序协议》等，均对市场准入原则做了具体规定。

市场准入原则的实施主要是通过关税减让和减少非关税壁垒为途径。

10.3.4　透明度原则

透明度指各缔约方要按期或及时公布其与经济贸易有关的各项政策、法律、法规、法令、条例、管理办法、签订的经贸条约及情况和统计数据，尽量减少政府不宣布的内部规定等不透明的贸易规则。通俗地说，就是要让其他缔约方的企业进入国内市场后，有权索取各种与企业有关的贸易政策，知道该如何办事或通过什么渠道办事。一般地，不应对本国企业按照一套内部程序来办事，而外国企业却不知道这套办事的程序。改革开放以来，中国外经贸部门多次、成批地废除了各种内部规定，提高了中国贸易制度的透明度。

透明度原则是保证市场经济公开性的一大基石，从 GATT 产生就被奉为其基本原则。按照透明度原则，缔约方需要公布的有效实施的现行贸易政策法规包括：①海关法规，如海关对进出口货物征收的关税税率和其他费用等；②对进出口商品征收国内税的法规和规章制度；③进出口商品检验、检疫法规和规章制度；④进出口货物及其支付方面的外汇管理，及对外汇管理的一般法规和规章制度；⑤利用外资的立法及规章制度；⑥出口加工贸易区、自由贸易区（保税区）、边境贸易区和经济特区的法规和规章制度；⑦进出口管理的法规和规章制度；⑧服务贸易的法规和规章制度，如政府对国内服务市场的管制政策及法规等；⑨知识产权保护的法律法规和管理措施，如打击侵权盗版活动的法规措施等；⑩商务纠纷的仲裁规则与立法等；⑪缔约方政府及其机构所签订的影响到贸易政策的现行的双边或多边协议、条约或协定；⑫缔约方地方政府制定的影响到贸易政策的现行的地方性法律法规；⑬其他影响到贸易行为或可能扭曲国际贸易的国内立法和规章制度。

透明度原则可以有效地防止成员之间的不公正贸易行为，因此是 WTO 非歧视原则的保障之一。该原则的贯彻大大提高了国际贸易政策实施的可预见性和稳定性，减少了信息不对称因素，对促进国际贸易的公平、公正发展起到了重要推动作用。

10.3.5　互惠原则

互惠原则又称为互惠贸易原则，是缔约方在互惠互利基础上进行关税减让和非关税措施削减、相互给予特权、利益和豁免。其目的是维持缔约方之间的利益平衡，推动多边贸易谈判。例如，甲方在贸易谈判中承诺向乙方开放运输服务市场，但前提条件是乙方也承诺向甲方开放国内建筑服务市场。只有平等互惠的减让安排才有可能使缔约方达成协议，而互惠原则正是谋求缔约方之间权利与义务的平衡，因而成为在多边贸易谈判中讨论和制定 WTO 规则的基本原则。尽管在 GATT 和 WTO 协议中没有明确地对互惠原则做出规定，但不妨碍该原则在 WTO 规则中的地位。在多边或双边贸易谈判中，互惠原则是签约双方谈判的重要原则。

互惠原则主要通过以下四个方面来体现：

首先，通过多边贸易谈判进行关税减让和非关税措施削减，相互对等地开放各自的国内市场，对等地使另一缔约方以平等的条件进入国内市场，从而获得自身进入另一缔约方国内市场的权利。例如，在服务贸易市场开放的安排中，某国对另一国承诺开放本国金融市场是以另一国承诺对该国开放其国内金融市场为条件的。美国凭其强大的服务业，率先开放国内电信等服务市场，并在谈判中迫使其他国家和地区开放国内电信等服务市场，就是一种主动地利用 WTO 的互惠原则打开其他国家市场大门的贸易战略。

其次，当某个国家或地区申请加入 WTO 成为新成员时，可以享受所有老成员以往达成的开放市场的优惠待遇。相反，老成员也会要求新成员按照 WTO 规则缴纳"入门费"，即满足老成员提出的开放国内市场的要求。例如，中国申请加入 WTO，需要与数十个 WTO 的"老成员"举行双边贸易谈判，通过谈判满足它们的要求。在现实中，每个新成员都希望尽量少地承担"入门费"，更多地享受以往老成员达成的贸易优惠安排；老成员则希望获取更高的"入门费"后，才让新成员进入 WTO 享受优惠待遇。由于发达国家与发展中国家和地区申请加入 WTO 时的"入门费"差别很大，某些缔约方极力将中国视为发达国家以获取更高的"入门费"。中国在与美国等缔约方的谈判中，则坚持自身为发展中国家的原则立场，坚持权利与义务平衡的原则缴纳"入门费"。

再次，发达国家为了诱惑发展中国家开放本国服务市场，提出"以货物贸易换取服务贸易"的市场开放政策，即发达国家对发展中国家开放本国的货物贸易市场，而发展中国家则对发达国家开放本国的服务贸易市场。这是发达国家在利用 WTO 的互惠原则搞交叉互惠，以图进入发展中国家的服务市场。

最后，双边贸易谈判对于谈判国家或地区来说，比多边互惠贸易谈判具有更多的不确定性，缔约方从多边贸易的互惠谈判中获得的收益显然要高于从双边谈判中获得的收益。这是由 WTO 的互惠原则决定的。

10.4 WTO 争端解决机制

世界贸易组织（WTO）前任总干事鲁杰罗先生说过：如果不提及争端解决

机制，任何对 WTO 成就的评论都是不完整的。从许多方面讲，争端解决机制是 WTO 多边贸易体制的中心支柱，是 WTO 对全球经济稳定的最独特的贡献。以上这段话，我们可以领悟到十分重要一点：WTO 争端解决机制在 WTO 多边贸易体制中占有何等重要的地位。

10.4.1　WTO 解决争端的机构

为了更有效地解决贸易争端，经过 1986～1994 年 GATT 乌拉圭回合多边贸易谈判，终于形成了 WTO 争端解决机制的基本法律文件《关于争端解决规则与程序的谅解》（DSU），简称《谅解》。《谅解》包括 27 条和 4 个附件，主要内容是涉及世界贸易组织争端解决机制的适用范围、管理机构、一般原则、基本程序和特殊程序。

1. 争端解决机构

《谅解》规定建立争端解决机构（Dispute Settlement Body，DSB）来负责监督争端解决机制的有效顺利运行，这是 WTO 的一个创新，也可以说是争端解决机制的基石，为 WTO 各成员间争端的解决纳入规范化的轨道创造了必要的条件，促进了国际贸易顺利发展。1995 年 1 月 31 日，在世贸组织总理事会第一次会议上，争端解决机构正式成立。

争端解决机构由 135 个成员方参加，实际上与总理事会是一套人马两块牌子，受总秘书处的领导。争端解决机构的主席通常与总理事会的主席不是同一个人，而是采用轮值制，由发达国家和发展中国家代表每年轮流担任。

2. 专家组

应争端一方的请求，争端解决机构可以成立专家组（panel），对成员国的某一违法行为进行裁决，承担具体的任务，任务完成后即解散。专家组一般由 3 名专家组成，若争端双方同意，也可扩大到 5 名。专家组必须在它建立之后的 30 天内组成，在遴选专家组成员时，世贸组织秘书处根据需要从一份合格人选指示性名单中向争端各方建议 3 名可能的专家组成员，若在选择专家组成员时存在实际困难，专家组成员也可由总干事指定。当选的专家组成员以个人身份提供服务，不接受任何政府的指示。专家组根据被授予的职权范围，在规定时间内，形成专家组报告，交争端解决机构会议批准。

WTO 争端解决机构（DSB）2004 年 2 月 17 日召开例会，通过了中国提名的三名专家组成员的候选人名单，包括张玉卿（货物贸易、知识产权），曾令良（货物贸易），朱榄叶（服务贸易、知识产权），根据 WTO《关于争端解决规则与程序的谅解》的规定，上述三名中国推荐的专家将进入 WTO 专家组成员的指示性名单，供 WTO 成员选择专家组成员时参考。

此次我国成功推荐了上述三名专家列入 WTO 专家组成员指示性名单，对我国在更宽领域、更深层次上参与 WTO 事务具有重要意义。

3. 常设上诉机构

1995 年 2 月，争端解决机构组建了常设上诉机构（appellate body），这是 WTO 争端解决机制的创新。依照《谅解》的规定常设上诉机构有七名成员，任期为四年，可连任一次，对某一案件由其中的三名进行审议，并依一定程序定期轮换。七名成员应在世贸组织的成员方中有广泛代表性。七名成员的遴选程序是：各成员方代表团提名；在提名的基础上，世贸组织总干事、争端解决机构主席、总理事会主席以及货物贸易理事会、服务贸易理事会和知识产权理事会的主席联合提出建议名单，争端解决机构正式任命。常设上诉机构的成员必须是在法律和国际贸易领域中公认的权威，并且是对各有关协议具有专业知识的人员。这些成员不隶属于任何国家的政府。

常设上诉机构的办事规则主要有：

（1）上诉机构在任何时间接到通知即提供服务。

（2）任何案件的上诉应由该机构七名成员中的三名同时受理。

（3）上诉机构成员不能参加与任何可能产生直接或间接利益冲突的争端。

（4）只受理争端的当事方对专家组的决定提出的上诉。

（5）上诉应限于专家组报告中所涉及的法律问题以及该专家组所作的法律解释。

（6）上诉机构应在与总干事和争端解决机构主席磋商的基础上制定其工作程序。

（7）上诉机构的工作程序应当保密。

（8）上诉机构可以维持、修改或推翻专家组的法律认定和结论。

10.4.2　WTO 解决争端的原则

1. WTO 的管辖权

当世贸组织的成员之间发生贸易争端时，若一方有意将争端投诉到世贸组织，则须首先认定该项争端是否在世贸组织争端解决机制的管辖范围之内，即首先要确定管辖权问题。世贸组织争端解决机制的管辖范围包括涉及以下协议的争端：

（1）《建立世界贸易组织的马拉喀什协议》。

（2）附件 I 中关于货物贸易的多边协议和服务贸易总协定及其各附件。

（3）附件 II 争端解决的规则与程序的谅解。

（4）附件Ⅳ诸边贸易协议。

从上列协议可以看出，世贸组织的争端解决机制不仅适用于货物贸易协议、服务贸易协议等有关贸易本身的争端，也适用于关于《建立世界贸易组织协定》和《谅解》本身。

2．WTO 解决争端的原则

（1）磋商和调解原则。《谅解》要求每个成员保证，对另一成员提出关于在其境内所采取的影响各有关协议实施的措施问题，给予同情的考虑，并就此提供充分的磋商机会。世贸组织总干事作为该组织的最高行政官员，则应积极进行斡旋、调解或调停，协助各成员及时解决争端。

（2）权利和义务平衡原则。世贸组织的成员方既享受各有关协定规定的权利，又需按协定要求尽相应的义务。在出现一成员认为其按有关协定所获得的利益正直接或间接地受到另一成员所采取的措施的损害时，世贸组织就应迅速地发挥作用，使各成员的权利和义务保持适当平衡。在解决成员之间的贸易争端时，不管是世贸组织所提出的有关撤除那些与有关协议不一致的措施的建议，也不管是它所提出的有关补救措施，还是它授权中止有关协议项下的减让和其他义务，其目的都是为了求得成员方之间权利和义务的平衡。《谅解》还规定，争端解决机构的各项建议和裁决不得增加和减少各有关协议规定的权利和义务。

（3）程序上的协商一致原则。世贸组织的争端解决机构在做出决定时，同原关贸总协定一样，遵循协商一致的原则。在这方面，世贸组织的争端解决机制比关贸总协定的机制更完善，它引入了"无异议协商一致"和"反向一致"。前一概念，在争端解决机构做出决定的会议上，假如没有成员就拟议的决定正式提出反对意见，则应认为争端解决机构就提交的争端事项做出决定时，意见是一致的。而后一概念则是指所有参加争端解决机构的成员对某一问题或程序均持反对意见。在双方各执一端的诉讼中，出现"反向一致"意见的情况甚为罕见，正是这种罕见的"反向一致"原则的引入，保证了对某些问题的及时处理和某些程序的顺利进行。

10.4.3　WTO 解决争端的程序

为保证贸易争端的迅速解决，《谅解》详细地规定了解决争端所应遵循的程序和时间表。世贸组织解决争端的整个程序如图 10-1 所示。

1．磋商程序

磋商是争端解决的第一个阶段，世贸组织争端解决机制鼓励争端双方首先通过磋商寻求与世贸组织规定相一致的，各方均可接受的解决办法。

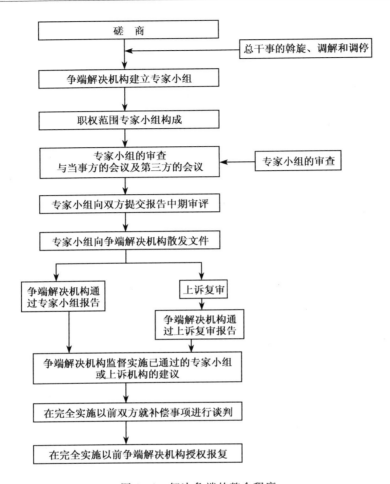

图 10-1 解决争端的整个程序

（1）磋商的一般程序。①争端一方根据某个有关协定向争端对方提出磋商请求；②接到磋商请求的争端方应自收到请求的 10 天内，对该请求做出答复；③在收到请求后不超过 30 天内，真诚地开始进行磋商。

在紧急情况下，包括涉及易腐货物的争端，应在收到该项请求之后不超过10 天的时间内进行磋商。

（2）磋商的规则。①请求磋商的争端方应向争端解决机构及有关理事会和委员会书面通报其关于磋商的请求。其通报文件中应说明提出磋商的理由，包括争端中各项措施的核实材料及申诉的法律依据；②磋商应秘密进行；③磋商不损害任何一方在以后诉讼程序中的权利；④每个成员方要对磋商的请求给予同情的考虑，提供充分的机会；⑤在根据某个协议的规定而进行磋商的过程中，在按照

《谅解》采取进一步行动之前，各成员应力求使事件的调解得到令人满意的结果；⑥在进行磋商的过程中，各成员方应特别注意发展中国家成员的各项特殊问题及利益；⑦根据有关协议的规定，对正在进行的磋商所涉及问题有重大贸易利益的其他成员方如有意参加磋商，可在该磋商的请求分发之日起 10 天内，向参与磋商的各成员和争端解决机构通告其参加磋商的愿望。若参与磋商的成员同意其理由，则可参与磋商。

（3）成立专家组。有下列情况之一时，申诉方可要求成立专家组，进入下一程序：①争端另一方收到请求之日起 10 天内未予答复；②争端另一方收到请求后 30 天内（或双方另外同意的期限内）未进入磋商；③争端另一方收到请求后 60 天内磋商未果；④在紧急情况下，争端另一方收到请求后 20 天内磋商未果。

若参与磋商的所有当事方一致认为该争端无法通过磋商解决，则申诉方可在 60 天的期限内提出成立专家组的请求。

2．调解程序

调解程序的正式名称为"斡旋、调解和调停程序"。该程序是在争端双方同意的基础上自愿进行的。进行该程序的请求可由争端的任何一方在任何时候提出。该程序可在任何时候开始，也可在任何时候终止。一旦调解程序终止，申诉方即可提出成立专家组的要求。若争端各方同意，在专家组程序进行过程中仍可继续进行调解程序。世贸组织总干事以其职务上的资格可以进行斡旋、调解和调停以协助各成员解决争端。在进行调解程序时，应为争端各当事方所持立场保密，并应无损于任何一个当事方依照程序进行下一步诉讼程序的权益。

3．专家组程序

在争端双方磋商达不成协议或一方对磋商的要求未予答复的情况下，即可进入专家组程序。专家组程序是整个争端解决程序中最为复杂的部分，为使该程序能够顺利进行，确保专家组能够迅速、及时地采取行动，防止可能败诉的一方采取拖延战术，《谅解》附录 3 特为专家组制定了详细的工作程序。专家组在审理案件时，除非在征询了争端各方的意见之后另有安排，则必须遵循这一程序。

这一程序包含两个部分，一部分为专家组审议案件的行为规范，另一部分为一个标准的工作进度表。完成这一相互衔接的程序的最高时限为 34 周。

（1）保密规定。在专家组的行为规范中要求专家组审理案件时采取保密原则。专家组的会议应秘密进行，有关各方只有在收到邀请时方可出席。案件的审议及提交专家组的文件也均应保密。

（2）辩论发言程序。在专家组与各争端方举行的首次实质性会议之前，争端双方均应将包含案件事实及其论点的书面材料提交专家组。在与各争端方举行的首次实质性会议上，应先由起诉方说明其观点，而后再由被诉方陈述其立场。在首次举行的实质性会议上，还应邀请与案件有利害关系的第三方讲述其观点。正式辩论在专家组第二次实质性会议上进行。发言的顺序与第一次会议的顺序相反，先由被诉方发言，然后是起诉方发言。在会议举行之前，争端双方均应将书面辩驳材料提交专家组。

（3）透明度问题。专家组工作程序中强调了透明度问题。该程序要求争端各方及有利害关系的第三方提供其口头声明的书面材料。此外，有关的说明、辩驳及声明均应在双方都在场的情况下做出。任一方提交的材料、对专家组报告叙述部分的评论以及对专家组所提问题的答复均提供给争端的对方及有利害关系的第三方。

（4）标准进度表。标准进度表规定了专家组工作的每一步骤应完成的时间。专家组工作程序规定，除非出现难以预料的情况，专家组应经常举行必要的会议。

（5）专家组工作时限。作为一般的规则，专家组应在 6 个月内完成其工作。若遇紧急情况，则其工作应缩短至 3 个月之内完成。但是，由于可能遇到难以预料的情况，故在专家组工作程序及《谅解》文本中都规定了一定的灵活余地。每当专家组在正常的时限内不能结束其工作时，应将延迟的原因书面通知争端解决机构，并应提出其提交报告的估计的时间。但是，无论如何，每一案件的审理时间不得超过 9 个月。

（6）专家组报告的构成。专家组报告必须以书面形式做出。报告对每一细节都应有详细的叙述，故一般的报告文本的篇幅都长达数百页。一份典型的专家组报告通常包括：①序言，简述案件审理情况，介绍专家组的授权范围和专家组人员组成；②有关程序问题的陈述；③有关该案件各方面的事实的陈述；④争端双方主要观点的陈述，一般应包括概述和详述两部分；⑤第三方观点的陈述；⑥中期评审情况；⑦专家组调查结果；⑧结论和建议。

（7）对发展中国家待遇。《谅解》第 12 条第 10 款和第 11 款对发展中成员方做了优惠规定。如"在发展中国家成员与发达国家成员之间发生争端时，如果该发展中国家成员提出请求的话，则该专家组至少应包括一名来自发展中国家的专家。"此外，当案件所涉及的有关措施为某一发展中成员方所采取时，则可将磋商的时限适当延长。争端解决机构主席在与有关各方协商后，可决定其延长的幅度。若发展中国家为被起诉方，专家组可给予其充分的时间让其准备关于案件的说明。由于发展中国家有时缺乏管理方面和技术方面的手段，难以对有关要求做出迅速的答复，故应给予有关的发展中国家一定的时间幅度来研究案件所涉及的问题和准备其应提交的材料。

（8）资料的提供。专家组有权向其认为合适的任何人寻求有关资料或进行技术方面的咨询。这一新规定是至关重要的，因为以往的专家组都是在争端各方提供的资料的基础上做出结论，而在提供资料方面，发展中国家与作为其诉讼对方的发达国家相比，显然处于不利的地位。

（9）专家组报告的通过。由于专家组的报告内容详细、复杂，并且涉及许多原则问题，故要求在报告散发给成员方 20 天后才考虑在争端解决机构中通过。任何对专家组报告持有异议的成员方应在争端解决机构举行会议至少 10 天之前以书面形式提出异议。争端各方应充分参与争端解决机构对专家组报告的审议，其观点应全部记录在案。

专家组报告散发给成员方后 60 天内，该报告应在争端解决机构的会议上通过。只有出现以下两种情况才可以不通过专家组报告：其一是争端的一方已将其准备上诉的决定正式通知了争端解决机构；其二是争端解决机构一致决定不采纳该报告。

4. 上诉复审程序

世贸组织争端解决机制中上诉复审程序的设立为成员方政府在解决争端的最后阶段说明其立场，并为寻求更完满地解决双方的争端提供了机会。同时，上诉阶段实质上也是完整的司法过程的一部分。为此，争端解决机构设立了常设上诉机构专门受理对专家组审理的案件的上诉。

上诉只能由争端当事方提出。不过，经过确认的第三方可以向常设上诉机构提供书面材料和进行口头的说明，上诉机构应给予机会听取第三方的意见。

按照一般的规则，自一争端方正式通知其上诉之日起至上诉机构做出其决定应不超过 60 天。在紧急情况下，常设上诉机构将决定其相应的进度。若出现特殊的情况，则常设上诉机构也可以延长其工作期限至 90 天，但是它必须书面通知争端解决机构，说明其延期的理由和估计提交报告的时间。

常设上诉机构仅审理专家组报告所涉及的法律问题和专家组所做的法律解释问题。常设上诉机构可以维持、修改或推翻专家组的法律认定和结论。同专家组的做法一样，当上诉机构认定某一项措施与某一个适用协议的相关规定不相符时，可建议有关成员方采取行动，以使该项措施与有关协议规定达到一致。上诉机构还可推荐执行协议的途径和具体方法。

上诉机构的报告应在该报告向各成员方散发后 30 天内由争端解决机构通过，除非争端解决机构一致决议不通过该报告。争端各当事方应无条件地接受已通过的报告。

按照一般的规则，从争端解决机构设立专家组到通过上诉机构的报告时间最长不超过 12 个月。

5. 专家组的建议或裁决的执行

争端解决机构通过建议或裁决后，执行问题就成为考验世贸组织新争端解决机制是否值得依赖的关键。为此，世贸组织新机制确立了特殊的监督措施。新机制还对发展中成员有一些特殊的规定；当发现某一措施损害发展中成员的出口贸易利益时，应尽快取消这一措施，而若发现发展中成员的进口措施与其所承担的义务不符时，则应给予一定的灵活余地。自通过专家组报告或上诉机构的报告后30天内，有关成员方应将其执行争端解决机构通过的建议或裁决的意图正式通知争端解决机构。

对有关各方执行建议或裁决的情况应进行经常的监督，这一监督职能应由争端解决机构执行。在建议或裁决通过之后，任何成员方可以在任何时间提出有关执行建议或裁决的问题。除非争端解决机构另有决定，即全体一致不同意执行建议或裁决，则在"合理期限"确定6个月后执行问题必须列入争端解决机构的议程，并将一直保留在其议事日程上，直至问题的最后解决。在每一次争端解决机构的会议至少10天之前，有关争端方应将执行的进展情况提供给争端解决机构。

若有发展中国家涉及裁决或建议的执行问题，则应考虑适用世贸组织有关协议的规定，给予发展中国家差别性的、更为优惠的待遇。争端解决机构不但应考虑被控诉的有关措施所涉及的发展中国家贸易领域中的情况，而且应考虑该措施对发展中国家经济的影响。若认定最不发达的成员方所采取的措施导致了利益的取消或损害，则起诉方在按照有关程序请求补偿或寻求中止减让或中止其他义务的授权时，应施加适当的限制。

6. 补偿的执行与减让的中止

当一项争端案件中的某一成员方未能使有关措施做到与有关的适用协定一致时，则可授权进行补偿，或授权中止减让或中止其他义务。采取补偿的办法应该是自愿的，并且须与有关的适用协定的规定相一致。《谅解》对补偿的领域未作任何限制。故有关成员方可就有关补偿所涉及的部门或协议进行协商。若在合理期限结束后20天内未达成双方满意的补偿协定，则任何援引争端解决程序的成员方可以要求争端解决机构授权中止该成员方的减让或中止其承担的其他义务。

实践证明，世贸组织解决争端机构是一个有信义的机构，争端解决机制是一套可行的机制。根据WTO发布的资料，自1995年1月1日世界贸易组织成立，WTO的争端解决机制开始运行，至2000年5月30日，已有194起争端提交到WTO（1995年25起，1996年39起，1997年47起，1998年44起，1999年30起，2000年1月1日～5月30日9起）。产品涉及到酒精、客车、小汽车、水泥、椰子、咖啡、计算机、鞋子、汽油、皮革、大米、扇贝、钢铁、西红柿、内衣等。涉及 WTO 各协议的情况为：涉及《实施动植物卫生检疫措施协议》(SPS) 和《技术性贸易壁垒协议》(TBT) 的争端 26 起，《农业协议》(Agriculture) 25 起，《纺织品与服装协议》(Textiles and Clothing) 13 起，《与贸易有关的投资措施协议》(Trims) 15 起，《与贸易有关的知识产权协议》(Trips) 21 起，《服务贸易总协定》(GATS) 9 起。在 194 起案件中，美国和欧盟提起的案件最多，分别为 60 起和 50 起，同时它们也是被其他成员起诉最多的；发展中国家提起 50 起案件，印度、巴西、墨西哥和泰国等在发展中国家中扮演了最积极的角色。在 1995 年到 1999 年的 185 起案件中，有 77 起已经得到解决，其中 41 起没有经过司法裁决就解决了。现在，有越来越多的案例提交给 WTO 争端解决机构，反映了各成员对该组织的信赖，和使用争端解决机制解决争端的愿望和信心。

从实际实施情况看，争端解决机制克服了 GATT 争端解决机制的缺点，无论对发达国家或发展中国家，大国或小国都是有利的，而且是公平的，如在争端解决的案例中，在以美国、欧盟、日本等西方大国作为投诉方和被诉方的案件中，有胜诉的，败诉的案件也不少。这就为发展中国家利用这一机制扫除贸易发展的外部障碍，从而为捍卫自己的利益创造了有利的条件。

【案例分析】　委内瑞拉与巴西诉美国精炼汽油和常规汽油标准案

1. 案件经过

WTO 首例上诉案"美国修订汽油标准案"即"委内瑞拉与巴西诉美国精炼汽油和常规汽油标准案"。本案是用尽 WTO 争端解决机制全部程序完满解决的第一个争端，是第一次进入上诉审程序案，也是 WTO 争端解决机制成功解决发展中国家诉发达国家的第一个争端，还是 WTO 成立后通过其争端解决机制处理的涉及贸易与环境保护问题的第一个法律争端，因而，得到 WTO 全体成员国密切关注。

本案件的产生是由于美国对进口汽油的化学特性使用了比国产汽油更严格的规则。委内瑞拉（而后的巴西）认为这是不公平的，因为美国汽油不需要达到同样的标准，这违反了国民待遇原则，而且美国也没有理由因健康和环保原因获得对 WTO 规则的例外。1995 年 1 月 23 日，委内瑞拉向争端解决机构提出起诉，理由是美国正在使用的规则在进口汽油之间造成了歧视，并正式要求与美国进行磋商。仅在一年后（1996 年 1 月 29 日）专家组就完成了最终报告。巴西以同样理由加入该案，于 1996 年 4 月提出起诉，由同一专家组审议这两项起诉。专家组同意委内瑞拉和巴西的观点，做出专家组报告。美国进行了上诉，上诉机构完成报告，该报告维持了专家组报告，只对专家组报告的法律解释做了修改，并交争端解决机构于 1996 年 5 月 20 日通过。美国和委内瑞拉在随后六个半月内，就美国应采取的措施达成协议，美国同意委内瑞拉提出的在 15 个月内修改其规定的要求。争端解决机构监督了整过程，美国分别于 1997 年 1 月 9 日和 2 月 13 日提交情况报告，并在 1997 年 8 月 26 日给争端解决机构报告中称，新规则已于同年 8 月 19 日签署。

2. 案件分析

(1) 发展中成员胜诉，加强了 WTO 成员对争端解决机制的信心。

委内瑞拉与巴西诉美国精炼汽油和常规汽油标准案是用尽 WTO 争端解决机制全部程序才完满解决的第一个争端，即第一次进入上诉审程序案，也是 WTO 争端解决机制成功解决的发展中成员投诉发达成员的第一个争端，还是 WTO 成立后通过其争端解决机制处理的涉及贸易与环境保护问题的第一个法律争端。因而，受到全体成员和各种媒体的密切关注。

本案的完满解决。不仅树立了 WTO 成员（特别是其中发展中成员）对 WTO 争端解决机制的信心，而且加强了 WTO 多边贸易体制。本案经历了双边磋商、专家组程序、中期评审程序、上诉审程序、多边监督与执行程序，成为 WTO 争端解决机制的典范，为以后的争端解决做出了很好的指南。该案的解决得到成员的一致称赞，巴西在 DSB 会议上的最后陈述中指出，本案中所有争端方都是赢家，因为 WTO 体制在该案中得到加强。美国宣称，对上诉机构同意美国关于《GATT 1994》第 20 条及其 g 款的解释的观点，美国表示满意；上诉机构的裁决保持了 WTO 协定关于保护可用天然资源的规定的平衡；美国赞成通过该上诉机构报告，并将说明在 WTO 争端解决程序时间表内执行该项建议的意图。目前该案的实施状况也非常令人满意，争端各方对美国的举措及实施的期限没有异议。

(2) 环境保护和贸易发展的矛盾并非不可调和。

本争端是涉及 GATT 和 WTO 规则中最传统也是纠纷最常见的国民待遇原则对适用境内立法要求的一个贸易争端，上诉机构报告和专家组报告都明确指出，WTO 协定不妨碍成员采取措施保护环境，而就本案所涉及的美国措施而言，所谓的"汽油条例"的环境目标，是可以通过符合 WTO 协定的方式来实现的。采取环保例外措施的首要条件是不能构成变相的歧视，而且必须是符合《GATT 1994》第 20 条例外措施所必需。

欧盟是本案的第三方，它指出，欧盟完全支持美国的环境目标，但同时它相信在努力实现环境目标时，美国毫无必要对第三方给予低于优惠的待遇。环保例外措施必须在不造成不公平和随意的歧视，不构成对国际贸易的变相限制的前提下才可应用。本案的成功解决，"不仅有助于进一步确定 WTO 的权限，而且奠定了 WTO 争端解决机制对付对国际贸易关系有不当影响的环境保护措施的基础"。

（3）对条文的解释按照国际公法的一般解释原则进行，加强了 WTO 争端解决机制的保障性和可预见性。

本案核心条款涉及最惠国待遇、国民待遇和 GATT 第 20 条环保例外。但本案最具典范意义的当然是专家组和上诉机构对《GATT 1994》第 20 条有关环保例外条款的解释。上诉机构采用了根据条款上下文进行整体解释的规则，做出了精辟分析：虽然该条列举了 9 种例外情况，但前提必须是"不得构成任意或不合理歧视的手段或构成对国际贸易的变相限"。而且是"为保护人类及动植物的生命或健康"，"为确保遵守与本协定不相抵触的法律和法规所必需的措施，……所必需的"。该条文中"所必需者"，应被理解为"除诉诸该措施外，没有可供使用的符合总协定的或者与总协定最少抵触的任何替代措施"。本案中美国通过单独基准有效地阻止进口汽油获得与国产汽油相同的有利销售条件及其利益，就不是实现"汽油条例"政策目标所必需的。

上诉机构在本案中采用了《维也纳条约法公约》的一般解释规则，对条约的条文做整体解释，有效地避免了断章取义的错误解释。例如，专家组对《GATT 1994》第 20 条引言不做任何评判，实际上破坏了整体解释的原则。上诉机构特别提出"解释者在解读条约时不得随意简略自认为是多余的条款或段落"。余敏友教授认为："上诉审查机制的首次成功运用，不仅打消了发展中成员的顾虑，而且堵住了发达成员（特别是美国）惯用的拒绝专家组报告的借口，从而进一步加强了世界贸易组织争端解决机制的法律色彩，并将有助于防止任何技术性因素加剧世界贸易组织争端解决进程的政治化。"

但是本案也对上诉程序规则提出了问题，如上诉审理权限、上诉机构人员组成中的公正性和透明性问题、上诉裁决的溯及力、缺席裁决、上诉机构采集证据的权利等都有待于进一步完善。

10.5　WTO 对发展中国家的差别待遇及缺陷

世贸组织按下达标准将发展中国家分为 3 类加以界定：第一类是最不发达国家和地区，即按 1995 年世界银行的标准，年人均国民生产总值为 765 美元及其以下的国家。在全球 49 个此类国家中，有 29 个是世贸组织成员；第二类是年人均国民生总值低于 1 000 美元的国家，按世贸组织成员名单，主要有埃及、印度、印度尼西亚、肯尼亚、摩洛哥、尼日利亚、巴基斯坦等；第三类是"其他发展中成员"，世贸组织没有对这类成员规定判断标准，这对一些协定和协议的执行带来不确定的因素。在世贸组织概念中，某些低收入和中等收入的国家和地区有时也被称为发展中成员。这是按 1997 年世界银行的标准来加以认定的，即年人均国民生产总值 785 美元及其以下为低收入国家；786～3 125 美元为下中等收入国家；3 126～9 655 美元为上中等收入国家；9 656 美元及其以上为高收入国家。

10.5.1　WTO 对发展中国家的优惠待遇规定

关贸总协定所规定的对发展中国家差别性特殊优惠待遇的原则，在世贸组织中得到了进一步加强。除了继续实行发展中成员之间的优惠安排可以不给予发达国家缔约方的"非互惠原则"，以及通过"普惠制待遇"来加以实现的更加优惠的差别性关税待遇以外，还在以下几个方面给予一定的优惠待遇：

（1）允许发展中成员用较长的时间履行义务，或有较长的过渡期。

如在农产品关税削减条件下，发达国家在六年内使关税降低 36%，而发展中成员可在 10 年内使关税降低 24%，最不发达国家可免除降税义务；在《与贸易有关的投资措施协定》中，对外资企业不可采用"当地含量"、"外汇平衡"措施，发达国家成员在二年内取消，发展中国家成员则可用五年过渡期，最不发达国家成员有七年过渡期。

（2）允许发展中成员在履行义务时有较大的灵活性。

如《农产品协议》规定，原则上取消并禁止进口数量限制，但在特定条件下，对发展中成员给予"特殊待遇"，即仍可采用进口限制措施，通常可达 10 年之久。

（3）规定发达国家成员对发展中国家成员提供技术援助，以使后者得以更好地履行义务。

如《服务贸易总协定》规定，发达国家要在技术获得、销售渠道、信息沟道等方面帮助发展中国家，并主动向发展中国家更多地开放自己的服务市场。

（4）在涉及发展中成员缔约方的贸易争端时，应充分考虑其特殊利益，不能损害其正当的贸易利益。

10.5.2　WTO 存在的缺陷

尽管世贸组织比关贸总协定有重大的发展和进步，对发展中国家也有很多的优惠，但是它并不是一个完善无缺的组织，也存在着一些缺陷。主要表现在以下五个方面：

其一，它没有摆脱少数大国操纵的局面；

其二，原来关贸总协定中某些有利于大国的不合理的规则没有在演变为世贸组织时加以彻底地纠正，如美国对"310 条款"的使用等；

其三，世贸组织偏重和推动与发达国家利益具有密切关系协议的执行，而不太重视与发展中国家利益有关的协议的执行；

其四，在推动贸易和投资自由化的过程中，无视世界各国经济的差别性，不切实际地扩大贸易和投资自由化的领域，例如按照发达国家的标准要求发展中国家开放服务市场等；

其五，某些具体的规定不合理，例如对一些绕过关贸总协定约束的"灰区"措施（如自动限制协议等），世贸组织并没有在有关的协议中规定明确的取消时间表。再如，世贸组织协议特别是其附件协议，继承了关贸总协定"原则当中有例外，例外当中有原则"灵活应用的特点。几乎每一个协议在涉及某项贸易规则时，均列出了例外规定。这除了照顾发展中国家特殊的贸易、经济发展和金融需要外，主要是为了迎合主要贸易大国的利益要求，如反倾销和反补贴原则。如此多的例外规定和免责条款将严重影响新多边贸易体制的有效运转，在一定程度上姑息了各种新老贸易保护主义措施的滋长蔓延。这些缺陷都需要世贸组织成员在实践中加以改进。

本 章 要 点

◆ 世界贸易组织的英文缩写即 WTO，成立于 1995 年 1 月 1 日，总部设在日内瓦。它是关税与贸易总协定乌拉圭回合多边谈判的重要成果之一，是处理国与国之间贸易规则的全球最大的国际组织，其核心是 WTO 协议。

◆ WTO 与 GATT 的主要区别表现在四个方面：关贸总协定是临时生效的一个产物，而世界贸易组织则是一个正式的组织；关贸总协定的法律规定是非强制性的，而世界贸易组织的法律规定则是强制性的；关贸总协定的功能主要在于处理国际间的货物贸易，而世界贸易组织还适用服务贸易和知识产权等其他领域；世界贸易组织的争端解决体制比关贸总协定体制更有效率，大大缩短了解决国际贸易争端的时间。

◆ WTO 的权利机构由部长会议，总理事会，货物贸易理事会、服务贸易理事会和知识产权理事会，各种专门委员会四个层次构建。

◆ WTO 奉行五大基本原则，即最惠国待遇原则、国民待遇原则、市场准入原则、透明度原则和互惠原则。

◆ WTO 争端解决机构的建立是世贸组织的一个创新，为各成员间争端的解决纳入规范化的轨道创造了必要的条件。1995 年 1 月 31 日，在世贸组织总理事会第一次会议上，争端解决机构正式成立，受总秘书处的领导。解决争端的程序包括磋商、调解、专家组、上诉复审、专家组的建议或裁决的执行和补偿的执行与减让的中止。

关 键 术 语

1. 世界贸易组织（The World Trade Organization，WTO）

2. 市场准入 (market access)

3. 透明度 (transparency)

4. 互惠原则 (reciprocity)

思 考 题

1. 什么是世界贸易组织？为什么说 WTO 是全球最大的多边贸易体制？

2. 简述 WTO 和 GATT 的主要区别。

3. WTO 权力机构和决策机制如何？

4. 举例说明 WTO 的基本原则。

5. 简述 WTO 规则的总体框架。

6. 论述 WTO 争端解决机制的程序。

7. 简述 WTO 多边贸易体制面临的新挑战。

8. 简述 WTO 对发展中国家的差别待遇及缺陷。

阅读材料及案例分析

【阅读材料】 巴西与阿根廷的关于鸡肉贸易纠纷的仲裁结果

WTO 争端解决机构（DSB）于 2003 年 5 月 19 号对巴西与阿根廷的关于鸡肉贸易纠纷做出仲裁，接受了专家小组报告，裁定阿根廷在对进口巴西的鸡肉实施反倾销税过程中没有遵守其在反倾销协议中的义务，并对巴西造成了损害。

巴西与阿根廷的关于鸡肉贸易纠纷简介如下：

1997 年 9 月 2 日，CEPA 首次向 SSCE（阿根廷对外贸易秘书处）提出对从巴西进口的鸡肉进行反倾销调查，认为巴西以倾销价格出口的鸡肉已对其国内产业产生了实质性的损害，阿根廷对外贸易秘书处于 1997 年 11 月 21 日接受了 CEPA 的调查申请，于 1999 年 2 月 10 日去信向巴西的五个出口商通知了调查的开始。

根据调查结果，阿根廷经济部（ME）发布第 574 号决议决定对巴西实施为期三年的严格的反倾销措施，对任何从巴西出口的鸡肉的 FOB 发票价格低于规定的最低 FOB 出口价格征收反倾销税。对出口商 Sadia 规定的最低 FOB 出口价格为 US＄0.92 每千克，Avipal 和其他出口商为 US＄0.98 每千克，该决议于 2000 年 7 月 24 日在阿根廷政府公告上发布。

巴西认为阿根廷对巴西出口到阿根廷的鸡肉实施的反倾销措施违背了世贸组织协议关于反倾销的规定，目的是阻止巴西商品进入阿根廷市场。2001 年 11 月 7 号，巴西要求依循 DSU 第 4 条，GATT 1994 第 XXII 条，GATT 第 VI 条执行协议（即反倾销协议）第 17 条，GATT 第 VII 条执行协议（即海关估价协议）的 19 条，就阿根廷对从巴西进口的鸡肉征收反倾销税同阿根廷进行磋商，两国在

2001 年 12 月 10 日举行了磋商，但没有达成任何解决争端的协议。

2001 年 11 月 19 日，欧盟根据 DSU 第 4 条第 11 款，要求加入磋商。

2002 年 2 月 25 日，巴西根据 GATT 第 XXII 条，反倾销协议第 17 条，DSU 第 6 条要求建立专家小组。

专家小组认为阿根廷在对进口巴西的鸡肉实施反倾销税过程中没有遵守其在反倾销协议中的义务，并对巴西造成了损害。根据 DSU 第 19 条专家小组建议阿根廷撤销对进口巴西的鸡肉实施反倾销税的第 574/2000 号决议。

问题：结合案情谈谈 WTO 争端解决机制的程序。

第 11 章

世界贸易组织与中国

学习目标

1. 了解中国加入 WTO 的谈判历程。
2. 理解和掌握中国加入 WTO 享有的基本权利。
3. 理解和掌握中国加入 WTO 所做的主要承诺。
4. 认识了解中国加入 WTO 对国内和国际经济的影响。

11.1　中国加入世界贸易组织的谈判历程

中国是 2001 年 12 月 11 日在 WTO 建立将近六年之后才加入这个组织的。加入 WTO 是中国恢复 GATT 创始缔约方地位努力的继续，也是中国对外开放进程中最具战略意义的举措之一。这一战略举措对中国的经济发展与制度转型产生长远而巨大的影响。

11.1.1　中国与 WTO 的历史渊源

众所周知，中国是关贸总协定的创始缔约方之一。1947 年 4 年 10 月，中国参与了拟订《关税与贸易总协定》的工作，并在《关税与贸易总协定临时适用议定书》上签署，成为 GATT 23 个创始缔约方之一。1948 年与 1949 年，中国政府连续两届派出代表参加了 GATT 最初两轮多边贸易谈判。

1949 年 10 月 1 日中华人民共和国成立之后，逃亡到台湾的国民党政府盗用中国合法政府的名义，在 1950 年 3 月单方面宣布退出 GATT，并于当年 5 月获准退出。之后，中国与 GATT 失去了联系。1965 年 3 月，台湾当局再次盗用中国政府名义，获得 GATT 观察员地位。1971 年联合国大会通过决议承认中华人民共和国政府为代表中国的唯一合法政府并驱逐了台湾当局，同年 11 月召开第 27 届 GATT 缔约方大会立即取消台湾的观察员资格。

此后，由于各种原因，主要是新中国成立不久朝鲜战争爆发，美国操纵联合国对中国实行"禁运"等制裁措施，使中国无法有效加入国际社会活动，同 GATT 的关系出现一度中断。中国在 GATT 缔约方地位再次空缺长达 11 年之久。

1978 年党的十一届三中全会做出重大决议，将改革开放作为我国的基本国策和长期任务。此次会议成为我国发展对外经贸关系的转折点。1980～1981 年中国先后三次派员参加 GATT 举办的商业政策讲习班。1981 年 4 月，中国申请加入 GATT 所管辖的第三个《多种纤维协定》（MFAs），取得了纺织品委员会观察员资格。1982 年 11 月，中国政府第一次派代表团以观察员身份列席了 GATT 第 38 届缔约方大会。1986 年 1 月，GATT 总干事邓克尔访问中国，就恢复中国在 GATT 中的地位问题，同中国领导人交换了意见。

1986 年 7 月 11 日，中国常驻日内瓦联合国大使钱嘉东照会 GATT 总干事，与邓克尔正式提出了中国政府关于恢复在 GATT 创始缔约国地位的申请，同时确定了中国"复关"的三项原则。其一，是以恢复方式参加关贸总协定，而非重新加入；其二，是以关税减让作为承诺条件，而非承担每年增加一定比例的进口义务；其三，是以发展中国家身份加入。

1986 年 9 月，GATT 发起了第 8 轮多边贸易谈判，即乌拉圭回合谈判，由于该轮谈判对观察员开放，因此在其后 8 年时间的谈判中，中国全面参与了整个谈判过程，并对乌拉圭回合谈判最终协议的达成做出了自己的贡献。这个过程是与中国复关谈判同时推进的。

1987 年 3 月，GATT 成立了一个专门处理中国缔约方地位的工作组，即 GATT 中国缔约方地位工作组，这标志着中国复关、入世谈判的开始。

11.1.2　中国加入 WTO 之路

中国复关、入世进程以 WTO 取代 GATT 为分界，可以分为前后两个时期。前一时期从 1986 年 7 月持续到 1994 年 12 月，称为复关谈判期；后一时期从 1995 年 1 月持续到 2001 年 12 月，称为入世谈判期。

复关谈判大体经历三个阶段：

第一阶段：从 1986 年中国提出复关申请开始，到 1989 年中国"六四风波"结束，为谈判顺利推进阶段。1986 年 7 月，中国提出复关申请不久，即在次年 2 月向 GATT 递交了《中国外贸制度备忘录》。正式复关谈判是在 1987 年 6 月开始的。此后，一直到 1989 年 5 月，谈判非常顺利。期间，中国与 GATT 三个最大缔约方——美国、欧盟及日本进行了数十次磋商，并就中国贸易政策的透明度、贸易政策统一、价格改革时间表以及选择性保障条款等四个核心议题进行了广泛探讨，基本达成了谅解。同一时期，GATT 中国工作组连续召开七次会议，也基本结束了对中国外贸制度的综合评估工作，中国复关议定书也几乎成型。各方面均认为，中国复关指日可待，然而事有不测，1989 年"六四风波"打断了这一进程，开始了一个艰难的时期。

第二阶段：以 1989 年"六四风波"为起点，到 1992 年邓小平南方谈话告一段落，是复关谈判的艰难时期。"六四风波"之后，西方国家纷纷制裁中国，复关谈判一度中断。台湾当局也提出入申请，致使中国复关问题复杂化，诸种原因导致了复关谈判进程的停滞乃至逆转。

第三阶段：以 1992 年邓小平南方谈话为开端，到 1994 年年底，这是复关谈判突破与受挫反复的阶段。1992 年春，邓小平的南方谈话和该年年底中共十四大的召开，确立了中国经济体制改革的最终目标模式，即建立社会主义市场经济，这有力地推动了中国的复关谈判。1992 年 10 月 10 日，中美率先达成《市场准入备忘录》，随之还签署了《劳改产品备忘录》和《知识产权备忘录》。此后不久，美国政府最终同意将人权与贸易问题脱钩，承诺坚定地支持中国恢复 GATT 缔约方地位。

上述结果本应促成中国复关谈判结束，然而由于后冷战时期复杂多变的国际形势，极少数缔约方将中国复关谈判政治化，在谈判中漫天要价，致使谈判屡屡破裂。1994 年 4 月，GATT 秘书长萨瑟兰宣布：从 1995 年 1 月 1 日开始，WTO 将取代 GATT。在此背景下，中国复关谈判时间更加紧迫。为此，中国政府于 1994 年 11 月 28 日宣布，1994 年底为中国复关实质性谈判的最后期限。但中国政府仍将坚持复关三项原则。然而，在 1994 年 12 月 19 日召开的 GATT 中国工作组第 19 次会议上，中国代表团未能就市场准入及复关议定书与 GATT 主要缔约方达成协议，中国复关谈判最终功亏一篑。

随着 WTO 在 1995 年 1 月 1 日成立，中国事实上已失去了作为 GATT 创始缔约方复关的机会，此后的谈判实际上属于入世谈判。

1995 年 6 月，中国获得 WTO 观察员身份，同年 7 月，中国政府照会 WTO 总干事，提出了入世申请，并要求将 CATT 中国缔约方地位工作组更名为 WTO 中国工作组。同年 11 月，WTO 中国工作组成立，中国的复关谈判自此转为入世谈判。1995 年 11 月 28 日，美国政府向中国递交了一份《关于中国加入 WTO 的非正式文件》，即所谓"路线图"，提出了对中国入世的 28 项要求。由此与美国的双边谈判成为中国入世谈判的最大障碍。

1998 年 6 月，中国政府提出了在入世谈判中必须坚持的三项原则：①坚持以发展中国家身份加入 WTO；②以乌拉圭回合协议为基础，承担与中国经济发展水平相适应的义务；③坚持权利和义务平衡的原则。1998 年 12 月，中美两国领导人在吉隆坡会晤，就尽早结束中国入世谈判达成共识，1999 年 4 月，朱镕基总理访美期间，中美两国就农产品贸易问题达成协议，签署了《中美农业合作协议》，从而打破了谈判僵局。1999 年 11 月 9 日，中美重开双边谈判。11 月 15 日，终于达成一致，并签署了《中美关于中国加入 WTO 的协议》（简称《中美双边协议》）。这标志着中国入世谈判最大障碍被扫除。

此后，中国入世谈判进程骤然加快。1999 年 11 月 26 日与加拿大签署双边协议；2000 年初与日本达成协议；2000 年 6 月 19 日与欧盟签署协议。至此中国的入世障碍已基本消除，到 2001 年 9 月 14 日中国与墨西哥签署了入世双边协议，中国完成了与 WTO 所有成员的双边谈判，中国入世只剩下时间问题了。后来的进程时间表如下：2001 年 11 月 10 日，在卡塔尔首都多哈举行的 WTO 第四次部长会议上以全票通过接纳中国为 WTO 成员的决议；2001 年 11 月 11 日，中国代表团团长石广生与 WTO 总干事莫尔签署中国加入 WTO 一揽子法律文件，之后石广生约见莫尔，递交了经国家主席江泽民签字的中国人大常委会批准书。2001 年 12 月 11 日，中国成为 WTO 第 143 个正式成员。

中国加入 WTO 的法律文件有三个：①《关于中华人民共和国加入的决定》；②《中华人民共和国加入议定书》及其附件；③《中国加入工作组报告书》。这三个文件体现了经过谈判中国在 WTO 框架下按照权利和义务相平衡的原则所达成的具体结果。

11.2　中国加入世界贸易组织的基本权利

11.2.1　享受非歧视待遇

加入 WTO 后，中国将充分享受多边无条件的最惠国待遇和国民待遇，即非歧视待遇。现行双边贸易中受到的一些不公正待遇将会被取消或逐步取消。例如：美国国会通过永久正常贸易关系（PNTR）法案，结束对华正常贸易关系的年度审议；根据 WTO《纺织品与服装协定》的规定，发达国家的纺织品配额将在 2005 年 1 月 1 日取消，中国将充分享受 WTO 纺织品一体化的成果；美国、欧盟等在反倾销问题上对中国使用的"非市场经济国家"标准将在规定期限内取消；根据议定书的规定，欧盟、阿根廷、匈牙利、墨西哥、波兰、斯洛伐克、土耳其等成员对中国出口产品实施的与 WTO 不符的数量限制、反倾销措施、保障措施等将在中国加入 WTO 后 5～6 年逐步取消。此类措施主要针对中国的陶瓷、纺织品、鞋类、玩具等。有些措施已经实施了许多年。此外，受制于数量限制的产品还将在过渡期内享受一定的配额增长率。

11.2.2　全面参与多边贸易体制

在加入 WTO 前，中国只是作为观察员参与多边贸易体制。加入 WTO 后，中国将充分享受正式成员的权利，全面参与 WTO 各理事会和委员会的所有正式和非正式会议，维护中国的经济利益；全面参与贸易政策审议，对美国、欧盟、日本、加拿大等重要贸易伙伴的贸易政策进行质询和监督，敦促其他 WTO 成员履行多边义务；在其他 WTO 成员对中国采取反倾销、反补贴和保障措施时，可以在多边框架下进行双边磋商,增加解决问题的渠道;充分利用WTO争端解决机制解决双边贸易争端,避免某些双边贸易机制对中国的不利影响;全面参与新一轮多边贸易谈判,参与制定多边贸易规则,维护中国的经济利益;对于现在或将来与中国有重要贸易关系的申请加入方,将要求与其进行双边谈判,并通过多边谈判解决一些双边贸易中的问题,包括促使其取消对中国产品实施的不符合WTO规则的贸易限制措施、扩大中国出口产品和服务的市场准入机会和创造更为优惠的投资环境等,从而为中国产品和服务扩大出口创造更多的机会。

11.2.3　享受发展中国家的权利

除一般WTO成员所能享受的权利外,中国作为发展中国家还将享受WTO各项协定规定的特殊和差别待遇。例如:在涉及补贴与反补贴措施、保障措施等问题时,享有协定规定的发展中国家待遇,包括在保障措施方面享受10年的保障措施使用期、在补贴方面享受发展中国家的微量允许标准(即在该标准下其他成员不得对中国采取反补贴措施);在争端解决中,有权要求WTO秘书处提供法律援助;在采用国际标准方面,可以根据经济发展水平拥有一定的灵活性。

11.2.4　获得市场开放和法规修改的过渡期

为了使中国相关产业在加入WTO后获得调整和适应的时间及缓冲期,并对有关的法律和法规进行必要的调整,经过谈判,中国在市场开放和遵守规则方面获得了过渡期。例如:在放开贸易权的问题上,享有三年的过渡期,关税减让的实施期最长可到2008年;逐步取消进口商品的数量限制措施;服务贸易的市场开放在加入WTO后的1~6年逐步实施;在纠正一些与国民待遇不相符的措施方面,包括针对进口药品、酒类和化学品等的规定,将保留1年的过渡期,以修改相关法规;在对进口香烟实施特殊许可证方面,中国将有2年的过渡期修改相关法规,以实行国民待遇。

11.2.5　保留国有贸易体制

为使中国在加入WTO后保留对进口的合法调控手段,中国在谈判中要求对重要商品的进口继续实行国有贸易管理。经过谈判,中国保留了对粮食、棉花、植物油、食糖、原油、成品油、化肥和烟草等八大类关系国计民生的大宗商品的进口实行国有贸易管理的权利;保留了对茶、大米、玉米、大豆、钨及钨制品、煤炭、原油、成品油、丝、棉花等商品的出口实行国有贸易管理的权利。

指定经营是指政府授权一些公司代理某种产品的进出口业务。在议定书中,指定经营和国有贸易的区别在于,国有贸易是可以一直保留下去的(除非另有规定,如豆油、棕榈油和菜籽油等植物油的国有贸易管理在2006年1月1日取消），而指定经营需要在谈判规定的时间内取消。

11.2.6　有条件、有步骤地开放服务市场

加入 WTO 后，外资企业在中国设立商业机构，需要依据中国外资管理的法律和法规进行审批。经过谈判，中国保留了对重要的服务贸易部门的管理和控制权，加入 WTO 后中国将根据 WTO 的规定和中国法律法规的规定，依法进行管理和审批，有条件、分步骤地开放服务贸易市场，以便在市场开放的过程中确保国家经济安全。

电信：不允许外方控股，所有国际长途业务必须通过中方电信管理当局控制的出入口局进行，以保持对信息流的管理和控制；加入后二年内取消增值电信和寻呼的地域限制，外资比例不超过 50％。在基础电信方面，移动话音和数据服务在加入后五年内取消地域限制，其他业务在加入后六年内取消地域限制，外资比例不超过 49％。所有国际通信业务必须经由中国电信主管部门批准设立的出入口局进行。

银行：经过二年过渡期后，外资银行可以向中国企业提供人民币本币业务；经过五年的过渡期后，允许外资银行向所有中国用户提供人民币本币业务，以便国有商业银行有时间做出必要调整；允许外资非银行金融机构提供汽车消费信贷。此外中国还将根据 WTO 所允许的"审慎原则"对外资银行进行监管。

保险：加入时，允许设立外资比例不超过 50％的合资寿险公司；加入后二年内允许设立独资非寿险公司；加入后三年内取消地域限制；加入后四年内取消强制分保要求；加入后五年内允许设立独资保险经纪公司。

证券：不允许外资从事国内股票（A 股）交易，即不开放资本市场；加入时允许设立合资证券投资基金管理公司；加入后 3 年内允许外资比例达到 49％；加入后三年内允许设立合资证券公司，外资比例不超过 33％，可以从事 A 股的承销，B 股和 H 股、政府和公司债券的承销与交易基金的发起。

音像：不允许外资公司在中国生产音像制品，只允许成立中外合作企业销售中国主管机关审查过的音像产品，以保证中国政府对文化市场的管理权；在不损害中国审查音像制品内容的权利的情况下，允许设立中外合作企业，从事除电影以外的音像制品的分销和录像带的出租。允许每年以分账形式进口 20 部外国电影；允许外商建设和改造电影院，但外资比例不得超过 49％。

分销：加入后三年内，取消对外资参与佣金代理及批发服务（盐及烟草除外）和零售服务（烟草除外）的地域、股权、数量限制，取消对外资参与特许经营的所有限制；加入五年内取消对外资参与分销领域的所有限制。对销售一些敏感的重要产品如粮食、棉花、植物油、食糖、图书、报纸、杂志、药品、农药、农膜、成品油、化肥的连锁店，如果其分店数量超过 30 家，则不允许外资控股。

11.2.7　对国内产业提供 WTO 规则允许的补贴

中国承诺遵守 WTO《补贴与反补贴措施协定》，逐步取消与规则不符的补贴措施，如以出口实绩为基础优先获得贷款和外汇等补贴项目。与此同时，经过谈判，中国保留了与规则相符的约 20 个补贴项目。例如，经过谈判，中国保留了对农业国内支持提供占相关特定产品和农业生产总值 8.5% 的特定支持和非特定支持的权利（统称"黄箱"补贴）。与此同时，中国还可以使用与 WTO《农业协定》相符的"绿箱"国内支持，对该项补贴无数量限制，使中国今后的农业国内支持有继续增长的空间。

目前，仍有少数 WTO 成员保留了出口补贴，并按 WTO《农业协定》的规定承担了削减的义务。中国 1992 年即宣布取消出口补贴。在加入谈判中，中国根据《农业协定》的规定，承诺今后不对农产品提供出口补贴。其他的补贴项目具体包括：地方预算提供给某些亏损国有企业的补贴；经济特区的优惠政策；经济技术开发区的优惠政策；上海浦东经济特区的优惠政策；外资企业优惠政策；国家政策性银行贷款；用于扶贫的财政补贴；技术革新和研发基金；用于水利和防洪项目的基础设施基金；出口产品的关税和国内税退税；企业关税和进口税减免；对特殊产业部门提供的低价投入物；对某些林业企业的补贴；高科技企业优惠所得税待遇；对废物利用企业优惠所得税待遇；贫困地区企业优惠所得税待遇；技术转让企业优惠所得税待遇；受灾企业优惠所得税待遇；为失业者提供就业机会的企业的优惠所得税待遇等补贴项目。中国可以保留和实施的补贴项目并不局限于以上项目，对于尚未通知的补贴项目，中国承诺逐步收集有关信息，改进补贴的通知工作。

11.2.8　保留国家定价和政府指导价的权利

经过谈判，中国保留了对重要的产品及服务实施国家定价和政府指导价的权利。主要包括：保留对烟草、食盐、药品等产品，民用煤气、自来水、电力、热力、灌溉用水等公用事业，以及邮电、旅游景点门票、教育等服务实行政府定价的权利；对粮食、植物油、成品油、化肥、蚕茧、棉花等产品，及运输、专业服务、服务代理、银行结算、清算和传输、住宅销售和租用、医疗服务等服务实行政府指导价的权利；同时，必要情况下，在向 WTO 秘书处做出通知后，可以增加政府定价和政府指导价的产品和服务。

11.2.9　保留征收出口税的权利

为了保护矿产和自然资源，经过谈判，中国保留了对 80 多种产品征收出口税的权利。例如铅、锌、锡、锑、锰铁、铬铁、铜、镍、铝等，并在议定书附件中列明。

11.2.10　保留对进出口商品进行检验的权利

经过谈判，中国保留了对进出口商品进行检验的权利。

11.3　中国加入世界贸易组织的主要承诺

11.3.1　遵守非歧视原则

非歧视原则是 WTO 最基本原则，非歧视原则包括最惠国待遇原则和国民待遇原则。中国在加入 WTO 前已经对与中国签订双边优惠贸易协定的国家实施了双边最惠国待遇。因此，加入法律文件中有关非歧视原则的问题主要是指对进口产品的国民待遇问题。国民待遇原则要求进口货物在关税、国内税等方面所享受的待遇不低于国内同类产品。实行国民待遇实际上是要体现平等竞争原则，这与中国改革开放和建立社会主义市场经济的目标是一致的。目前，除个别情况外，中国已基本实现了对进口产品实行国民待遇原则。中国承诺在进口货物、关税、国内税等方面，给予外国产品的待遇不低于给予国内同类产品的待遇，并对目前仍在实施的与国民待遇原则不符的做法和政策进行必要的修改和调整。例如化学品首次进口登记及香烟销售中存在的进口产品和国产品待遇不一致的问题。

11.3.2　统一实施贸易政策

WTO 要求其成员实施统一的贸易政策。1994 年经全国人大通过的《中华人民共和国对外贸易法》已经确立了这一原则。据此，中国承诺在整个中国关税领土内实施统一的贸易政策，包括边境贸易地区、民族自治地方、经济特区、沿海开放城市、经济技术开发区等特殊经济区。中央及地方政府应以统一、公正和合理的方式，实施有关货物贸易、服务贸易、与贸易有关的知识产权以及外汇管制的所有法律、法规及其他措施。

有关特殊经济区（即在关税、国内税和法规方面已建立特殊制度的地区）的法律和法规等须向 WTO 进行通知。特殊经济区内也应遵守非歧视原则。

11.3.3　保持贸易政策的透明度

透明度是 WTO 的又一项基本原则。根据这一原则，各成员必须公布有关贸易的法律、法规和部门规章。实施和遵守透明度原则，有利于在中国建立公开、公正的市场竞争环境。中国从 1991 年开始已经逐步做到了对外公布涉及贸易的法律、法规和部门规章。据此，我国承诺履行 WTO 透明度原则。

具体内容包括：公布所有涉外经贸法律、法规和部门规章，未经公布的不得执行。与 WTO 相关协定有关的法律、法规应向 WTO 进行通知。加入 WTO 后，在外经贸主管部门设立"WTO 咨询点"，在涉及对外经贸法律、法规及其他措施实施前，提供草案，并在合理的时间内允许提出意见。对有关成员咨询的答复应该完整，并代表中国政府的权威观点，对企业和个人也将提供准确、可靠的贸易政策信息。对咨询的答复应在收到咨询的 30 天至 45 天内做出。在 WTO 成员请求下，在颁布后 90 天内，提供译成 WTO 正式语言的法律和法规。

11.3.4　继续进行关税改革

按照《议定书》及其附件，中国就关税减让的税目、幅度和时间做了具体承诺：2005 年将平均进口税税率降到 10.1%，2008 年降到 10%。其中，工业品关税税率降到 9.3%，农产品税税率降到 15.5%。削减关税一直持续到 2008 年，期间各个年份降税幅度。如表 11-1 所示。

表 11-1　中国降低关税壁垒时间表

年　份	关税总水平/%	工业品平均关税税率/%	农产品平均关税税率/%
2002	12.7	11.7	18.5
2003	11.5	10.5	17.4
2004	10.6	9.8	15.8
2005	10.1	9.3	15.5
2006	10.1	9.3	15.5
2007	10.1	9.3	15.5
2008	10	9.2	15.1

11.3.5　逐步放开贸易权

目前中国对企业获得贸易权（对外贸易经营权）实行审批制，而国际上的通行做法是，企业在依法注册后，就可以获得进出口权。加入 WTO 后，中国将在规定的期限内取消贸易权审批制，所有在中国的企业经过登记后都可以获得贸易权，但国有贸易和指定经营产品除外。这种贸易权仅指进口和出口的权利，并不包括在国内销售产品的权利，国内销售产品的权利是通过服务贸易的谈判决定的。另外，国有贸易公司要进行商业化经营，并履行有关通知义务。在保留国有贸易体制的同时，允许一定比例的进口由非国有贸易公司经营。

根据议定书和工作组报告书中的有关规定，中国将①在加入 WTO 后三年内取消贸易权审批制；②在加入时，取消在申请和保留贸易权时对任何有关出口实绩、贸易平衡、外汇平衡和以往经验的要求；③全资中资企业获得贸易权的最低注册资本要求将逐渐降低，加入第一年降至 500 万元人民币，第二年降至 300 万元人民币，第三年降至 100 万元人民币，此后取消审批制；④逐步使外商投资企业获得完全的贸易权。放开计划为：外资占少数股的合资企业为加入第二年，外资占多数股的合资企业为第三年。

11.3.6　逐步取消非关税措施

按照 WTO 的规定，在规定的时间内取消非关税措施。同时承诺今后除非符合 WTO 规定，否则不再增加或实施任何新的非关税措施。例如，根据议定书，中国将最迟于 2005 年 1 月 1 日取消现行的 400 多个税号的非关税措施，包括配额、许可证和特定招标等措施，涉及产品包括汽车、机电产品、天然橡胶、彩色感光材料等。在此期间，相关产品的配额将享有一定的增长率。就过渡期内配额的分配标准、分配时间、许可证的获得和展期等，将严格执行 WTO《进口许可程序协定》的规定。

在技术性贸易壁垒方面，根据国民待遇原则，中国承诺在加入后 18 个月内，使国内所有合格评定机构既可以对国产产品又可以向进口产品提供合格评定的服务，解决中国原商品检验和认证体系对国产品和进口产品实行不同待遇的问题。根据 WTO《技术性贸易壁垒协定》规定，成员应尽量采用国际标准，但发展中国家可享有一定灵活性。中国目前采用国际标准作为国内标准的比例不足 40％，但通过加入谈判，中国保留了发展中国家权利，使中国今后可以根据自主计划逐步增加采用国际标准的比例。

在关税配额方面，WTO《农业协定》规定，成员必须为农产品提供最低的市场准入机会，即实行关税配额管理。关税配额量仅是一种市场准入机会，而不是进口义务，进口多少取决于进口国的实际需求。关税配额量应不低于 1986 年至 1988 年基期的年平均进口量，如这一进口量不足基期国内消费量的 3％，则应达到 3％，此外还要承诺一定的年增量。对于申请加入方，这一基期为可获数据的最近 3 年。加入 WTO 后，中国将对包括小麦、玉米、大米、棉花、食糖、豆油、棕榈油、菜籽油、羊毛等农产品和化肥、毛条等工业品实施关税配额管理。以 1995 年至 1997 年作为基期计算农产品关税配额量。关税配额量、配额内外税率、非国有贸易比例和实施期等具体承诺已在议定书货物贸易减让表中列明。有关关税配额的管理办法也已在工作组报告书和附件中列明，包括在透明、可预测、统一、公平和非歧视的基础上管理关税配额，明确关税配额公布、申请和发放的时间，反映消费者喜好和最终用户需求，不抑制关税配额的足额使用，提供再分配的机会等。另外，在对关税配额产品实行国有贸易管理的同时，也留出一部分的关税配额量供通过非国有贸易企业进口。

在卫生与植物卫生措施方面，根据 WTO《实施卫生和植物卫生措施协定》的规定，中国将在加入后 30 天内，向 WTO 通知所有有关卫生与植物卫生措施的法律、法规及其他措施，包括产品范围及相关国际标准、指南和建议（表 11-2）。

表 11-2　中国取消非关税措施时间简表

时　　间	措施种类	代表性商品描述
2001 年	进口配额及进口许可证	部分食糖、烟草、化肥、汽车轮胎、纺织品原料等
	取消特定进口招标措施	部分冷冻机、空调及其压缩机、起重机、纺织机械、洗衣机、录音设备、无线接收器、光缆、牵引车、冷藏船、光学仪器、医疗设备
	单一许可证	23 种粮油制品、9 种酒精饮料制品、15 种感光材料
2002 年	进口配额及进口许可证	部分化肥、汽车轮胎、空调、录音录像设备、无线接收机、监视器、运输车
	取消特定进口招标措施	部分载客电梯、压路机。造纸机械、机床、无线通信设备
2003 年	进口配额及进口许可证	部分手表、照相机、发动机
2004 年	进口配额及进口许可证	部分成品油、天然橡胶、汽车轮胎、客车、运输车、起重车、摩托车、汽车零部件
	取消特定进口招标措施	部分机床、胶印机部件、油船、货船及其他船舶
2005 年	进口配额及进口许可证	绝大部分机动车

　　在出口补贴方面，中国承诺遵照 WTO《补贴与反补贴措施协定》的规定，将取消协定禁止的出口补贴，通知协定允许的其他补贴项目。

11.3.7　开放服务贸易市场

　　服务贸易是个大概念，中国承诺开放服务贸易的领域几乎涉及到 WTO 所列举的所有服务贸易类别。中国承诺将逐步开放的服务贸易市场主要有 12 个部门，参见表 11-3。

表 11-3　中国开放服务贸易承诺

部　　门	提供服务方式
1. 专业服务： 法律；会计、审计和薄计；税收；建筑设计；工程；城市规划；医疗和牙医	每个至少涉及到四种方式的一种： 1. 跨境服务
2. 计算机及相关服务： 硬件安装咨询；软件实施	2. 境外消费
3. 房地产	3. 商业存在
4. 其他商业服务	4. 自然人流动
5. 广告、管理咨询、科技、地质探测等	
6. 通信服务：速递、电信、视听	
7. 分销服务：批发、零售、佣金代理	

续表

部　　　门	提供服务方式
8. 教育服务	
9. 环境服务	
10. 金融服务	
11. 旅游及相关服务	
12. 运输服务	

11.3.8　接受议定书关于反倾销调查和特定产品过渡性保障机制的规定

WTO 成员承诺，在中国加入后 15 年内完全取消目前在对中国出口产品进行反倾销调查时使用第三国替代价格的做法。议定书规定，在此过渡期内，WTO 成员仍可以对中国出口产品使用替代国价格计算倾销幅度，但是，只要中国能够证明其出口产品是在市场经济条件下生产的，则 WTO 成员应遵守 WTO《反倾销协定》，采用中国的国内产成本计算倾销幅度。工作组报告书对引用该条款的标准、定义和程序做了详细规定，以防止可能出现的滥用。

一些 WTO 成员担心，中国加入 WTO 后出口产品快速增长会对他们的国内市场和国内产业造成冲击和损害，因而针对中国的出口产品设立了特定产品过渡性保障机制。该机制规定，如果中国的出口产品激增，对有关 WTO 成员的国内市场造成市场扰乱，那么双方应举行磋商加以解决。如果通过磋商，双方一致认为中国的出口产品造成了此种情况，并有必要采取行动，那么中国应自行采取补救措施；如果磋商未果，那么 WTO 成员只能在补救冲击所必需的范围内，对有关产品撤销减让或限制进口。WTO 成员在采取该条款时必须满足一系列条件和标准，并需进行公告；如果采取临时性措施，则该措施的期限不得超过 200 天。根据议定书和工作组报告书的规定，WTO 成员承诺在中国加入后 12 年内完全取消对中国出口产品实施的特定产品过渡性保障机制。

11.3.9　实施《与贸易有关的投资措施协定》

中国将取消贸易和外汇平衡要求、当地含量要求、技术转让要求等与贸易有关的投资措施。根据大多数 WTO 成员的通行做法，在法律、法律和部门规章中不强制规定出口实绩要求和技术转让要求，由投资双方通过谈判来加以议定。

11.3.10　接受过渡性审议

根据 WTO 贸易政策审议机制的有关规定，加入 WTO 后，与同中国贸易份额相似的国家一样，中国每四年接受一次贸易政策审议。与此同时，由于在加入谈判中中国和 WTO 成员做出的承诺主要在中国加入后 10 年内实施，因此在议定书中做出了过渡性审议机制的规定，即中国加入后八年内，WTO 相关委员将会对中国和其他成员履行 WTO 义务和实施加入 WTO 谈判所做承诺的情况进行年度审议，然后在第 10 年完全终止审议。但是，中方有权就其他成员履行义务的情况和问题向委员会提出质疑，要求说明和解决。

本 章 要 点

◆ 中国是在 2001 年 12 月 11 日正式加入 WTO，成为世贸组织第 143 个成员方。加入 WTO 是中国复关努力的继续，也是中国对外开放进程中最具战略意义的举措之一。必将对国内和国际经济的发展产生深远的影响。

◆ 中国复关、入世之路极不平坦，从 1986 年 7 月正式向 GATT 提出复关申请，历经 15 年的谈判历程，但中国政府始终坚持入世谈判的三项原则：即①坚持以发展中国家的身份加入；②坚持权利和义务平衡的原则；③坚持以乌拉圭回合协议为基础，承担与中国经济发展水平相适应的义务。

◆ 1999 年 11 月 15 日，中美签署《中美关于中国加入 WTO 的协议》，标志着中国入世谈判的最大障碍被扫除。1999 年 11 月 26 日与加拿大签署双边协议；2000 年初与日本达成协议；2000 年 6 月 19 日与欧盟签署协议。

◆ 中国加入 WTO 的法律文件有三个：①《关于中华人民共和国加入的决定》；②《中华人民共和国加入议定书》及其附件；③《中国加入工作组报告书》。三个文件体现了经过谈判中国在 WTO 框架下按照权利和义务相平衡的原则所达成的具体结果。

◆ 中国加入 WTO 可以享受非歧视待遇、全面参与多边贸易体制、享受发展中国家的权利、获得市场开放和法规修改的过渡期、保留国有贸易体制、有条件、有步骤地开放服务贸易领域等十大主要权利。

◆ 中国加入 WTO 所做的主要承诺是遵守非歧视原则、统一实施贸易政策、保持贸易政策的透明度、继续进行关税改革、逐步放开贸易权、逐步取消非关税措施、逐步开放服务贸易市场、接受过渡性审议等十大主要义务。

关 键 术 语

1. 议定书（protocol）
2. 承诺（commitments）

思 考 题

1. 复关和入世经历了哪些大的阶段？
2. 中国入世的基本承诺是否体现了权利与义务的平衡原则？

3. 以入世以来我国经济发生的变化为依据，谈谈加入 WTO 对中国经济的影响。

4. 谈谈中国在入世过渡期内履行议定书的状况。

阅读材料及案例分析

【阅读材料一】 中国是否因加入 WTO 经济受到了冲击

到 2004 年 6 月 11 日，我国入世已有两年半的时间，在过渡期内，相关的产业一般来讲是不易受到冲击的。具体分析，未受冲击的原因主要有三条。

其一，尚在过渡期内，受到保护。以 2005 年作为一个基本的临界点，主要的一些敏感领域现在还处于过渡期内，开放的终点还没有到，可能的冲击还没有来。如汽车等产品，2005 年以前中国还保留着进口配额管理，外国汽车也就不可能长驱直入。另外，以服务贸易为例，中国在商业、通讯、建筑、分销、教育、环境、金融、旅游和运输共九个大部门、约 90 多个分部门做出了开放承诺，承诺的执行有早有晚，终点的水平有高有低。一些商业服务（如医疗、维修等）的承诺在加入时就开始执行，其他（如电信、分销、金融服务等）的承诺则有 1～6 年的过渡期。到 2004 年 12 月 11 日，中国将允许外资在批发和零售企业控股，允许外资银行向中国企业提供人民币服务；到 2004 年底将允许外商设立独资建筑和分销企业；2005 年底将允许外商设立独资速递、公路货运和货代企业；2006 年底将允许外资银行提供全面的银行服务，允许设立独资铁路货运企业。

其二，提前开放，冲击期已过。有些领域（如商业零售），根据中国的承诺，加入 WTO 3 年后，即到 2004 年 12 月 11 日才对外商开放，但在此之前各地外资商业企业已经随处可见，甚至在中国加入 WTO 之前，有些地方已经提前开放了这一领域（其中含一些不规范的开放）。如截至 2003 年，宁波共有 13 家外资商业零售企业，包括德国麦德龙、印尼金光、香港新世界、法国欧尚和家乐福、美国沃尔玛等。以北京为例，2003 年是北京历史上外资商业企业开店最多的一年。截至 2003 年底，已有 25 家零售商业合资企业获得批准，项目总投资 15.4 亿美元，全年外资商业实现零售额 107.4 亿元，同比增长 17％，占全市零售额的 5.6％。国际著名的零售企业沃尔玛、百安居、欧尚、易初莲花、迪亚等新开设了 20 家店铺。根据深圳的统计，一家 1 万平方米的大店可以取代 300 家小店。因此，外资商业企业进入中国零售业，可能在局部造成垄断，从而造成就业减少等压力。但由于提前开放，这种压力已被分解消化掉了。

其三，国际市场变化，进口压力减轻。农业等敏感领域的国内市场和产业没有受到进口的严重冲击，也有一定的客观因素。如 2002 年美国遭遇严重旱灾，国际农产品价格上涨，缓解了对中国农产品国内市场的压力。还有，目前国际电信行业正处于调整时期，外商对中国电信业的投资尚处于了解相关政策、研究投资策略和进行市场分析的"投石问路"阶段，并未开始进行大规模的投资。随着外商投资力度的逐渐加大，中国电信企业将真正面临竞争压力。

两年半来，人们看到的更多的是，中国加入 WTO 促进了国内产业在扩大规模、保持势头、提高效益、增强后劲等方面的发展。积极作用逐步显现。

(1) 市场空间扩大，投资环境改善。2003 年，中国实现进出口贸易总额 8 511.9 亿美元，比上年增长 37.1%，跃居世界第 4 位。特别值得一提的是，中国加入 WTO 以来，美、欧等成员按规定取消了 87 个类别的纺织品配额限制，涉及金额达 40 亿美元，使中国纺织服装行业的比较优势进一步得以发挥。同时，中国利用外资继续保持世界领先地位，已连续 10 年位居发展中国家之首。2003 年实际利用外资 535.1 亿美元。外商投资结构进一步优化，资金、技术密集型项目增加，服务业外资进入加快，跨国公司来华设立地区性总部、采购中心和研发中心的增多，外商独资项目比重继续上升，增资项目普遍，这表明外商在华投资效益良好，信心进一步增强。对外承包工程与劳务合作完成营业额达到 172.3 亿美元，比上年增长 20.1%。

(2) 促进了国内产业结构的调整。信息通讯技术为代表的高科技产业继续大规模向中国转移，全球信息技术 100 强企业中的 90% 已在华投资，电子信息产品出口增加迅速。国内汽车工业在竞争中加快战略重组和结构调整，2003 年汽车产量超过了 400 万辆。通过在服务贸易开放新领域、新市场和新业态，带动了国内服务业的发展。以流通领域为例，连锁经营、物流配送、电子商务等现代流通方式和组织形式发展迅速，零售业态日益多样化，供应链管理和品类管理技术开始推广，企业间联合、兼并和重组步伐加快，流通企业的竞争力进一步提高。

(3) 完善了市场经济法律体制。加入 WTO 对中国经济体制改革的影响，是通过将 WTO 规则和中国承诺转化为国内法律、法规来实现的。大规模地清理法律、法规，除了推动了市场经济法律体系的完善外，对政府职能的转变、提高透明度和依法行政也起到了促进作用。

但是，随着中国履行加入 WTO 承诺进程的深入和过渡期的结束，相关产业受到的影响会逐渐加深，中国经济结构中的一些深层次矛盾也将逐渐显现。从长期看，中国是否能够做到加入 WTO 的影响利大于弊，现在做出结论还为时尚早，其将在很大程度上取决于过渡期结束后中国各级政府的应对工作和广大企业的努力。

问题：结合资料谈谈，随着中国履行加入 WTO 承诺进程的深入和过渡期的结束，相关产业受到的影响会逐渐加深，中国经济结构中会出现哪些深层次矛盾？我们应该如何面对挑战？

【阅读材料二】　　中国在入世过渡期是否履行了承诺

衡量中国是否履行了 WTO 承诺，有两个基本的指标，一是中国的市场是否开放了；二是中国的法律是否与 WTO 的规则一致。美国国际经济研究所的高级研究员尼古拉斯·拉迪从中国的全球进口额、进口额与国内生产总值的比率、进口关税的保护程度这三个指标衡量，认为"在所有新兴市场经济体中，中国是最开放的国家之一"。而在清理和修订法律、法规方面，中国更是采取了史无前例的大规模行动。

1. 中国开放市场的事实

（1）中国加入 WTO 以来大幅降低关税。加入 WTO 后，中国的关税总水平由 1992 年的 42.7% 降至 2004 年的 10.4%。2005 年将进一步降至 10.1%，2008 年将降至 10%。这一降税幅度大大超过了各成员在乌拉圭回合中关税减让的水平。

就工业品而言，根据各成员在乌拉圭回合谈判中达成的降税模式，中国应将关税从基础税率的 42.7% 降至 2004 年的最终约束税率 32.4%，平均削减幅度为 24.1%。而中国在加入 WTO 谈判的承诺，在这一基础上向前大大迈进了一步。2004 年中国工业品关税已降至 9.5%，按照乌拉圭回合的减让模式计算，现在中国的关税水平应为 24.1%。中国履行完加入 WTO 的减让承诺后，工业品关税的降幅将高达 78.9%。

在一些重要工业品方面，关税削减的幅度也是相当大的。例如，汽车关税在加入前为 80%～100%，加入第一年即降至 43.8%，2006 年 7 月 1 日将进一步降至 25%。在信息技术产品方面，中国参加了《信息技术协定》，将协定下产品的关税在 2005 年前全部降至零。

就农产品而言，根据各成员在乌拉圭回合谈判中达成的降税模式，中国需从基础税率 54% 降至 2004 年的最终约束税率 37.9%。在加入 WTO 谈判中，中国农产品关税做出了进一步减让。2002 年，中国的农产品关税降至 18.5%，2004 年这一水平已降至 15.6%，2008 年将降至 15.1%。降幅达 67.1%，远远高于其他成员的关税削减的水平（发达成员 36%，发展中成员 24%）。

目前，WTO 正在进行多哈发展议程谈判，如果各方达成的削减农产品的关税幅度不超过 48% 的话，那么，中国加入 WTO 所做的削减幅度，就会超过其他成员在乌拉圭回合和新一轮谈判削减的总和。

2003 年，中国农产品关税已降至 16.8%；2005 年，这一水平将进一步降至 15.1%。中国的农产品关税水平，远低于世界农产品平均关税 62% 的水平。而作为发达的农业国家，美国的农产品关税为 12%，欧盟为 20%、巴西和阿根廷等国为 35%。与此同时，中国承诺在加入 WTO 取消出口补贴，国内支持的上限低于其他发展中成员的水平。因此，相对于中国农业的发展水平、综合市场准入、国内支持和出口补贴这 3 个农业政策支柱的情况，中国在农产品市场开放方面，已经走在了所有 WTO 成员的前列。

（2）加入 WTO 后中国进口大量增加。2002 年，中国进口达 2 952 亿美元，比 2001 年增长 21.2%；2003 年，进口达 4 128 亿美元，同比增长 39.9%。

2002 年，中国进口汽车和汽车产品 78.57 亿美元，比 2001 年增长 45.5%，其中汽车整车进口 12.7 万辆，比 2001 年增长 76.8%。2003 年，中国汽车产品进出口总额为 191 亿美元，其中汽车整车进口 17 万辆，同比增长 34.6%。

2002 年，电子信息技术产品进口 851 亿美元，比 2001 年增长 40%。2003 年，进口 1 321.77 亿美元，同比增长 55.26%。其中手机，2002 年进口 1 719.68 万部，2003 年进口 2 207 万部，分别增长 82.5% 和 28.3%。

（3）加入 WTO 后中国服务业市场进一步开放。

银行服务：截至 2004 年 2 月底，共有 19 个国家（地区）的 62 家外资银行在华设立了 191 家营业性的机构，其中 84 家已经获准从事人民币业务。批准外资银行在华建立 211 个代表处，外资银行的贷款余额已经超过 200 多亿美元。据中国银监会公布，2003 年外资金融机构的资产总额为 3 969 亿元，比 2002 年增长 21.5%。

从 2003 年 12 月 11 日起，中国开放人民币业务的城市增加到 13 个。开始允许符合法定条件的外资银行在上述城市向各类中国企业提供各种人民币服务。此外，中国银监会在 2003 年 10 月公布了《汽车金融公司管理办法》及其实施细则。

保险服务：截至 2004 年 1 月底，共有来自 13 个国家（地区）的 37 家外资保险公司，其中寿险公司 20 家、产险公司 14 家、再保险公司 3 家，在中国设立了 62 个保险营业机构；保险业开放城市已经超过 10 个。目前，允许外国非寿险公司在中国设立独资子公司，允许在中国的外资非寿险公司向国内客户提供除法定业务外的全部非寿险服务，对外开放城市增加到 15 个。

证券服务：截至 2004 年 1 月底，已批准设立外资基金管理公司 11 家。

分销服务：截至 2003 年 12 月底，已批准设立外资商业企业 270 家。2003 年，外资商业企业在中国的分店数量和市场销售额都进一步增长。

法律服务：截至 2004 年 1 月底，已批准设立外国律师事务所驻华代表处 168 家。

旅游服务：截至 2004 年 1 月底，已批准设立 11 家中外合资旅行社，批准设立 1 家外商独资旅行社。

教育服务：加入 WTO 以后至 2003 年 10 月底，已批准设立的中外合作办学机构及项目共 50 个，截至 2003 年 10 月底，已批准设立的中外合作办学机构和项目共 782 个。

2．中国修改法律使之与 WTO 规则相符的事实

（1）修改了大量的法律法规。几年来，国务院近 30 个部门，根据 WTO 有关规则和中国改革经济管理体制的需要，共清理各种法律法规和部门规章2 300多件，通过人大、国务院和各部门修订 325 件，废止 830 件，范围涉及货物贸易、服务贸易、知识产权和投资等各个方面。各地方共清理出 19 多万件地方性法规、地方政府规章和其他政策措施，并分别进行了修改和废止处理。

中国立法机构对《中外合资企业法》、《中外合作企业法》和《外资企业法》及实施细则进行了修订，修改或删除了外汇平衡、"当地含量"、出口业绩要求和企业生产计划备案等条款。国务院及有关部门修订了《指导外商投资方向规定》和《外商投资产业指导目录》，鼓励类由 186 条增加到 262 条，限制类由 112 条减少到 75 条。

2004 年 4 月 6 日，第十届全国人大常委会第八次会议通过了修订后的《外贸法》，将实行了 50 年的外贸权审批制改成登记制。其将于 2004 年 7 月 1 日实施，这意味着中国提前半年履行了放开外贸权的承诺。

2004 年 4 月 16 日，《外商投资商业领域管理办法》颁布，意味着中国将在 2004 年 12 月 11 日如期履行放开分销零售领域的承诺。

（2）减少和规范行政审批。国务院还全面清理、减少和规范了行政审批。目前，中国各级政府正在按照新颁布的《中华人民共和国行政许可法》的各项要求，规范审批行为，健全审批公示制度，完善信息反馈机制，建立行政审批责任追究制度。

（3）提高法律评论和咨询方面的透明度。为履行法律透明度方面的承诺，提高中国经济和贸易政策制订和实施的透明度，国务院明确规定，今后各级政府部门制定的与贸易、投资有关的规章和政策措施，都必须在指定刊物上予以公布，不公开的不能执行。有关法律、法规可以事先公布草案征求公众意见。为做好对 WTO 的通报和咨询工作，中国在商务部设立了中国政府世贸组织通报咨询局，在质检总局设立技术性贸易壁垒（TBT）和卫生与植物卫生措施（SPS）咨询点，定期向 WTO 通报情况，开展贸易政策咨询业务。截至 2004 年 4 月底，中国共向 WTO 通报情况 439 项，涉及 18 个领域、46 个类别，内容既有履行承诺的情况，也有法律法规的制订、实施等情况；商务部咨询点书面答复咨询 700 多件，电话咨询上千件，质检总局咨询点答复咨询 500 件。

问题：如何看待国际贸易纠纷和摩擦与中国履行 WTO 承诺之间的关系？

第 12 章

发达市场经济国家的对外贸易

学习目标

1. 理解美国、日本和欧盟对外贸易的重要地位。
2. 认识对外贸易在美国、日本和欧盟国家的重要作用。
3. 了解美国、日本和欧盟对外贸易的发展概况。
4. 掌握美国、日本和欧盟对外贸易政策和措施。

发达市场经济国家主要是指北美（美、加）、西欧（英、法、德、意等）、日本、大洋洲（澳、新）等资本主义发生发展较早，市场经济比较发达，经济水平处于较高层次的国家。这些国家的经济和贸易的发展影响着整个世界经济和贸易的发展，在国际经济舞台上发挥着举足轻重的作用。目前在经济和贸易格局上美、日、欧（欧盟）呈"三足鼎立"状况。

12.1 美国的对外贸易

美国是当代最大的发达资本主义国家，面积 937 万平方公里，名列俄罗斯、加拿大和中国之后，人口 2001 年 27 313 万，名列中国和印度之后，国民生产总值 1999 年为 92 992 亿美元，居发达资本主义国家之首。美国拥有丰富的自然资源、高素质的劳动力资源以及先进的科学技术、庞大的投资资金，其工业、农业和第三产业都高度发达，这使美国成为当前资本主义世界中经济发展水平最高、经济实力最雄厚的国家。

12.1.1 美国对外贸易的地位和作用

美国不仅是当代最发达资本主义国家，也是世界上最大的贸易国，其进出口均据世界首位。据统计，1996 年美国出口贸易总额（包括服务出口）达 8 097 亿美元，进口总额（包括服务进口）为 9 677 亿美元；而同期日本出口为 4 782 亿美元，进口为 4 774 亿美元；德国出口为 5 963 亿美元，进口为 5 711 亿美元；2001 年美国出口贸易总额为 10 037 亿美元，进口为 13 500 亿美元；同期日本出口是 490 115 亿日元，进口是 423 999 亿日元。在 1980～1997 年，美国的商品和服务出口从 2 719 亿美元上升到 9 736 亿美元，增长 3.18 倍，年平均递增

8.2％。发达的对外贸易使美国在世界贸易中居主导地位，它们成为美国对世界经济施加影响的重要手段，庞大的进口数量让美国能够动辄以贸易制裁来威胁有贸易争端的国家，而美国政府对高新技术的种种限制也成为美国达到某些政治目的而经常使用的手段。同时，美国的对外贸易在美国国民经济中的地位也日益提高，1980 年，美国出口贸易总额（包括服务出口）占国内生产总值的比重为9.76％，1996 年为 10.95％，1997 年上升到了 11.55％。1970 年美国对外贸易依存度仅为 11％，1990 年上升到 20％，1999 年升至 24％，2000 年则为 26％。

美国对外贸易的快速发展极大的促进了美国经济的发展，是美国经济增长的发动机。

首先，对外贸易可为美国的商品和劳务提供广阔的市场。

虽然，美国具有一个庞大的国内市场，但相当一部分产品和劳务的销售仍需要依靠国外市场，通过出口贸易来实现商品和劳务的价值和使用价值，而且美国商品和劳务对国外市场的依赖性正不断加强。据统计，1960 年商品和劳务出口占国内生产总值的比重为 5％，1980 年这一比重上升为 10％，1994 年进一步上升为 12.7％。

其次，对外贸易可为美国国内工业的发展提供原料、燃料。

美国的自然资源虽然较为丰富，但每年仍需要进口大量的原料、燃料。如国内石油等燃料的供给主要依靠国外生产，其进口依存度较高；国内消费量很大的食品饮料，如咖啡、可可、茶叶等全部依赖进口；天然橡胶、锰矿砂、铌、云母片等也全部依靠进口；制造导弹核武器所需的稀有金属，主要从发展中国家进口。另外，美国工业的一些零配件日益依靠进口。美国一些大汽车制造厂，如通用、福特等，生产汽车用的零部件已有 20％～30％从国外进口。国内消费的电子产品装备，一半以上的零部件是从海外输入的。

第三，对外贸易是调整美国工业结构的重要途径。

美国政府有意识地通过对外贸易调整国内的部分工业结构。对一些废原料、废劳力、污染严重、技术简单、利润小的工业产品和半成品，如金属轧钢、纺织品、服装、鞋类、日用电器等，都逐渐通过进口代替国内生产，或在国外设厂生产后，再将成品运回国内销售。美国的石油储量虽然也较丰富，当由于担心过多的开采会诱发自然环境的破坏，因而对国内石油的开发加以种种限制，国内石油的供给主要依靠从国外进口。在美国国内其侧重于尽可能向生产和出口高、精、尖的工业产品方面发展。

第四，通过对外贸易增加就业机会并改善人们的生活水平。

出口的扩大能增加国内就业岗位，减少失业。在美国有几百万人的工作与出口有关，据统计，美国依靠出口维持就业的比重，农业约占 10％，矿业约占9％，制造业约占 6％。而且，由于贸易能使企业获得范围广泛的多种多样的投入品，并为消费者提供各种各样最终产品和服务的更大选择权，从而能够改善人们的生活水平。

第五，对外贸易提高了美国的生产率，刺激了其经济的增长。

开放的对外贸易政策使美国企业直接面临国际市场的公开的、激烈的竞争，这能够鼓励国内的企业去努力创新并使自己更有竞争力；同时，企业也能够通过国际市场获得有关生产方法、产品设计、组织结构和营销战略等方面的新观念，以利于更有效地应用自己的资源，从而提高生产率，促进经济的增长。

第六，对外贸易是影响美国国际收支状况的重要因素。

近年来，美国的贸易逆差不断扩大，1997 年贸易逆差达 2 044 亿美元，1998年为 2 334 亿美元，1999 年为 3 259 亿美元，至 2000 年 12 月时美国国际货物与服务贸易逆差已达 3 320 亿美元。不断扩大的贸易逆差使美国国际收支状况更加恶化。

12.1.2　战后美国对外贸易发展趋势

1. 对外贸易地位起伏不定

1985 年以前，美国在世界商品贸易中的比重虽不断下降，但一直是世界上最大的贸易国家。1986 年，美国的贸易降到世界第二位，在原联邦德国之后。1989 年，美国又超过原联邦德国重新成为世界上最大的出口国。1990 年德国又超过美国再次成为世界上最大的出口国。从 1991 年起，美国又重新成为世界最大的出口国。1997 年美国出口贸易额为 6 870 亿美元，2001 年美国出口贸易额增至 10 037 亿美元。美国目前已成为世界上最大的货物贸易国，同时也是最大的服务贸易国。

2. 进出口商品结构发生变化

美国出口商品主要是工业制成品，每年约占其出口总额的 75% 左右。在制成品中，机械产品增长迅速，其所占比重接近制成品出口的一半。2000 年工业制成品出口比 1990 年增长了 1.21 倍，其中资本货物出口比 1990 年增长了 1.35倍，占货物出口总额的 46%，高新技术产品出口比 1990 年增长了 2.76 倍。2000 年农产品出口比 1990 年增长了 32%。美国在飞机、汽车、电子计算机、信息等高新技术产品、农产品、军火、技术贸易和服务贸易等方面都具有很强的出口竞争能力，而一些劳动密集型产品则相继退出国际市场。目前，美国主要的出口商品依次是资本货物（不包括汽车）、工业原料、消费品、汽车及零件、食品、饲料和饮料等。

在进口商品上初级产品的比重在逐步下降，而工业制成品的比重在逐步上升。1950 年美国初级产品进口占进口总额的 70.2％，工业制成品进口占进口总额的 28.5％，到 1995 年，初级产品进口比重下降到 17.7％，工业制成品进口比重上升到 79.2％，2000 年工业制成品进口比 1990 年增长了 1.63 倍。各类商品在进口总额中的比重变化很大，机器及运输设备的进口在制成品进口中所占比重，从 1970 年的 28％，提高到 1995 年的 45.3％。一些重要的制成品，如钢铁、汽车等都相继从出超变为入超。

　　3．贸易地理方向出现新的变化

　　过去，美国的主要贸易对象是西欧和北美的发达国家，但自 20 世纪 80 年代中期以来，美国的对外贸易地理方向发生了深刻的变化。其重心从西欧转向亚太地区，同亚洲的贸易超过了同欧洲的贸易。快速增长的亚洲国家为美国出口提供了一个迅速扩大的市场，1972～1992 年，美国对亚洲国家的出口差不多增长了 1 倍，从占美国出口总额的 9％上升到 17％；到 1992 年美国跨太平洋的贸易比跨大西洋的贸易高 50％。在 1997 年开始的亚洲金融危机中，由于亚洲与美国之间紧密的贸易关系，所以美国对亚洲的出口下降了，美国经济因而受到较大的影响。

　　很显然，美国对发展中国家和地区的进出口贸易份额正在上升，而对发达国家的进出口贸易份额正在下降。据统计，美国对发展中国家的贸易，通常约占美国进出口总额的 1/3。1995 年，美国对发展中国家出口已占到美国出口总额的 41.1％，从发展中国家的进口占其进口总额的 42.2％。而同期，美国对工业发达国家的出口占其出口总额的比重从 1970 年的 69.1％下降到了 1995 年的 57.8％，进口从 1970 年的 73.2％下降到 1995 年的 56.7％。发展中国家正日益成为美国工业制成品与农产品的重要销售市场和原料、燃料的主要供应市场。

　　4．跨国公司内部贸易在美国总体对外贸易中的比重增大

　　美国跨国公司同它的国外子公司或附属单位之间的跨国界贸易——亦称跨国公司内部贸易的重要性日益得到上升。到 1996 年，跨国公司（包括美国跨国公司和外国在美国的子公司）所进行的出口贸易要占美国出口的 3/4。同时，跨国公司自己的内部贸易要占贸易总量的 1/3。这种贸易最初是在美国跨国公司内部进行的，但是后来越来越多的外国跨国公司，特别是日本跨国公司同它们在美国的子公司或附属单位也进行内部贸易。

　　5．技术和服务贸易的比重不断提高

　　20 世纪 80 年代以来，技术进出口在美国贸易总额中所占比重不断上升，增

长速度极快。从 20 世纪 80 年代中期到 90 年代中期，其技术出口的平均增长速度在 2 倍以上。高技术产品在进口和出口两方面都是不断上升的。1992 年美国出口了 1 070 亿美元的先进技术产品，而 1989 年只出口 830 亿美元，进口也从 1989 年的 560 亿美元上升到 720 亿美元。宇航、信息、通信以及电子加起来构成美国高技术出口的主要部分。这些部门，连同少数这个领域的其他高技术产品，整个来说比美国制造业的出口更强。

同时，服务业在美国出口贸易中的地位明显上升，服务贸易的增长十分强劲，在进入 20 世纪 90 年代以后表现尤为突出。美国服务贸易出口额从 1985 年的 73 亿美元，增至 1995 年的 2 068 亿美元，2000 年又增加到 2 746 亿美元，比 1990 年增长了 1 倍。美国服务贸易进口额也增长很快，从 1985 年的 720 亿美元增加到 1995 年的 1 439 亿美元，2000 年又增至 1 989 亿美元，比 1990 年增长了 79％。目前，美国已成为世界上最大的服务贸易国，其服务贸易占世界服务贸易比重不断上升。1995 年美国服务贸易出口占世界服务贸易出口的比重是 17.6％，1998 年为 18.2％，2000 年为 19.1％；而服务贸易进口占世界服务贸易进口总额的比重 1995 年是 12％，1998 年为 12.7％，2000 年为 13％。美国服务贸易经常保持顺差，其在商品贸易上的逆差要靠在服务贸易上的顺差弥补一部分。美国服务贸易的内容广泛，包括旅游、运输、银行、广告、工程设计、知识产权、数据处理及信息穿递等项目。美国服务业比较发达，具有良好的基础，并在高科技等新领域中占有优势，所以，美国服务贸易居世界领先地位。

6. 外贸逆差急剧扩大

在 1946～1970 年的 25 年间，美国的对外贸易一直是顺差。1971 年美国出现了第一次贸易逆差，1974～1976 年美国的贸易逆差为 71 亿美元，1987 年高达 1 736 亿美元。自 1988 年起，美国的贸易逆差不断下降，1990 年降为 1 010 亿美元，1991 年降至 662 亿美元。但从 1993 年起美国的贸易逆差急剧扩大，1993 年达 1 157.8 亿美元，1995 年为 1 869 亿美元，1997 年为 2 044 亿美元，1998 年为 2 334 亿美元，1999 年为 3 259 亿美元，2000 年增加到 3 320 亿美元。贸易逆差已成为美国推进对外贸易所遇到的主要阻力之一。

12.1.3　美国对外贸易政策的演变

总的来看，美国对外贸易政策的演变可以分为以下三个时期：从美国建国到 1934 年以保护贸易为主要政策倾向时期；从 1934 年到 1974 年以自由贸易为主要政策倾向时期；从 1974 年开始转向贸易保护主义，到 20 世纪 80 年代公开放弃"自由贸易"的口号，转而强调"公平贸易"的时期。

1. 保护贸易政策（美国建国～1934 年）

美国建国以来，曾长期采取保护贸易政策，以保护本国那些尚无国际竞争力的幼稚产业。美国第一任财政部长亚历山大•汉密尔顿率先从保护美国幼稚工业出发主张实行保护贸易政策，培育国内工业，使经济自立，反对无条件实行自由贸易。1816 年，美国国会通过的《关税法》正式将保护贸易政策作为关税法的基本原则加以确立，强调对进口商品征收高关税以保护国内市场。19 世纪 20～30 年代，美国应税进口商品的平均税率接近 60%。

随着美国工业的发展和生产力的提高，美国的经济实力大大增强，越来越需要向国际市场扩张，加之当时英国等国自由贸易政策的影响，美国自 1840 年开始下调关税税率，至 1860 年，平均关税下降到 20% 左右。19 世纪 70 年代以后，自由竞争的资本主义开始向垄断过渡，各主要资本主义国家内部市场受到垄断企业控制，市场饱和的矛盾日益突出，而当时世界经济进入了一个相对缓慢的增长时期，市场需求不足，竞争激烈，一些资本主义国家先后采取保护贸易措施。美国也逐步提高了进口关税，并于 1890 年和 1897 年先后通过了贸易保护主义的法案《麦金利关税法》和《丁格利关税法》，以加强对本国的保护。

1929～1933 年资本主义经济大危机，使市场问题急剧恶化，许多国家纷纷加强对本国市场的保护，通过提高关税、进口数量限制、外汇限制等手段以阻止外国商品的输入，同时对出口实行鼓励政策，以占领他国市场，转嫁危机。在这种背景下，美国国会于 1930 年通过了《斯穆特-霍利关税法案》。在这个法案下，美国平均进口关税达 53.2%，1932 年最高达 59%。

2. 自由贸易政策（1934～1974 年）

1934 年 6 月，美国国会通过了《互惠贸易法》，授权总统同其他国家签订贸易互惠协定，相互把关税降到《斯穆特-霍利关税法案》下制定的关税的 50%，美国利用这一法律先后同 28 个国家签订了双边和多边贸易协定，到 1947 年美国平均进口关税已低于 1934 年的 50%。

第二次世界大战后，美国成为资本主义世界最强大的经济和贸易国家，为了实现对外经济扩张，美国积极主张削减关税，取消数量限制，成为贸易自由化的积极推行者。1948 年 1 月 1 日起生效的关贸总协定，就是美国推动多边关税减让、开拓国外市场的主要政策工具。在关贸总协定的多次谈判中，美国奉行多边主义和自由贸易原则，使降低各国关税壁垒取得实质性的进展。在关贸总协定主持下，1947～1962 年进行的五次多边贸易谈判，使关税水平下降了 35% 左右。

1962 年，美国国会通过了《扩大贸易法》，用以代替《互惠贸易法》。该法授权总统与所有国家进行谈判，把关税减至 1962 年水平的 50％，并完全取消 1962 年的 5％或 5％以下的关税。在 1962 年《扩大贸易法》的倡议下，美国开始在关贸总协定的主持下与其他国家进行新一轮的多边贸易谈判，通过谈判使工业品平均关税比 1962 年的水平平均削减 35％。到 1972 年底，当这个协议完全履行后，工业化国家工业品的平均关税税率已不到 10％。

3. 从自由贸易到公平贸易政策（1974 年至今）

进入 20 世纪 70 年代以后，美国国会中的贸易保护主义明显抬头。下列几个因素对这种倾向起了明显的促进作用：第一，70 年代发生的两次石油危机，对包括美国在内的资本主义国家经济造成巨大冲击，加剧其经济恶化；第二，其他工业国如日本，竞争力急剧提高，对美国出口取得巨大的贸易顺差，美国出现巨额的贸易赤字；第三，出现了一批新兴工业化国家和地区，他们在轻工业也方面具有很大的优势，给美国带来冲击；第四，各国政府通过贸易方面的出口补贴、价格支持和对主要行业的研究与开发拨款，对高技术领域进行了干预，加强了竞争。在这种背景下，美国对外贸易政策开始出现转变，对自由贸易重新进行界定，提出互惠自由贸易的新概念来同无条件的自由贸易相对垒。互惠自由贸易的含义是美国支持降低贸易壁垒，前提是贸易伙伴也愿意这样做，美国对实行保护主义的国家则没有开放自己市场的兴趣，这也就是所谓的公平贸易原则。

美国政府从里根连任美国总统的 1985 年即通过颁布"贸易政策行动计划"，开始了对外贸易政策的这种全面调整。再经过布什政府 1989 年制定《国家贸易政策纲要》和 1992 年通过《扩大出口法》，到克林顿 1993 年执政后提出和实施"国家出口战略"，完成了从自由贸易政策到公平贸易政策的演变。

美国公平贸易政策的总目标是：扩大自由和开放贸易的范围，但在继续开放美国市场的同时，要防止其他国家的所谓不公平贸易行为，保证外国市场对美国市场的开放，保障美国获得更多出口机会。具体来看，它主要有以下几个特点：

（1）贸易政策中政府干预的加强以及管理贸易的倾向。

（2）改变原来对地区性贸易组织的立场，致力于组建以美国为中心的地区组织；并积极寻求对原有的国际经济组织和多边安排进行改革，增强符号本国利益的安排。

（3）开始注重将国内经济政策与对外经济政策结合。

（4）贸易和投资政策往往仍包含着传统外交目标因素，但侧重点有所变化；同时，政策中出现了新的带有较多的社会政策和价值观性质的因素，如劳工权利保障和环境保护。

20 世纪 70 年代中期开始到 80 年代中期，美国外贸政策的重点一直放在采取单边报复措施和其他贸易保护政策上，通过各种非关税壁垒以及扩大征收"反倾销税"和"反补贴税"的行动来限制进口，保护国内市场。80 年代中期以后，美国外贸政策开始转向鼓励扩大出口，加强了在财政、金融、外汇等方面鼓励出口的措施。90 年代这一趋势得到进一步的加强。近年来，美国与一些贸易伙伴的双边贸易谈判中摩擦、协商的重点已从贸易保护和对不公平贸易行为的报复制裁，转为"市场准入"。

为了应对区域经济一体化的挑战，美国于 1985 年与以色列签订了双边自由贸易协定，1989 年与加拿大建立了美加自由贸易区，1994 年又与加拿大、墨西哥建立了北美自由贸易区，并启动了建立美洲自由贸易区的谈判。同时，美国还以积极的姿态推进亚太经济合作组织，取得一定进展。由此可见，美国今后将不会再单纯依靠世界多边贸易体制作为开展对外贸易活动的主要机制，而是利用双边机制来代替、补充并冲击多边机制，走向所谓的"有管理的贸易"。

12.2　日本的对外贸易

日本是一个岛国，由本州、北海道、九州、四国四个大岛和 3 900 个小岛组成，总面积 37.78 万平方公里，人口 2001 年 12 678 万。日本矿产资源贫乏，土地稀缺，但拥有很高的科学技术水平，工业非常发达，尤以高新技术产业发展较快。日本是一个后起的发达资本主义国家，第二次世界大战中，日本成为战败国，其经济在战争中遭到极大的破坏。但战后日本经济恢复很快，经过几十年的发展，扭转了全面崩溃的国民经济，实现了工业现代化，一跃成为资本主义世界第二号经济强国，为世人所瞩目。

12.2.1　日本对外贸易发展概况

由于日本自然资源贫乏，国内市场狭小，因此，日本国内生产所需要的原料、燃料等均需依赖进口解决，而国内生产的相当部分工业品的销售则需依赖出口，很显然，对外贸易在日本经济发展中的作用至关重要，战后日本经济的迅速崛起和经济大国地位的取得与其对外贸易活动的有效开展是密切相关的，可以说，没有对外贸易，就没有战后日本经济的发展。

1. 战后日本对外贸易的发展过程

战后日本对外贸易的发展经历了以下三个阶段：

1）1945~1955 年的恢复期

在这一阶段，日本对外贸易的中心任务是增加国际支付工具和改善生活与生产必需品的供应，以抑制严重的通货膨胀和促进经济的稳定与恢复。在日本政府的积极干预下，这一时期对外贸易有所发展，贸易额由 1946 年的 4.09 亿美元增加到 1955 年的 24.82 亿美元，但发展缓慢，尤其是在 1950 年之前，据统计，1950 年日本的出口额仅为战前的 32%，进口额为战前的 37%，贸易连年赤字，对外投资和利用外资基本处于停滞状态。朝鲜战争的爆发和美国对日政策的改变，使日本对外贸易得以加快发展，尤其是朝鲜战争的爆发为日本出口贸易注入了活力，据统计，由朝鲜战争引发的"特需"出口，在 1951 年、1952 年和 1953 年分别高达 5.9 亿、8.2 亿和 8.1 亿美元，占各年份出口额的比重分别为 43.6%、64.7% 和 63.5%。

2）1956～1973 年的高速增长期

这一时期，由于日本经济的高速增长，使日本对原材料进口的需求大幅度增加，同时也使日本工业制成品的出口规模激剧膨胀，从而有效地促进了对外贸易的迅速增长。据日本海关统计，在 1955～1973 年，日本对外贸易增加了 15.8 倍，年均增长幅度高达 16.0%，而同期世界贸易的这两项指标仅为 5.1 倍和 10%。这一时期，日本出口贸易增长势头强劲，出口贸易额由 20.11 亿美元猛增到 369.3 亿美元，年均增长率高达 17.5%，是同期世界出口贸易增长水平的 1.67 倍，在世界出口贸易额中的比重由 1955 年的 2.3% 剧升到 6.9%。进口额由 24.71 亿美元增加到 383.14 亿美元，年均增长率达 16.5%，大大高于同期世界进口贸易的 10.3% 的平均增长水平。在世界进口贸易中的比重，也由 1955 年的 2.6% 上升到 1973 年的 7%。

3）1973 年以后的增长速度减缓期

1973 年以后，由于两次石油危机、三次日元急剧升值和泡沫经济崩溃等一系列事件的影响，日本经济受到很大冲击，经济形势急转直下，国内外经济形势发生很大的变化，这使得日本的对外贸易受到一定程度的影响，但日本政府对经济发展战略和贸易政策措施的及时合理的调整大大增强了日本企业的适应能力和国际竞争能力，从而削弱了这种影响。例如，20 世纪 70 年代末 80 年代初，第二次"石油危机"和长达 44 个月的战后第三次世界经济危机所导致的世界性的通货膨胀和需要萎缩，使世界出口贸易进入了连续三年（1981～1983 年）负增长的衰退阶段；而日本出口贸易仅在 1982 年略有衰退，1983 年即恢复了增长势头。又如 20 世纪 80 年代中期以来，日本虽经历了三次日元币值高腾和泡沫经济的崩溃，但是，由此引发的以外汇所表示的出口商品价格急剧上扬仅仅减缓了日本出口贸易增长速度，但并没有从根本上扭转日本出口贸易的增长势头。据日本海关统计，1973～1985 年，出口贸易额增加了 3.8 倍，年均增长率仍高达 13.9%。在 1985～1995 年，日本出口贸易尽管频频受到来自日元升值的影响，但仍然实现了年均 9.7% 的增长水平。从总体上看，日本这一时期的对外贸易增长速度确比高速增长时期有所回落，尤其是 90 年代以后其对外贸易增长率低于世界平均水平，但总的仍保持着 11％左右的强劲增长势头；贸易收支尽管在外部冲击下曾出现过短期逆差，但总体上贸易收支的黑字面不断扩大，贸易顺差加剧，1991 年和 1992 年贸易顺差连续两年超过 1 000 亿美元。

2. 战后日本对外贸易的发展趋势

1）对外贸易额迅速增长

战后日本对外贸易额增长迅速，其中出口贸易额的增长尤为突出。日本的出口贸易额 1950 年为 8.2 亿美元，1995 年为 4 430 亿美元，2000 年增长到 5 475 亿美元，年均增长速度高于同期世界和工业发达国家出口贸易的增长速度；进口贸易额 1950 年为 9.7 亿美元，1995 年为 3 359 亿美元，2000 年增长到 4 952 亿美元，进口贸易额的增长速度要略低于出口贸易，但其增长速度仍高于其他工业发达国家。2001 年日本对外贸易略有变化，进口贸易额达 423 999 亿日元，比上年增 3.6％，出口贸易额为 490 115 亿日元，比上年降 5.1％。由于对外贸易迅速增长，日本在世界贸易中的地位显著提高，并使日本至今仍维持着世界第三位贸易大国的地位。战后日本对外贸易发展迅速的原因有很多，既有良好的外部环境，也有内部努力。其中，长期低估的日元汇率、经济高速增长和产业结构优化所强化的国际竞争力，以及政府的积极干预等是最为重要的几个方面。

2）进出口商品结构的变化

在出口商品结构中，工业制成品所占比重较大，1970 年制成品占出口中的比重为 92.5％，1994 年上升到了 95.6％。在制成品出口中，机器和运输设备增长最快，从 1970 年占出口总值的 40.54％上升到 1995 年的 67.3％。纺织品的出口急剧下降，从 1970 年占出口总值的 12.46％，下降到 1995 年的 2％。当然在不同时期出口制成品项目的比重是不同的，且随着日本经济发展和产业结构的提升，出口制成品明显地表现出了由劳动密集型产品向资本密集型、技术密集型和知识密集型产品转换的特征。在 1960 年前钢铁、棉织品和船舶出口约占日本出口总额的 1/4 以上。1970 年钢铁、船舶和汽车出口所占比重约为 30％。20 世纪 70 年代后期，汽车、钢铁和船舶的出口约占 1/3 强。80 年代前期，汽车、映像机械（包括录像机、电视机等）和船舶约占出口总额的 1/4 以上。80 年代中期以后，汽车、办公设备和半导体电子元部件出口所占比重近 30％，这些商品以其强大的国际竞争力成为战后日本出口增长的主要推动力，是日本巨额贸易顺差的主要来源。

在进口商品结构中，20 世纪 80 年代以前，由于日本资源贫乏，需要进口大量的食品、能源以及工业原料等初级产品，因此初级产品占进口的绝大部分，经常占进口的 70％左右。当然，在不同时期具体进口的初级产品项目的比重是不一样的，20 世纪 50 年代，原料进口所占比重较大。60 年代，纤维原料及食品的进口比重大的降低，燃料和矿产品原料增加。70 年代，燃料在进口中的比重大大提高，其他各类初级产品所占的比重相对降低。但随着日本经济国际化的深入发展和贸易摩擦的升级以及贸易顺差急剧扩大，80 年代以后，初级产品在日本的总进口中所占的比重有所下降，工业制成品进口所占比重大幅度提高。1980～1995 年，制成品进口年均增长率为 12.9%，其在进口总额中所占比重由 22.8% 猛增到 59.1%。同时，日本还从国外引进大批先进技术，以促进国内的技术改造和产业结构的优化，提高国家整体技术水平。

3）贸易地理方向的变化

从出口的地区分布来看，战后日本对发达国家与发展中国家和地区的出口大体上各占一半。发达国家一直以来是日本重要的出口市场，在 1975～1995 年之间，日本对发达国家的出口贸易额增加了 9 倍多，年均增长幅度为 12.4%，从而使得这一地区在日本出口市场构成中所占比重由 42% 上升到 55%，最高时（1986 年）曾达 62.7%。但是，在发达国家出口市场，日本对美国的出口增长表现出了一波三折的特征，而对欧盟的出口却呈现出稳定持续增长的态势。据统计，1973～1980 年，美国在日本出口市场构成中所占比重一直徘徊于 24% 左右；1981～1986 年，这一比重由 25% 上升到 38.5%；随后，这一比重又逐步降低到 1995 年的 27.3%。由于日本对美国的出口大于进口，有巨额的贸易顺差，日美贸易摩擦加大，日本对美国的出口仍将呈现下降的趋势。与此相反，在对欧盟的出口贸易中，出口额由 1975 年的 56.8 亿美元稳步增长到 1995 年的 720.9 亿美元（除了 1993 年略有下降外），年均增幅高达 13.6%，超过了同期日本出口总额的年均增长水平，欧盟在日本出口市场构成中所占比重也相应地由 10.2% 上升为 15.9%。发展中国家同样是日本重要的出口市场，尤其是亚洲地区的一些发展中国家，如中国、新加坡、韩国、泰国、中国香港、中国台湾以及中东产油国等，均是日本出口的主要对象。资料显示，亚洲地区既是日本传统的出口市场，也是日本出口增长幅度最大的市场。1973～1995 年，日本对该地区的出口额由 117.5 亿美元增加到 2 244.6 亿美元，年均增幅高达 14.3%。亚洲市场在日本出口市场构成中的比重由 31.8% 上升到 50.7%。

在进口地区分布上，战后日本的进口与出口方向基本相似，对来自发达国家与发展中国家和地区的进口也大致各占一半。1970 年日本自发达国家进口占其进口总额 55.6%，之后这一比重不断下降，到 1995 年降为 47.8%。日本从美国和加拿大进口约占其进口总额的 1/3。1970 年这一比重为 34.4%，之后比重不断下降，1995 年降为 25.9%。对发展中国家的进口，在 20 世纪 70 年代因石油价格的上涨，使发展中国家在日本进口贸易中的地位急剧上升，所占比重由 1973 年的 42.4% 升至 1980 年的 60.3%。进入 20 世纪 80 年代后，随着石油价格疲软趋跌和日本对石油等初级原料进口的减少，发展中国家所占市场份额 1995 年降到了 45.6%。在发展中国家和地区中，南亚、东南亚和中东地区是日本主要的进口市场，如东南亚地区在日本进口市场构成中所占比重，自石油危机以来一直保持相对稳定的增长态势，由 1975 年的 18.3% 增加到 1994 年的 32.9%。

4）跨国公司在日本对外贸易中起重要作用

跨国公司作为日本开展对外经济活动的主要工具之一，在日本对外贸易中拥有不可替代的重要地位。1990 年至 1994 年间根据海外资产计算的 100 家最大跨国公司中，日本跨国公司增长最快，从 1990 年的 11 家增加到 1994 年的 19 家。主要分布在电子、贸易、汽车与零配件、金属加工、计算机等行业。1994 年根据海外资产计算的 100 家最大跨国公司中，日本最大的跨国公司为丰田汽车公司，名列第 8，海外资产为 339 亿美元，国外销售额达 372 亿美元。1995 年，日本机动车出口近 400 万辆，其中 32% 来自丰田汽车公司。丰田汽车公司的出口占国内生产的 38%。丰田汽车公司的海外生产从 1985 年的 15.2 万辆增加到 1995 年的 125.33 万辆，约占其汽车总产量的 1/3 以上。1995 年，丰田汽车公司在海外生产的汽车产量首次超过了其从日本的出口。1995 年底，丰田汽车公司在 25 个国家设有 35 个海外制造业子公司，其中 1/3 以上设在亚洲。1995 年底，丰田汽车公司拥有 14.3% 万雇员，其在海外的雇员为 7 万人。

日本综合商社是在特定历史条件下形成的一种具有日本特色的贸易组织形式，它在日本对外贸易发展过程中占有十分重要的地位。对外贸易是日本综合商社经营的主要行业。据统计，在战后相当长的一段时间里，日本九大综合商社（一般指三菱商事、三井物产、伊藤忠商事、丸红、住友商事、日商岩井、东棉、兼松江商和日棉实业九大综合商社）直接或间接经营的对外贸易，约占日本进出口总额的一半，是日本对外贸易的"排头兵"。

12.2.2　战后日本对外贸易政策的演变

战后日本的对外贸易政策措施是随着日本经济形势和日本在世界市场上的地位的变化而变化的。

战后初期到 20 世纪 50 年代中期，由于日本国内经济濒临崩溃的边缘，工农业生产极端萎缩，为保护国内生产和市场，抑制通货膨胀，稳定和恢复经济，日本实行的是保护贸易政策，对外贸实行严格的管制。如 1949 年 12 月颁布的《对外流通和对外贸易管制法》，就是日本政府管制对外贸易和外汇的主要法律依据。在此基础上，日本政府又颁布了 1952 年的"对外贸易管制法"、1954 年的"海关法"、1957 年的"出口检查法"，建立了出口和进口协会。通过该协会，政府对对外贸易进行管制。日本政府对对外贸易的管制主要是通过外汇管制制度来实现的，进口商品必须申请许可证，通过许可证制限制商品的进口。同时，在政府扶植下，发展一些重点行业如钢铁、电力、造船、化肥、汽车、合成纤维等，替代进口。并采取各种措施如进出口连锁制、出口优惠融资制度、出口保险制度等以鼓励出口。

50 年代中期以后，由于日本经济高速增长，产品的国际竞争力迅速提高，已成为进出口贸易大国，严格限制对外贸易的政策措施已不适应经济形势的发展，于是，日本开始对外贸政策进行调整，逐步实行贸易自由化。1959 年 12 月日本政府正式宣布贸易自由化计划，并于 1960 年正式颁布《贸易与外汇自由化大纲》。提出要在 3 年内取消一切限制，但在实施过程中一再拖延未予兑现，最终在美国和西欧国家的压力下，于 1964 年实行了贸易自由化。

70 年代，由于两次石油危机和固定汇率制的崩溃使整个世界经济增长放慢，国际市场竞争激烈，新贸易保护盛行，日本贸易立国的良好国际环境不复存在，日本与欧美发达国家以及与发展中国家的贸易摩擦日趋激烈。对此，日本政府重新调整了对外贸易政策，放慢了贸易自由化的步伐，并通过制定合理的产业结构政策，促使国内产业结构进一步向技术和知识密集型转变，以实现出口商品结构高级化。同时，通过继续推行出口市场多元化政策，使出口市场向全方位扩散，从而缓和贸易摩擦。

进入 20 世纪 80 年代，日本贸易顺差不断扩大，对外贸易摩擦空前激化，日本已成为世界主要贸易国的众矢之的。其贸易对象国不仅要求日本削减出口，而且要求其尽快开放国内市场，日本政府长期奉行的"贸易立国"和"加工出口"贸易政策遇到了历史性的挑战。为了扭转这种局面，日本政府采取措施扩大内需，力求实现经济结构由"出口导向型"向"内需导向型"的转变，并强调缓和对外贸易摩擦是这一时期对外贸易政策的首要问题。为此，日本政府采取各种措施，进一步开放国内市场，增加进口，通过日元升值和扩大对外直接投资来减少贸易摩擦，改善贸易环境。

1992 年起，日本各种经济问题进一步恶化，日本经济进入慢性衰退，增长乏力，处于低谷。虽然日本的国情决定日本贸易立国的基本格局不会改变，但国内外经济形势要求日本必须给贸易立国增添新的内涵。体现在对外贸易政策上，就是以振兴服务贸易为目标，对传统的贸易政策进行了重大变革，积极探索双边自由贸易的可能性，以便在新的国际贸易格局中维护日本的利益份额。

12.3　欧盟的对外贸易

欧洲联盟（EU）是战后世界范围内起步最早、目前发展最深入、合作水平最高的区域贸易组织。它从 1952 年建立的欧洲煤钢联营萌芽，到 1967 年发展为欧洲经济共同体，1994 年又继续发展为欧洲联盟。1995 年，欧洲联盟包括 15 个成员国：比利时、丹麦、德国、希腊、西班牙、法国、爱尔兰、意大利、卢森堡、荷兰、葡萄牙、英国、奥地利、瑞典和芬兰。据 1997 年的统计数据，欧盟各国国内生产总值的总和超过了美国，商品出口额两倍于美国，国际储备约 3 倍于美国，形成了一个在经济实力上足以与美国相抗衡的超级区域经济集团。在欧盟内部，不仅基本实现了贸易和投资的自由化，而且实现了生产要素的自由流动，并且产生了共同货币——欧元。同时，欧盟的范围也在不断扩大，2004 年欧盟东扩计划实现，捷克、匈牙利、波兰、斯洛伐克、斯洛文尼亚、爱沙尼亚、立陶宛、拉脱维亚、马耳他和塞浦路斯等 10 个国家 5 月 1 日正式成为欧盟成员国，使欧盟拥有了 25 个成员国，人口达 4.75 亿，欧盟经济区的力量得到进一步加强。21 世纪初的欧盟已成为世界上一个十分重要的经济发展实体，它对于世界经济的发展具有举足轻重的作用。

12.3.1　欧盟对外贸易发展概况

对外贸易是欧盟经济发展的重要领域，战后欧盟对外贸易发展状况可从以下几方面表现出来：

1. 对外贸易增长较快，贸易地位显著提高

从 1950 年到 1995 年，欧盟 15 国的出口和进口贸易额的年均增长率分别为 11.5％和 11.1％；均高于同期世界贸易出口年均增长 11.1％和进口 11％的增长速度。随着欧盟对外贸易的增长，它在世界出口贸易中的比重显著上升，从 1950 年占世界出口的 30.7％提高到 1995 年占世界出口的 40％。欧盟 1998 年出口贸易额为 21 710 亿美元，占世界出口总额的 41.5％，进口贸易额为 21 630 亿美元占世界进口总额的 40％。

2. 成员国之间的贸易迅速增长，内部贸易比重扩大

欧盟国家的贸易很大一部分是在各成员国之间开展的，据统计，欧盟 15 国之间的内部贸易额从 1970 年的 764.5 亿美元增加到 1994 年的 9 891.9 亿美元；内部贸易额约占欧盟全部贸易额的 2/3，在内部贸易中其贸易又主要集中在德国、法国、英国和意大利，这四国的货物贸易占欧盟的 60％左右，2000 年四国货物出口占欧盟货物出口的 60.8％，货物进口占 58.8％；四国服务贸易占欧盟的 55％左右，2000 年四国服务出口占欧盟服务出口的 55.1％，服务进口占 56.5％。

3. 商品结构发生变化

在欧盟的对外贸易商品结构中，工业制成品占主要地位。在货物出口结构中，制成品占 80% 左右，其中机械和运输设备占货物出口的 40%。在货物进口结构中，制成品占 75% 左右，其中机械和运输设备占货物进口的 40%。另外，欧盟国家服务贸易在其贸易中也占居重要地位。2000 年欧盟国家服务出口总额 5 768 亿美元，占世界服务出口总额的 40.2%，服务进口总额为 5 711 亿美元，占世界服务进口额的 39.7%。欧盟服务贸易中最大的项目是其他商业服务，其次是旅游，再次是运输。

4. 主要贸易对象

欧盟的主要贸易对象是发达资本主义国家，约占其对外贸易额的 80% 左右，其中，除欧盟成员国之间的贸易外，"欧洲自由贸易联盟"国家和美国是欧盟的主要贸易对象，日本和发展中国家在欧盟的对外贸易中所占比重较小。欧盟对区外出口货物的最大市场是美国，2000 年占欧盟货物出口的 9.1%，其后是瑞士、日本和波兰（2004 年 5 月 1 日成为成员国）。欧盟从区外进口货物的最大来源国也是美国，2000 年占欧盟货物进口的 7.8%，其后为日本、中国和瑞士。

为了规避贸易风险，减少与发达国家的贸易摩擦，欧盟还积极密切与发展中国家和地区的经济联系，为了开拓与发展中国家和地区的经济合作领域，自 1976 年至今，欧盟以续签了四次的《洛美协定》与大约 70 个非洲、加勒比和太平洋国家保持着联系国的关系；1995 年，又与拉美南方共同市场签订了《区域间框架合作协定》，并打算进一步签署自由贸易协定；1996 年 3 月，与亚洲 10 国在曼谷举行了首届亚欧会议，宣称要建立亚欧之间面向 21 世纪的经济互助伙伴关系；1999 年 6 月，与拉美 32 国在巴西的里约热内卢举行首次欧盟——拉美首脑会议，规划新世纪双方全面经济合作，并发表了《里约热内卢声明》和《优先行动计划》；2000 年 3 月，与墨西哥签订了自由贸易协定。

12.3.2 欧盟对外贸易政策和措施

1. 关税同盟

关税同盟是欧盟的主要支柱。欧共体是以关税同盟为基础建立起来的，关税同盟是欧共体对外贸易政策的一项重要内容。根据《罗马条约》的规定，关税同盟的主要内容包括两项：一是逐步削减直至全部取消成员国之间的内部贸易的关税和配额，实现共同体内部的工业品自由流通；二是确立共同体与共同体以外第三国的共同关税。

为了实现关税同盟，欧共体采取了以下措施：

（1）取消内部关税。按照《罗马条约》的规定，关税同盟应从 1959 年 1 月 1 日起，分三个阶段减税，于 1970 年 1 月 1 日完成。实施结果，共同市场原六国之间的工业品和农产品，分别提前于 1968 年 7 月和 1969 年 1 月建成关税同盟。

（2）统一对外关税率。1968 年 7 月在取消内部关税的同时，共同市场 6 国开始对非成员国工业品实行统一的关税，即以六国对外关税率的平均数作为共同关税率。

（3）取消数量限制。欧共体 1960 年 5 月决定，于 1961 年提前取消工业品进口限额，农产品数量限制改为共同体配额，适用所有成员国。

（4）禁止与数量限制有同等效力的措施。包括取消贸易的技术壁垒，协调间接税。简化边境海关监管手续等。

经过十年的努力，到 1968 年 7 月 1 日，欧共体成员国之间的工业品贸易不再征收关税，共同体对外关税率逐步削减并形成了统一的对外关税率，成员国对共同体以外的国家实行共同的贸易政策。关税同盟的建立大大促进了欧共体内部的相互贸易，提高了欧共体贸易一体化的程度。1958 年，欧共体成员国之间的相互进口占欧共体进口总额的 33.8％，到 1971 年这个比率上升到 51.2％；1960 年，欧共体成员国之间的相互贸易（包括进口和出口）额占总贸易额的 34.1％，1972 年这个比率上升到 50.4％。

2. 实行共同的农业政策

欧共体在农产品方面，实行共同的农业政策，其要点是：

（1）对非成员国的农产品进口征收差额税，即按非成员国农产品的进口价格同成员国的农产品价格的差额征税；

（2）成立各类农产品的共同市场组织，制定共同价格，使农产品在共同体内自由流通；

（3）对成员国农产品出口实行价格补贴，各成员国要把征收到的农产品进口差额税上缴共同体，建立农业共同基金以补贴农产品出口。

3. 非关税壁垒

非关税壁垒是欧盟限制进口的主要措施。欧盟使用的非关税壁垒主要有：

（1）进口配额制。包括绝对配额和关税配额两种。目前，欧盟除了对部分钢铁产品仍实行关税配额外，基本上已取消了这一制度。

（2）"自动"出口配额制。这是欧共体 20 世纪 80 年代广泛使用的限制进口的措施，据统计，80 年代欧共体各成员国和特定行业制定的"自动"出口限制措施达 125 种，限制的主要产品为农产品、食品、纺织品、服装、汽车、运输设备、钢和钢铁制品、鞋类等。

（3）进口许可证制。根据欧盟法律，进口需经成员国事先审批，并由成员国签发进口许可证。成员国一般提前一天发放进口许可证，并将进口数量报告给欧盟委员会。欧盟委员会由此掌握和管理整个欧盟市场的进口数量。

（4）产品的技术和质量标准。为了实现在统一大市场内的商品自由流通，欧盟到 2000 年底共制定了 250 个与技术标准相关的法规，其内容涉及工业品的安全、卫生、技术标准、商品包装和标签的规定以及认证制度，还涉及农产品的生产、加工、运输、储藏等各个环节。这些技术法规的实施对欧盟内部来说，是消除了贸易障碍，但对欧盟以外的国家，尤其是众多的发展中国家来说，无疑是设置了各种条件很高的技术壁垒。

4. 反倾销措施

欧盟第一个统一的反倾销法规（68/459 号法规）制定于 1968 年，后分别于 1979 年、1984 年、1988 年、1996 年和 1998 年进行过 5 次修改。目前，欧盟反倾销的主要法律依据是以 1996 年 3 月 6 日颁布的理事会第 384/96 号法规为基础，并结合 1998 年 4 月 30 日颁布的理事会第 905/98 号法规（主要内容是取消中国和俄罗斯的"非市场经济"地位，对这两个国家的出口产品实施新的反倾销制度）。另外，对于《煤钢共同体条约》下涉及的一些特殊产品，欧盟于 1996 年 11 月 28 日另外制定了一套特殊反倾销制度。

2000 年 10 月 11 日，欧盟理事发布 2238/2000 号法规将原来仅适用于中国和俄罗斯的 905/98 号法规扩大适用于乌克兰、越南、哈萨克斯坦、阿尔巴尼亚、格鲁吉亚、吉尔吉斯和蒙古国。

5. 普遍优惠制

欧共体于 1971 年 7 月 1 日起开始实行普惠制方案，对原产于发展中国家的产品给予普遍的、非歧视的、非互惠的减免关税待遇，其成员国作为一个统一的国家集团，实施同一个普惠制方案。实施普惠制的目的在于改善发展中国家出口状况，使他们的出口产品处于有利的市场竞争地位，更多地进入欧共体市场。欧共体的普惠制方案主要内容包括普惠制方案条款、优惠产品名单、原产地规则、受惠国名单等。

欧盟自 1999 年 1 月 1 日至 2001 年 12 月 31 日执行的是第五个普惠制方案，对纺织品等部分产品的原产地规则进行了调整，并改变了过去将受惠产品简单划分为农产品和工业品两大类的做法，将受惠产品依敏感程度不同而划分为四个等级：非常敏感产品，其税率相当于最惠国税率的 85％；敏感产品，其税率相当于最惠国税率的 70％；半敏感产品，其税率相当于最惠国税率的 35％；不敏感产品，其税率为零。

6. 鼓励出口措施

包括对农产品出口实行补贴，对出口提供出口信贷支持，对高科技产品和军用品出口的管理制度等。

本 章 要 点

◆ 美国是当代最发达的资本主义国家，也是世界上最大的贸易国，其对外贸易的发展状况和对外贸易政策对世界贸易和各国对外贸易的发展具有重大的影响作用。二战后，美国对外贸易的发展经历了不同发展时期，其贸易地位有所起伏，进出口商品结构和地理方向出现了新的变化，贸易逆差不断扩大。贸易政策经历了从保护贸易—自由贸易—公平贸易的演变过程。

◆ 日本是一个二战后快速发展起来的发达资本主义国家。二战后，日本对外贸易经历了恢复、高速增长和减速增长三个时期，经过几十年的发展日本一跃而成为世界贸易强国之一，其贸易政策和措施也随着经济和贸易的发展而不断调整，但日本政府"贸易立国"的基本国策始终不变。

◆ 欧洲联盟（EU）是战后世界范围内起步最早、目前发展最深入、合作水平最高的区域贸易组织，它对于世界经济和贸易的发展具有举足轻重的作用。战后欧盟对外贸易增长较快，贸易地位显著提高；成员国之间的贸易迅速增长，内部贸易比重扩大；贸易对象和主要商品结构发生变化。欧盟的主要贸易政策和措施包括关税同盟、共同农业政策、反倾销措施和普惠制等。

思 考 题

1. 美国对外贸易在美国经济发展中有何重要作用？
2. 如何看待美国巨额的贸易逆差？
3. 战后日本对外贸易迅速增长的主要原因是什么？
4. 试分析战后日本的对外贸易政策。
5. 欧盟对外贸易政策和措施有哪些？

阅读材料及案例分析

【阅读材料】　　战后日本经济发展的内在原因

战后日本对外贸易发展迅速，其原因有很多，既有外在因素，如处在一个特殊的历史条件下，朝鲜战争和越南战争的"特需"订货、科技进步、能源与资源的供应充足、国外市场扩大、汇率稳定、比较安定有利的国际政治、经济环境等，也有众多的内部因素，如国内政治稳定、经济高速增长、产业结构优化、技术引进与革新、长期低估的日元汇率、政府的积极干预等。外在因素固然重要，但内在因素才是在日本对外贸易高速发展中起决定性作用的。

战后日本对外贸易发展迅速的内在因素主要包括：

（1）战后日本经济的高速发展。这是日本对外贸易迅速增长的根本原因。在第二次世界大战中，日本经济遭受到了严重的破坏，战后日本在这种遭受到严重破坏情况下开始了经济的重建和发展。然而在短短的十几年内日本实现了经济的高速发展和现代化，尤其是在其高速发展的 1955～1970 年，国民生产总值实际增长 3.2 倍，年平均增长率达 10％，工矿业生产实际增长 6.6 倍，年平均增长率达 15％。其经济发展速度，在资本主义世界居首位，如日本国民生产总值的实际年平均增长率，1950～1960 年、1960～1970 年分别为 9.1％和 11.3％，而同期美国为 3.2％和 4.2％，联邦德国为 7.9％和 4.7％，英国为 2.8％和 2.7％，法国为 4.5％和 5.6％，意大利为 5.6％和 5.7％。从 1960～1992 年日本国内生产总值实际年均增长率为 5.7％，大大高于同期西方工业国家 3.3％的增长速度。经济的快速增长为对外贸易的发展奠定了坚实的物质基础。

（2）政府的重视和支持。战后日本历届政府都十分重视对外贸易，把"贸易立国"作为"不变国策"。为了贯彻实施"贸易立国"的发展战略，日本政府对本国的对外贸易活动进行了全面的干预。在出口方面，除了通过金融、税收、汇率和保险等措施直接扶持和推动本国出口贸易发展外，还利用技术、投资、产业组织等产业政策措施，通过对国内产业结构的调整和提升来强化出口贸易发展的基础，为出口贸易的长期、稳定和持续发展所必须的动态比较优势才形成创造条件。在进口方面，通过严格的外汇管制，使所有外汇支出均服务于国民经济的增长和出口贸易的扩大。

（3）大力引进国外先进技术改变出口商品结构。日本政府采取各种政策措施鼓励引进国外先进技术，如外汇配额制、税收特别制度等，通过大力引进国外先进技术，提高了工业劳动生产率，改变了工业结构和出口商品结构，加强了出口商品的国际竞争能力。如日本 1978～1983 年，汽车工业的劳动生产率年增长率为 73.1％，每小时工资为 8.03 美元；而美国同期的同一工业的劳动生产率年增长率为 16.8％，每小时工资为 19.21 美元。日本在 20 世纪 50 年代以轻纺工业品出口为主，到 60 年代钢铁、造船、化工等重化工业品逐渐占优势，在 70 年代汽车、家电产业得到进一步发展，80 年代集成电路、电子工业等高新技术及高新技术工业产品的出口不断扩大。

（4）强化企业的国际竞争能力。战后日本出口贸易发展过程中，价格竞争优势在很长一段时期内发挥着及其重要的作用。日本出口价格竞争优势的取得虽然与一些客观因素如廉价的劳动供给、低估的日元汇率等有关，但更重要的是其主观上的努力。为了提高出口产品的价格竞争能力，日本企业采取各种措施千方百计提高劳动生产率，降低经营成本。如通过引进技术，创新改造技术，提高技术水平，降低原材料消耗；调整投入品，以降低生产成本；改善运输条件，降低对外贸易运输费用；强化对企业的经营管理，提高投入效率等。同时还通过提高产品质量和档次，强化出口产品的非价格竞争能力。这对于增强日本企业的适应能力，强化日本产品的国际竞争能力起了积极作用，是推动战后日本出口贸易发展的重要动力。使得日本在遭遇经济不景气的情况下，其对外贸易仍能保持强劲的增长势头，贸易顺差不断扩大。

　　问题：试分析日本对外贸易的发展对我国对外贸易的发展有何借鉴作用？

第 13 章

发展中国家与地区的对外贸易

学习目标

1. 了解发展中国家与地区的构成，正确认识发展中国家在世界经济中的地位。

2. 掌握发展中国家与地区的基本经济特点和对外贸易特点。

3. 理解各种贸易发展模式的内涵。

4. 了解三种贸易模式对发展中国家的积极作用和消极影响。

发展中国家通常是指那些摆脱殖民地附属国地位，取得了政治独立，并以此为基础正在致力于本国经济社会发展的国家。发展中国家数量众多，分布地区辽阔，各国地理位置、自然条件、历史传统、经济发展水平都有很大差别。目前，发展中国家在世界经济中的地位显著提高，并发挥越来越重要的作用。

13.1 发展中国家与地区的构成和地位

13.1.1 发展中国家与地区的构成

发展中国家，即第三世界，所谓第三世界是指那些在历史上受到过殖民统治和剥削，独立后经济布局落后，在国际经济政治中处于不平等、受剥削、受压迫的地位，在地域上大多数位于南半球的亚非拉国家。这些国家也被称为发展中国家。发展中国家的概念由"七十七国集团"在 1964 年联合国第一届贸易和发展会议上首次提出。

目前，发展中国家共有 130 多个独立国家，约占世界国家总数的 78%，人口众多，有 40 多亿，占世界人口的 3/4 以上；土地面积广阔，为 1 亿平方公里，约占全世界陆地面积的 67% 以上，并具有及其丰富的水力资源、矿产资源、森林资源及热带作物资源，有些国家的地理位置十分重要，许多发展中国家还创造了光辉灿烂的古代文明。

绝大多数发展中国家或地区的前身是殖民地或半殖民地的国家或地区，第二次世界大战后，随着殖民体系的土崩瓦解，这些国家赢得了政治上的独立，走上了发展民族经济的道路。这些发展中国家经过努力，取得了可喜的进步和发展，但总的来说人均国民生产总值比较低下，经济落后，而且同属于发展中国家的各国各地区之间存在着巨大的经济差距，有的发展很快，其经济发展可与发达国家经济相抗衡，有的则仍相当落后。因此，从发展中国家和地区的经济发展状况和水平来分析，我们又可以将发展中国家和地区分为几个不同的层次：①新兴工业化国家和地区，如以韩国、新加坡、中国香港和台湾"四小龙"为代表的东亚和东南亚的部分国家或地区（包括东盟国家），以及以巴西、阿根廷、智利和墨西哥为代表的部分中南美洲国家；②石油生产国，主要包括石油输出国组织（OPEC）成员国，如科威特、沙特阿拉伯、伊朗、伊拉克等国。③发展较快，有一定竞争力的中等收入的发展中国家，如中国、印度等国；④最不发达的国家，包括亚洲、非洲、拉丁美洲的一些经济极为落后的国家，如阿富汗、刚果、埃塞俄比亚、乌干达、海地、莫桑比克、老挝、尼泊尔、马达加斯加等，目前共计有49个发展中国家被列入最不发达国家的名单中。

13.1.2 发展中国家在世界经济中的地位

1. 发展中国家在世界经济中处于从属地位

与发达国家相比，发展中国家生产力水平较低，经济基础薄弱，特别在科学技术、现代管理技能、对资源的利用等方面远远落后。人均国民生产总值低下是反映发展中国家经济状况的主要标志。据统计，20世纪80年代低收入国家人均GDP与发达国家竟相差几十倍，到90年代，这种差距进一步扩大。此外，人口负担沉重，失业问题严重，劳动生产率低下，生活贫苦也是低收入发展中国家的典型表现。因此，从整体上说，尽管发展中国家已成为独立的新兴力量，但它在世界经济中仍只能处于从属地位，对发达国家仍具有较明显的依附性，继续遭受发达国家的掠夺和剥削。这里既有历史原因，即历史上殖民主义掠夺和压榨所留下的累累伤痕；又有外部因素，即不合理的国际经济旧秩序的存在、不利的贸易条件和发达国家对其转嫁经济危机，致使其经济环境不断恶化；还有内部原因，如片面追求工业高速增长，宏观经济政策的失误等造成经济生活的大起大落。

2. 发展中国家在世界经济中的地位不断得到提高

经过几十年的努力，发展中国家和地区的经济取得了相当大的成就，经济实力有了明显增长，他们在世界经济中的地位不断提高。尤其是在20世纪50～60年代新兴工业化经济体崛起，已经成为世界经济中最引人瞩目的变化之一。新兴工业化经济体主要是指那些在经济发展过程中其经济能达到快速和相对持续的增长，所采取的经济战略和政策比较适合本地情况、工业化比较成功的国家和地区。它是一个由不同的国家和地区组成的群体，它除了包括以亚洲的四小龙（韩国、新加坡、中国香港、中国台湾）和"四小虎"（泰国、印度尼西亚、马来西亚、菲律宾）为代表的东亚和东南亚的部分国家或地区外，还包括以巴西、阿根廷、智利和墨西哥等为代表的部分中南美洲国家和地区。尽管这些国家或地区工业化的过程扎根于民族社会，各国或各地区都有不尽相同的工业化道路。但它又是一种全球性的现象，它的形成是世界经济体系作用的结果。反过来，它的发展又对世界经济体系的结构调整产生影响。新兴工业经济体的崛起，在相当程度上提升了发展中国家在世界经济中的地位。

3. 发展中国家在世界经济中的比重增大

战后初期，发展中国家在世界经济中的比重几乎等于零，1994 年发展中国家在世界经济中的比重已达到 20.1%。近年来，发展中国家经济发展有起有落，发展不平衡，但总体而言，大多数发展中国家仍保持了较高的增长趋势。发展中国家作为一个整体，仍然是推动世界经济发展的重要力量。20 世纪 90 年代发展中国家能够在西方经济相对不景气的环境下取得经济发展举世瞩目的成就，绝非偶然。这是发展中国家推行经济调整和改革政策、实行对外开放、介入区域经济一体化，与发达国家产业结构调整、国际资金流向等相结合而形成的一种趋势，具有长期性。它预示着世界经济格局将发生重大变化。

4. 发展中国家对世界经济的作用增强

第二次世界大战后，发展中国家和地区都比较重视经济的发展，其经济增长率不仅大大高于独立以前，而且在相当长的时期内也高于发达国家的增长率。20 世纪 50 年代发展中国家经济增长率为 4.7%，60 年代为 5.6%，70 年代为 5.8%，均高于同期发达国家的经济增长率。尤其在经历了 80 年代挫折之后，发展中国家加快了经济发展步伐。据联合国测算，1989～1994 年，发达国家国民经济平均增长 1.8%，发展中国家为 4.2%，其中亚洲国家发展最快。在这几年中，中国经济年均增长 8.6%，新加坡为 8.1%，马来西亚为 8.8%。发展中国家经济的快速发展，提高了世界经济发展的总体速度和水平，在某些时期和一些方面，甚至起到了带动的这样，如目前东亚、东南亚地区一些发展中国家和地区经济的高速增长就具有这种作用。同时由于发展中国家资源丰富，市场广阔，拥有巨大的经济发展潜力，现已成为发达国家的重要资源提供市场和消费品销售市场，发达国家对发展中国家的依赖性日益增强，受发展中国家经济发展的影响也越来越大。

目前，发展中国家已经成为许多国际经济事务重要的参与者，在诸如联合国贸发会议、世界贸易组织和以发展中国家为主体或重要成员的区域性经济集团等国际联合和协调机制的一些活动中，发展中国家拥有重大的影响力。许多世界范围内的经济社会问题，如能源、债务、国际金融体系的安全性、人口、环境保护、可持续发展等等，没有发展中国家的积极参与和努力，是很难解决的，发展中国家已成为世界经济不可缺少的重要组成部分，是推动世界经济发展的重要动力来源。

由此可见，发展中国家尽管在经济上、政治上还处于落后的、不发达的地位，但是，作为一个总体力量，他们对世界政治、经济和国际关系的变化和发展都会产生不容忽视的影响。

13.2　发展中国家与地区的基本经济特征

与发达国家相比，发展中国家具有以下基本经济特征。

（1）人均国民生产总值相对较低，经济比较落后，国民生活水平很低。

发展中国家由于在历史上都曾长期遭受帝国主义、殖民主义、霸权主义的压迫和剥削，使其经济发展的基础比较薄弱，虽经过努力，但大多数国家的经济仍处于落后状态，一般以农业和原料生产为主，工业、科技、文化不发达。尤其是低收入发展中国家多是农业国，农业是这些国家国民经济的首要部门，其 70% 的劳动力从事农业劳动，而在高收入的国家农业的就业人口一般不超过 10%。而且，发展中国家的农业生产发展缓慢，农业耕作技术落后，农业劳动生产率水平低下，一些国家甚至粮食都不能自给，不得不依靠进口来缓解缺粮的矛盾，这使得发展中国家的人均国民生产总值较低，国民生活水平低。

（2）收入分配不均，大多数人民生活贫困。

在发展中国家，收入分配不平等、贫富悬殊、两级分化的现象比较严重。据世界银行对 24 个发展中国家在 20 世纪 60～70 年代不同年份的家庭收入分配情况进行估算的材料看，占家庭总数 10% 的家庭占有全国家庭总收入的 27%～51%；占家庭总数 40% 的家庭只占家庭总收入的 7%～21.5%。而且，贫困问题仍是困扰发展中国家经济发展的主要问题，据估计，发展中国家人口有半数以上是在贫困线下，约有 8 亿人口生活极端困难，他们得不到基本医疗保健和基础教育，也得不到洁净的水和充足的食物，处于赤贫状态，在最不发达国家和低收入国家中贫困问题甚至有进一步恶化的趋势。以经济发展较快的巴西为例，巴西全国最富裕的人口占全国人口的 10%，却占有全国收入的 48%，同时全国尚有 2 500 多万儿童无家可归。按巴西经济发展计算，全国人均收入已达 2 000 美元，但最贫苦的农村人均收入只有 100 多美元。这种状况必然严重影响发展中国家的经济发展，并造成这些国家社会矛盾加剧、政局动荡。

（3）拥有丰富的自然资源，但技术和资金严重不足。

发展中国家拥有丰富的自然资源，地域辽阔，劳动力资源也十分丰裕，但经济发展所需要的资金和技术严重不足，这使得大部分发展中国家的劳动密集型和资源密集型产业的发展相对较好，而技术密集型和资金密集型的产业发展较慢，尤其是一些中低收入发展中国家的经济具有明显的"二元经济"的特征，即拥有小部分资本密集型的现代工矿业，大部分仍是劳动密集型和资源密集型的传统产业，这种状况直接影响到发展中国家经济的发展。为了克服资金不足和技术落后的状态，绝大多数发展中国家先后实行不同程度的对外开放政策，不少国家建立经济特区或自由贸易区，大力引进外资和先进技术。有的国家规定各种优惠待遇，积极鼓励外资投入；有的国家实行利用和限制的政策，在外资经营范围、股份比例、利润汇出、市场经营等方面都做出限制性的规定；有的国家特别强调引进适用技术。通过对外开放政策有助于发展中国家更好地发挥其优势，加快工业化的进程，融入经济全球化的进程。

（4）发展中国家对外依赖严重。

由于国际经济旧秩序仍起着作用，发展中国家经济发展通过国际生产体系、国际贸易和金融体系，继续受到发达国家的影响和控制。经济严重依赖国际贸易，深受出口收入波动的影响。出口以初级产品为主，在国际分工体系中处于不利地位。许多发展中国家的制造业十分落后，不少制成品需要依赖进口，尤其是机器设备和部分中间产品以及中高档耐用消费品，在对外贸易中对发达国家的依赖程度较高，从而使发展中国家的经济受到发达国家制约，并经常受到世界市场波动的冲击。从整体上看，发展中国家在先进技术、人才和经营管理方面对发达国家有很大的依赖。随着信息革命的深入，发展中国家与发达国家之间在高新技术方面的差距将进一步扩大，从而使这种依赖性进一步加深。20世纪90年代两次大的金融危机，即东南亚金融危机和墨西哥金融危机，都发生在发展中国家，这表明发展中国家同发达国家乃至世界经济的依存关系加深，也反映了它们对世界经济严重依赖的负面效应。

（5）在不同的经济制度下发展市场经济。

绝大多数发展中国家曾是殖民地或半殖民地，在取得政治独立以后，发展中国家根据自身的社会历史条件以及所处的国内、国际环境的不同，选择了不同的政治和经济制度，走上了不同的经济发展道路。其中有些国家如中国、朝鲜、越南、老挝、古巴等走上了社会主义的发展道路，一度模仿原苏联高度集权的计划经济模式，实行计划经济体制。大多数国家在民族资产阶级的领导下，建立了资产阶级政权，走上了资本主义的发展道路，实行了以市场经济为主的经济模式。冷战结束前后，一些曾经实行高度计划经济模式的国家纷纷转向市场经济。一些发展中的社会主义国家在坚持社会主义制度的前提下，也实行经济改革，逐步由计划经济走向市场经济。目前，除了极少数国家之外，绝大多数的发展中国家都选择了市场经济体制，发展市场经济。

（6）人口增长速度过快，人口素质低下。

发展中国家的人口增长率一直居高不下，大大高于发达国家，在不少地区其人口增长率长期接近甚至超过经济增长率，致使经济增长为人口增长所抵消，导致粮食短缺、城市人口爆炸、失业人口众多、资源与环境破坏等各种问题的出现。同时由于发展中国家受教育人数大大低于发达国家，使其人口素质较低，发展经济所需要的专业技术人员、行政管理和经营管理人员严重不足，人力资源匮乏。发展中国家人口增长过快既影响其经济的发展和人民生活水平的提高，使南北经济差距进一步拉大，同时也使全球性的能源危机和环境恶化问题日趋严重，阻碍了世界经济的可持续增长和发展。

（7）经济发展不平衡。

发展中国家经济发展不平衡，既体现在其国内经济的发展上，又体现在不同国家和地区经济的发展上。

从国内来看，发展中国家经济发展不平衡主要表现为工业和农业的不对称发展，经济发达地区和落后地区发展的显著差异等。为了改变贫穷落后的状况，许多发展中国家在相当长的一段时间内把发展工业作为重点，并把工业发展过分集中与城市和经济发达地区，忽视了对农业以及落后地区的开发，使农业和落后地区发展缓慢甚至委缩，从而造成工农业之间和城乡之间以及地区之间的差距扩大，使经济发展比例失调，经济结构的矛盾更加突出。农业落后，基础工业和服务设施发展缓慢等已成为发展中国家经济的"瓶颈"，严重阻碍其经济持续增长和协调发展。

从不同国家来看，发展中国家经济发展不平衡主要表现为各国经济增长和经济实力存在明显的差异。在发展中国家和地区中，经济发展最迅速的是石油生产和输出国与新兴工业化国家和地区，这些国家的人均国民生产总值一般都接近或超过 2 000 美元，达到了中等发达国家的标准；一部分原料生产国，也有较快的发展速度；但相当部分发展中国家尤其是撒哈拉沙漠以南的非洲国家和南亚的一些国家，其经济发展十分缓慢，这些国家其人均国民生产总值仅在 300 美元以下，世界收入最低的国家莫桑比克，人均国内总产值只有 80 美元。

从地区来看，各地区经济的发展也很不平衡。亚洲经济增长势头强劲，自 20 世纪 90 年代以来更是蓬勃发展，一直以高于发达国家 2 倍以上的速度在发展，尤以东亚表现最为突出。1995 年东亚的 GNP 增长 8.5%，而同期亚洲为 7.2%，世界经济增长则为 3.7%。虽然在 20 世纪 90 年代后期亚洲国家遭受了金融危机，经济增长受到一定的阻碍，但发展趋势依然看好。拉美经济发展不稳定，90 年代初连续四年保持 3% 以上的稳定增长，但受墨西哥金融危机的影响，1995 年拉美的 GNP 平均增长率下降为 2%，其中有些国家出现负增长。非洲经济发展较为缓慢，90 年代初一度出现下降趋势，1994 年后经济开始回升，但增长甚微。

由上可见，发展中国家经济发展是很不平衡的。

（8）采取不同的发展战略实现工业化。

发展中国家在取得政治独立后，在推行企业国有化和土地制度改革的同时，都把发展民族经济放在首位。由于发展中国家长期以来受殖民统治的压迫，其生产力水平低下，以农业为主，工业不发达，整体经济发展水平低，贫穷落后。为了改变这种状况，变农业国为工业国，大部分发展中国家将实现工业化作为其经济发展的首要目标。在发展工业的过程中，发展中国家采取了不同的发展战略实现工业化，多数国家利用本国优势资源，着重发展以农、矿原料为基础的加工工业；有的国家实行进口替代的发展战略，着重发展面向国内市场的进口替代产品的工业，限制进口国外商品，节约外汇，保护国内市场。有的国家实行出口导向的发展战略，着力发展面向海外市场的出口商品的生产，发展出口工业，利用本国丰富的原料和低廉的劳动力成本，生产在国际上具有竞争力的商品，鼓励出口，限制进口，增加外汇，为工业化发展积累资金。现在，越来越多的国家实行进口替代与出口导向相结合的发展战略，推进工业化的进程。也有的国家借鉴社会主义国家优先发展中工业的战略，建立大规模的国有重工业企业。

13.3　发展中国家与地区对外贸易的基本特点

13.3.1　对外贸易的性质发生改变

第二次世界大战后，发展中国家对外贸易性质发生了如下变化：

（1）不少发展中国家收回外贸主权，建立了自己的对外贸易管理机构和企业，管理和经营对外贸易。

（2）根据本国经济发展的需要，制定了相应的对外贸易政策和贸易模式。

（3）对外贸易为本国经济发展服务，对外贸易为经济发展提供了资金和外汇；对外贸易成为引进外资的重要基础和保证；通过对外贸易开拓市场；通过进口解决经济发展所需要的资本设备和原材料；通过对外贸易，提高劳动生产率和经营管理技能。

（4）组织经济贸易集团和原料输出国组织，开展南南合作，维护发展中国家的贸易权益。

（5）组织"七十七国集团"，积极开展建立国际经济贸易新秩序的斗争。

13.3.2　发展中国家对外贸易在世界贸易中呈上升趋势

由于发展中国家经济发展水平落后，因此其对外贸易在世界贸易中的比重很小。据统计，占全球人口 20％的发达国家拥有全球生产总值的 86％和出口市场份额的 82％，而占全球人口 75％的发展中国家分别仅拥有 14％和 18％的份额。1950 年发展中国家和地区的出口贸易额在世界出口贸易中的比重为 31.1％，1980 年为 28.6％，1991 年为 22.8％。随着发展中国家经济的不断好转和发展，发展中国家的对外贸易在世界贸易中的比重正逐渐上升，尤其是进入 20 世纪 90 年代，发展中国家商品进出口贸易的增长速度要明显超过发达国家，有的年份甚至超过 1 倍以上。如在 1992 年和 1993 年，发展中国家商品出口增长率分别为 10.1％和 7％，而发达国家仅分别为 4.8％和 3％；同期商品进口增长率，发展中国家分别为 15％和 10.3％，发达国家则相应为 4.9％和 2.2％。据世贸组织《2001 年国际贸易统计》称，2000 年发展中国家的商品出口量增长了 15％，以美元计算的出口额增长了 24％；商品进口量增长了 15.5％，以美元计算的进口额增长了 21％；1990～2000 年 10 年发展中国家的商品出口量增长 9％，进口量增长 8％，而同期世界出口量和进口量分别都只增长 7％。另据世贸组织统计，1990～1996 年，国际商品贸易年均增长速度最快的前 5 位都是发展中国家，居出口前 5 位的是马来西亚（18％）、菲律宾（17％）、中国（16％）、泰国（16％）和新加坡（15％）；居进口前 5 位的是阿根廷（34％）、波兰（22％）、泰国（18％）、菲律宾（18％）和中国（17％）。进出口贸易的发展，反映了发展中国家经济实力的增强。

13.3.3　发展中国家进出口商品结构不断改善

过去，发展中国家和地区出口主要以原料、燃料等初级产品为主，制成品的比重很小，进口主要以工业制成品为主。据统计，1955 年的出口商品中，农矿原料和经济作物占 67％，燃料占 25％，制成品仅为 8％。随着发展中国家经济的发展，工业制成品在其出口中的比重有所提高，所占比重从 1970 年的 18.5％提高到 1990 年的 54％，在 1998～1999 年超过了 2/3；进口中工业制成品所占比重从 1970 年的 67.5％上升到 1990 年的 72.4％。2000 年，中、低收入发展中国家出口已占世界总额 25.1％，出口中的制成品出口已占 58％，高技术产品出口占 13％。一些发展中国家和地区的产品在国际市场上还能与发达国家的产品一争高低，如韩国的钢铁、造船、汽车等重化工业产品和电子、集成电路等，中国台湾的电脑整机、零部件和外围设备等信息工业产品，印度的软件，巴西的支线客车等等，在国际市场上均具有很强的竞争力。

13.3.4　发展中国家对外贸易发展不平衡

由于经济发展水平、经济结构、自然资源、技术进步、贸易政策等的不同，发展中国家对外贸易的发展很不平衡。

首先，石油输出国对外贸易发展迅速，其出口在世界出口贸易中所占比重增加，而非石油输出国所占比重减少。据统计，1950～1981 年，石油输出国在世界出口总额中所占的比重增加了 1 倍以上。特别是 1973 年以后，由于石油价格的上涨，石油输出国在世界出口总额中所占比重由 1970 年的 6％增加到 1975 年的 13.9％和 1980 年的 15.9％。而非石油输出国同期所占比重由 16.3％下降到 14.7％，后又增加到 16.7％。

其次，新兴工业化国家和地区的对外贸易发展较快，在国际贸易中的地位和作用在不断提高，其出口增长速度明显高于其他发展中国家，尤其是其工业制成品的出口增长速度较快。这些国家和地区制成品的出口已占到发展中国家和地区制成品出口的 70％以上。据世贸组织《2001 年国际贸易统计》称，2000 年发展中国家在世界制成品出口比重的上升中，中国、墨西哥和其他东亚发展中国家办公与电信设备出口的扩张起了最为重要的作用。韩国、新加坡等国家在经济发展上更接近于进入发达国家行列的水平，在对外贸易中也表现出与发达国家类似的商品结构。

第三，大部分发展中国家的对外贸易发展缓慢，有的出现下降趋势。这些发展中国家基本上仍处于原料提供国和制成品的销售市场的地位，尤其是最不发达国家在世界贸易中的比重甚小，世贸组织《2001 年国际贸易统计》表明，49 个最不发达国家的商品出口仅占世界商品出口的 0.55％，这些国家处于国际生产与分工体系的最低层，受到种种国际、国内因素的限制，从国际贸易的发展中获得的利益有限，经济和贸易可能继续处于低水平状态。

13.3.5　主要贸易对象是发达资本主义国家，但发展中国家相互之间的经贸合作有所增强

发展中国家的对外贸易主要是同西方发达资本主义国家进行的，其出口市场和进口来源都是发达国家。1970 年向发达资本主义国家的出口占发展中国家和地区总出口额的 71.6％，1990 年为 63.1％，从发达资本主义国家的进口在整个进口中的比重 1970 年为 72.2％，1990 年为 63.7％。从比重上来看，虽然有所下降，但发达国家仍是发展中国家的主要贸易对象。近年来，由于发展中国家与发达国家在贸易与生态环境、劳工标准、竞争政策等方面存在很大分歧，使双方贸易矛盾加大，阻碍了双方贸易的进一步发展。一方面，美欧等少数发达国家以抵制"生态倾销"、"劳工倾销"及"不公平竞争"为借口，以贸易制裁相威胁，力图将这些问题纳入多边贸易体制中；另一方面，广大发展中国家则以这些问题不符合国情、是"政治倾销"为由，坚决反对发达国家将他们塞进世贸组织的议事日程。随着发展中国家经济实力的不断增强和贸易地位的不断提高，其与发达国家的贸易矛盾将进一步激化。

为了维护自身的经济、贸易利益，提高发展中国家整体经济实力，增强与发达国家的抗衡能力，在发展与发达国家的经贸合作关系的同时，发展中国家各国之间也在积极寻求在经贸领域的团结与合作，密切南南合作关系。迄今为止，发展中国家建立了许多地区经济一体化组织，如东非共同体、东南亚国家联盟、西非经济共同体、加勒比共同体、南部非洲发展共同体、中美洲共同市场、上海合作组织等，相互在贸易、投资合作等方面进行发展，努力加强彼此间的合作，以促进经济的发展，增强经济实力，提升贸易地位。

13.4　发展中国家与地区的对外贸易发展模式

战后以来，发展中国家为了发展经济，都相继制定了经济发展战略，对外贸易发展模式在其中占了重要部分。发展中国家的对外贸易模式具体来说，主要有以下三大类。

13.4.1　初级产品出口贸易模式

初级产品出口贸易模式是指通过扩大初级产品的出口来促进其经济发展的一种贸易模式。通过初级产品生产和出口的扩大，能增加发展中国家的财政收入和外汇收入，换回所需要的机器设备，并能带动相关的服务性或辅助性部门的发展，从而促进经济的发展。采取这一模式的国家一般都具有较丰富的资源和特别的有利条件，从实际情况来看，战后实施这一模式最有成效的是石油生产和输出国，中东地区的一些发展国家成为世界上最富裕的发展中国家。但这种贸易模式要受制于资源状况和世界市场状况，对经济的促进作用有限，而且会带来许多不利影响，主要表现在：

（1）这种模式是以牺牲资源为代价的，大多数发展中国家虽然拥有丰富的矿产资源，但由于其人口众多，本身资源消耗大，而这些资源又大多是不可再生的，大量的出口将导致国内供给不足，产品价格上升，其国际竞争力反而下降，优势难以持续，最终难以赢得经济的长期发展。

（2）大部分初级产品的需求缺乏弹性，在发展中国家的初级产品出口已经在世界市场上占重要地位的情况下进一步扩大出口，有可能使出口价格反而下降，出口实际收入减少，达不到预期的经济效益。

（3）这种模式下的发展中国家的经济发展和人民生活水平的提高，往往严重依赖于出口贸易的发展，而初级产品的出口收入要受到诸如国际市场需求、价格变动等多种因素的影响，就目前初级产品国际市场的行情来看，发展中国家要想进一步扩大初级产品的出口提高产品价格困难重重，前景不容乐观，这将直接影响其经济的发展和人民生活水平的提高。

（4）为出口而发展起来的初级产品生产部门，往往只是落后国家经济发展中的一块"飞地"，并没有与本国的国民经济融为一体，也就不可能带动其他部门取得实质性的发展，反而会形成或加剧畸形的经济结构。

目前，采取这种贸易模式的国家已经很少，大部分发展中国家趋向于采取进口替代或出口导向的贸易模式。

13.4.2　进口替代贸易模式

进口替代贸易模式，是指通过一定的保护政策和措施，发展满足国内市场需要的制造业，逐渐以本国生产的工业制成品取代进口制成品，为最终实现工业化奠定基础。实行进口替代的主要目的是限制工业制成品的进口，扶植新建的本国工业，减少国际收支逆差，通过征收关税，增加政府的财政收入。

大多数发展中国家在发展工业化之初，都是从实施进口替代贸易模式开始的。

1. 进口替代模式的主要政策措施

（1）执行贸易保护政策。它是实施进口替代的一项基本政策，其主要内容包括：通过关税和非关税壁垒，对制成品特别是消费品进口进行限制直至完全禁止外国某些工业品的进口。但对不同的商品实行有差别的保护，对本国进口替代工业产品的贸易保护程度较高，而对其他进口替代部门产品的贸易保护程度较低；对进口替代工业的最终产品保护程度较高，而对发展这类工业所需要的原材料、燃料、机器设备和零配件进口，则保护程度较低。

（2）实行严格的外汇管理政策，以将有限的外汇用于经济发展最急需的领域。其主要措施包括：私人和企业不能持有外汇；企业和居民必须将所取得的外汇，全部或部分地售给国家指定的外汇银行；规定出口商品只能接受可充作国际清偿手段的外国货币；实行外汇配给，对进口替代工业给予适当照顾；对资金流出国外实行管制等等。并实行复汇率制，对有关国计民生的必需品和资本货物进口实行币值高估政策，以降低进口成本；对非必需品的进口，实行币值低估的政策，提高进口成本进而限制进口。

（3）实行优惠的投资政策。为加速国内资金积累，国家在财政、税收、价格和信用等方面给予进口替代工业以特殊优惠，以促进他们的发展。其主要措施包括：对国民经济的重点发展部门以减免税收政策，对非重点发展部门则征收较高的税率；积极发展国营和私营的金融机构，并对进口替代工业发放低息优惠贷款；通过国家投资，积极参与进口替代工业的发展，大力扩大基础设施的公用事业。

2. 进口替代模式的作用

1) 积极作用

（1）通过进口替代使发展中国家的工业尤其是制造业得到了迅速的发展，从而推动了这些国家经济的发展。据统计，1950～1960 年，亚非拉国家制造业年平均增长率为 6.9%，1960～1970 年为 8.1%，这个速度不仅大大超过了发展中国家的历史纪录，也超过了同期发达国家制造业的增长速度。制造业的快速增长已成为这些国家经济发展的主要力量。

（2）进口替代促进了发展中国家产业结构的升级换代，改变了过去单一畸形的经济结构。在这些国家的国内生产总值中，工业特别是制造业的比重上升较快，而农业的比重相对下降；在制造业内部，那些侧重基础工业替代的国家，重工业的增长速度大大快于轻工业。

（3）由国内生产来替代进口，可减少外汇开支，减少贸易赤字，从而在一定程度上减轻了国际收支的压力。

（4）实行进口替代贸易模式的国家，由于其工业制成品进口的减少，使得国内市场中进口制成品的供给比重大大下降，工业制成品自给率提高，从而进一步加强了发展中国家的经济自立程度，有利于独立自主地发展民族经济。

（5）进口替代工业的发展，有利于促进发展中国家培养自己的技术管理人员，带动教育、文化事业的发展，获得工业化带来的动态利益。

（6）由于进口替代的贸易保护政策，限制了西方发达国家对发展中国家工业制成品的出口，为了巩固和拓展对发展中国家的市场，绕过发展中国家的贸易壁垒，发达国家将有可能增加对发展中国家的直接投资，这无疑会促进发展中国家经济的发展。

2) 消极作用

（1）由于进口替代的贸易保护着眼于进口替代制造业的发展，而对电力、能源、基础设施以及农业的发展注意不够，在国内价格上制成品价格保持高价，而农产品价格偏低，工农产品价格"剪刀差"不断扩大，使得非进口替代工业部门和农业部门得不到正常发展，结果影响到了整个国民经济的发展和工业化进程。

（2）对进口替代工业的过度保护，使受保护企业没有竞争压力，缺乏进一步提高效率的动力，从而使其国际竞争力下降，这并不利于国内企业的发展，也会阻碍经济的进一步发展。

（3）进口替代工业主要面向国内市场，其发展难免受到国内市场相对狭小的限制，而不能进行大规模生产以获取规模经济效益，结果使进口替代工业出现市场不足、生产力闲置，从而导致工业的低效率。

（4）进口替代未能从根本上改善发展中国家国际收支上的困难。进口替代固然可使国外的工业消费品的进口大大减少，从而节约外汇，但是进口替代工业发展所需的机器设备、中间产品和原材料的进口急剧上升，所需外汇反而增加。而本国生产的工业制成品和农产品缺乏出口竞争力，创汇率低，这使得许多国家发生了严重的外汇危机，大大影响了其经济的增长速度。

（5）进口替代的保护贸易政策对他国形成的贸易壁垒，容易招致他国的报复，对发展中国家进出口贸易的发展产生影响，进而影响其经济的发展。

13.4.3　出口导向贸易模式

出口导向贸易模式是指采取鼓励措施发展面向国际市场的国内制造业，用工业制成品的出口来代替农矿初级产品的出口，通过扩大工业制成品的出口来积累资金，从而带动整个工业和国民经济的增长，推动本国实现工业化。

由于实施进口替代贸易模式对经济发展的消极影响，一些发展中国家和地区如新加坡、韩国、中国台湾、巴西、墨西哥、菲律宾等在实行了一个短暂的进口替代后，很快转向面对国际市场的出口导向贸易发展模式，期望利用本国劳动力价格低廉的优势，通过积极引进国外资本和先进技术，进口国外廉价的原料和能源，发展劳动密集型的加工装配工业，并通过出口来带动经济的增长、缓解国际收支的压力。

1. 出口导向模式的主要政策措施

（1）在外贸政策上，推行贸易自由化政策，在放松进口贸易保护的基础上大力鼓励出口。为此采取的措施包括：对出口制成品减免关税，外销退税，对出口给予补贴；对产品出口提供信贷和保险；对出口部门所需的原材料、零配件和机器设备进口，减免关税或减少进口限制；给出口商提供一定比例的进口限额和许可证等。

（2）在外汇和汇率政策上，除给出口企业和出口商优先提供外汇或实行外汇留成、出口奖励等措施外，还拟定合理的汇率，实行本币对外贬值的政策，以增强本国出口产品的国际竞争力。

（3）在投资政策上，对面向出口的企业提供减免企业所得税、营业税等方面更大的优惠，对出口工业还规定加速折旧，对这些企业国家优先提供原材料、土地、基础设施和其他服务。

（4）在外资政策上，实施有吸引力的鼓励外国投资的政策，给外国投资者提供各种优惠和方便。为此采取的措施包括：享受"国民待遇"；放宽利润和资本汇出的比率；放宽持股比例和投资部门的限制；享受税收和信贷方面的优惠；优先提供基础设施和公用事业服务；简化投资审批手续；给外国投资者及其家属以居住的方便等等。

　　2．出口导向模式的作用

　　1）积极作用

　　（1）对出口的鼓励政策，有利于扩大发展中国家产品尤其是工业制成品的出口，使工业制成品在出口商品中所占比重迅速上升，出口商品结构得到改善，有利于对外贸易的迅速发展。

　　（2）出口的扩大既有利于缓解发展中国家的外汇短缺的问题，同时也给进口提供了基础，发展中国家可利用出口所的外汇进口发展经济所需的原材料、燃料、机器设备、先进技术等，促进本国经济更快的发展。

　　（3）出口进而生产的扩大能够为发展中国家提供更多的就业机会，减轻其就业压力。

　　（4）开放的政策和一系列优惠的外资、外汇措施，将吸引更多的外资和先进的技术、管理经验进入发展中国家，弥补了发展中国家在资金、技术、管理经验方面的不足，有利于其国民经济的快速增长。

　　（5）出口导向的贸易模式使企业和产业直接面临国际市场的激烈竞争，市场竞争的优胜劣汰，迫使企业千方百计降低产品成本，提高产品的质量及技术水平、管理水平，这就刺激了发展中国家国内工业效率的提高和产品国际竞争力的提高。

　　（6）实施出口导向时所推行的一定程度的贸易自由化，可使本国的生产要素能够较为迅速地转移到经济效率较高的产业，从而可以充分利用一国的比较优势，有利于较为合理地配置资源。

　　2）消极作用

　　（1）出口导向只要面向国际市场，因而加深了发展中国家和地区对世界市场的依赖性，发展中国家的经济很容易受到世界市场的冲击，一旦国际市场出现较大的波动，这些国家的出口和经济发展就不可避免地受到影响。

　　（2）大量引进外资可能使国内一些重要的工业部门，特别是机械、化工、电子电器、医药、汽车等新兴工业，不同程度地受外商所控制，而且每年汇出的利润相当可观，损害了发展中国家的利益。

　　（3）出口导向模式使面向国外的工业部门发展较快，而一些面向国内市场的中小型工业和农业部门却发展缓慢，处于落后状态，加剧了经济发展的不平衡。

　　（4）面向出口的贸易模式虽然推动了出口，但进口也同步扩大，再加上大量引进外资，使外债负担加重，不少发展中国家出现严重的国际收支困难，引发了债务危机。

　　（5）由于直接面临来自发达国家已建立的高效率工业的竞争，发展中国家要建立自己的出口工业有可能困难重重。

　　上述三种贸易模式，各有其优缺点，发展中国家应根据本国的国情和经济发展特点，正确加以选择。一般而言，地域较大、人口较多、资源较丰富的发展中国家，因国内市场容量较大，工业品的销路国内有保障，可以进行大批量生产，获取规模经济效益，建立进口替代工业，采取保护措施，为幼稚工业的发展提供培养园地。随着技术水平的提高，产品可以进入国际市场，条件成熟时可转向出口导向。而较小的发展中国家由于缺乏幼稚工业的培养园地，实施进口替代很难成功，因此，它们应立足于本国的情况走符合国情的对外贸易发展道路。

本 章 要 点

◆ 发展中国家是指那些在历史上受到过殖民统治和剥削，独立后经济布局落后，在国际经济政治中处于不平等、受剥削、受压迫的地位，在地域上大多数位于南半球的亚非拉国家。

◆ 发展中国家拥有丰富的自然资源但其经济落后，收入水平低且分配不均，大多数人生活贫苦；在经济发展中缺乏资金和技术，对外依赖严重，且采用不同的经济发展战略。

◆ 发展中国家的对外贸易在世界贸易中所占比重较小，但呈现不断上升趋势，其进出口商品结构和地区分布明显改善，贸易性质发生变化，各国贸易发展不平衡。

◆ 初级产品出口贸易模式、进口替代贸易模式和出口导向贸易模式是发展中国家所选择的三种贸易模式，发展中国家应根据自己的国情和经济发展特点加以正确选择。

关 键 术 语

1. 发展中国家（developing country）
2. 进口替代贸易模式（import substitution trade model）
3. 出口导向贸易模式（export promotion trade model）

思 考 题

1. 发展中国家与地区经济有何特点？
2. 试分析发展中国家对外贸易的特征。
3. 什么是进口替代贸易模式？它在实施过程中存在哪些问题？
4. 与进口替代相比，出口导向贸易模式具有哪些优势？

阅读材料及案例分析

【阅读材料】　韩国的出口导向战略（1961～1979 年）
韩国曾经是一个很落后的国家。1910 年《日朝合并条约》后，朝鲜沦为日本帝国的殖民地。1945 年光复后，由于美、苏两大国的介入，朝鲜处于南北分裂状态。1950～1953 年朝鲜战争后，南朝鲜即韩国成为世界上最贫穷的国家之一，1961 年人均国民生产总值不足 100 美元，人均收入、工业生产能力都落后于北朝鲜。为了振兴国家经济，韩国采取了"先工后农"和"贸易立国"的发展道路，对外贸易成为韩国外向型经济的支柱，在经济增长中发挥了"火车头"的作用。1963 年前后，韩国基本实现从进口替代到出口导向战略的转变；到 20 世纪 80 年代后期，韩国成为世界上 190 多个国家中经济增长最快的国家之一，已从一个贫穷的国家转变为富裕的国家。

考察 1960～1980 年韩国经济的快速发展，同该国出口导向战略分不开。1961 年朴正熙将军通过"5.16"军事政变上台，提出"经济问题高于政治问题"、"通过出口建设国家"的主张。1967 年在国民经济第二个"五年计划"中，出口第一主义、出口导向战略成为韩国经济发展的总方针。根据该项计划，韩国出口贸易五年要翻一番，平均每年递增 16.7％。这一增长幅度远远超过国民生产总值、农林渔和工矿业、公共设施及服务业增长的幅度。该计划制定者希望通过出口贸易的产业关联把国内经济带动起来。根据这一战略，政府和一些公司为商人确定了具体的出口指标，并把这些指标看作是必须完成的指令，除非有正当的理由，否则完不成出口指标任务公司将受到政府严厉的行政制裁。

20 世纪 60 年代韩国制定扩大出口战略，政府成为韩国公司的主要决策人。不仅如此，为了降低出口商品的国内成本以增强其国际竞争能力，政府以各种方式奖励出口企业，包括给予出口企业种种优惠政策，如直接补贴（1964 年停止）；免征进口税。对加工进口原材料、半成品免征进口税（后改为进口退税）；减征国内税，在规定范围内对出口企业减征企业所得税和法人税；对出口企业提供低息贷款等等。这些优惠政策使 60 年代韩国出口企业在国际市场上每创汇 1 美元，便可节约国内成本约 26 美分。

在贸易管理上，韩国实行"官民"结合的方式。政府在拟定经济政策、方案、措施时，采取"上下结合"的决策程序，邀请经济学家、商人共同参与，相互交换意见。从 1962 年开始韩国出口工作会议每月召开一次，会议邀请重要的政府官员以及同贸易有关的专家参加，包括总统的经济秘书、经济企划院长官、商工部长、贸易促进机构的负责人以及商人协会主席参加。会议期间总统亲临会场，了解出口的进展情况及出口企业的表现，并对每个月出口卓著的商人授勋并予以嘉奖，大大鼓励了这些企业对外贸易的拓展。

以出口贸易为目的的出口导向战略，使得韩国的出口贸易额以年均 14％的速度高速增长，出口产品结构从初级产品转变为工业制成品，贸易依存度也从 20 世纪 60 年代中期的 20％提高到 1979 年的 69％。

　　韩国出口贸易的大发展和出口贸易结构的改变，通过关联效应对就业、产出产生了相应的影响。表13-1和表13-2显示出1960～1970年出口贸易中初级产品与工业制成品比重变化以及出口引致产出增加的情况。

表 13-1　出口贸易结构　　　　　单位：百万美元（%）

年　　份	初级产品（比重）	轻工产品（比重）	重工业品（比重）	合　　计
1962	40（72.6）	11（20.3）	4（7.1）	55（100）
1967	88（27.5）	204（63.9）	28（8.6）	320（100）
1971	147（13.8）	769（72.1）	151（14.1）	1 067（100）
1972	197（12.1）	1 081（66.6）	346（21.3）	1 624（100）

　　注：初级产品包括农产品和矿产品。
　　资料来源：韩国经济企划院《经济白皮书》。

表 13-2　出口引致产出效应　　　　　单位：百万美元

年　　份	出口额（A）	引致产出额（B）	产出总额（C）	引致产出倍数（B/A）	引致产出比重（B/C）
1965	175	277	3 743	1.58	7.4
1970	835	1 443	16 059	1.73	9.0
1975	5 081	9 517	43 369	1.87	21.9

　　说明：出口引发产出额系以投入产出表逆阵系数计算的各部门产出增量之和。
　　资料来源：韩国贸易协会《出口和国民经济》（1987 年）。

　　由上可见，作为出口导向型工业化战略的结果，韩国出口结构发生变化，这一变化引起工业结构变化。20 世纪 60 年代初期韩国出口商品以初级产品为主，制成品的出口在全部出口中所占比重极低，然而到1974 年，初级产品所占比重由过去的73％下降到10％，制成品比重由27％上升到90％，同时制成品主要种类也发生变化，60 年代出口的制成品主要是胶合板、针织套衫等劳动密集型产品，70 年代主要是纺织品、船舶、钢板等类产品。80 年代初期，出口商品变为更加盈利的资本密集型的产品，这以后逐渐变为计算机、半导体、彩色电视机、汽车等技术密集型产品。这一变化很大程度上是日本的翻版：出口产品从劳动密集型产品转变为资本密集型产品，又从资本密集型产品转变为资本和技术密集型，又转变为高技术密集型产品。

　　问题：

　　1. 试述韩国出口导向战略贸易政策的特点。

　　2. 韩国是如何通过出口贸易结构的改变来调整工业结构的？我们从中可以得到什么启示？

第 14 章

独联体东欧经济转型国家的对外贸易

学习目标

1. 了解独联体东欧经济转型国家的构成及演变情况。
2. 充分认识独联体东欧国家在世界经济中的地位。
3. 了解独联体东欧国家的经济形势，掌握独联体东欧国家对外贸易的基本特点。
4. 了解中国与独联体各国的经贸关系及发展前景。
5. 了解中国与东欧各国经贸关系及发展前景。

经济转型国家，从广义上说是指由传统的高度集中的计划经济向市场经济体制过渡的国家，主要是指由原苏联解体后分裂出来的独联体国家及东欧国家。这些国家目前正处于经济转轨时期，经济普遍衰退，失业率高，通货膨胀较严重，经过一番阵痛之后，经济形势开始有所好转，并具有较大的发展潜力。

14.1 独联体东欧经济转型国家的构成与地位

14.1.1 独联体东欧经济转型国家的构成

独联体东欧经济转型国家，具体包括由原苏联分裂出来的波罗的海沿岸 3 国和独联体 12 个国家，由原南斯拉夫分裂出来的 5 个国家，原捷克斯洛伐克分裂的 2 个国家，再加上波兰、匈牙利、保加利亚、罗马尼亚、阿尔巴尼亚等，共计 27 个国家。

1991 年 12 月原苏联解体后，原来的 15 个苏维埃共和国相继走上了独立的道路。1991 年 12 月 8 日，原苏联的俄罗斯、乌克兰和白俄罗斯的三国领导人在明斯克共同签署并发表了三个重要文件：《关于建立独立国家联合体的协定》、《联合声明》和《关于协调经济政策的声明》。文件宣告，独联体（CIS）成立，苏联不复存在。此后，除波罗的海沿岸 3 国（爱沙尼亚、拉脱维亚、立陶宛）外，原苏联的其他 9 个加盟共和国也先后加入了独联体。独联体国家共计 12 个，他们是俄罗斯、白俄罗斯、乌克兰、哈萨克、格鲁吉亚、亚美尼亚、阿塞拜疆、乌兹别克、塔吉克、吉尔吉斯、土库曼和摩尔多瓦。独联体不是一个国家实体，也不是一个超国家权利机构，而是享有完全主权的独立国家平等组成的协调与合作机构。独联体的协调机构是由国家元首理事会和政府首脑理事会组成的。按照规定，理事会开展活动的基本原则是：相互承认各成员国的国家主权，互不干涉内部事务，不使用武力和以武力相威胁，不对他国施加经济或其他方式的压力，尊重领土完整、履行国际法义务以及其他国际公认的准则等。1993 年 12 月，独联体 12 个成员国首脑在莫斯科举行了独联体首脑会议，会议决定正式成立"跨国经济委员会"，委员会总部设在莫斯科。委员会的宗旨是：协调独联体各经济机构的工作，预测各成员国经济发展的趋势，促进合资企业和股份企业的多边合作，以建立起商品、劳务、资本和劳动力自由流通的统一的经济区。1994 年独联体成立了结算同盟，以完善独联体经济同盟体制，满足扩大贸易的需要。

在原苏联解体、独联体建立之前，东欧国家则发生了政权剧变。东欧国家包括南斯拉夫、罗马尼亚、匈牙利、保加利亚、波兰、原民主德国、原捷克斯洛伐克、阿尔巴尼亚等国。除南斯拉夫、阿尔巴尼亚外，其余 6 国均为"华沙条约"和"经互会"的成员国，它们是第二次世界大战后相继建立起来的社会主义国家。1989～1990 年这六国相继发生政权剧变，使得社会主义政权在这一地区已不复存在。随后，阿尔巴尼亚和南斯拉夫也相继发生剧变。1991 年后南斯拉夫分裂为五个独立国家。

原苏联解体、东欧剧变，导致世界政治经济格局和欧洲格局发生了巨大的变化，预示着冷战的终结。同时也使得以苏联为首的社会主义事业受到了严重的挫折，东欧各国相继变更国名或党名，东欧六国的共产党沦为在野党或不复存在，共产党人的处境艰难。政权剧变也给各国经济带来严重的困难：经济呈现负增长，通货膨胀严重，财政出现大量赤字，失业人数大增，国民收入下降，外债累累。

14.1.2　独联体东欧经济转型国家在世界经济中的地位

独联体东欧国家在转型前均属于以原苏联为首的社会主义体制下的指令性计划经济区域的国家，且大多为"经互会"的成员国，长期游离于国际货币金融和贸易体系之外。经互会是原苏联和东欧国家组成的区域性的国际经济组织，它通过协商达成指令性计划，规定各国在区域性国际分工中承担的角色和生产商品的结构、贸易流量和地区流向，带有很强烈的计划色彩。经互会解体后，各转型国家经济开始由计划经济向市场经济过渡，各国在市场基础上发展与世界各国的对外经贸关系，不仅积极参与国际分工，成为国际贸易的一个重要组成部分，而且大量引进外资，成为新的国际资本流入的热点地区，对世界经济和贸易的发展以及世界经济一体化进程起到了推动作用。例如，在对外贸易方面，原苏联对外贸易总额的 60％是在"经互会"内实现的。1991 年俄罗

斯与其他加盟共和国之间进口下降了 46％，出口下降了 29％；1993 年俄罗斯
与原"经互会"其他成员国之间贸易额只占其对外贸易总额的 16％。随着经
济的逐渐稳定和复苏，这些转型国家的对外贸易也开始回升。波兰和捷克的产
品已打入欧洲市场，1995 年波兰对外贸易总额比 1994 年增加了 20.3％，俄罗
斯 1995 年的外贸总额也比 1994 年增加了 16％。这些转型国家已成为世界多
边贸易体系中的重要组成部分。

14.2　独联体东欧经济转型国家对外贸易的基本特点

14.2.1　独联体东欧经济转型国家的经济形势

从 80 年代末到 90 年代初，原苏联和东欧国家普遍开始了计划经济向市场经
济转轨的进程。转轨初期，各国经济都出现了大幅度的衰退。就全部转轨国家而
言，其 GDP 1991 年下降 11.6％，1992 年下降 15.2％，1993 年下降 9.4％，
1994 年下降 10.2％，到 1995 年末，其国民经济整体水平只相当于 1989 年的
66％，其中独联体国家的 GDP 只相当于 1989 年的一半，经济呈现负增长，致使
大量人口失业，人均收入下降，大多数居民陷入贫苦。在经历了一番阵痛之后各
国经济开始走出低谷，依次进入经济增长状态。目前，独联体东欧各国经济形势
呈现出以下特点。

1. 经济有所好转

独联体国家在经历了连续好几年的经济负增长后，近年来，经济开始出现好
转。以俄罗斯为例，1996 年俄罗斯的实际国民生产总值比 1995 年增长 1％。
1997 年俄罗斯国内生产总值增长 0.4％，工业产值增长 1.9％，农业产值增长
0.1％，居民实际货币收入增长 2.5％，失业人口减少 5.7％。1998 年俄罗斯金
融市场出现严重动荡，经济萧条不振，其 GDP 下降 4.6％，居民实际收入下降
18.5％，失业人数由 180 万人增加到 800 万人，年通货膨胀率达到 84.4％。
1999 年俄罗斯经济形势好转。

东欧各国自 1992 年后相继摆脱了衰退，依次进入经济增长状态。1995 年是
该地区经济全面好转的一年。当年，中东欧 11 国平均经济增长率已达到 5.3％，
其经济形势要好于独联体国家。如波兰经济稳步增长，1995 年上半年国民生产
总值增长 6％以上，工业生产增长 10.8％，农业丰收，粮食产量增长了 15％，
达 2 590 万吨。而匈牙利、保加利亚等国的经济也均有增长。捷克经济在 1994
年开始回升，其国内生产总值和工业总产值分别比上年增长 2.5％和 2.1％。
1995～1996 年回升势头良好。1995 年捷克在发展经济方面取得了明显的进展，

国内生产总值比上年增长 4.1%，工业总产值增长 10.7%，外汇储备不断增加，达到 145 亿美元。

1997 年，东欧地区经济持续回升，其经济增长达 3% 以上，一些国家的经济增长速度甚至超过了欧盟国家的平均水平。但是，东欧国家经济发展依旧不平衡，波兰经济恢复较快较好，其主要经济增长指标连年在东欧名列前茅，国内生产总值在 1996 年达到了 1989 年的水平，成为经济最早恢复的国家，1997 年国内生产总值增长 6%。匈牙利经济恢复也较快，1997 年国内生产总值增长 3% 以上。南联盟 1997 年全年的经济也增长较快。但捷克经济在 1997 年出现了严重滑坡。而罗马尼亚和保加利亚国内都出现了严重的经济困难，经济呈现负增长态势。近年来，捷克经济逐步摆脱了下滑，开始稳定发展。2000 年是东欧国家体制转轨以来经济发展最好的一年，经济增长率达到 5%。但就各国情况看，发展是不平衡的。经济情况最好的是匈牙利和波兰。2000 年 GDP 增长幅度超过 5% 的国家有波兰、匈牙利、波黑和阿尔巴尼亚。

2. 通货膨胀率正在普遍降低

独联体和东欧国家在向市场体制过渡中大多都出现了经济危机。在 1991～1994 年中，27 个转型国家先后有 40 次年通货膨胀率达到三位数，而其中没有一个国家的物价上涨指数低于两位数。如 1990 年，匈牙利的通货膨胀率为 277%，原捷克斯洛伐克为 124%，原苏联国家平均达到 117.6%。1995 年后独联体和东欧国家的通货膨胀率开始下降。1996 年俄罗斯的通货膨胀率降至 50%，1997 年降至 30%。波兰的通货膨胀率于 1995 年降至 22%，1996 年降至 19%。同期，罗马尼亚的通货膨胀率从 1995 年的 28% 降至 1996 年的 25%。到 2000 年，大多数东欧国家和波罗的海国家的通货膨胀率都得到了明显的控制，除南联盟和罗马尼亚外，各国的通货膨胀率均控制在 10% 左右。

3. 失业率仍居高不下

俄罗斯的失业率 1995 年为 8%，1996 年提高到 9%。罗马尼亚的失业率从 1995 年的 8.9% 升至 1996 年的 10%。同期，匈牙利的失业率从 11.1% 升至 13%。

14.2.2 独联体东欧经济转型国家对外贸易发展的基本特点

1. 各国对外贸易普遍呈现下降趋势

独联体东欧各国在转轨过程中都不同程度出现对外贸易发展的大幅度下降，1991 年原苏联国家出口下降 25%，为 780 亿美元，由上年居世界第 10 位降为第

11 位；进口下降了 42％，为 700 亿美元，从上年的世界第 9 位降到第 13 位。1994 年后开始好转，对外贸易额开始回升。东欧国家 1990 年出口下降 10％～11％，1991 年下降 25％左右。1992 年情况开始好转，从 1992 年起，罗马尼亚、波兰、捷克等国的对外贸易额开始增长，有少数国家对外贸易从逆差转为顺差。波兰进出口贸易额从 1991 年的 287 亿美元增加到 1992 年的 291 亿美元，更增加到 1993 年的 330 亿美元。1993 年捷克出口贸易额为 3 846 亿捷克克朗，比上年增长 20％，进口贸易额为 3 787 亿克朗，比上年增长 2.7％，贸易顺差为 59 亿捷克克朗，扭转了 1992 年贸易逆差达 450 亿捷克克朗的局面。1995 年波兰、捷克、匈牙利等国的对外贸易均有增长。

2. 原有外贸体制解体

独联体东欧国家原有的外贸体制是一种高度集中的计划外贸体制，国家垄断性强。原苏联解体、东欧剧变后，各国从计划经济转向市场经济、从公有制转向私有制，在外贸体制方面积极向西方国家靠拢，对外贸加速推行自由化和私有化，原有的国家垄断外贸体制得到根本性改革。改革的内容包括：①将原有国营专业外贸公司变为股份公司。为实现国家外贸垄断制，各国都曾建立了一批国营专业外贸公司，垄断着各种产品的外贸进出口经营权。现在，这些公司绝大多数都以不同方式实行股份化，变为股份公司，实行自主经营、自负盈亏。②取消国家对外贸进出口的垄断，允许包括私人在内的各种经济成分经营外贸业务，并进一步扩大私有成分在对外贸易中的比重。如波兰规定，无论波兰的法人还是自然人，无须经过批准，凡愿从事外贸进出口业务者只需到法院登记注册，交纳 5 美元注册费即获准经营进出口业务；原南斯拉夫 1990 年通过了新的企业法和外贸法，规定私人企业、社会所有制企业、合资企业的地位完全平等，对外贸易不受任何限制。③放宽对进出口的管理。如波兰除了石油、钢铁、铜、化肥、武器等 10 多种商品受国家管理外，其余全部放开经营；匈牙利 1990 年 65％～75％的进出口商品放开；原南斯拉夫 1990 年 90％的商品实行进口自由，凡放开的商品没有配额限制，不需申领进口许可证。④取消国家外贸计划，取消国家财政补贴。过去，国家下达的外贸计划，尤其是涉及对经互会成员国的进出口计划都是指令性的，为了完成国家的外贸计划，国家实行进出口补贴政策。现在由于实行外贸经营自由及进出口放开制度，国家取消了原来意义上的外贸计划。企业有权根据自己的情况制定进出口计划。同时，国家取消财政补贴，现在采用退税、优惠贷款、浮动汇率等经济手段鼓励出口。

3. 贸易地区分布发生根本性变化

独联体东欧国家原来的贸易主要在经互会成员国之间展开，其内部贸易几乎占一半以上，与西方国家贸易量不大。在向市场经济转轨后，与西方国家的贸易量开始大量增加，而内部之间的贸易量则在减少。如以前波兰同原苏联、东欧国家的贸易额占其年贸易额的 2/3 以上，近年来则不到 1/3。欧洲已成为中东欧国家的最大贸易伙伴。1999 年对欧盟的进出口占其进出口总额的 50%～70%，对独联体国家的进出口只占 10%左右。变化最突出的是阿尔巴尼亚，1999 年出口产品中 90.9%销往欧盟国家，出口独联体国家的商品只占出口总额的 0.08%。波兰、保加利亚对独联体国家的出口保持相对较高的比重，它们分别为 12.3% 和 9.0%。总的来看，东欧各国对西欧的贸易均占到其贸易额的 2/3 以上。

目前，独联体东欧各国与西方国家之间的联系日益紧密。1991 年 12 月 16 日，波兰、匈牙利、捷克 3 国与欧共体正式签署协定，成为欧共体的联系国。1994 年 10 月 31 日欧洲联盟 12 个成员国与东欧的 6 国举行了为期 1 天的外长联席会，同意规定一套东欧国家加入欧盟的办法。2003 年 4 月 16 日，欧盟国家领导人在希腊首都雅典卫城举行首脑会议，签署接纳欧洲 10 国于 2004 年 5 月 1 日正式加入欧盟的条约。2004 年 5 月 1 日，波兰、匈牙利、捷克、斯洛伐克、斯洛文尼亚、爱沙尼亚、立陶宛、拉脱维亚、马耳他和塞普路斯 10 个国家正式成为欧盟的新成员国，这标志着独联体东欧各国与西欧国家经贸关系进一步的发展，也给这些国家经济发展带来新机遇。

4. 贸易方式改变

长期以来，原苏联和东欧国家的对外贸易以易货记账贸易方式为主。约占到 75%左右，且主要以经互会内部贸易为主。自 1991 年起，原苏联和东欧国家改为实行按国际市场作价的现汇贸易。1991 年 6 月 28 日，经互会 9 个成员国的代表在不布达佩斯签署了解散经互会的议定书，它规定 90 天后经互会章程失效，届时经互会解散。经互会作为一个区域经济组织和原苏联东欧各国进行经济合作的贸易集团也随之瓦解。

5. 对外贸易政策措施出现新变化

随着各国外贸体制发生根本性的变革，各国的对外贸易政策措施也发生新的变化。波兰在 1990 年 1 月 1 日一步到位，全面放开了 90%的商品价格，解除了进口的数量限制，实行统一的 20%的关税，同时取消了出口的大部分数量限制，降低了出口关税。1992 年匈牙利 78%进口放开，1992 年则完全放开进口。俄罗斯在实行外贸自由化政策以后，主要通过关税调节进出口。在经济转轨过程中，一些国家虽然放宽了对进出口的管理，但并不是采取完全的贸易自由化，因为过度的贸易自由化将危及国内市场安全和民族经济利益，他们仍对商品的进口采取了严格管制制度。他们采取的措施主要包括进口产品质量标准要求和对所进口商品及劳务必须提供售后服务的要求。为了防止外贸自由化冲击国内市场秩序，至今一些国家仍坚持实行进出口许可制度、数量限制和直接进出口限制。并对直接投资性进口和高技术进口实行关税及其他进口优惠措施。

14.3　中国与独联体东欧国家的经贸关系

14.3.1　中国与独联体各国的经贸关系

在中国对外贸易发展的历史上，原苏联是中国的主要贸易国家。20 世纪 50 年代，中国对原苏联贸易占当时对外贸易总额的近一半，原苏联对华贸易则占其对外贸易总额的 20%。当时，原苏联 63% 的机械产品及木材、铝等销往中国，而中国则将其生产资料、肉食品等大量出口原苏联。60 年代后进入了中苏对抗时期，双边贸易几乎停顿。80 年代后双方恢复贸易往来并通过努力使双方的贸易得到不断扩大和发展。

1991 年底，原苏联解体，15 个主权国家刚宣布成立，中国即派经贸代表团出访有关独联体国家。随后，双方为发展双边经贸关系进行了一系列的工作，如签订有关经贸协定书和议定书，采取促进双边贸易发展的一系列有力措施，从而使中国与独联体各国的经贸关系呈现迅速恢复和发展的良好态势。

1. 中国与俄罗斯的经贸关系

在历史上，原苏联是中国的传统市场，因此，中国十分重视原苏联地区，尤其是俄罗斯市场的发展。20 世纪 90 年代，中俄经贸合作，无论是商品贸易，还是经济合作、承包工程及劳务合作都获得了可喜的发展。90 年代初，中俄边境贸易曾一度辉煌，中俄商品进出口总额也曾于 1993 年达到 76.8 亿美元，大大超过中国与原苏联时期进出口的最好水平。然而，整个 90 年代的中俄经贸合作有着明显的欠缺，其贸易额以及经济合作规模与双方的国力很不相称，远没有达到应有的水平和规模。主要表现在：第一，除了 1993 年达到创记录的 76.8 亿美元外，其余年份都在 50 亿～60 亿美元徘徊，有的年份呈现急剧下跌趋势。第二，贸易额在双方贸易总额中所占比重小。1992 年中俄贸易额为 58.8 亿美元，该数额仅占俄国对外贸易总额的 3%，占中国对外贸易总额的 5%。第三，进出口商品结构比较单一，我国出口商品主要是轻纺、食品等日用消费品及部分机械产品；我国进口商品主要是钢材、木材、化肥、化工产品等原材料产品和机械产品等。第四，两国贸易中以地方及边境贸易为主，政府协议贸易所占比重小；在边境贸易中又以易货贸易为主，占 70%～80%，贸易的经营主体多为个体商人。

第五，双方各自在对方的投资规模很小，据有关方面统计，我国在俄投资不足 2 亿美元，俄在华投资也只有 2.3 亿美元。第六，经营秩序混乱而无序。

造成双方经贸合作发展缓慢的原因是多方面的，既有俄方的也有中方的。从俄方来看，自原苏联解体直至 1999 年以前的近 10 年中，俄罗斯社会、经济一直处于危机动荡中，其法律法规的多变性，人们思想观念陈旧，对市场经济的不适应性加之不少执法人员的随意性，造成俄罗斯市场游戏规则的混乱，其结果是国际通行的贸易规则无可操作性，加大了俄罗斯贸易环境和投资环境的风险系数。面对俄罗斯市场的风险，我国有实力的大企业望而却步，两国"倒爷"则大显身手。在利益的驱动下，"倒爷"们乘俄罗斯市场上生活日用品极度匮乏之机，将大量的假冒伪劣质次商品输入对方市场，既损害了俄罗斯消费者的利益，也损害了我国商品的形象，给我国商品造成了恶劣的影响。

20 世纪 90 年代后期，为改善两国之间的贸易状况，消除不良影响，进一步促进两国间贸易的发展，中俄两国政府和企业都做了大量的工作和努力，如中国政府采取各种措施，严禁不合格商品流出国门，加强对个体经营者的管理和监督力度，使中俄贸易呈现良好发展趋势。2000 年，中俄贸易额大幅度增长，商品进出口总额达到 80 亿美元，其中中国出口额为 22.3 亿美元，较上年增长 48.96%，进口额为 57.7 亿美元，较上年增长 36.6%。1999 年，中国是俄罗斯除独联体国家外的第三大贸易伙伴，仅居德国和美国之后，中俄贸易额占俄罗斯贸易总额的 6% 左右。2000 年，从贸易额来看，俄罗斯在中国的对外贸易中占第 8 位，中俄贸易占中国外贸总额的 1.69%。2001 年至 2003 年两国进出口贸易继续保持大幅度增长的态势。除了两国的贸易关系有了较大的发展外，两国在相互投资和经济技术合作方面也有了进一步的发展。截止 1998 年 11 月，中国有 944 个中俄合资企业，经营项目涉及汽车零配件生产、汽车组装、建材生产、化工和饮食等领域。中国在俄罗斯投资兴建的合资企业约为 1 300 个，主要集中在边境地区，从事的多为贸易行业，其中有 200 多家是生产型企业。1990 年，中俄签订了总金额为 7 836 万美元的技术贸易合同，主要涉及核动力、航天、电子、通讯和机械制造等领域。两国的有关机构还签订了 399 份工程承包和劳务输出合同，总金额为 3.6 亿美元，实际完成工程承包合同 9 095 万美元。中国向俄派出劳务人员 13 000 人。由于俄罗斯经济已进入恢复与发展时期，经济状况明显好转，外汇储备和居民收入也不断增长，这就为中俄经贸合作的快速发展提供了有利的经济基础。目前中俄两国的关系正处于历史上最好的时期之一，两国政治信任不断加强，战略协作伙伴关系深入发展，两国政府都希望将双边经贸关系能提高到一个新水平；而两国之间所具有的经济互补性更为两国发展双边经贸合作提供了极为有利的条件。因此，我们有理由相信，21 世纪中俄经贸合作将进入一个高速发展的时期。

为实现国家的对外经贸发展战略，中国要把发展与俄罗斯的经贸关系作为今后对外经贸工作的重点之一。我们应该转变观念，认真分析形势，充分利用我们的优势，抓住机遇，积极开拓俄罗斯市场，把双方的经贸合作推向一个新的水平。

2. 中国与中亚国家的经贸关系

除了与俄罗斯保持良好的经贸关系外，中国也积极与中亚各国发展双边经贸关系。如在中亚五国（哈萨克斯坦、塔吉克斯坦、吉尔吉斯斯坦、土库曼斯坦、乌兹别克斯坦）刚一独立时，中国就与其建立正式的外交关系，并迅速向这五国派驻商务人员，签订了政府间的经贸协议以及商品贷款协定和相互保护投资协议等。1993 年中国与中亚五国的贸易额总计达 6 亿多美元，比 1992 年增长了31%。此后，随着与中亚国家经济往来的逐渐增多，双边贸易额有较大增长，到2000 年底已超过 18 亿美元，比 1992 年增长了 3 倍多。中亚五国向中国出口的商品主要是：有色金属、钢材、化肥、棉花、化工原料、机械产品等，中国向中亚出口的商品主要是：机电、家电、日用消费品、食品、食品原料和其他工业制成品等，双方的产品很显然具有巨大的互补性。另外，双方的经济技术合作也得到一定的发展。中国有一部分企业已对这一地区进行投资活动。目前中亚国家由于自身资金短缺，尚无力到中国投资和兴办企业，但他们热切希望中国的企业家能到中亚去投资，扩大同中亚的合作。各国政府部门和地方领导人不止一次表示，希望中国企业能到他们那里去投资、建立宾馆、超市和各种加工厂。而中国已有的投资企业中，大多数企业投资少、规模小，发展缓慢，其发展速度、发展规模及影响力远不能同西方国家、土耳其、韩国等国相比。至于技术交流，则双方迈的步子都不大。尽管中亚国家总体科技水平不高，但在航天、航空、石油化工、有色金属采炼、太阳能利用等方面有许多先进经验和技术值的借鉴；中国的许多技术也完全适用中亚各国。然而，由于双方都把目光瞄向发达国家，在这方面自然考虑的不多。

中国与中亚各国发展良好的经贸关系，既表达了双方的良好意愿，也存在着现实可能性。中亚各国发展与我国关系的目的一是要与我国保持睦邻友好关系，以维护本国和中亚地区的安全与稳定；二是希望中国支持他们进入国际社会，特别是进入亚太地区，支持他们的外交活动；三是利用中国平衡各大国和伊斯兰世界在中亚地区的影响；四是希望中国能对其安全提供一定的保证；五是希望进一步扩大与中国的经贸合作，增加中国对中亚地区的投资，充分利用欧亚第二大陆桥，并利用中国的出海口进入亚太地区。从现实的情况来看，中亚国家在我国对外贸易额中所占的比重虽然并不很大，但由于双方交易的商品明显具有广泛的互补性，因此，中国与中亚各国之间应有很大的贸易发展潜力。而双方在经济技术合作方面，虽然迈的步子不大，但有较大的潜在需要量，应有较大的发展空间。

中国与中亚各国自建交以来，总的关系不错，但也存在一些实际问题。如在政治上，中亚国家仍受某些外国散布的"中国威胁论"的影响，对中国存在某些疑虑。而近年来民族分裂主义、宗教极端主义和国际恐怖主义势力在中亚地区活动的加剧也严重威胁着中亚地区和我国西部地区的安全与稳定。在经济上我国与中亚国家的经济贸易关系虽有所发展，但由于中亚国家经济实力有限、投资环境差，而我国也存在资金相对不足、运输困难等实际难处，再加上双方彼此认识上的差距，使得双边经贸发展并不快，贸易额不大，其经贸关系远远滞后于政治关系。

目前，我国与中亚国家关系的总体定位是睦邻友好合作伙伴关系，这奠定了我国对中亚地区开展工作的基本框架。我国应主动利用对话形式推动与中亚国家的政治关系，并以主动参与该地区事务的方式创造交流渠道，充分发挥政府在双边经贸合作中的作用，有计划、有组织、全面的发展同中亚各国的经贸关系。

3. 中国与独联体各国经贸关系发展前景

独联体国家是一个具有几亿人口的大市场，是中国发展对外经贸关系的重要的合作对象，发展这个大市场对中国对外经贸战略的实现具有重要的意义。由于独联体各国目前仍处于由计划经济向市场经济过渡与改革发展的时期，局势动荡不定，这给中国与独联体各国发展经贸关系，既带来机遇，又带来一定的风险。

1）有利因素

（1）中国与独联体各国具有发展双边贸易关系的良好的基础。独联体国家独立前均属于原苏联，而我国与原苏联的贸易历史悠久，两国之间有丰富的贸易经验和良好的贸易合作基础，原苏联解体后，一个国家变成了 15 个独立的国家，其市场需求量和贸易容量相对扩大，贸易机会也大量增加，更有利于发展中国与独联体各国的经贸关系。同时中国与独联体国家在地缘上又拥有得天独厚的优势，如俄罗斯、哈萨克、吉尔吉斯、塔吉克等国同中国有将近 8 000 公里的共同边界，铁路、公路、河流、航线相联，交通十分便利。这种得天独厚的地理优势是其他国家和地区无法比拟的。

（2）中国与独联体各国贸易合作具有很强的互补性。独联体国家的一些先进的机械设备、运输工具、原子能技术、航空工业技术以及钢铁、木材等原材料、燃料均是我国进行现代化建设所需要的，而我国丰富的食品、日用消费品及其生产技术又是独联体各国缓解市场商品短缺、改善人民生活所急需的。由此可见，中国与独联体国家的商品结构具有很强的互补性，这大大有利于双边贸易的发展。

（3）中国与独联体各国都具有发展双边贸易合作的积极性。独联体各国目前经济状况虽有所好转，但仍处于严重的经济困难之中，国民生产总值、国民收入、对外贸易量大幅度下降，预算赤字、通货膨胀率上升、消费品市场商品十分匮乏。因此，独联体各国迫切希望发展与中国的贸易关系，以便能使其经济尽快摆脱困境，逐渐繁荣国内市场，减少社会动荡。而中国为了减少出口市场的风险，实现出口市场多元化战略，也需要积极发展与独联体各国的贸易关系。

（4）中国与独联体各国的易货贸易仍有生命力。中国与原苏联之间的贸易方式虽已在 1990 年起由记账贸易改为现汇贸易，但由于独联体各国外汇短缺与急需进口物质的矛盾，短时间内是难以解决的，所以在近几年内，中国与独联体各国的易货贸易仍具有生命力。在这种情况下，中国与那些千方百计抢占独联体市场的竞争对手相比，处于有利地位。

2）不利因素

（1）贸易和投资风险较大。独联体成立后，各国之间矛盾尖锐，政局动荡，各民族之争短期内难以平息，贸易与投资环境欠佳，风险较大。

（2）贸易的发展受外汇短缺的制约。独联体各国外汇储备已近枯竭，外债沉重，外汇短缺是近年内不可避免的，这将制约双边贸易的发展。

（3）贸易秩序混乱。独联体各国由计划经济体制转向市场经济体制，骤然间几十万家经济实体一起涌向国际市场，由于信息不灵、国际贸易知识和经验缺乏，法律观念淡薄，相关的法律、法规尚不健全，内部关系失控，屡屡发生贸易纠纷和上当受骗案件，致使贸易难以有秩序的开展。

（4）市场竞争激烈。庞大的独联体市场吸引着各国企业纷纷加入，市场竞争激烈。面对在资金、技术、商品和信息等方面都优于我国的其他国家和地区对手的激烈竞争，我国企业的表现不尽如人意，如有的企业素质差，相互之间封锁拆台，严重影响成交；有的企业不顾国家声誉，出售假冒伪劣产品，给国家带来严重损失。因此，要保住我国在独联体市场的占有率并非易事。

由此可见，我国与独联体各国贸易合作潜力较大，同时也存在着一定的问题和风险。因此，只要我们实事求是地分析形势，制定正确的对独联体各国贸易战略及具体可行的政策措施，我国与独联体各国的经贸发展前景是极为广阔的。

14.3.2　我国与东欧国家的经贸关系

1949 年初，东欧各国是最早同我国进行贸易往来的国家，也是当时我国除原苏联之外的主要贸易伙伴。20 世纪 50 年代我国先后与原南斯拉夫、罗马尼亚、波兰、匈牙利、原捷克斯洛伐克、原民主德国、保加利亚、阿尔巴尼亚等国签订了长期贸易协定，建立了政府间的贸易关系，贸易量不断增加。1950 年我国对东欧国家的贸易额占我国对外贸易总额的 12.6%，1959 年上升到了 20%，达到了 7.1 亿美元。在我国的第一个五年计划期间，东欧国家根据自己工业和技术上的特长，帮助我国建设了 68 个工矿企业项目；我国也按照需要与可能，有计划地向东欧国家提供了大量的工业原料、战略物质、大米、大豆、轻纺产品等。60 年代以后，随着中苏关系的恶化，我国与东欧国家的贸易关系也受到影响。

80 年代后，我国同东欧国家的关系有了明显的恢复和改善，贸易关系也有了很大的发展。1982 年我国与东欧国家的贸易额达 7.8 亿美元，1983 年达 15.41 亿美元，1988 年则达到了 35 亿美元，6 年间增加了 4.6 倍。我国对东欧国家的出口商品中，农副产品和工矿原料占 58%，轻纺产品占 35%，机械设备占 6.5%。我国进口商品中，机械产品占 65%，原材料占 35%。1985 年我国又与东欧国家签订了长期经济技术合作协定和关于成立经济贸易、科技合作委员会议定书，并就东欧国家参加我国现有企业的技术改造，共计约 100 个项目达成了初步协议。这些协议和协定为扩大我国同东欧国家经济贸易创造了有利条件，也标志着双方的经贸合作进入了一个新的发展阶段。

20 世纪 80 年代末、90 年代初东欧各国发生政权剧变，导致东欧国家政局动荡，国内经济秩序混乱，经济普遍下降，通货膨胀严重，居民收入减少，外汇短缺，支付困难。这使得我国同东欧各国的经贸关系受到一定的影响，贸易额出现了下降的情况。1989 年我国与东欧六国（罗马尼亚、匈牙利、波兰、原捷克斯洛伐克、保加利亚、阿尔巴尼亚）的贸易总额下降到了 18.15 亿美元，1991 年更跌至 897 亿美元。1993 年之后，我国同东欧国家的经贸关系，虽有所进步，但仍处于徘徊状态。1993 年双方贸易额为 17.209 4 亿美元，1994 年为 15.240 4 亿美元，1996 年为 13.926 5 亿美元，1998 年为 18.24 亿美元，1999 年为 20.93 亿美元。进入 21 世纪，由于东欧国家的经济大都得到恢复和发展，由计划经济向市场体制的改革也呈现成效，各国的经济都有不同程度的增长，各国政府和企业主都强烈希望扩展对外贸易业务量，从而使我国与东欧国家的经贸关系得到进一步的发展，贸易量有了明显的增加。如双方贸易额 2000 年达到 30.903 6 亿美元。

当然，在我国与东欧的经贸关系不断发展的过程中，我们仍面临着不少问题：一是东欧国家经济尚未完全恢复、稳定，其法律、法规制度和贸易体制并不健全和完善，贸易秩序混乱的问题未能根本解决，从而给贸易带来不少困难。二是东欧国家出口商品多属于中等技术水平，而且价格较高，我国用户对其产品一般不感兴趣，成交难度较大。三是西方资本主义国家已通过技术、投资、援助、考察等渠道进入东欧市场，市场竞争更为激烈，这对我国是一种挑战。加上东欧市场曾受我国假冒伪劣商品的影响，更使我们被动，增加了扩大出口的困难。四是我国同东欧国家在贸易方式上，长期以来进行的是记账易货贸易，东欧国家大力推行经济私有化后，这种记账贸易已不适应，正逐步向现汇贸易方式转化，但由于外汇短缺，直接影响到双方经贸关系的发展。对此，我们必须有清醒的认识，要增强迎难而上的开拓意识，抓住机遇和有利条件，讲求商品质量和商业信誉，坚持平等互利、友好合作的原则，努力使双方的经贸关系更上一个新台阶。

本 章 要 点

◆ 经济转型国家，从广义上说是指由传统的高度集中的计划经济向市场经济体制过渡的国家，主要是指由原苏联解体后分裂出来的独联体国家及其东欧国家。目前这些转型国家已成为世界多边贸易体系中的重要组成部分。

◆ 独联体东欧各国在经济转轨过程中原有外贸体制解体，对外贸易额出现不同程度的大幅度下降，失业率增长，贸易方式、贸易地区分布发生根本变化，对外贸易政策与措施也有所改变。

◆ 独联体各国是我国历史上传统的贸易国家，也是我国发展对外经贸关系的重要的合作对象。我国与独联体各国发展经贸关系，既存在机遇，又存在一定的风险，我们应抓住机遇和有利条件，争取使双方的经贸关系更上一个新台阶。

◆ 我国与东欧国家的经贸往来具有较长的历史，发展过程中也存在起伏。目前我国同东欧国家的贸易有较明显的发展，但仍然存在一系列问题，对此我们应增强迎难而上的开拓意识，努力扩大双方的经贸关系。

关 键 术 语

1. 经济转型国家（Economic-transforming Country）
2. 独联体（Commonwealth of Independent States，CIS）
3. 经互会（Council for Mutual Economic Assistance，CMEA）
4. 外贸体制（foreign trade system）

思 考 题

1. 独联体东欧经济转型国家对外贸易有何特点？
2. 为什么说我国与独联体各国发展经贸往来，既存在机遇，又存在风险？
3. 试分析中国与东欧国家经贸关系的发展前景。

阅读材料及案例分析

【阅读资料】　俄罗斯阿穆尔州布市农场温室承租案

随着俄罗斯的经济变化，中俄贸易也进行了重大结构调整，易货贸易从原来的主导地位下降到从属地位。开展正常的贸易合作需要大力解决双方银行信用结算机制、出口信用保险、仲裁机制等问题，而解决这些问题时间长、难度大，短期内难以见效。人们不得不思考和寻找新的市场切入点。黑河作为中国最北端的城市一直以来与俄罗斯有着密切的贸易关系。1992 年国务院批准黑河为全国首批沿边开放城市。黑河与俄罗斯的边界贸易不断扩大,经济技术合作不断扩展,交通信息合作也日益广泛。黑河与俄罗斯远东第三大城市阿穆尔州首府布拉戈维申斯克市(以下简称布市)隔江相望,江面最近距离不到 800 米,双方官员经常有相互的访问交流。俄罗斯经济一直徘徊在低谷,消费品市场供应短缺,尤其是农副产品,需要量很大,一江之隔的两个城市的农产品差价平均在 4～5 倍。如 1998 年 7 月布市市场批发价折合人民币:鸡蛋 1 元/个,苹果 20 元/千克,猪肉 27.7 元/千克,西红柿 7.7～10.8 元/千克,马铃薯 6.15 元/千克。巨大的差价是贸易的巨大动力,但是由于种种原因黑河的鸡蛋、蔬菜、肉类、水果却不能向布市出口。俄罗斯远东地区农产品自给率很低,凭自身解决供应问题很不现实,而且,许多地方出现死亡率上升,人口减少,人口老龄化速度加快等现象,劳动力持续匮乏现象会较长时间存在。东部地区的农副产品和肉类长期依靠进口或从西部购买。

1997 年 12 月,黑河边境贸易公司与布市的齐格里国营贸易农场就中俄农业合作开始正式谈判。谈判进行得非常顺利,双方技术小组进行了互访,中方小组考察了俄方布市蔬菜的销售网络渠道和水、电、热供应,俄方小组参观了中方农业出口基地和园区,调查了中方的蔬菜种植技术。双方都接受了对方提出的条件,顺利地签订了合同。中方承租国营齐格里农场 3 个温室,面积共 15 公顷,用于种植蔬菜,蔬菜品种视当地市场需求而定。中方派出有 17 人组成的种植小组赴俄罗斯种植蔬菜,其中菜农 13 人,农业技术人员 2 人,翻译 1 人,领队 1 人,中方自带种子、农药和小型农机具。俄方提供面积 15 公顷的带有地下供暖管道的温室 3 个,负责水、电、热的供应,提供大型农业机械及运输链,负责安排中方食宿,以每年收取 60 吨蔬菜作为租金,并须每年交纳 10% 的增值税。合同有效期 1 年,期满后续签。合同期内,如由于中方不当使用对温室和机械造成了损害,由中方负责维修或赔偿。上缴的蔬菜要保质保量,如不符合要求,俄方可以拒收。目前合同已在进行中,中方蔬菜种植小组已进驻齐格里农场,交纳租金后剩余的蔬菜被运送到布市的友谊、巴嘎列亚和批发基地三个蔬菜批发市场,销售收入通过双方银行在黑河按比例兑换成人民币打入黑河边贸公司账号。双方的合作取得了显著成效。

问题:试对此案例进行评析。

参 考 文 献

陈同仇，薛荣久．1997．国际贸易．北京：对外经济贸易大学出版社

陈宝森．2001．当代美国经济．北京：社会科学文献出版社

管仁林．2002．中国入世承诺法律文本解释．北京：中国民主法制出版社

韩经纶．2001．国际贸易理论与实务．天津：南开大学出版社

黄天华．2002．WTO 与中国关税．上海：复旦大学出版社

贾建华，阚宏．2002．国际贸易理论与实务．北京：首都经济贸易大学出版社

龙永图．2000．世界贸易组织问题解答．北京：中国对外贸易出版社

林珏．2001．国际贸易案例集．上海：上海财经大学出版社

柳博．2002．国际贸易基础．广州：华南理工大学出版社

李滋植．2002．国际贸易．大连：东北财经大学出版社

兰菁．2003．国际贸易理论与实务．北京：清华大学出版社

刘厚俊．2003．国际贸易新发展．北京：科学出版社

毛筠，孙琪．2003．国际贸易理论与政策．杭州：浙江大学出版社

全国国际商务专业人员职业资格考试指定用书编委会编．2003．国际贸易商务基础理论与实
　　务．北京：中国对外经济贸易出版社

强永昌．2001．战后日本贸易发展的政策与制度研究．上海：复旦大学出版社

沈伯明．2000．世界贸易组织与中国"入世"教程．广州：中山大学出版社

邵继勇．2001．国际贸易概论．北京：世界经济出版社

王绍熙，王寿椿，许煜．1994．中国对外贸易概论．北京：对外贸易教育出版社

王绍媛．2002．中国对外贸易．大连：东北财经大学出版社

王广信，赵丽娜．2002．当代世界经济．北京：人民出版社

夏恩德，罗明．2003．国际贸易概论．北京：高等教育出版社

张素芳．2001．国际商务案例评析．北京：中国金融出版社

张秀芬．2001．当代世界经济与政治．北京：经济管理出版社

张锡嘏．2001．国际贸易．北京：对外经济贸易大学出版社

张幼文，屠启豪．2001．世界经济概论．北京：高等教育出版社

张学东，王萍．2002．国际贸易．北京：中国科学技术出版社

张汉林．2003．国际贸易．北京：中国对外经济贸易出版社

张向先．2003．国际贸易概论．北京：高等教育出版社

赵伟．2004．国际贸易理论政策与现实问题．大连：东北财经大学出版社